U0904299

融智论丛

西南财经大学出版社
Southwestern University of Finance & Economics Press

(2016)

柏群○主编

图书在版编目(CIP)数据

融智论丛.2016/柏群主编.—成都:西南财经大学出版社,2017.5
ISBN 978-7-5504-2590-3

Ⅰ.①融… Ⅱ.①柏… Ⅲ.①社会科学—文集 Ⅳ.①C53

中国版本图书馆 CIP 数据核字(2016)第 192754 号

融智论丛(2016)

柏群 主编

责任编辑:朱斐然
封面设计:何东琳 穆志坚
责任印制:封俊川

出版发行	西南财经大学出版社(四川省成都市光华村街55号)
网　　址	http://www.bookcj.com
电子邮件	bookcj@foxmail.com
邮政编码	610074
电　　话	028-87353785 87352368
照　　排	四川胜翔数码印务设计有限公司
印　　刷	四川五洲彩印有限责任公司
成品尺寸	185mm×260mm
印　　张	22.25
字　　数	500千字
版　　次	2017年5月第1版
印　　次	2017年5月第1次印刷
书　　号	ISBN 978-7-5504-2590-3
定　　价	88.00元

前言

本着“科学研究，服务社会，教书育人，传承文化”的宗旨，重庆工商大学融智学院再次出发，结集出版《融智论丛（2016）》，以凝练教学科研人员在经济学、管理学、金融学、教育教改、党建思政、学生工作等领域中的新发现、新观点、新经验。

《融智论丛（2016）》整体布局主要结合本校学科结构，分为经济观察、金融聚焦、管理探索、教育教改、思政党建五个部分。每个部分均为相关领域教学科研人员对过去两年的教学、科研工作所做的阶段性总结梳理。其中，有结合“一带一路”战略背景的产业透视，有立足地方经济社会变革焦点的调查分析，有专注行业转型升级的抽丝剥茧，有立足企业治理问题的实证检验，有立足学生能力培养的总结思考……如是，擂响本校广大教学科研工作者投身创新驱动发展战略，做产教融合先锋的战鼓。

当前，我国经济发展由要素驱动、投资驱动转向创新驱动，如何适度有为地为国民经济发展服务，积极投身创新驱动发展的历史潮流，值得每一位民办教育工作者思考。民办高等教育作为我国社会经济发展的重要组成部分，绝不能做“大众创业，万众创新”的旁观者。

民办高等教育贴近市场、机制灵活，与市场、行业、产业的融合发展优势显著。一方面，民办高等教育能够发挥制度灵活性，实现智力资源与产业要素强强联合；另一方面，民办高等教育能更灵敏地满足产业发展对技术创新的时限要求。此外，民办高等教育在产教融合实践中，还能让人才培养的基本使命更加符合市场需求，有利于在缓解我国人才培养供需错位的迷局中走出一条路。

民办高等教育在创新驱动发展的实践中面临的诸多现实制约也亟待破解。创新驱动发展战略作为经济提档升级的国家战略，其制度红利往往具有一定门槛。民办高等教育在与公立高等教育、研究机构竞争中不具备同等竞争地位。制度红利的分享制约并不是民办高等教育在创新驱动战略实践中的唯一瓶颈，人才匮乏、经验缺乏、资源紧俏都让其深陷泥沼。

在探索创新驱动发展战略中，一步步地走好脚下的路，防止在创新驱动发展中急于求成。实事求是、量力而为，才是民办高等教育的方向所指。在实践中，实现教学科研关键环节与创新驱动发展的有效融合，坚守人才培养、学术研究、文化传承的责任，以创新驱动发展之法破高等教育发展之困，是全体民办教育工作者都值得为之付出的终身使命。

《融智论丛（2016）》作为全校青年教学科研人员的阶段性总结，不敢妄言能够推动创新驱动发展，但求关注社会经济发展与教育教学的热点，紧贴时代发展的脉搏，做有益于民办高等教育创新发展的探索。由于理论水平限制，本书定存在诸多错误，请读者不吝赐教。

路漫漫其修远兮，我校教学科研人员将在未来的教学科研活动中不断追求卓越，借力创新驱动发展战略的东风，助力民办高等教育事业不断进步。

目　录

第一篇　经济观察

第二篇　金融聚焦

第三篇　管理探索

第四篇　教育教改

第五篇　思政党建

第一篇　经济观察

重庆市 1985—2013 年
农林产品产量影响因子研究

余天霞①

［摘要］本文利用灰色关联分析方法对重庆市 1985—2013 年农林产品产量的影响因子进行分析，影响因子选择有效灌溉面积、农用机械总动力、农村用电量、农用化肥施用量（折纯）、农膜使用量、农药使用量、农作物播种面积、第一产业从业人员共八个。分析结果表明 1985—2013 年整个时间段内影响因子与农林产品产量间关联度为强关联的排序为：农用化肥施用量、有效灌溉面积、农药使用量和农作物播种面积；关联性分时间段分析结果表明，不同的时间段，影响因子与农林产品产量间的关联度的强弱有所差别。本文研究结果对重庆市现代农业的发展具有一定指导意义。

［关键词］农林产品　产量影响因子　关联度

一、引言

《国家新型城镇化规划（2014—2020 年）》中明确提出保障国家粮食安全和重要农产品的有效供给，提到严守耕地保护红线，稳定粮食播种面积，加强农田水利设施建设，积极发展都市现代农业；还提到发展高产、优质、高效、安全、生态农业。其提高农业科技创新能力，提高农业机械化水平，向农业输入现代生产要素，目的是提升现代农业发展水平。通过规划可看出种植面积、农田水利设施、机械化水平、科学技术等要素对农产品产量的重要影响。不同的地区，各农业发展状况不同，各地区不同的影响因素对农业生产的影响程度存在一定差异。基于此，本文根据重庆市 1985—2013 年农林产品产量及影响农林产品产量的因素的数据，利用灰色关联的分析方法分析影响因子与农林产品产量的关联程度，此分析为重庆市农业现代化发展提供理论依据。

对农产品产量与影响因子间关系的研究主要采取统计学方法和灰色理论中的灰色关联分析；还有学者利用多种方法研究农产品产量的因素，如李瑞华利用灰色关联和主成分分析方法分析研究河南省粮食产量影响因素；还有学者利用模型研究我国农产品影响因素。本文采取灰色关联度分析方法分析影响农林产品产量

① 余天霞，重庆工商大学融智学院教师，主要研究方向为农村农业发展。

的因素。通过文献检索发现，现有研究中对重庆市农产品产量影响因子的研究较少，分析各不同时间阶段农林产品产量与影响因素间的关系的文章基本没有，故本研究具有一定的价值。

二、研究方法

影响农林产品产量的因素众多，不同的因素对粮食产量影响程度不同，而传统的因素分析方法主要是传统的统计分析方法，如回归分析。然而回归分析方法存在一定的弊端：对少因素，线性的分析较实用；对多因素，非线性的分析难以实现。灰色关联分析是灰色理论的主要内容之一，其主要原理为基于行为因子序列的宏观或者微观几何接近，分析因子间的影响程度，确定因子对主行为贡献测度。此方法采用关联分析的方法来做系统分析，作为一个发展的变化系统，灰色关联分析法是动态过程发展态势的量化分析，其步骤如下：

（1）指定参考数据列 X_0，本文 X_0 为农林产品产量，不同时刻的参考数据列为 $X_0{}^{(K)}$，其可表示为 $X_0{}^{(K)}=\{X_0{}^{(1)}, X_0{}^{(2)}, X_0{}^{(3)}, \cdots, X_0{}^{(K)}\}$，$K$ 为不同的时间。

（2）确定比较序列 $X_i{}^{(k)}$，i 为不同的比较因素（影响因素），$i=1, 2, 3, \cdots$，$X_i{}^{(k)}$ 可表示为：$X_1{}^{(1)}$，$X_1{}^{(2)}$，$\cdots$，$X_1{}^{(k)}$；$X_2{}^{(1)}$，$X_2{}^{(2)}$，$\cdots$，$X_2{}^{(K)}$；$\cdots$，$X_i{}^{(1)}$，$X_i{}^{(2)}$，$\cdots$，$X_i{}^{(k)}$。

（3）变量序列的无量纲化处理，采用均值化处理，无量纲化的值用 $X_0{}'^{(k)}$ 表示。

（4）求参考数据列和比较数据列的差序列：$\Delta i^{(k)}=|X_0{}'^{(k)}-X_i{}'^{(k)}|$。

（5）找出所有差序列中的最小差序列和最大差序列，表示为：$\min\Delta i^{(k)}$，$\max\Delta i^{(k)}$。

（6）关联系数计算：$\S i^{(k)}=\dfrac{[\min\Delta i^{(k)}+\delta\max\Delta i^{(k)}]}{\Delta i^{(k)}+\delta\max\Delta i^{(k)}}$。

δ 为灰数白化值，又称分辨系数，$\delta(0, 1)$，一般取0.5。

（7）关联度计算：$r_i=\dfrac{1}{k}\sum \S i^{(k)}$。

（8）关联度分类：关联度按照数值高低分3类，0～0.35为弱关联，0.36～0.7为中度关联，0.71～1为强关联。

三、变量选择与数据选择

影响农林产品产量的因素很多，主要有两大类：一类是自然条件，各地的自然条件是农业生产的基础，自然灾害对农林产品产量的影响也十分巨大；另一类是社会经济条件，如生产要素的投入情况（科技、机械、资本、劳动力、土地、化肥等）、国家相关政策、农业生产组织与经营制度等，由于各地区自然条件及自然灾害受大自然的影响，人类活动只能通过改变自然条件及预防自然灾害来适应农作物的生长。基于此，本文选择有效灌溉面积、农用机械总动力、农村用电量、农用化肥使用量（折纯）、农膜使用量、农药使用量、农作物播种面积、第一产业从业人员等要素对农林产品产量的影响进行分析和比较。

本文数据来源于《重庆统计年鉴》，通过筛选计算，以 1985—2013 年农林产品产量作为参考变量，基于数据之间的对应关系，农林产品包括粮食、油料、麻类、甘蔗、烟叶、蔬菜、茶叶、水果共八类。

四、结果与分析

（一）农林产品产量与影响因子随时间变化情况

本文利用 sigmaplot10.0 制作农林产品产量与影响因子随时间变化情况图，如图 1~图 9 所示，从这些图中可以清楚地看出农林产品产量与影响因子随时间的变化情况：农林产品产量、农用机械总动力、农村用电量、农用化肥施用量、农膜使用量是随时间的变化而逐渐上升，可看出重庆市农林产品产量伴随着农膜使用量、农用机械总动力、农村用电量、农用化肥施用量的增加而增加，且增加的幅度大致相同；有效灌溉面积的变化随时间波动起伏，但总趋势是随时间呈上升趋势；农药使用量从 2009 年起有下降的趋势，说明重庆市生态农业观念引起农业生产者们的重视；农作物播种面积从 2000 年开始下降到 2005 年后又趋于上升，这与重庆市的城市化发展情况及相关政策有一定关系。随着社会的发展，从事第一产业的人员越来越少，减少幅度极快，随着社会的发展、城市化进程加快、机械化水平的提高、农村劳动力过剩等，从事农业的人员越来越少。总的来说，农林产品产量的增加是随着有效灌溉面积、农用机械总动力、农村用电量、农用化肥施用量、农膜使用量、农药使用量的增加而增加。

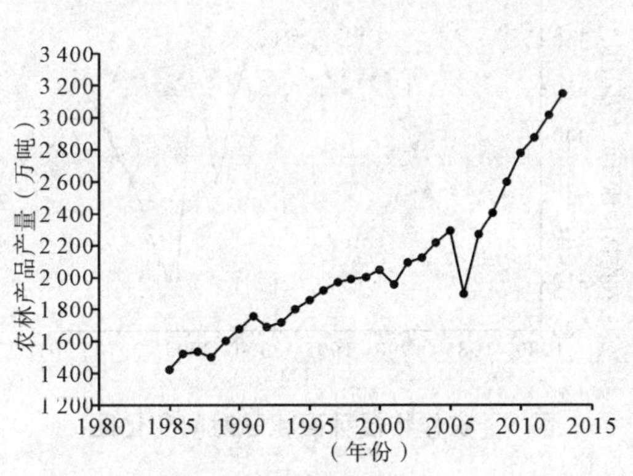

图 1　农林产品产量随时间变化图

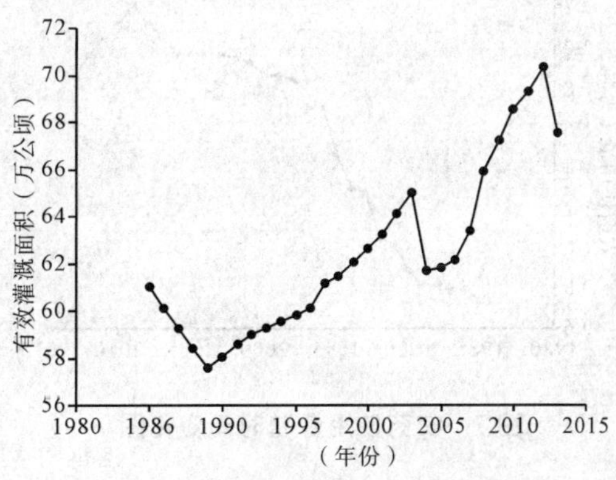

图 2　有效灌溉面积随时间变化图

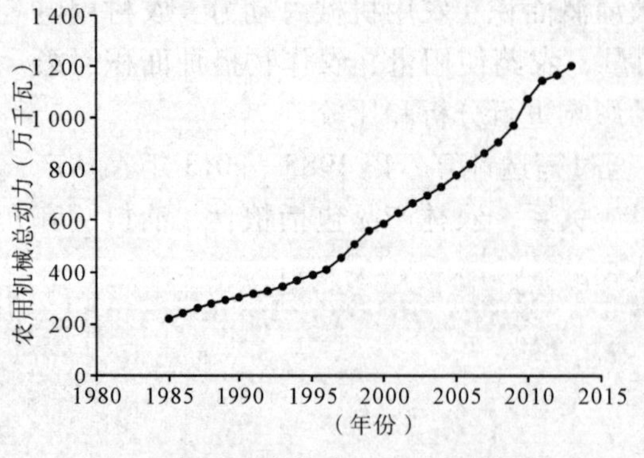

图 3　农用机械总动力随时间变化图

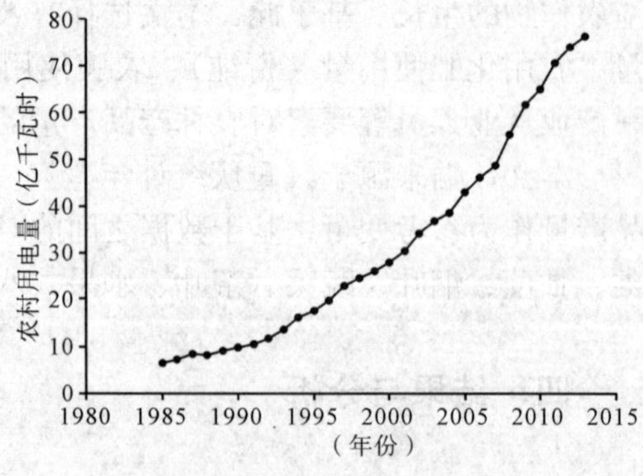

图 4　农村用电量随时间变化图

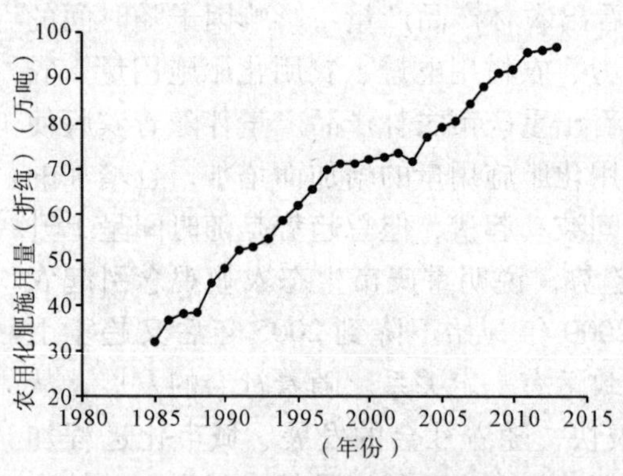

图 5　农用化肥施用量随时间变化图

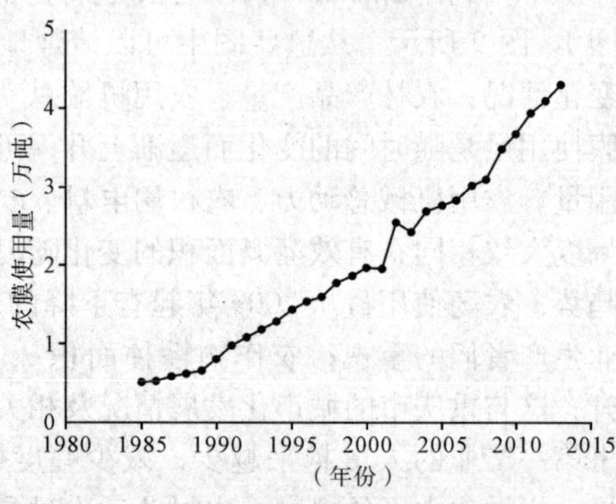

图 6　农膜使用量随时间变化图

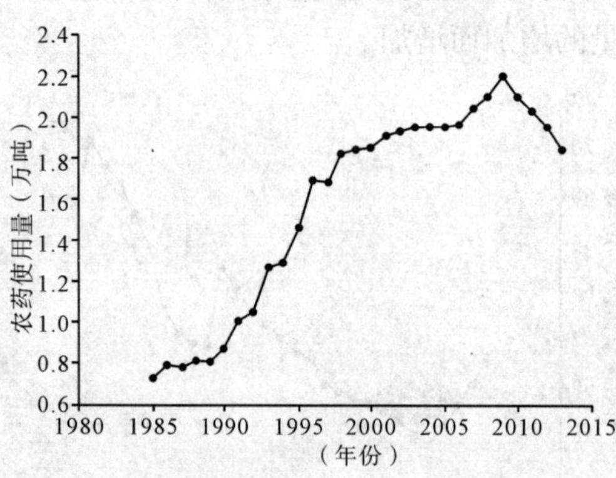

图 7　农药使用量随时间变化图

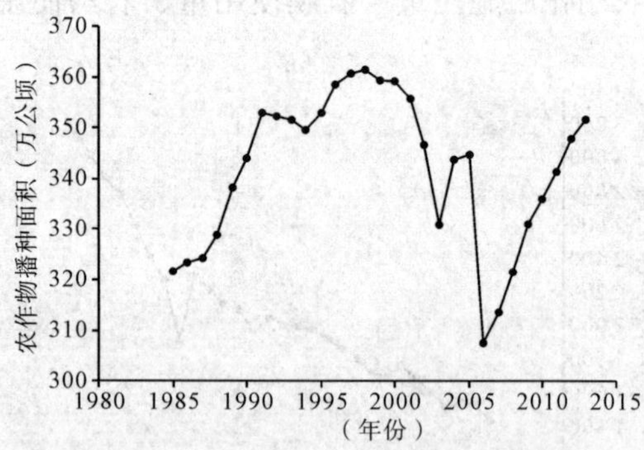

图 8　农作物播种面积随时间变化图

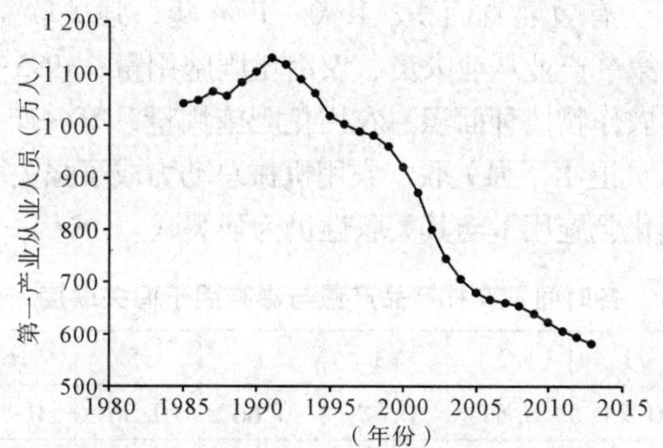

图 9　第一产业从业人员数量随时间变化图

（二）1985—2013 年农林产品产量与主要影响因素关联度分析

利用灰色关联法分析 1985—2013 年共 29 年的农林产品产量与影响因子之间的关联度，分析结果见表 1。通过表 1 可以看出 29 年以来影响农林产品产量的影响因子中，强关联的是有效灌溉面积、农用化肥施用量、农药使用量、农作物播种面积，关联强度排序为农用化肥施用量、有效灌溉面积、农药使用量和农作物播种面积。

表 1　　1985—2013 年重庆农林产品产量与影响因子间的关联度

影响因子	r_1	r_2	r_3	r_4	r_5	r_6	r_7	r_8
关联度	0.8	0.65	0.56	0.85	0.62	0.73	0.73	0.6

注：r_1为有效灌溉面积，r_2为农用机械总动力，r_3为农村用电量，r_4为农用化肥施用量（折纯），r_5为农膜使用量，r_6为农药使用量，r_7为农作物播种面积，r_8为第一产业从业人员。

（三）各时间段农林产品产量与主要影响因子关联度分析

为了更好地分析不同影响因子对农林产品产量的影响，本文分时间段分析农林产品产量与影响因子间的关联度，分别为：1985—1989 年，1990—1994 年，1995—1999 年，2000—2004 年，2005—2009 年，2010—2013 年，共 6 个时间段。不同的时间段各影响因子与产量关联度有所不同，从表 2 可以看出有效灌溉面积在 1985—2004 年与农林产品产量间具有强关联，农用机械总动力从 2000 年才开始与农林产品产量间具有强关联，说明重庆市农业机械化水平投入到农业中，并对农业产生重要影响是从 2000 年开始；农村用电量除了 2010 年后与农林产品产量间具有强关联外，其余时间关联度不强；农用化肥施用量从 1990 年开始与农林产品产量关联度强。从这个角度可看出，重庆市农林产品产量与化肥施用量关系大，从生态农业的角度可判断重庆市农业生态性不强，农膜使用量与农林产品产量的强关联度是从 2005 年开始，农药施用量除 1985—1989 年、2000—2004 年两时间段与农林产品产量关联度较强外，其余时间段关联度较不强，农作物播种面积除 2000—2009 年 10 年时间与农林产品产量关联度不强外，其余时间段关联度都较强，从 2000 年开始第一产业从业人员与农林产品产量间关联度就处于不强状态，说明第一产业从业人员的数量对农业的影响越来越弱。从表 3 可以看出，1985—1999 年间主要影响农林产品产量的是农作物播种面积、有效灌溉面积、第一产业从业人员、农用化肥施用量、农药使用量，三个阶段中影响因子对其影响程度有细微差异：1985—1989 年，强关联排序为农药使用量、第一产业从业人员、农作物播种面积、有效灌溉面积；1990—1994 年，强关联排序为农作物播种面积、有效灌溉面积、第一产业从业人员、农用化肥施用量；1995—1999 年，强关联排序为有效灌溉面积、农作物播种面积、农用化肥施用量、第一产业从业人员。2000—2013 年，第一产业人员退出了强关联，农用机械总动力成了强关联，强关联中还出现了农膜使用量，农用化肥施用量与其关联性仍为强关联。

表 2　　各时间段农林产品产量与影响因子间关联度

时间段	r1	r2	r3	r4	r5	r6	r7	r8
1985—1989 年	0.73	0.57	0.48	0.66	0.56	0.83	0.78	0.82
1990—1994 年	0.83	0.71	0.47	0.73	0.50	0.51	0.84	0.81
1995—1999 年	0.9	0.51	0.52	0.8	0.58	0.69	0.84	0.71
2000—2004 年	0.78	0.76	0.62	0.84	0.54	0.83	0.66	0.50
2005—2009 年	0.69	0.73	0.58	0.69	0.71	0.68	0.58	0.58
2010—2013 年	0.67	0.85	0.82	0.71	0.87	0.48	0.73	0.54

注：r_1为有效灌溉面积，r_2为农用机械总动力，r_3为农村用电量，r_4为农用化肥施用量（折纯），r_5为农膜使用量，r_6为农药使用量，r_7为农作物播种面积，r_8为第一产业从业人员。

表 3　　各时间段农林产品产量与影响因子间关联度排序表

时间段	关联度顺序	强关联度
1985—1989 年	$r_6 > r_8 > r_7 > r_1 > r_4 > r_2 > r_5 > r_3$	r_6，r_8，r_7，r_1
1990—1994 年	$r_7 > r_1 > r_8 > r_4 > r_2 > r_6 > r_5 > r_3$	r_7，r_1，r_8，r_4
1995—1999 年	$r_1 > r_7 > r_4 > r_8 > r_6 > r_5 > r_3 > r_2$	r_1，r_7，r_4，r_8
2000—2004 年	$r_4 > r_6 > r_1 > r_2 > r_7 > r_3 > r_5 > r_8$	r_4，r_6，r_1，r_2
2005—2009 年	$r_2 > r_5 > r_1, r_4 > r_6 > r_7, r_8$，$r_3$	r_2，r_5
2010—2013 年	$r_5 > r_2 > r_3 > r_7 > r_4 > r_1 > r_8 > r_6$	r_5，r_2，r_3，r_7，r_4

注：r_1为有效灌溉面积，r_2为农用机械总动力，r_3为农村用电量，r_4为农用化肥施用量（折纯），r_5为农膜使用量，r_6为农药使用量，r_7为农作物播种面积，r_8为第一产业从业人员。

四、结论及建议

通过以上对农林产品产量与影响因子关系的分析，可得出以下结论：

直接通过数据随时间的变化情况可看出农林产品产量随时间增加呈上升趋势，影响产量的因子中有效灌溉面积、农用机械总动力、农村用电量、农用化肥施用量、农膜使用量，均随时间的变化而逐渐上升，趋势与农林产品产量的上升趋势大致一致。农药使用量近年来在减少，农作物播种面积波动起伏，农村第一产业从业人员数量逐年下降。

利用灰色关联分析方法分析整个时间段，可得出与农林产品产量有强关联的有：有效灌溉面积、农用化肥施用量、农药使用量、农作物播种面积，其中农用化肥施用量关联度最高，关联度为 0.85；其次为有效灌溉面积，关联度为 0.8；农药使用量和农作物播种面积关联度均位于第三，关联度为 0.73。在播种面积并未随着产量逐年增加的情况下，化肥使用量和农药使用量逐年增加，农林产品产量的增加得益于化肥和农药的使用量的增加，很明显此不利于农业的可持续发展，不利于农业的有机绿色发展。分时间段看，不同的时间段，各因子与农林产品产量间关联度强弱存在差异，结合现代农业观点，农用机械总动力与农林产品间关联度随时间的变化逐渐增强，强关联从 2000 年开始，近几年关联度为 0.85；农药使用量与农林产品产量间关联度有减弱趋势，劳动力数量与农林产品产量间关联度越来越弱，农作物播种面积与农林产品产量间关联度是增强后再减弱又增强，农用化肥使用量与农林产品产量间关联度先强后弱，农膜使用量与农林产品产量间关联度呈增强的总趋势，农村用电量与农林产品产量间关联度是增强的总趋势，有效灌溉面积与农林产品产量间关联度先增强后减弱。整体来看，重庆市农林生产发展良好，对环境有影响的化肥、农药的施用量近几年对农林产品产量的关联度在减弱，而发展农业的机械化水平与农林产品产量间关联度在增强。

从以上结果分析可以看出，农林产品产量对农业机械化依赖较大，其对农业的影响越来越大，重庆还需提高农业机械化水平，针对重庆地形地势特点，机械化水平的提高依赖于小型机械化的发展。众所周知，农业对自然条件的依赖十分巨大，而人为的改变自然条件适应农业的生产是人类常用的措施，兴修水利便是最重要的措施之一，有效灌溉面积的体现就是有效灌溉设施的覆盖程度，从以上分析也可看出有效灌溉面积在很长时间内对农业影响巨大，尽管近年来影响程度有所下降，但为应对自然灾害或农业正常生长所需水源问题等情况，重庆市应加大有效灌溉面积。重庆市现代农业的发展还需加强生态农业的实施力度，控制农药、农膜、化肥的使用量；提高劳动力素质，加大科学技术的投入，大力实施保护耕地等措施。

参考文献

[1] 顾乐民. 基于最小一乘准则的中国粮食产量与影响因素的相关性分析 [J]. 农业工程学报，2013 (11)：1-5.

[2] 何秀丽，文新. 东北商品粮基地县粮食生产影响因素及增产途径分析——以德惠市为例 [J]. 中国农学通报，2014 (35)：304-309.

[3] 杨月锋，徐学荣. 福建省粮食产量影响因素主成分分析与产量趋势预测 [J]. 南方农业学报，2014 (4)：697-703.

[4] 赵奇，范春丽，杨玉珍. 2004—2012 年河南五地市粮食产量影响因子的灰色关联分析 [J]. 河南科学，2014 (12)：2488-2490.

[5] 郑悦，常亮. 新疆粮食产量影响因素分析及其贡献率比较 [J]. 黑龙江农业科学，2011 (1)：104-107.

[6] 李瑞华. 李明秋. 河南省粮食产量影响因素分析 [J]. 广东农业科学，2009 (7)：323-325.

[7] 张巍杠. 我国农产品产量的影响因素测度——基于动态面板数据的实证分析 [J]. 江汉论坛，2014 (6)：22-27.

[8] 陈秧分，李先德. 中国粮食产量变化的时空格局与影响因素 [J]. 农业工程学报，2013 (20)：1-7.

中国经济“新常态”下的混合所有制的动因研究[①]

周映伶[②]

[摘要] 中国正进入经济发展的新常态时期，挑战和机遇并存，怎么发展混合所有制经济，是新常态下经济改革的重大举措之一，且将对我国的经济发展产生深远的影响。然而发展混合所有制经济的原因既有现实原因也有历史原因，本文将分别从帕累托改进的视角和合作博弈的视角来分析发展混合所有制的动因。通过研究发现，劳资双方之间、公有资本与非公资本之间愿意发展为混合所有制经济是由于帕累托改进的存在和合作有利于双方利益。

[关键词] “新常态”　混合所有制　帕累托改进　合作博弈

一、引言

中国经济进入“新常态”时期，张慧莲（2014）认为，其主要是包括了经济增长的新常态，宏观调控政策的新常态，结构调整的新常态，要素供给的新常态，改革与完善国家安全治理的新常态。王佳宁（2014）则直接指出，新常态的表征就是增速缓、结构优、挑战急。

在面临这一系列变化的同时，国家出台了一系列政策指向，其中，党的十八届三中全会通过的《中共中央关于全面深化改革若干重大问题的决定》，第一次明确提出了“积极发展混合所有制经济”的改革新思路。积极发展混合所有制经济，是党中央确立的新常态经济下改革的重大举措之一。可以预见，混合所有制经济的发展状况必将深刻影响未来中国经济和社会的整体形态和走势。因此，为什么发展、怎么发展混合所有制经济，是学术界需要研究的重要课题。本文将分别从帕累托改进的角度和合作博弈的视角来解释发展混合所有制经济的动因。

二、发展混合所有制经济的动因分析

学术界关于发展混合所有制经济原因的研究，将原因大致分为了以下三点：

---

① 基金项目：2015年重庆工商大学融智学院专门项目（20155005）和重庆工商大学融智学院市级经济学特色专业经费支持。

② 重庆工商大学融智学院教师，主要研究方向为人口流动与经济发展。

第一，混合所有制经济是我国基本经济制度的实现形式，发展混合所有制经济是完善我国基本经济制度的必然要求（余菁，2014）。第二，我国出现混合所有制经济主要源于国有企业改革，国有企业进行公司制股份制改革，可以实现国有制同市场经济的有机结合，使国有制找到了能有效促进生产力发展的实现形式（张卓元，2013），同时混合所有制经济对国有企业改革的深化、资源配置效率的提高、企业竞争力的增强起到了重要作用（黄速建，2014）。第三，我国经济发展的现实、我国国有经济垄断、低效率和非公经济的发展遇到“天花板”这三个现实因素（余菁，2014），使得我国迫切需要深化发展混合所有制经济。

可见，混合所有制的发展是存在历史和现实原因的。由于在整个混合所有制经济中强调三个方面：公有制资本、非公有制资本和劳动者①，因此本文对混合所有制的分析主要分为两个方面：一是劳资双方，二是公有制资本和非公有制资本。同时，本文将从帕累托改进②和合作博弈的视角来解释为什么公有制资本和非公有制资本愿意发展混合所有制经济，以及资本方为什么愿意让自己的员工持有股份。

（一）基于帕累托改进视角的研究

1. 劳资双方发展混合所有制经济的动因

对于一个企业，资本方提供资金、劳动者提供劳动，双方存在合作博弈的关系。从劳动者与资本方的博弈的过程来看，只有劳资双方和谐才能让企业进一步发展，而劳资拥有合作的劳动关系才能稳固这一结果。同时，劳资双方合作的基本动因是因为存在双方利益的帕累托改进。

（1）劳资双方的合作动因及其效应分析

劳资双方之所以合作，是因为合作能增加各自的利益，并且两者相互合作的强烈程度与预期收益成正比，参照吕景春（2009）的观点，得出以下公式：

$$AP_L = \frac{LER}{TER} \quad \text{式（1）}$$

$$AP_K = \frac{KER}{TER} \quad \text{式（2）}$$

$$\frac{LER}{TER} + \frac{KER}{TER} = 1 \quad \text{式（3）}$$

其中，AP_L 为劳方的合作偏好；AP_K 为资方的合作偏好。LER 为劳方的预期收益；KER 为资方的预期收益；TER 为劳资双方合作产生的总预期收益。从式（3）可以看出，当 AP_L 越大的时候，AP_K 反而越小；反之亦然。因此，如果要使劳资双方之间的合作保持长久，就要保持劳资双方的合作博弈是持续的帕累托改进，即在增加一方利益时，不会使任何一方的利益受到不应有的损失。在增加自己收益的同时不减少别人收益的前提下，由于劳资双方利益的帕累托改进存在，双方可以进行合作，如图 1 所示。

① 本文中劳动者指所在企业员工。

② 帕累托改进是指在资源闲置的情况下，通过改变现有的资源配置而提高一方的福利的同时，不减少另一方的福利。

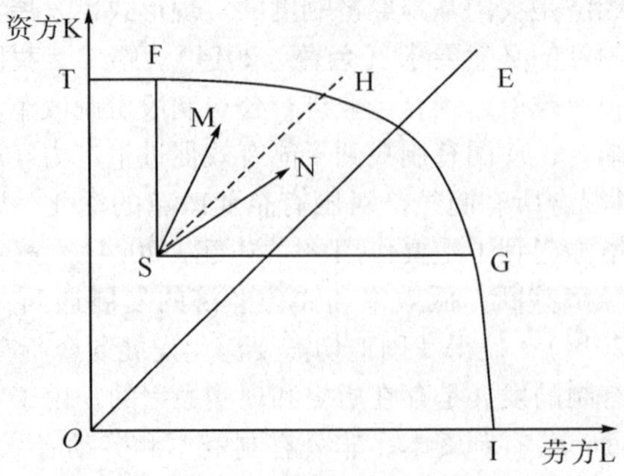

图 1　劳资双方利益的帕累托改进

图 1 中横轴表示劳方 L 的收益，纵轴表示资方 K 的收益。TI 为在既定资源和技术条件下企业收益的可能性边界；OE 为平均收益线，表示劳资双方利益的最优配置点轨迹的连线；而现实情况往往不能保证劳资双方利益点总是处于 OE 曲线上，并且现实中资方在企业中是占主导地位的，因此在靠近资方处设点 S，表示现行条件下收益空间分布点，而由 S 点到扇形 FSG 中的任何一点均表示劳资双方收益的帕累托改进轨迹的连线。

假如随着 S 移动到 M 的轨迹，表示 K 的收益比 L 的收益增长得更多，且双方收益差距不断扩大，尽管移动轨迹逐渐远离 OE 曲线，但无论是 K 还是 L 的收益都有所增加，只是 L 的利益增长速度慢一些而已，故这种情况为帕累托改进；同理，从 S 到 N，表示 L 的收益比 K 的收益增加得多，移动轨迹逐渐接近 OE，说明劳资双方的收益差距在逐渐缩小，这种情况表示在增加 L 的利益的同时也缓慢增加了 K 的利益，因此这也是一种帕累托改进。不难发现，这种劳资双方收益的帕累托改进促成了双方的合作。

对于 SM 这类帕累托改进，资方的偏好更强，劳方也可以接受合作，虽然与资方的收益差距扩大，但对自己的利益并没有损失，只是偏好程度较低而已，SF 曲线是劳方进行合作的底线；对于 SN 这类帕累托改进，劳方则有更强的偏好，因为收益相对增加较多。但是对于资方来说，SG 却不一定是其参与合作的底线，因为资方处于强势地位，可以采取措施来改变条件使得利益增加快于劳方，并且若其因与劳方利益差距拉大而产生矛盾不符合其长远利益。

（2）劳方持股的动因分析

建立一般劳动关系首先需要劳资双方能够平等合作，故双方利益差距拉大对双方的长远利益是无利的。特别是出现 SM 型帕累托改进的情况下，将直接降低劳方的合作偏好或合作意愿，而当达到某个度时，劳方可能会拒绝合作，从而破坏了这种合作的可能性。因此，对于资方来说最佳帕累托改进路径是沿着平均收益线，即 OE 曲线方向改进。而实现这一改进的最佳途径是让劳方持有一定公司股份，当企业收益稳定增长时，劳资双方收益都能得到持续稳定的帕累托改进。

2. 公有制资本与非公有制资本发展混合所有制经济的动因

企业主要是由资本方控股，在我国主要存在国有资本和集体资本，民营资本和私人资本等，概括起来其实就是公有制资本和非公有制资本，而发展混合所有制经济也主要是这两种所有制资本的混合。与发展劳资双方的混合所有制经济类似，公有制资本和非公有制资本之所以会发展为混合所有制经济结构，也是因为会使双方的利益均有增加，即对双方来说均存在帕累托改进。

（1）公有制资本和非公有制资本的合作动因及效应分析

公有制资本和非公有制资本的合作效应如图 2 所示，横轴表示非公有制 S 的收益，纵轴表示公有制 J 的收益；js 是现行条件下企业的收益可能性边界，qw 为更为优化的企业收益可能性边界；OE 为平均收益线。其二者之间的关系与前述劳资双方的关系不尽相同，在劳资双方面前，资本方是绝对的强势地位；而在公有制资本与非公有制资本之间却存在着三种情况，包括以公有制资本为主体、以非公有制资本为主体、公有制资本和非公有制资本均无实际控制权。

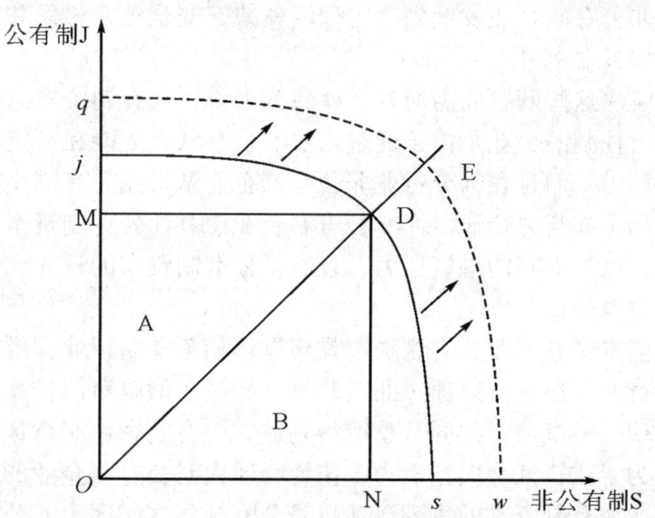

图 2　公有制资本和非公有制资本利益的帕累托改进

①公有制资本为主体。在以公有制资本为实际控制人的企业中，常常以 A 为现状收益空间分布区域，故只要其收益改进方向在 OE 曲线左上方，对公有制资本与非公有制资本就是帕累托改进。若原本公有制资本控制企业是处于 j 点，若企业此时还想扩大生产提高营业利润，那么只有引入非公有制资本，才会使得原来的收益可能性边界 js 上移至 qw。因此，只有这时才存在混合所有制改进的可能。

②非公有制资本为主体。在以非公有制资本为实际控制人的企业中，常常以 B 为现状收益空间分布区域，同样只要其收益改进方向在右下方，则非公有制资本与公有制资本就是帕累托改进。若原本非公有制资本控制企业处于 s 点，那只有在引入公有制资本会引起 js 曲线上移至 qw 曲线时，才有改进的动力，即存在混合所有制改进的可能。

③无实际控制人情况。在公有制资本和非公有制资本均不是实际控制人的企

业中，企业做决策需遵循市场原则，一切以追求企业整体利益最大化为原则，其现状收益空间分布点通常是在平均收益线 OE 上，即对于公有制资本和非公有制资本均无占优的情况，二者一荣俱荣、一损俱损。

（2）公有制资本与非公有制资本相互入股的动因分析

公有制资本在发展中主要面临两方面的压力：一是规模过大带来的经营管理压力。部分公有制企业涉及行业过多且自身规模不断扩大，导致运营成本过高，面临很大的管理经营压力，同时在管理中出现了较多问题；二是社会舆论压力。部分公有制企业依靠政策垄断和不正当竞争获取了大量利益，同时国家还不断给予其补贴，而这些企业的税收贡献却很少。

非公有制资本在发展中主要面临三方面的压力：一是政策门槛。很多表面上看似没有政策障碍的行业，非公有制资本往往可望而不可即，即“弹簧门”和“玻璃门”。二是要素成本压力。非公有制企业大多面临融资压力，且普遍面临用工难和用工成本高等问题，多数人员倾向于在公有制企业工作。三是政治社会压力。一部分非公有制企业发展到一定程度就缺乏安全感，移民和转移财产的倾向、数量和规模日益上升。

从根本上解决这些问题尚需时日，就目前来说，公有制资本之所以愿意入股非公有制资本所控制的企业是由于通过入股非公有制企业能在一定程度上减轻自身的经营管理压力，而且在部分行业非公有制企业做得比公有制企业更好，既然无法超越他，那不如与之合作。而非公有制企业愿意让公有制资本持股则是为了减轻要素成本，减缓面临的融资压力，且有了公有制资本的进入，也能从一个方面提升外界对自身的认可度。

非公有制资本愿意入股公有制资本是想进入相关垄断行业，既然自己无法单独进入该垄断行业，那就可以通过曲线政策，绕过所谓政策门槛，持有相关公司股份，打破玻璃门的束缚，共同分享所得利益。公有制企业愿意让非公有制资本持股一方面是为了减轻社会舆论压力，扭转普通人对公有制企业的看法；另一方面也可以通过非公有制资本的进入盘活自身公有制资本，因为非公有制资本在使用上具有较强的灵活性，无须像公有制资本那样层层审批。

综上所述，无论从公有制资本方还是非公有制资本方来看，二者均存在入股对方的愿景，也均存在让对方持股的意愿，故其存在一个帕累托改进。

（二）基于合作博弈视角研究

基于前文所述可知，发展混合所有制经济的过程，其实就是一个合作博弈的过程，一方面是劳资双方的合作博弈，即资本方和员工的合作博弈；另一方面是公有制资本和非公有制资本之间的合作博弈。

1. 劳资双方发展混合所有制经济的博弈分析

首先我们假设所有参与者均是理性的，即个体理性与集体理性①。现有 n 个

① 集体理性是指所有博弈者的综指腹实现了最优化，即在一个支付可转移的联盟行博弈〈N, v〉中，支付向量 $x=(x_1, x_2, \cdots, x_n)$ 是符合集体理性的，当且仅当每位博弈者所分得的支付和总和相等于联盟的价值 $x(N)=\sum_{i\in N}x_i=\sum_{i=1}^{N}x_i=v(N)$。

参与者，其中一个为资本方，其余为员工。用 $N=\{1, 2, \cdots, n\}$ 来代表 n 人的集合，其中编号1代表资本方，编号2到 n 代表 $n-1$ 位员工。资本方拥有的是该企业和其自身代表的劳动力，而每位雇员则只拥有各自的劳动力，且员工在该企业外短期内没有生产力，每位员工拥有以单位的基本生产力，而该企业的生产力是工作人数 n 的一个凹面不降函数：

$$g(n),\ g=R_{+}\rightarrow R_{+},\ g(0)=0,\ g(S)>|S| \qquad \text{式 (4)}$$

式（4）表示如果企业工作人数增加，则企业的生产力只增不减，而在企业工作的生产力是必定高于同样的人数的基本生产力，但如果没有人在企业工作，则企业便没有生产力。

根据假设，我们可以把该博弈问题转换为支付可转移的联盟型博弈 $\langle N, v\rangle$，则每个联盟的价值为：

$$v(S)=\begin{cases}|S|,\ \{1\}\notin S \\ \cdots, \qquad S\subseteq N \\ g(S),\ \{1\}\in S\end{cases} \qquad \text{式 (5)}$$

该博弈中，每个员工都能通过与资本方结盟而提升生产力，而不结盟便只有各自的基本生产力。而在总联盟成立的情况下，每个员工的单方面离开，将会减少总联盟 $[g(n)-g(n-1)]$ 的生产力。

根据以上条件，该博弈存在一个由无数的支付向量所组成的核心，即

$$[g(n)-(n-1)a,\ a,\ a,\ \cdots,\ a],\ a\in[1,\ g(n)-g(n-1)] \qquad \text{式 (6)}$$

也就是说，每个员工的所得是介于他的基本生产力和他对总联盟的边际生产力贡献之间。

通过上面简单的博弈分析，我们可以得出，对于资本方，每个员工能通过与资本方的结盟而提升生产力，即持有该企业股份，就能达到提升生产力的目的；对于员工，达成结盟之后即持有企业股份之后，其所得是介于他的基本生产力和他对总联盟的边际生产力贡献之间，表明员工获得的收益要大于原本没有持股的时候。也就是说，无论是对于资本方还是员工，均有让员工持股的意愿，同时也能为双方带来增加的收益。

2. 公有制资本与非公有制资本发展混合所有制经济的博弈分析

由于在企业中不可能仅仅存在公有制资本和非公有制资本，尤其是在上市公司中，故我们假设在一个企业中存在三种资本，一是公有制资本；二是非公有制资本；三是投资类资本，该资本属于社会投资类资本，不参与企业任何决策，本文将其看作公有制资本和非公有制资本外的第三类资本。

假设第三类资本能自由进出，且不参与公有制资本和非公有制资本之间的任何博弈，故假设该企业只存在两个博弈者。考虑一个由两种资本组成的动态经济合作决策情况。两种资本的目标均为最优化该资本在时区为 $[t_0, T]$ 时中的净收入的现值，即有：

$$\int_{t_0}^{T} g^{i}[s,\ x_i(s),\ u_i(s)]\exp\left[-\int_{t_0}^{s} r(y)\,dy\right]ds+ \exp\left\{-\int_{t_0}^{T} r(y)\,dy q^{i}[x_i(T)]\right\},\ i\in[1,\ 2,\ \cdots,\ n] \qquad \text{式 (7)}$$

并受制于一个向量值微分方程集合：

$\dot{x}_i(s) = f_i^i[s, x_i(s), u_i(s)], x_i(t_0) = x_i^0, i \in [1, 2, \cdots, n]$　　式（8）

其中，$x_i(s)$ 是资本 i 的技术、资金、管理能力等。而向量值微分方程式（8）是博弈的动态系统，其描述的是资本 i 的技术、资金、管理能力等状态变量的进展变化。u_i 则是资本 i 的控制向量，可以看作是资本 i 在技术、资金、管理能力等其他方面投入的其他资源。

在该博弈中，支付是可以转移的，因此，我们可以对不同资本的收益进行比较；而不同的资本在不同的时间点所获得的收益则需要进行相应的贴现后才能比较。给定一个随着时间转变的贴现率 $r(s)$ 对于 $s \in [t_0, T]$，每种资本在时间点 t_0 后的时间点 t 的所得，都需要根据贴现因子 $\exp\left[-\int_{t_0}^{t} r(y)\,dy\right]$ 进行贴现，这个贴现因子可以看作各类资本的机会成本或市场利率。在每一个时间点 s，资本 i 都会收到的瞬时支付 $g^i[s, x_i(s), u_i(s)]$，即资本 i 在该时间点获得的净收入，在合作计划结束时根据当时资本方在各方面的情况和经济潜力，计算出的未来潜在净收入的限制。瞬时收益和终点收益都与转台变量有正的关系，即当转台变量 x_i 的值越大，瞬时支付 $g^i(s, x_i, u_i)$ 和终点支付 $q^i(x_i)$ 的值也越大。我们用 $x_N(s)$ 代表向量 $[x_1(s), x_2(s), \cdots, x_n(s)]$，用 $x_N^0(s)$ 代表 $[x_1^0, x_2^0, \cdots, x_n^0]$。

考虑一个由两种资本方 $K \subseteq N$ 所组成的经济合作联盟，参与资本方在经济合作中可以在资金、基数和人才等各方面产生协同效应，因此，资本 i 的状态所依赖的动态系统加入联盟 K 后将变为：

$\dot{x}_i(s) = f_i^K[s, x_K(s), u_i(s)], x_i(t_0) = x_i^0, i \in K$　　式（9）

故在加入资本联盟 K 后，每一个资本方均会为另一资本方的状态给予正面的影响。也就是说，在加入资本联盟 K 后，联盟中的每一个资本方都能分享其他联盟资本方在各方面的发展成果。故无论是对于公有制资本还是非公有制资本，与对方形成资本联盟之后都能分享到对方的发展成果。

三、结论

关于发展混合所有制经济的问题，通过对程承坪（2015）、季晓楠（2014）、蒲宇飞（2014）、石军（2014）的研究文献进行梳理，发现其主要的发展障碍包括以下四个方面：第一是体制机制障碍，包括国有企业管理行政化，国有企业监管多头化，民营企业相对低位矮化，以及国企现在的行政体制、干部管理、分配体制与民营合作复杂化；第二是市场体系障碍，我国的资本市场发展较慢，非公有制经济通过资本市场难以获得融资，同时，公平公正、开放透明的市场规则也未形成，在许多重要行业还存在国有经济垄断行为，非公有制经济进入仍然困难重重；第三是法律法规障碍，我国产权保护和产权流动制度还不健全，相关法律法规还不完善，非公有制经济企业和国有企业发展混合所有制企业没有完善的法律法规保障；第四是现实障碍，国有控股大部分都是国有独资，国有资产占垄断地位，同时，非公有制经济企业进入混合所有制经济容易遭遇“弹簧门”或

“玻璃门”的现象。

本文仅对混合所有制的公有制成分和非公有制成分认定问题做初步研究。对于一个企业来说进行混合所有制改造之后是以公有制经济为主体还是非公有制经济为主体的问题，是混合所有制企业要面临的重要问题。另外，无论是公有制企业还是非公有制企业，在发展混合所有制经济过程中均面临着企业控制权的问题，即混合之后是以公有制为主体还是以非公有制为主。然而，公有制企业之间的混合所有制发展在这方面不存在大的问题，因为其最终所有权都是属于公有制，在追求利益最大化的同时也兼顾国家战略发展，即可以容忍一定程度的亏损；同样，非公有制企业之间的混合所有也无太大问题，因为他们的管理流程等都较为类似，均是以利益为导向，追求利益的最大化。

从中我们能发现，公有制和非公有制之间存在一组矛盾，即公有制为了国家战略的发展可以容忍一定的亏损，而非公有制企业则是完全以利益最大化为原则。同时对于一家规模不是很大的企业①来说，公有制经济与非公有制经济所面临的监管主体不同，前者主要是来自国资委等的监管，后者则经常面临监管的缺失。由于两者监管主体不同，也就导致了两者在企业经营方式上的不同，也导致了控制权的归属将决定是以哪种方式来经营企业。通过前文的分析，本文得出以下四点结论：

第一，中国经济新常态下，企业适应与发展的一条路径就是发展混合所有制，无论是国有企业的混合所有制还是民营企业的混合所有制，只有充分调动各方的积极性，才能在新常态环境下有更好的发展。

第二，资本方和劳动方之间存在合作博弈，即员工愿意持有企业股份，且企业也存在让员工持股的愿景，而这是由于两者之间存在帕累托改进的空间，而要持续维持帕累托改进，让员工持有企业股票是较好的方法。

第三，公有制资本和非公有制资本形成混合所有制经济，即形成一个由双方持股的企业存在一系列问题，最核心的问题就是控制权的归属，这直接涉及该企业的运作方式，是按照国有企业那一套运作还是按照民营企业那一套运作；但同时两种资本又存在相互持股的意愿，因为两者之间也存在帕累托改进。

第四，混合所有制的发展动因其实就是存在帕累托改进，只要存在帕累托改进的空间，混合所有制就有发展的动力，但不可否认的是在发展混合所有制过程中存在很多问题。

参考文献

［1］张慧莲，汪红驹. 中国经济“新常态”［J］. 银行家，2014（6）：11-13.

［2］王佳宁. 中国经济“新常态”前路绵长［J］. 改革，2014（8）：1.

［3］余菁. “混合所有制”的学术论争及其路径找寻［J］. 改革，2014（11）：26-35.

［4］张卓元. 为什么要发展混合所有制经济［N］. 湖北日报，2013-01-03.

［5］黄速建. 中国国有企业混合所有制改革研究［J］. 经济管理，2014（7）：1-10.

［6］吕景春. 论劳资合作博弈中利益的帕累托改进——基于“和谐劳动关系”的分析视

① 主要是指未上市的企业。

角［J］. 经济学家，2009（4）：16-22.

［7］程承坪，焦方辉. 现阶段推进混合所有制经济发展的难点及措施［J］. 经济纵横，2015（1）：51-55.

［8］季晓楠. 发展混合所有制经济仍面临诸多障碍［N］. 中国企业报，2014-01-21：T02.

［9］蒲宇飞. 完善动态混合所有制结构焕发经济活力［J］. 经济问题，2013（11）：4-10.

［10］石军. 混合所有制现状：民企行动快　国企等安排［N］. 中国企业报，2014-01-21：T02.

重庆高技术产业现状、问题与发展思路

潘　曦①

[摘要]“十二五”规划以来，重庆市高技术产业总体规模有较高增长，占重庆市国民收入比重也逐步提升，其稳定发展关乎重庆经济未来的持续发展，也关乎重庆经济竞争力的提升。本文通过对重庆高技术产业现状及存在的问题进行梳理研究，发现存在产业内部发展不均衡、科研投入不足等问题，同时对比先进地区政府相关支持政策，发现重庆高技术产业政策在自主创新引导方面不及上海、深圳等先进地区，在科研补贴、人才引进与激励方面不及后起的江苏、湖北、湖南等地，因此主要从这两方面对重庆高技术产业的发展提供思路与建议。

[关键词] 重庆　高技术产业　现状　问题

根据中国高技术产业统一分类法（2007），中国高技术产业分为5类，即医药制造业、航空航天器制造业、电子及通信设备制造业、电子计算机及办公设备制造业、医疗设备及仪器仪表制造业。本文所进行的重庆高技术产业相关研究即是基于此分类方法而做的行业划分与数据搜集。

一、重庆高技术产业发展现状与特点

（一）近年来产业规模总体增长迅速

得益于笔记本电脑（简称笔电）产业等产业转移，重庆高技术产业从2009年开始有突破式发展（见图1），在2009—2014年主营业务收入保持年均54.9%的增长率，从业人数年均增长率保持在28.7%，远超全国平均增长水平。

重庆高技术产业主营业务收入占全国高技术产业主营业务收入的比重也逐年递增。从表1可知，2010年之前重庆高技术产业的全国占比增长平稳，但从2011年开始，占比增长迅速，由之前的0.68%提升至1.27%，其后几年占比也逐步提高。

表1　2005—2014年重庆高技术产业主营业务收入全国占比

年份	2005	2006	2007	2008	2009	2010	2011	2012	2013	2014
占比（%）	0.32	0.33	0.31	0.49	0.57	0.68	1.27	2.04	2.57	2.94

数据来源：《中国高技术产业统计年鉴》。

① 重庆工商大学融智学院讲师，主要研究方向为产业与企业发展。

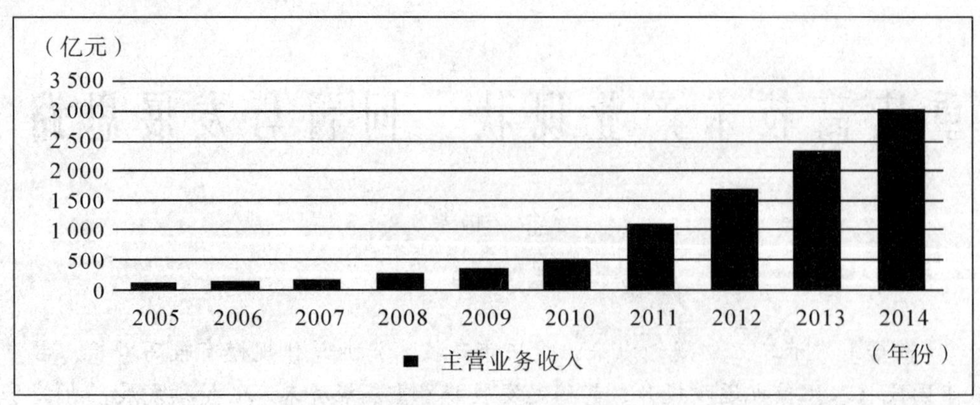

图1　重庆高技术产业主营业务收入增长

数据来源：《中国高技术产业统计年鉴》。

另外，重庆高技术产业主营业务收入占重庆市生产总值比重同样上升显著（见表2），2005—2010年的5年间占比增长平稳，2010年之后增速明显提高。

表2　重庆高技术产业主营业务收入占重庆市生产总值比重

年份	2005	2006	2007	2008	2009	2010	2011	2012	2013	2014
占比（%）	3.11	3.48	3.32	4.69	5.19	6.41	11.08	14.88	18.40	21.22

数据来源：《中国高技术产业统计年鉴》。

（二）高技术企业稳步成长

经过近年的快速发展，重庆高技术企业总量快速增加。统计数据显示，至2014年，重庆高技术企业共计149家，其中医药制造业64家、医疗设备及仪器仪表制造业59家、电子及通信设备制造业23家、电子计算机及办公设备制造业2家、航空航天制造业1家（见表3）。

表3　2005—2014年重庆高技术产业企业数

单位：个

	2005年	2006年	2007年	2008年	2009年	2010年	2011年	2012年	2013年	2014年
企业数	149	159	172	254	287	324	252	315	383	460
医药	64	71	81	104	115	121	97	108	117	120
航空航天	1	1	1	1	1	1	1	3	3	1
电子通信	23	24	25	45	48	61	58	83	100	143
计算机办公	2	1	1	3	3	8	13	32	65	89
医疗仪器与仪器仪表	59	62	64	101	120	133	84	89	98	107

数据来源：《中国高技术产业统计年鉴》。

重庆高技术品牌企业也逐步形成，重庆医药和医疗设备制造业在国内具有一定的优势，拥有太极集团重庆涪陵制药有限公司、重庆华立药业股份有限公司、重庆天圣制药有限公司、西南药业股份有限公司等一大批取得良好业绩的企业；在电子及通信设备制造业领域占据着有利地位，重庆国虹科技发展有限公司、重庆凌进电子有限公司、重庆大唐新数码股份有限公司、重庆合智思创实业有限公司等企业发展势头强劲；笔电产业引进的惠普、宏碁、华硕、东芝、思科等全球著名品牌商，带动了富士康、广达、英业达、和硕、仁宝、纬创等全球知名代工企业落户，并且推动产品从单一的笔电向打印机、显示器、路由器、交换机、平板电脑等拓展。

（三）五类高技术产业成长表现

重庆高技术产业总体规模增长迅速，但是 5 类产业各自又有不同的成长表现。从图 2、图 3 来看，电子计算机及办公设备制造业因 2009 年笔电产业引入的原因主营业务收入迅速增加，电子信息及通信设备制造业在近年来增速有较大提升，医药产业增速平稳，而航空航天器制造业总体保持增长趋势，但是在 2014 年业绩有显著下滑。

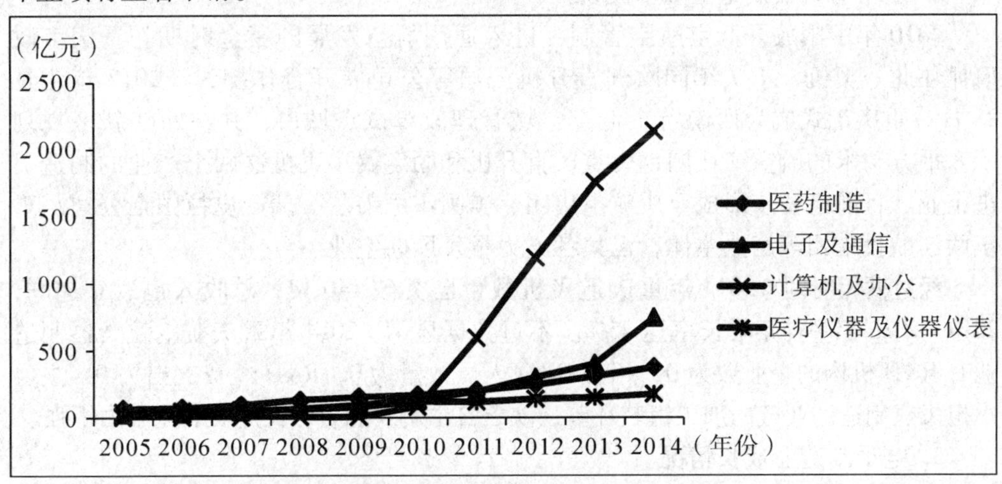

图 2　重庆 4 类高技术产业历年主营业务收入

数据来源：《中国高技术产业统计年鉴》。

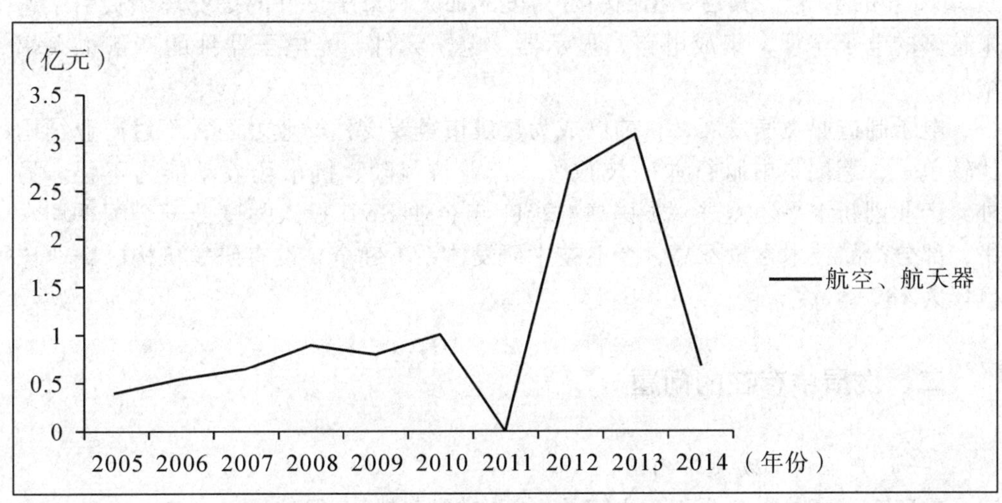

图 3　重庆航空航天制造业历年主营业务收入

数据来源：《中国高技术产业统计年鉴》。

1. 医药制造业成长情况

20世纪90年代初期，重庆被称为“全国六大制药基地”之一。西南合成、西南药业、重庆制药一厂～七厂等国资背景的重庆医药企业名声响亮，长期以中成药为主导，具有品牌、品种优势。而化学原料药、化学制剂虽然基础较好，但近十多年来发展缓慢。在医疗器械和生物制剂方面，具有原始创新优势，但规模较小。

重庆成为直辖市以来，经济发展迅速，医药产业发展却明显滞后，以2005—2011年数据为例，重庆医药产业的平均增速为20.7%，低于全国23.8%的水平，到2011年，产值尚未突破300亿元，落后于同在西部的四川、云南、陕西等省。产业成长中表现出产业集聚度低、产业上下游融合差、缺乏一批领军型的龙头企业、品种规模小、产业创新活力不足等一系列问题。

2. 航空航天器制造业成长情况

2010年中国放开低空航空管制，进入通用航空发展的黄金时期。重庆市政府抓住此一契机，于次年同欧洲直升机公司等公司展开合作探讨。2012年4月28日，重庆正式成为西南首个低空空域管理改革试点城市，并在两江新区规划了8平方千米的航空产业园，为重庆直升机和固定翼小飞机这两个产业的制造引进企业。目前已初步形成重庆航空集团、美国霍尼韦尔、瑞士皮拉图斯公司、重庆两江航投集团等产业主体，汇集各方力量发展航空业。

经过两年时间，2014年重庆造飞机数量已突破140架，总收入也逐年递增，2010—2013年平均年增长率达45%。不过数据显示，2014年重庆航空航天器制造业有R&D机构的企业数为0，相关R&D人员数量为0，R&D经费支出为0，主要承担飞机制造产业链的加工组装环节，缺乏自主研发能力，长期发展竞争力不强。

3. 电子制造业成长情况

2011年，广达、仁宝、纬创资通、旭硕科技四家笔电企业新投产，使得当年笔电投产企业增至7家，产量也大幅上升，全年累计生产电脑2 547.8万台，是2010年的13倍。其后，招商引资力度的加大和重庆良好的投资环境吸引了越来越多的电子企业，集成电路、显示器、电子元件、光电子器件的产量也大幅增加。

电子制造业飞速发展，目前已成为重庆市重要支柱产业之一，不过产业结构比较单一，笔记本电脑行业一枝独秀，产业抗风险、抗市场波动能力不强。另外，产业创新水平还需进一步提高，2011年企业R&D投入强度低于全国平均水平，部分产品技术含量不高，企业技术研发体系不健全，设有研发机构的企业比例仅为18%。

二、发展中存在的问题

（一）产业内部发展不均衡

重庆5类高技术产业相互之间的份额在较长时间内保持平稳，其中医药制造业处于相对优势，以2010年为例，其主营业务收入占比为33.54%，高于其他4

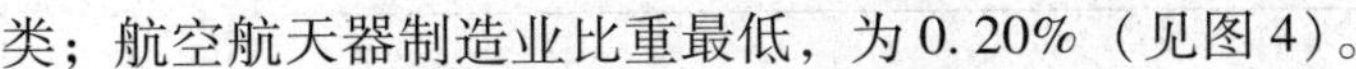

类；航空航天器制造业比重最低，为0.20%（见图4）。

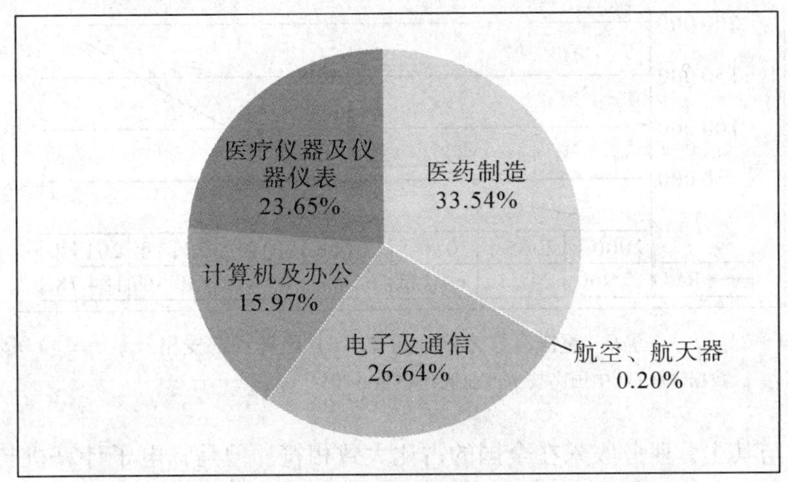

图4　2010年重庆高技术产业主营业务收入行业占比情况

数据来源：《中国高技术产业统计年鉴（2014）》。

但是重庆市医药产业近十年来在产业规模、品牌成长、新产品开发等方面表现不佳，增长慢，而电子计算机及办公设备制造业则因近年来招商引资的原因有突破式增长。从2013年、2014年数据可以了解，电子计算机及办公设备制造业、电子设备与通信设备制造业所占比重较大，其2014年的主营业务收入占比分别为62.17%、21.72%；而医药制造、医疗设备及仪器仪表制造业占比下滑，2014年主营业务收入占比分别为10.95%、5.14%；航空航天器制造业主营业务收入仍然最低，占比仅为0.02%，五类产业不均衡情况日益显著，详见图5。

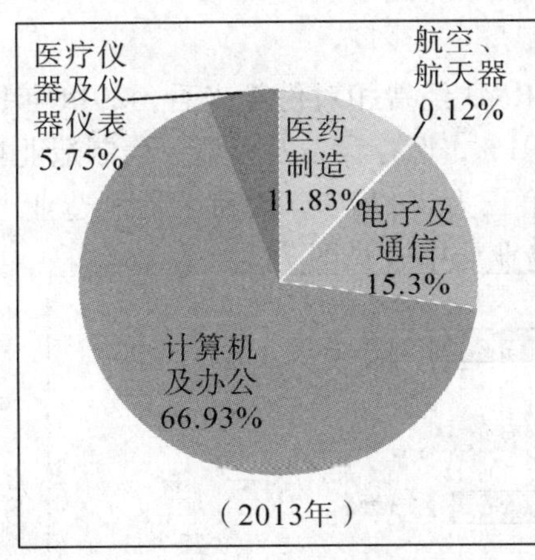

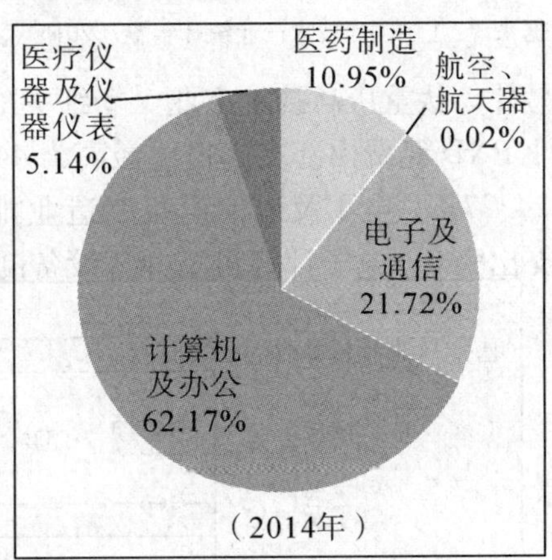

图5　重庆高技术产业主营业务收入行业占比情况

数据来源：《中国高技术产业统计年鉴（2014）》。

（二）研发投入逐步增长，但不同行业差别大

从图6可知，重庆高技术产业研发投入从2011年开始稳步增长，并保持较高增长率，在2011—2014年，年均增长率高达44.04%。

观察重庆高技术产业R&D经费支出在西部、全国的比重（见表4），可见占

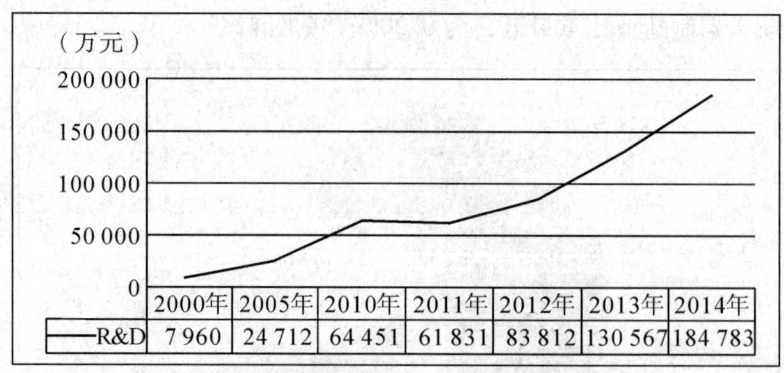

图 6　重庆高技术产业历年 R&D 经费内部支出

数据来源：《中国高技术产业统计年鉴（2014）》。

比不低，与其主营业务收入在全国的占比大致相符。但是，电子计算机与办公设备制造业、航空航天器制造业研发程度相较西部、全国水平都偏低。

表 4　　2014 年重庆高技术产业 R&D 经费内部支出情况

单位：万元

	医药制造	航空、航天器	电子及通信	计算机及办公	医疗仪器及仪器仪表
全国 R&D 经费	3 903 161	1 940 455	13 239 470	1 555 573	95 131
西部 R&D 经费	463 014	722 552	515 045	27 846	209
重庆 R&D 经费	82 984	0	42 820	13 214	127
重庆占西部比重（%）	17. 92	0	8. 31	47. 45	60. 77
重庆占全国比重（%）	2. 13	0	0. 32	0. 85	0. 13

数据来源：《中国高技术产业统计年鉴（2015）》。

另外，从重庆高技术产业 5 个细类的 R&D 经费相对份额来看，2014 年医药制造业 R&D 经费内部支出占比最高为 44. 91%，医疗设备及仪器仪表制造业排第二为 24. 77%，电子及通信设备制造业排第三为 23. 17%，而航天器制造业 R&D 费用支出为 0，电子计算机及办公设备制造业居中（见图 7）。

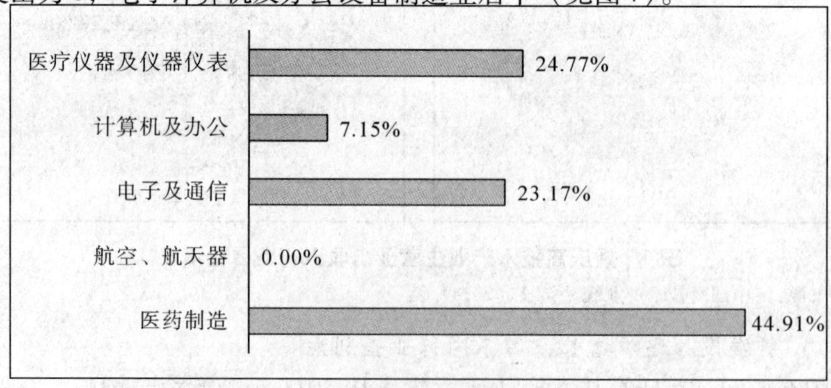

图 7　2014 年重庆 5 类高技术产业 R&D 经费内部支出结构

数据来源：《中国高技术产业统计年鉴（2015）》。

对比2014年5个细类行业主营业务收入份额，发现电子计算机及办公设备制造业、电子设备与通信设备制造业所占比重大，合计83.89%，但其R&D经费占比合计仅为30.32%；医药制造业、医疗设备与仪器仪表设备制造业主营业务收入占比合计仅16.09%，但二者R&D经费占比却为69.68%，反映重庆市在引进电子计算机及办公设备制造业、电子设备与通信设备制造业过程中虽然实现了量的增加，但仍以加工组装为主，缺乏科研投入，缺乏对相关生产性服务业的发展带动，不利于长期可持续发展。

三、经验借鉴及发展思路

（一）其他地区发展高技术产业的经验借鉴

高技术产业的发展依托持续不断的企业创新，由于其具有创新风险高、外部性大的特点，国内外各地区在发展高技术产业时通常采用对相关企业进行财税倾斜及多元化金融支持两类主要政策。

美国的证券资本市场发达，有好点子的发明者，很容易就能找到私人投资者向新企业注入资金，以便能分享利润。银行也愿意冒险贷款给高技术产业中的新的小企业，因此美国政府注重资助基础研究，很少资助高技术产业的商用开发。日本通产省在选择鼓励发展的特定目标产业时，一般避免选择某个产业中最尖端、可能也是最著名的宏大的生产计划。其典型的策略是从相对简单的高技术产品开始，然后设法比其他国家做得更好、更有效率。只有在掌握了相对简单的技术以后，日本企业才试图转向更加尖端的领域。在具体的政策上，美国政府对高技术产业的直接采购制度、税收优惠措施、直接科技投入等财政政策对高技术产业发展起到了非常关键的作用；日本政府往往采取研究开发补贴、低息贷款以及税收优惠等产业政策手段扶持高技术产业的发展。

在我国，高技术产业发展先进地区首推上海、深圳、广州等城市。以深圳为例，其引进和创新并重，着力将高新技术企业培育成为自主创新的主体，为此，深圳市积极营造创新环境和体制，促成大规模优异资源聚集。深圳市政府高度重视构筑政策法规高地，从20世纪90年代开始先后出台了《关于进一步扶持高新技术产业发展的若干规定》、《关于完善区域创新体系推动高新技术产业持续快速发展的决定》《关于实施自主创新战略建设国家创新型城市的决定》等一系列政策，推动本土创新企业的发展，使具有自主知识产权的本土创新企业成为高新技术产业发展的主导力量。而后起的江苏、湖北、湖南等地为实现快速追赶，采取了一系列大力度的人才引进与科研补贴措施，取得一定成绩。

相较于深圳，重庆在自主创新支持方面政策明显不足，而相较于江苏、湖北等地的追赶之势，重庆市政府在科研补贴与人才激励方面的力度与范围也有一定差距。

首先考察人才结构。R&D人员全时当量是国际上用于比较科技人力投入的指标，指全时人员数加非全时人员数按工作量折算为全时人员数的总和。将其与当年的平均从业人员相除，得到研发人员占比，2009—2014年，重庆市高技术产业 R&D 人员全时当量占从业人员的比重逐年下降（见表5）。

表5　2009—2014 年重庆高技术产业研发人员历年占比情况

年份	2009	2010	2011	2012	2013	2014
全时当量占比（%）	4. 78	4. 51	3. 86	2. 68	2. 46	2. 39

数据来源：《中国高技术产业统计年鉴》。

重庆市 2009 年正式出台高层次人才优惠政策，其后也颁布了关于两江新区人才引进政策，但是相比江苏、浙江、湖北、湖南等地，明显缺乏吸引力。将重庆高技术产业研发人员占比与全国情况进行比较，发现 5 类产业研发人员占比都较低，除医疗设备制造业，其余都明显低于全国平均水平（见表6）。

表6　2014 年各行业研究人员占比情况

	医药制造	航空航天器	电子及通信设备	计算机及办公	医疗设备
重庆研究人员占比（%）	4. 79	0. 00	2. 24	0. 15	7. 27
全国研究人员占比（%）	6. 20	11. 22	4. 92	3. 27	7. 46

数据来源：《中国高技术产业统计年鉴（2015）》。

其次考察科研创新情况。上文我们已经了解，重庆市专利申请量从 2010 年开始有明显的增长，而且 2010—2014 年，有研发机构企业数从 97 家增至 160 家，科研机构从 93 家增至 141 家。

不过与全国平均情况相比，仍不理想。重庆科研机构近几年年均增长率 10%，低于全国的 14%。另外，除医药、医疗设备制造业，其余三类产业设有研发机构企业数的占比也明显低于全国平均情况（见表7）。

表7　2014 年各行业拥有 R&D 机构的企业数占比情况

	医药制造	航空航天器	电子及通信设备	计算机及办公	医疗设备
重庆占比（%）	49. 17	0. 00	27. 97	6. 74	51. 40
全国占比（%）	40. 66	50. 30	35. 16	31. 00	46. 94

数据来源：《中国高技术产业统计年鉴（2015）》。

（二）发展思路

1. 加大政府科研投入，引导风险投资，提供多元化金融支持

加大对成长初期企业扶持力度，针对成长初期的科技型企业（一般两年以内）以及一些转型的蜕变期企业，可适当降低资助门槛，对其具有资助知识产权、一定发展前景、较高经济效益的项目给予优先资助。

通过设立科技成果转化基金，对具有资助知识产权的专利、科技成果在重庆进行转化；可以申请转化基金资助，对科技成果转化效果较好、做出突出贡献的个人或企业进行奖励。同时加大对研发机构的资金投入，特别是大企业建立研究开发机构，同时对企业建立的经认定的面向公众开放的研究开发机构予以资金

支持。

另外，积极引导风险投资进入该领域，加强各个环节的衔接配合，为风险投资的发展打造良好软环境；继续从财税优惠与资本运作措施入手，鼓励企业加大投资，在市场开拓中获得优势。

2. 加大强人才激励力度

重庆高技术产业的人才激励相较于江苏、浙江、湖北等地缺乏吸引力，一方面应当加大人才补贴，吸引高级技术人才来渝；另一方面，应优化高技术产业的人才激励机制，从而增加科技创新。具体方式，比如可对高等院校、科研机构以股份或出资比例等股权形式给予科技人员个人相关奖励，予以免征个人所得税的优惠政策，并且将这一政策规定的实施扩展到企业范围，鼓励和提高各类科技开发人才开展科研创新的积极性和创造性，激发科技创新热情。

3. 分类指导，树立产业发展的生命周期理念，增强政策效果

重庆五类高技术产业的成长路径、成长阶段都不一样，涉及的政策内容也不同。比如，传统中药制造业与生物制药业的发展特点、阶段、涉及的问题不一样，很难制定统一的政策。因此，应在现有政策的基础上，分类指导，制定专项产业政策，比如集成电路专项产业政策、移动通信设备专项产业政策等，提高政策的针对性。同时跟随重庆高技术产业生命阶段演进，注意政策阶段性调整，提高政策有效性。

参考文献

[1] 陈建先. 高新技术发展的政府“种子基金”构架——重庆高新技术产业发展的理论研究 [J]. 西南民族大学学报：哲学社会科学版，2002 (9)：9-11.

[2] 周庆行. 重庆高新技术产业发展的“冷处理” [J]. 重庆工商大学学报，西部经济论坛，2003 (4)：29-30.

[3] 王昌林. 提升我国高技术产业核心竞争力的思路与政策建议 [J]. 宏观经济研究，2008 (4)：3-10.

[5] 曾鑫，赵黎明. “科技企业孵化器、风险投资、创业企业”三方合作网络研究 [J]. 中国科技论坛，2011 (8)：62-66.

[6] 吕明洁，陈松. 我国高技术产业政策绩效及其收敛分析 [J]. 科学学与科学技术管理，2011 (2)：43-47.

[7] 李方旺，温万银，瞿庆云，等. 美国高技术产业财政支持政策分析及启示 [J]. 中国高校科技，2014 (12)：34-36.

重庆服务外包产业发展的瓶颈及转型分析[①]

滕学英[②]

［摘要］重庆自2009年成为服务外包示范城市之一后，服务外包产业快速崛起，带动了重庆地区经济的飞速发展。但人才结构的不合理、品牌缺乏、渠道单一和政策支持不足等已经成为重庆服务外包产业发展的瓶颈。目前全球服务外包市场发展迅速，重庆应抓住服务外包产业转移的机遇，大力引进和培养高端人才，优化人才结构，拓宽企业融资渠道，培育品牌龙头企业，不断创新，丰富品牌核心价值，逐步完善政策扶持体系，以加快重庆服务外包产业实现从低端到高端的转型发展。

［关键词］服务外包　瓶颈　创新　转型发展

伴随着全球经济进入后危机时代，在云计算、移动互联网、物联网、大数据、社会化商务等新技术的推动下，外包服务的价值也在经历巨大的迁移，比如从降低成本到获取附加值的转移，从维持运营到实现转型的转移等。同时，随着劳动人员工资的不断上涨、人民币汇率市场化，劳动力红利削弱，亟须摆脱目前的成本导向发展模式，破解产业发展低端宿命，向价值链中高端实现战略转型，不断提升服务附加值。在此背景下，服务外包被赋予新的内涵，产业架构实现重组，整体行业进入大变革时期。重庆作为我国长江上游经济中心，服务外包产业的发展充满潜力，应抓住服务外包产业转移的机遇打破发展瓶颈，促进服务外包产业成功转型。

一、重庆服务外包产业的发展现状

重庆在2009年正式成为中国服务外包示范城市之一。近年来在政府的高度重视下大力发展，已经成为全国具有较强影响力的服务外包基地城市和服务外包示范城市。

（一）服务外包产业崛起，服务外包离岸执行额迅速增长

从2009年至今，随着服务外包的政策和环境的大力改善，国内外相关巨头

① 本文系2014年重庆市教委人文社科类研究项目“重庆服务外包产业的经济效应分析及发展对策”（项目编号：14SKS03）的阶段性研究成果。

② 重庆工商大学融智学院讲师，主要研究方向为国际经济与贸易。

相继进入重庆。惠普、富士康等电脑生产巨头进入重庆西永，打造全球最大的电脑生产基地，从而带来了其附属产业软件服务外包业的发展，形成了规模化产值较大的产业集群。另外，我国名列榜首的服务外包及解决方案供应商中软国际也进入西永，日本NDD集团以重庆的子公司为基础，成立了包括数据业务、手机生产、电信运营、企业ERP等多方面业务的NDD软件服务外包集团。日本NEC、山东太赢、香港电讯盈科、中美网联等落户永川“中国西部声谷”，永川区服务外包产业园以BPO为主，打造涵盖通信、金融、保险、医院等数据处理、增值业务、信息外包等业务的呼叫中心产业链条。重庆已经形成以西永软件服务外包、永川呼叫中心业务流程外包等为主的服务外包产业。2011年重庆成立了渝中区、北碚区、重庆西永微电子产业园等18个服务外包示范区，2012年服务外包离岸执行额达到8.3亿美元，同比增长99%，总量居中西部第一。在2012年中国服务外包城市产业成长性排名中，重庆名列第二；在2012年服务外包城市投资吸引力综合排名中，重庆入围全国10强（见表1）。

表1　　2009—2012年重庆服务外包离岸执行额　　单位：亿美元

年份	2009	2010	2011	2012
离岸执行额	1.357 2	1.05	4.2	8.3

数据来源：重庆对外贸易经济委员会网站

（二）服务外包产业结构逐步优化，逐步发展高端业务

同传统制造业发展一样，在全球的服务外包产业链分工体系中，重庆服务外包产业还处于产业链的低端环节。重庆现阶段的服务外包产业以ITO为主，占所有业务的一半左右份额。2010年以来，重庆市服务外包结构逐步优化，软件设计开发约占离岸服务外包总额的49%，工程设计约占27%，技术流程外包占11%。其中，正大华瑞集团的软件外包、宏筑集团的建筑设计外包、中冶赛迪、五矿等大型国有企业在工业设计接单方面呈现出较强能力，承接业务多为KPO类型，即知识流程外包，约占总额的17%左右。

目前重庆的服务外包产业除了传统的软件服务外包，还积极向业务外包和产品外包方面发展。如中天信息与台湾雷特建公司合作建成了亚洲最大的医疗中心，主要针对东南亚地区巨大的医疗服务市场；中联与日本NEC合作开发医疗信息服务平台；依托国家级第三新区独特优势的两江新区将重点发展云计算、数据中心为核心的高端软件服务外包产业。未来重庆建设西部领先、全国一流服务外包示范城市的战略目标就是全方位承接服务外包业务，构建创新型、高端化的服务外包产业体系。

（三）服务外包产业发展水平偏于低端，进一步发展面临严峻问题

由于起步较晚，重庆服务外包产业发展的整体水平与我国其他发达服务外包城市相比有一定距离，比如在产业环境及专业化路径方面还较薄弱，缺乏符合自身特征及差异化的产业定位，行业信息综合服务平台及体系方面还不成熟；缺乏中高端人才，尤其是软件工程师和以英语为主的外语人才；服务外包产业发展所需的产业基础软环境欠缺；承接服务外包的企业能力有限以及产业整体竞争力不

强等。总的来说，重庆服务外包产业的发展水平偏于低端，涉及的领域范围有限，服务外包进一步发展面临着严峻的挑战。

二、制约重庆服务外包产业发展的瓶颈分析

虽然重庆市服务外包增速快，但服务外包整体水平偏低，服务外包产业的转型发展面临品牌、渠道、人才和政策四个方面的瓶颈和制约因素。

（一）人力资源结构不合理，缺乏中高级复合型人才

近年来，重庆服务外包产业基础和服务外包园区建设发展较快，服务外包企业已发展到500多家，新增大学生就业4万多人，服务外包从业人数达14万人，人力资源丰富。但是从事服务外包各层次结构不合理，同时与目前国际先进的外包业务相匹配的高端人才不足。以软件人才为例，重庆市虽然拥有多所高校，具有丰富的人才储备，但是专业设置和需求的错位，导致人才结构并不合理。位于产业高端的软件构架师、系统设计师等严重短缺，处于中层的系统工程师相对过剩，处于产业基础的软件蓝领也较为缺乏。

服务外包对人才素质要求较高，需要集信息技术、英语水平、国际化商务背景为一身的复合型人才。重庆市的服务外包要与国际化接轨，具备高素质英语和软件知识的人才尤为重要。目前，国际服务外包的发包国大多是欧美国家，全球85%以上外包项目都是以英语作为沟通桥梁，比如软件外包中，英文软件占80%以上，英语能力成为国际发包商选择外包合作伙伴时仅次于成本的第二大因素。另外，工作经验也非常重要。由于重庆的地理因素和经济因素，还没有引起大量高端人才的驻足，仍缺乏具有国际视野、经验丰富的高级项目经理人才和市场开拓人才。

（二）服务外包接单渠道狭窄

目前，我国服务外包企业获得项目的渠道主要有：一是通过跨国公司在我国建立子公司，或位于我国国内的离岸开发中心接包；二是直接和国外发包商或国外上游接包商发包、分包或转包；三是通过中介服务机构取得项目。在欧美市场上，我国主要以第一种方式为主，借助于跨国公司在华机构的合作取得项目。在日本市场，我国一些骨干企业已逐步与日本的总承包商一起面对用户。

由于重庆的企业规模都较小，缺少龙头企业的牵引，很难承接大规模的复杂项目。重庆企业通过CMMI5等国际认证的企业较少，国际接轨能力弱，离岸外包业务仍主要从沿海企业分包，尚未打通与国际客户直接合作的渠道。造成重庆服务外包企业接单渠道狭窄的原因在于信息渠道不畅通、缺少信息交流平台。服务外包企业信息渠道不畅通、缺少信息交流平台表现在以下三个方面：一是缺少提供有效外包信息的渠道，导致进入服务外包企业的订单有限；二是企业之间缺乏交流，导致即使一些规模较小的外包企业拿到较大的订单，急需寻找合作公司一起来承接项目，也因缺少类似渠道或平台而一筹莫展；三是国内接包企业间人员互换或者租用的渠道也并不通畅。总之，接单渠道狭窄制约了重庆市服务外包的可持续发展。

（三）缺乏有影响力的品牌企业

近年来，随着服务外包产业的大力发展，重庆的服务外包本土企业也逐步发展壮大，如中冶赛迪、南华中天、亚德科技、正大软件、金算盘软件等一批重庆本地骨干企业形成了以通信软件、平台软件、信息安全软件、嵌入式软件、数字娱乐等为特色的产业结构。但重庆的服务外包企业整体来看，规模小、知名度低、业务范围狭窄、分布较为分散，与国际上一些服务外包产业比较发达的地区相比，缺乏有影响力的行业组织和品牌企业。由于服务外包的大多数企业是中小型企业，接手的外包服务也是附加值较低的服务，不能为企业带来丰富的利润以及再生价值。如对日服务外包，重庆的服务供应商仅仅是日本本土服务供应商的后台工厂，主要业务仍是依靠成本优势，为日本的服务商做程序开发与测试。对美业务中，直接进入美国行业市场和到岸服务的企业和服务规模都非常有限，多数企业仍只是在为跨国服务提供商（IBM、HP、微软等）做下游开发和测试工作。许多企业的软件出口只是底层模块开发，无法接触到软件开发核心，有的甚至只能为国外公司做一些最底端的数据录入工作。

（四）政府政策尚需进一步加强

2009 年 8 月，重庆市政府通过了《重庆市促进国际服务外包产业发展若干政策措施的实施办法》，从税收优惠、出口奖励、研发资助等 11 个方面给予政策优惠，助推国际服务外包业进一步加快发展，从而吸引了惠普、霍尼韦尔、富士通、甲骨文、微软等众多大型软件研发机构以及花旗银行、汇丰银行、中美大都会等全球知名金融机构的入驻。近年来，随着软件和信息外包产业的发展，重庆市政府出台了加快软件和信息外包产业发展的多方面优惠政策。这些政策的出台，给予了服务外包产业发展极大的支持。

但随着产业结构转型升级、低碳经济的发展趋势要求，其他省市或地级城市也纷纷确立了以服务外包和智慧城市为主的发展方向，都给予服务外包产业发展相关优惠政策。服务外包产业一般是“有网络有人就可以做”，这种特性决定了服务外包企业相对传统制造业有更好的流动性。为追求利益最大化，有些企业一旦得到其他地方政府给予的更多优惠政策，随时可以撕毁协议迅速进行搬迁。各地为了发展自身的服务外包业，不断突破招商政策底线的优厚条件，恶性竞争已经成为普遍现象，而缺乏一个相对系统完整的政策支持体系。重庆政府应该根据服务外包产业转型发展的需要，加大对企业融资、人才培养、公共服务体系等方面的政策支持，实行差异化发展。

三、促进重庆服务外包产业转型发展的对策

重庆的服务外包产业正处在一个高速发展阶段，对于服务外包的需求也在不断扩张。然而受四大瓶颈因素困扰仅接受“分包”，服务外包产业发展水平尚处于低端。目前新一代信息技术革命推动着服务外包产业发展的转型升级，重庆应抓住机遇，解决制约因素，积极推动服务外包产业的转型发展。

（一）创新服务外包人才培养机制提升服务外包产业发展能力

1. 逐步建立和完善“高端引进、中低端职训”的人才培养体系

重庆服务外包产业转型发展的方向是重点发展诸如金融服务外包、生物医药研发外包、人力资源服务外包、应用软件开发外包、生产性服务外包、航运服务外包、文化与创意服务外包、专业服务外包等，要解决发展中的人力资源困境，需要加快人才的引进和培养，调整服务外包人才供应结构。因此，可以通过积极开拓沿海和海外项目招揽以留学博士和精英华人为代表的高端人才，并打造高品质服务外包环境，高品质的工作和居住环境，引进留住高端人才；各高校、示范性软件学院等要加快急需的应用型人才的培养，示范性软件职业学院要重点培养服务外包实用技术技能人才，大力推进服务外包职业培训，逐步建立和完善“高端引进、中低端职训”的人才培养体系。

2. 深化服务外包人才培养机制，创造条件吸引大学生在服务外包企业就业

各高校要积极参与校企合作，校企共同制定培养目标，共同开发课程体系和教学内容，加大对实践教学的投入，积极引进双师型教师，加大服务外包人才储备。服务外包企业要深度参与人才的培养，支持高校和企业的创新合作，促进高校人才培养与企业需求紧密结合。重庆市政府要加强对校企合作的政策支持，并建立健全公共信息服务平台和公共培训服务平台，为大学生和服务外包人员实习实训提供良好的条件和环境。目前，重庆的服务外包市场需要近百万大学生，为了吸引人才，重庆特地推出很多优惠政策，如公租房、就业机会、人才培训等。

（二）加大对企业扶持力度，拓宽服务外包接单渠道

1. 加大对企业的扶持力度，增强企业接单能力

首先，加大对企业的资金支持。由于重庆服务外包企业以中小型为主，自身资本不足，同时融资受限也较多。政府应拓宽企业融资渠道，可鼓励企业特别是经营情况良好、潜力较大的服务外包企业通过集合发债的形式获得融资。其次，加大行业协会的支持力度。比如重庆服务外包协会和重庆软件协会等机构组织应当充分发挥中间调节作用，积极做好政府与企业的桥梁和纽带，开展专业咨询服务，培训专业人才，提供技术支持，协调各方资源，创造共同信息交流平台，改善产业发展环境。最后，政府应加大对重点企业的扶持力度，树立品牌，培育品牌龙头企业，或者通过建设服务外包产业联盟，增强企业接单能力，打通西部与海外签“一手”订单的通道，承接更多一手包。

2. 完善公共信息服务平台，拓宽接单渠道

重庆服务外包公共信息的平台目前以“重庆市政府公众信息网”和“中国服务外包网”两大网站为主。作为公共信息平台的网站，是企业获取重要信息的主要来源，应及时更新国内外服务外包相关信息，并完善英文网页，搭建国内外企业之间信息交流的平台，这样更有利于相关企业尤其是来自海外的发包企业获取充足的一手信息，从而拓宽企业接单的渠道。

（三）以创新提升品牌核心价值

1. 不断创新，避免低端服务加工竞争态势的形成

服务外包企业提供的是知识、经验和基于这些的能力，需要不断学习。服务

企业要从被动的服务外包企业转变为主动服务供应商，需积极应对千变万化的服务市场，否则只能徘徊在服务产业的底端。这需要大力提升企业的研发能力。在积极承接服务业国际转移的同时，要充分发挥政策导向功能，鼓励企业自主创新，加大研发投入力度，做大做强品牌。将整个重庆地区的核心竞争力由廉价人力资源带动的价格优势向以自主产权和自主品牌为核心的高端优势转变。

2. 服务外包企业的产品、商业模式和组织创新

服务外包产业是创新型产业，其发展将给外包企业管理带来全方位的，某些方面甚至是颠覆性的变革。由于信息技术的广泛应用和网络经济的发展，互联网所特有的高效运行能力、完善的资源共享机制和低廉的运行成本等特点，促使企业必须进行创新。服务外包企业创新着力点是企业突破已结构化的产业的约束，运用技术创新、产品创新、商业模式创新或组合来改变现有产业结构或全新产业的过程。重庆的服务外包企业可以通过一系列的创新来提高接包能力，提升重庆服务外包产业发展水平。

（四）逐步完善政策支持体系，加快服务外包产业的转型发展

作为西部地区最具潜力的城市，为了避免相互之间的恶性竞争，作为政策制定的政府一方，应针对重庆服务外包产业面临的市场环境变化，逐步完善政策支持体系，对产业发展政策进行适时调整，更好地为促进服务外包产业的转型升级服务。同时，继续通过人才培训、认证资金、营业税全免等政策导向作用，增强企业从事服务外包的信心。未来十年，重庆服务外包产业应重点开发本土市场，政府对外包服务业的鼓励政策，不应过度强调离岸业务占营业份额比例的政策门槛。在财税、人才培训、大学生就业、特殊工时、海关监管、电信服务、金融支持、知识产权保护、投资促进等服务外包产业扶持政策上，应适用于在岸和离岸服务外包企业，以保证一些大型企业在国内市场上的良性发展，从而带动重庆服务外包产业的不断发展。

参考文献

[1] 高亮. 重庆服务外包转型从“二手”走向“一手”[N]. 重庆商报，2012-05-04.

[2] 大力发展服务外包，重庆优惠政策计划吸引百万大学生 [EB/OL]. 人民网，http://finance.people.com.cn/n/2013/0531/c1037-21689745.html. 2013-05-31.

[3] 刘传伟. 重庆服务外包产业创新与发展 [EB/OL]. 和讯网，http://news.hexun.com/2010-11-15/125621584.html. 2010-11-15.

[4] 左玮. 重庆服务外包的竞争力分析 [J]. 商业文化，2010 (04)：219-220.

[5] 朱文刚. 提升重庆服务外包企业创新的策略与着力点 [J]. 重庆行政，2011 (10)：45-47.

农民工就业权益受损的原因与对策

——基于我国七省市的调查①

熊　萍②

［摘要］农民工就业权益是农民工最基本的权益，保障农民工就业合法权益对于缓解农村剩余劳动力的就业压力，加快城镇化进程有重要现实意义。通过调查我国七省市农民工的就业情况，分析我国农民工就业权益受损的主要表现及原因，本文提出了深化户籍制度改革、完善劳动力市场、建立农民工社会保障体系、加强农民工职业技能培训、保障农民工就业权益的相关政策建议。

［关键词］农民工　就业权益　受损

改革开放以来，我国经济快速发展，城镇化进程不断加快，农村人口不断向城镇流动，“农民工”这样一个特殊群体也随之出现。农民工是继农村家庭承包经营制度和乡镇企业崛起之后，中国农民的又一伟大创造，是中国现代化建设的一支重要力量。但是由于其不稳定的工作、有限的经济来源和较低的社会地位，农民工仍然是游离于城镇居民之外的边缘群体和弱势群体，其就业权益往往得不到保障，农民工就业权益问题引起了社会的广泛关注。推进农民工进城稳定就业并保障其就业权益，不仅有利于缓解农村剩余劳动力的就业压力，而且有利于加快工业化和城镇化进程，推进城乡统筹发展。

2009 年 12 月至 2010 年 3 月，国家自然科学基金课题组采用随机调查、直接访问的方式，在山东、江苏、湖南、河南、陕西、四川、重庆七省市共发放农民工调查问卷 1 100 份，回收 1 006 份，回收率为 91.5%。问卷的基本情况为：在山东、江苏、湖南、河南、四川、陕西各调查 100 份，重庆调查 406 份；从性别结构来看，男性占 56.66%、女性占 43.34%；从年龄结构来看，15~25 岁、25~35 岁、35~45 岁、45~55 岁、55 岁以上的分别占 24.55%、38.87%、24.65%、10.74%、1.19%。

一、我国农民工就业权益受损情况

农民工虽然在城镇工作和生活，对城镇发展做出了巨大贡献，但是未能真正

① 本文系国家自然科学基金“城市吸纳农民工容量及其演变规律”（项目批准号：70840012）阶段成果。

② 重庆工商大学融智学院讲师，主要研究方向为区域经济理论与对策。

地融入城镇，始终处于城镇的最底层，无法享受城镇居民的待遇。他们得不到与城镇居民在政治、经济、文化上同等的权益，甚至连基本的就业权益都得不到应有的保障，其就业权益受损主要体现在以下方面：

（一）农民工收入水平低且无保障

收入是维持农民工基本生活的基础和保障，但现阶段我国农民工的收入水平普遍偏低且没有保障，与农民工为城镇做出的贡献极不协调，主要表现在下面三个方面：

1. 工资收入水平低

2009 年我国城镇在岗职工平均月工资为 2 728 元，而调查发现七省市农民工月收入在 1 000 元以下的占样本总量的 16.3%，1 000~1 500 元的占 37.33%，1 500~2 000 元的占 27.24%，2 000~2 500 元的占 12.43%，2 500 元以上的只占 6.26%。与城镇职工相比，农民工工资明显偏低。

2. 同工不同酬现象严重

从事相同的工作，农民工比城镇职工的工资相对较低，平均起来，农民工的工资仅是城镇居民的 80%，而且农民工在住房、健康保险和养老保险方面得到的待遇，也明显低于城镇居民。

3. 拖欠农民工工资的现象屡见不鲜

调查发现，15.31%的农民工存在被拖欠过工资的现象。农民工的工资收入相对城镇职工已经很低了，还得不到有效的保障，不能按时获取劳动收入，这很容易引发因讨薪导致的各种社会问题甚至恶性事件。

（二）农民工劳动时间长、加班现象严重

农民工不仅工资收入水平低、无保障，而且劳动时间长，加班现象严重。国家规定法定工作时间主要是为了保障就业者的权益，但农民工并没有得到相应的权益。调查发现，农民工平均每天工作 9.52 个小时，每月工作时间达 25.9 天，工作时间已经明显超出了法定工作时间。此外，农民工加班现象严重。调查发现 44.63%农民工经常加班，44.49%的农民工偶尔加班。农民工工作时间长、加班现象严重，可收入并没有与付出成正比，仅有 46.52%的农民工加班能拿到加班费，更有 13.92%的农民工从来没有拿到过加班工资。

（三）劳动合同不规范

劳动合同是保障农民工合法权益的书面证明，也是约束用人单位行为的准则。因此，与用人单位签订劳动合同对保障农民工就业的合法权益具有十分重要的作用。然而，调查中发现用人单位与农民工签订合同的比例普遍较低，用人单位与农民工签订过劳动合同的比例仅占 33.2%，没有签订劳动合同的比例则高达 60.54%。在已签订的劳动合同中，用工形式是全日制的占 73.26%，临时工占 26.74%，劳动合同不规范、不履行的现象较为普遍，有的企业随意变更或解除劳动合同，不按规定支付补偿金额，农民工就业权益受到侵害。

（四）农民工参保水平低

调查发现，农民工主要从事建筑业、制造业、化工等劳动强度大、危险性高的行业，用人单位却没有提供相应的安全保障措施，社会保险严重缺乏。

63.02%的单位没有为农民工办理社会保险；在已办理保险的农民工中，仅有24.85%参加了医疗保险，10.54%参加了养老保险，5.37%参加了失业保险，20.68%参加了工伤保险，7.75%参加了生育保险。此外，农民工更是无法享受到城镇居民的最低生活保障，农民工在城镇中一旦失业、生病、发生意外伤害，都将陷入贫困无助的状态。

（五）农民工就业渠道单一

尽管近年来我国部分地区已经出现了比较明显的民工荒现象，当地政府和企业也采取了一些改进措施，吸引外地农民工就业。但是调查表明：有65.31%的农民工通过老乡或亲戚朋友的推荐找到工作，20.68%的农民工通过劳动力市场找到工作，还有少数是通过报纸、电视、网络渠道找工作。就业信息不对称是造成农民工职业范围狭窄的原因之一，他们只能从事最低层、最劳累、最危险的建筑、矿业、制造业等行业。而这些行业用人单位的产品附加值低、利润少，经常靠减少员工的工资或福利待遇来增加利润空间。虽然公益性职业介绍机构已经开始对农民工提供免费服务，但提供的有效信息不多，这反映了公共就业服务机构未能在农民工进城就业方面发挥应有的主导作用。较受农民工欢迎的零工市场，常常由于妨碍交通、秩序混乱、难以管理等原因，被城管部门纳入禁止和取缔的范围，给农民工就业造成更大的困难。

（六）农民工接受职业培训比例低

如今许多农民工已经意识到职业技能对增加工资收入的重要性。没有技能只能卖苦力、挣钱也少；有了技能就可以找到比较稳定、收入比较高的工作。但是据调查，仅有53.68%的农民工接受过职业培训，有45.83%的农民工从未接受过职业技术培训。尽管部分地区出台了许多提升农民工就业能力的培训班，鼓励农民工就业创业，但是仍然存在一些问题：得到政府补贴扶持的培训，多是低成本的简单培训；真正有价值的职业培训和技能鉴定往往费用高昂，农民工难以承受；甚至有些培训机构只做表面文章，不管培训的质量和就业效果，许多农民工认为对就业并没有作用。

（七）农民工子女教育得不到保障

尽管我国出台了解决农民工子女教育问题的相关政策，即“以流入地政府为主，负责农民工子女义务教育；以全日制中小学为主，接受农民工子女入学。”同时要求“城市公办学校对农民工子女接受义务教育，要与当地学生在收费、管理等方面同等对待，不得违反国家规定向其加收借读费及其他任何费用。”但是据调查，仍然有39.84%的农民工子女在农村。城镇地区的教育质量较高，但是要收取高额的择校费、借读费、学杂费等费用，要求农民工具备多个部门颁发的证明，如务工证、居住证、计划生育证、子女学籍证等，才能在城镇就学。农民工子弟学校得不到政府扶持，教学条件简陋、师资水平不高、教学质量不高，未能解决农民工子女教育问题。

二、我国农民工就业权益受损的原因分析

农民工难以融入城镇生活，无法享受城镇居民待遇，甚至在就业过程中自身

的合法权益都得不到保障是有诸多原因的。除了农民工自身的原因外，制度和社会的原因也很突出。

（一）城乡二元结构与户籍制度的限制

我国城乡分治、户籍管理等制度改革的滞后是造成农民工就业权益得不到保障的制度根源。户籍制度的影响主要体现在三个方面：第一，户籍制度的存在使得农民工无法获得城镇永久居住的法律认可；第二，农民工无法享受到与户籍制度相关的就业、教育和社会保障等公共资源；第三，地方政府为解决当地居民的就业问题，人为地限制农民工的就业范围，农民工只能接受城镇居民不愿从事或者人员相对短缺的工作。

（二）城镇管理服务制度尚未完全建立

有些地方片面追求经济发展，不够重视对城镇建设做出巨大贡献的农民工的合法权益。农民工流入地政府服务农民工的部门没有明确由哪个部门负责，造成农民工“就业无门”“讨薪无门”等现象的产生。比如在培训方面，仍然存在着培训项目缺乏统筹规划、资金使用效益和培训质量不高、培训方式单一、监督制约机制不够完善等问题。在劳务输出服务方面，在一些地区也未明确牵头部门，农民工就业权益保障无人真正承担责任。在劳动力市场管理方面，缺乏统一的管理规则和制度，部门之间也缺乏协调机制。

（三）城镇居民对农民工的排他性与歧视性

城乡分离的二元结构，形成了不同城镇文化与乡村文化，城镇居民与农民工在文化、思想、行为等方面的差异十分明显。农民工在衣着、言语、行为等方面与城镇居民的强烈反差，难免形成了城镇居民对农民工的排斥和歧视。农民工在城镇的就业渠道单一，求职就业绝大部分需要依靠自己在家乡的社会资源，通过亲朋好友介绍。农民工的就业机会相对城镇居民而言也不均等，就业岗位层次较低，没有广阔的发展空间。

（四）农民工自身素质较低

近年来企业对求职者的素质要求不断提高，薪酬岗位的主要依据是劳动者的受教育程度、技能水平。而农民工一般接受的教育层次较低，调查发现，52.88%的农民工拥有初中学历，16.1%的农民工只有小学及以下学历。由于农民工接受培训的机会较少，法律意识淡薄，调查中只有0.99%的农民工对《劳动法》《劳动合同法》等法律法规非常了解，有35.69%的农民工了解得很少，4.27%的农民工从来没有听说过。农民工自身素质的不足难以满足中高层次的职位需求，只能在低层次岗位就业，法律意识的淡薄使其难以维护自身就业的合法权益。

三、保障农民工就业权益的对策建议

保障农民工的就业权益是解决农民工问题的关键。保障农民工就业权益对于促进农民工向市民的转变，加快我国城镇化进程具有十分重要的意义。而保障农民工就业权益问题是一个系统而复杂的工程，需要采取多种措施共同来实现。不仅要解决农民工面临的困难，还要保障他们的就业的合法权益；不仅要考虑农民当前的需求，还要考虑农民工长远的发展。

（一）深化户籍制度改革

农民工的就业权益没有得到有效保障，其根源是城乡分离的户籍制度。因此，要保障农民就业的合法权益必须要深化户籍改革，取消农业和非农业户口性质的划分，建立城乡统一的户口登记制度，确认居民自由迁徙、择业和居住的权利。逐步剥离与户籍制度相连的公共服务，推动劳动就业、教育、社会保障等方面的改革，实现城乡居民享受同等的待遇和权利。给予农民工在城镇的选举与被选举权，赋予农民工相应的政治权力。

（二）健全农民工就业权益保障体制

消除合同不规范、拖欠工资现象是保障农民工就业合法权益的重要内容，也是缓解劳资矛盾的有力方法。针对侵犯农民就业权益的行为，政府应制定相应的法律法规，健全农民工就业权益的保障体制。一是要规范劳动合同的管理。用人单位要严格按照《劳动合同法》的要求与农民工签订劳动合同，明确双方的权利和义务。加强对劳动合同签订和履行的监督，劳动仲裁机构要充分发挥协调仲裁作用，切实保障农民工就业的合法权益。二是严肃处理拖欠工资现象，健全农民工保障体制。对拖欠农民工工资，拒绝支付加班工资的用人单位要严肃处理，确切保障农民工获取劳动报酬的权益。同时要加强保障农民工就业等权益的法律建设，制定专门的《农民工权益保护法》来保护这一弱势群体，制定相关的法律法规处理企业欠薪等违法行为，同时进一步规范劳动合同签订、履行等内容。

（三）建立农民工的社会保障体系

建立农民工的社会保障体系是保障农民工就业权益的重要内容，可以解决农民工的后顾之忧，也是推进我国社会保障全面发展的重要举措。建立农民工的社会保障体系要遵循全方位设计、逐步推进、突出重点的原则。首先解决与农民工密切相关的工伤保险、医疗保险，逐步落实养老保险、社会救助及失业保险。一是落实农民工的工伤保险。应当认真贯彻落实国务院颁布的《工伤保险条例》，所有用人单位必须及时为农民工办理工伤保险手续，并按时足额缴纳工伤保险费用。劳动保障部门应做好农民工工伤保险宣传、监督、法律援助等工作。二是建立覆盖农民工的医疗保险。可以将农民工的医疗保险纳入当地城镇基本医疗保险，用人单位为农民工缴纳医疗保险费用，农民工可不用缴费，不用建立个人账户，只要统筹账户，用人单位当期缴费，农民工当期享受待遇。三是适时建立农民工养老保险。由于农民工具有流动性特点，农民工养老保险应当适时地提高统筹范围，提出合理的养老保险转移政策，解决农民工续保难的问题。养老保险基金需要国家提供补贴，用人单位、农民工也应适当缴纳一定的费用。四是逐步建立农民工的社会救助保险和生育保险。国家要通过财政转移建立农民工社会救助保险基金和生育保险基金，解决农民工的生活困难，提高孕妇的生活质量。

（四）进一步完善农民工劳动力市场

政府要努力健全农民工劳动力市场，为农民工提供准确、及时、充分的就业信息。要理清政府、劳动力市场、服务中介之间的关系，引导监督其健康发展。

劳动力市场要为农民工降低门槛，提高服务质量，减少劳动力供需双方的交易成本，提高交易的效率；服务中介机构要充当劳动力市场的重要组成部分，为农民工就业提供优质的服务。政府要加强农民工就业服务信息的建设，解决农民工就业过程中信息不对称的问题。政府各级部门要将解决农民工就业作为一项重要任务来完成，要及时准确地为农民工提供权威信息，可以经常举办各种免费的就业咨询、就业服务活动，以满足农民工就业的需要。

（五）加强农民工职业技能培训，提升职业素质

提高农民工职业技能是解决农民工就业问题的重要途径。当前农民工的技能难以满足各企业产业升级的需求，只有增强农民工职业技能，提高农民工职业素质才能更好地保障农民工的就业权益。一是应明确政府的主导作用，加大对农民工培训的投入，不断扩大培训的覆盖面。在为农民工提供培训的过程中，应当注重培训技能的应用性，因材施教。不仅要考虑用人单位的需要，还要考虑农民工的现实需求与长远发展，应当将对农民工的培训作为一项长期项目来经营。二是应提高农民工的法律意识。各级政府部门要加大对农民工的法制宣传，在农民工生活、工作比较集中的地方举行各种法律宣讲活动，通过案例讨论等形式讲解与农民工密切相关的《劳动合同法》《劳动法》《工作补偿条例》等，努力提高农民工的法律意识，让他们知法、懂法，学会用法律武器保护自己就业的合法权益。此外，新生代农民工逐渐成为城镇发展的又一主要力量，因此在对农民工的培训中，还应注重对农民工子女的教育，城镇中小学校要降低农民工子女入学的门槛，给予农民工子女适当的帮助，建立农民工子女的自信，提高农民工子女的学习能力。

参考文献

[1] 张国英，汪阔朋. 农民工就业权益保障的缺失及构筑［J］. 经济问题，2009（4）：25.

[2] 国家统计局. 中国统计年鉴［M］. 北京：中国统计年鉴出版社，2010.

[3] 杨鹏程，陆丽芳. 论农民工就业权益受损问题及对策［J］. 经济纵横，2006（6）：57.

[4] 王德文，蔡昉，张国庆. 农村迁移劳动力就业与工资决定：教育与培训的重要性［J］. 经济学（季刊），2008（7）：32.

[5] KNIGHT J，SONG L. Chinese rural migrants in urban enterprises：three perspectives［J］. Journal of Development Studies，1999（35）：13.

新常态下重庆市 R&D 投入对经济增长的灰色关联分析

杨朝娟[①]

[摘要] 将 R&D 投入分解为资金投入、人才投入、成果产出（人、财、物）三个方面，采用重庆市 2005—2015 年的相关统计数据，运用灰色关联分析方法，对 R&D 投入与重庆市经济增长的影响进行实证研究，结果表明：R&D 经费支出、科技人员数、科技成果与地区生产总值呈强关联，对经济发展都有较大的促进作用，但科技人员数对经济发展的影响更为显著。同时，在科技经费支出中，高等院校的科技经费支出远高于科研机构、企业、工业企业等科研经费支出，说明近年来重庆市高等院校对科研活动的重视更大，对科研的投入力度大，对经济增长的影响更为显著，最后提出重庆市经济发展过程中的几点建议。

[关键词] R&D 投入　经济增长　灰色关联度

一、引言

科技创新在经济增长中起着重要作用。然而科学技术创新离不开科技投入，科技投入促进科技进步，进而促进经济增长从投资驱动型向创新驱动型增长方式转变。其中，科学研究与试验发展（简称 R&D）活动是科技活动中最具创新的部分。目前，国际上通常采用 R&D 活动的规模和强度指标反映一国的科技实力和核心竞争力。在经济新常态下，调整经济发展方式、提高经济增长质量，都需要借助 R&D 活动改善现有经济结构、开拓新的经济增长点。因此，在经济发展影响因素中 R&D 活动的影响作用和贡献程度越来越大。

2015 年重庆市的经济增长依旧保持高速增长态势，地区生产总值增速已经达到 11%，分别高于全国平均 4.1 个百分点，经济增速一路领跑全国其他省份。原因就是由于重庆作为中国西部唯一直辖市、“一带一路” 战略节点及长江上游地区经济和金融中心，当东部沿海省市的经济增长开始放缓进入瓶颈期时，重庆并没有受到来自新常态经济增长压力的影响，正好利用了前期尚未耗尽的各种要素红利以及技术创新带来的溢出效益。本文主要采用灰色关联分析方法研究重庆市 R&D 投入与经济增长的关系，有助于重庆经济发展，还可以让其发展经验给

① 重庆工商大学融智学院现代金融研究所研究员，主要研究方向为区域经济。

我国其他地区的发展提供借鉴。

二、文献综述

国外对科技投入与经济增长的研究主要方法有三种，一是生产函数测算法，该方法中比较经典的是柯布—道格拉斯（C-D）生产函数，主要通过生产函数模型来分析 R&D 经费支出与行业或企业的贡献率的影响。二是经济学家 Solow（1957）提出的新古典经济增长模型，该模型以 C-D 函数为基础推导出来，将技术进步看成是外生变量。三是 Romer（1986）提出的内生增长模型，把技术进步看成是内生变量。上述三种方式都要基于大量的统计数据，分析研究投入与少量产出要素之间的联系。

国内学者主要分析国家、省区、城市 R&D 经费支出对经济增长的影响，采用的分析方法是借助数理统计方法如回归分析、方差分析和灰色关联分析法等探究科技投入与经济发展的因果关系、贡献率和关联性。文传浩、黄磊等运用 C-D 函数和索洛新古典增长模型，研究了技术创新对重庆市经济增长的影响，认为技术创新对经济增长的影响十分明显，但是地位不牢固；赵修渝等从贡献率角度分析了重庆市科技进步与经济增长的关系，认为科技进步对重庆市经济增长的贡献率震荡较大；卢方元、靳丹丹分析 2000—2009 年 30 个省区的 R&D 投入和经济增长的相关数据，通过建立面板数据模型，借助协整检验和单位根检验，对 R&D 投入与经济增长之间的长期均衡关系进行了实证分析，并得出结论：R&D 投入对经济增长具有明显的促进作用，R&D 人员投入的产出弹性大于 R&D 经费投入的产出弹性。由于回归分析和方差分析等数理统计方法要求样本量大，且数据要符合某个典型的概率分布，而灰色关联分析法相对来说是非常有效的方法，能弥补其缺陷，对样本量的大小和样本的分布无规律也同样适用，克服了其他统计分析方法对数据的严格要求，其建立的模型是非函数的序列模型，操作简便，数据样本量小，已被广泛用于研究科技投入对经济增长的影响。近年来，我国学者利用不同地区的样本区间数据对科技投入与经济增长的关系进行了灰色关联分析，结果都表明两者存在一定程度正向的关系。这一领域的主要研究者有陈冬生、魏建国（2003）、米传民、刘思峰（2004）、姜庆华、黄鲁成（2006）、刘勇（2009）、王建（2008）、赵俊英（2013）、艾建玲（2008）。

但是大多数学者在研究 R&D 投入与经济增长关系时并未考虑产出效应的滞后期。徐冬林、郭云南专门针对 R&D 投入对中国经济增长的时滞效应进行了动态分析，得出 R&D 对我国经济的综合影响大致从其投入起 8~15 年表现最为显著，时滞期长并能对经济增长产生持久影响；刘胜强，常丹丹利用协整分析和 Granger 因果检验对 1997—2012 年重庆市财政科技投入与技术创新的关系进行实证检验，发现当滞后期为 3 年时，技术创新与重庆财政科技投入互为彼此的 Granger 原因。所以，科技投入不同于其他投入，具有一定的特殊性，特别是产出效应的滞后性，当年的科技投入对经济增长的推动作用往往体现在以后的年份。

由此可见，由于研究对象、研究角度和研究模型的不同，现有研究并未得出相同的结论。现有研究有如下特点：一是现有研究较多采用计量经济模型，但样本数据少，同时在研究中对于数据的平稳性考虑不充分，可能存在伪回归问题；二是大多数研究由于没有考虑通货膨胀因素而未对数据进行必要的转换；三是现有研究在研究科技投入与经济增长关系时多采用同期数据，未考虑滞后期的影响；四是研究对象主要以东部沿海发达地区为主，对西部欠发达地区如重庆的研究，特别是对重庆科技投入中的 R&D 的投入经费支出、研究人员、研究成果等的研究较少。

三、重庆市科技投入与经济增长的灰色关联分析

（一）灰色关联分析模型的建立过程

灰色系统理论是我国著名学者邓聚龙教授在 1982 年创立的一种系统科学理论。其中灰色关联分析是灰色系统理论的主要内容之一，其基本思想是根据序列曲线几何形状的相似程度来判断因素之间关联程度是否紧密，曲线越相近，相互间的关联程度就越大，反之，就越小，从而来判断影响变量的主要因素和次要因素。

其建模步骤如下：

第一步：确定分析数列

确定两个数据序列，一是反映系统行为特征的数据序列，称为参考数列或母序列；二是影响系统行为特征的因素组成的数据序列，称为比较数列或子序列。

设母序列为：

$X_0(t) = \{X_0(1), X_0(2), \cdots, X_0(n)\} \quad t=1, 2, \cdots, n$

子序列为：

$Xi(t) = \{Xi(1), Xi(2), \cdots, Xi(n)\} \quad i=1, 2, \cdots, m; \ t=1, 2, \cdots, n$

第二步：变量的无量纲化

由于系统中各因素的数据因量纲不同，不便于比较或在比较后得到的结论有偏差。因此在进行灰色关联度分析时，首先要对数据进行无量纲化处理。无量纲化处理的方法有均值化法、初值化法、极差化法、内插法等。本文采用初值化处理，经变换后的母序列和子序列：

母序列：$Y0(t) = X0(t) / X0(1) \quad t=1, 2, \cdots, n$

子序列：$Yi(t) = Xi(t) / Xi(1) \quad i=1, 2, \cdots, m; \ t=1, 2, \cdots, n$

第三步：计算绝对差，求关联系数

$$\xi i(t) = \frac{\min\limits_{i}\min\limits_{t} |Y0(t) - Yi(t)| + \rho \max\limits_{i}\max\limits_{t} |Y0(t) - Yi(t)|}{|Y0(t) - Yi(t)| + \rho \max\limits_{i}\max\limits_{t} |Y0(t) - Yi(t)|}$$

记 $\Delta i(\min) = \min |Y0(t) - Yi(t)|$，$\Delta i(\max) = \max |Y0(t) - Yi(t)|$

$\Delta i(t) = |Y0(t) - Yi(t)|$，则关联系数公式化简为：

$$\xi i(t)=\frac{\min_{i}\Delta i(\min)+\rho\max_{i}\Delta i(\max)}{\Delta i(t)+\rho\max_{i}\Delta i(\max)}$$

$\rho\in(1,\infty)$ 称为分辨系数。ρ 越小，分辨力越大，一般 ρ 的取值区间为（0，1），具体取值可视情况而定。当 $\rho\leqslant 0.5463$ 时，分辨力最好，通常取 $\rho=0.5$。

第四步：计算关联度

因为关联系数是母数列与子数列在各个时刻（即曲线中的各点）的关联程度值，所以它的数不止一个，而数据过于分散不便于进行整体性比较。因此有必要将各个时刻（即曲线中的各点）的关联系数集中为一个值，即求加权平均值，作为母数列与子数列间关联程度的数量表示，即关联度公式如下：

$$r_i=\frac{1}{n}\sum_{t=1}^{n}\xi i(t)\quad t=1,2,\cdots,n$$

第五步：关联度排序

关联度按大小排序，如果 $r_1<r_i$，则原母数列 $X_0(t)$ 与子数列 $X_i(t)$ 更相似，它们之间的关联度更大。

（二）R&D 投入与经济增长灰色关联度实证分析

1. 数据来源及说明

本文的数据主要是根据《重庆市统计年鉴（2005—2015）》整理所得，主要从资金支持、人才支持、成果支撑（人、财、物）三个方面研究科技投入水平。首先，研究经费是科技活动进行的基础和基本条件。研究经费的支出情况及其强度是提升科技创新能力的关键要素，体现全社会对科技工作的重视程度。于是，本文将 R&D 支出按执行主体分类，分为科研机构经费支出、高等院校科技支出、企业科技支出（工业企业科技支出）、其他科技支出等方面，研究重庆市不同部门对科技创新的支撑力度，以及对经济增长的贡献大小。其次，科技人员的投入能够促进科技以及经济的长期持续发展。最后，科技成果作为科技投入的一项重要产出内容，科技成果的质量能促进科技活动更新和发展速度。所以最终选取 R&D 研究人员全时当量、R&D 科技内部经费支出和有效发明专利数表示。

需要说明的是，本文选择实际地区生产总值，主要是考虑到通货膨胀的因素，为更好地解释地区生产总值与 R&D 投入的关系，就有必要消除由于通货膨胀带来地区生产总值的名义上涨。选择有效发明专利数，而不是专利申请数和专利授权数作为度量技术创新成果的指标，一方面，无论是专利申请数还是专利授权数都可能存在着一些无效发明专利，脱离现实生活，不能满足企业和居民需求，无法有效地利用这些专利改进产品和增加产出，更容易引起结果失真；另一方面，专利申请数很大程度已经覆盖了专利授权数，与专利授权数相比，专利申请数存在更长的时滞。选择 R&D 全时当量代表 R&D 人员，主要是因为它是国际上比较科技人力投入而制定的可比指标，参与科技研究除了全时人员还有非全时人员，它们有不同的计算方式，不能一概而论。

2. 原始数据处理

在选取当地地区生产总值与科技投入指标时，大多数研究都是采用同期的数据。本文在选取重庆市地区生产总值与科技投入指标时，借鉴前人的研究成果，为简化问题，采取重庆市地区生产总值比科技投入均滞后一年的做法。根据灰色关联分析方法，以2005—2014年重庆市R&D投入以及2006—2015年重庆市地区生产总值数据为基础（见表1），计算序列间的灰色关联度，分析重庆市科技投入与经济增长之间的关系。

表1　2005—2015年母序列与子序列原始数据

年份	实际地区生产总值（亿元）	R&D人员全时当量（人年）	R&D经费内部支出（万元）	科研机构（万元）	高等院校（万元）	企业（万元）	工业企业（万元）	其他（万元）	有效发明专利数（件）
2005		25 779	331 203	24 151	54 918	249 677	243 646	2 457	1 204
2006	3 907	27 976	380 759	22 327	57 909	298 129	292 033	2 393	762
2007	4 509	31 655	470 734	29 491	65 850	373 032	366 882	2 361	1 719
2008	5 321	34 926	608 852	32 328	92 980	481 184	474 821	2 361	2 465
2009	6 164	35 005	794 599	67 547	107 880	606 379	564 856	12 793	3 573
2010	7 357	37 078	1 002 663	90 612	143 385	755 588	712 718	13 078	5 109
2011	8 879	40 698	1 283 560	154 242	116 172	998 370	943 975	14 776	6 443
2012	9 961	46 115	1 597 973	183 155	172 296	1 226 365	1 171 045	16 157	6 741
2013	10 961	52 612	1 764 911	127 825	175 320	1 445 419	1 388 199	16 348	8 669
2014	12 124	58 354	2 018 528	86 538	168 264	1 746 623	1 664 720	17 103	11 192
2015	12 092								

注：1. 数据来源：根据《重庆市统计年鉴（2005—2015）》相关数据整理。

2. 实际地区生产总值=名义地区生产总值/地区生产总值平减指数，地区生产总值平减指数表示本来价格水平相对于基期的变动幅度，本文设定基期为2006年，商品零售价格为100，则地区生产总值平减指数公式为：地区生产总值平减指数=第n年商品零售价格/2006年商品零售价格=n年商品零售价格/100。

第一步，根据灰色关联分析的原理，设重庆市地区生产总值为X_0（t）序列，R&D经费支出、科技人员投入和科技成果分别为X_1（t）、X_2（t）、X_3（t）序列，其中，R&D经费支出又分为科研机构经费支出、高等院校经费支出、企业经费支出、其他经费支出，分别用X_{11}（t）、X_{12}（t）、X_{13}（t）、X_{14}（t），企业经费支出又包括工业企业经费支出，用X_{131}（t）表示。

X_0（t）=｛3 907，4 509，5 321，6 164，7 357，8 879，9 961，10 961，12 124，12 092｝

X_1（t）=｛331 203，380 759，470 734，608 852，794 599，1 002 663，1 283 560，197 973，1 764 911，2 018 528｝

X_{11}（t）=｛24 151，22 327，29 491，32 328，67 547，90 612，154 242，183 155，127 825，86 538｝

X_{12}（t）=｛54 918，57 909，65 850，92 980，107 880，143 385，116 172，172 296，175 320，168 264｝

X_{13}（t）=｛249 677，298 129，373 032，481 184，606 379，755 588，998 370，1 226 365，1 445 419，1 746 623｝

X_{131} (t) = {243 646, 292 033, 366 882, 474 821, 564 856, 712 718, 943 975, 1 171 045, 1 388 199, 1 664 720}

X_{14} (t) = {2 457, 2 393, 2 361, 2 361, 12 793, 13 078, 14 776, 16 157, 16 348, 17 103}

X_2 (t) = {25 779, 27 976, 31 655, 34 926, 35 005, 37 078, 40 698, 46 115, 52 612, 58 354}

X_3 (t) = {1 204, 762, 1 719, 2 465, 3 573, 5 109, 6 443, 6 741, 8 669, 11 192}

第二步，对各序列进行无量纲化处理：

Y_0 (t) = {1, 1. 154 1, 1. 362 0, 1. 577 6, 1. 882 8, 2. 272 4, 2. 549 3, 2. 805 2, 3. 102 9, 3. 094 8}

Y_1 (t) = {1, 1. 149 6, 1. 421 3, 1. 838 3, 2. 399 1, 3. 027 3, 3. 875 4, 4. 824 8, 5. 328 8, 6. 094 5}

Y_{11} (t) = {1, 0. 924 5, 1. 221 1, 1. 338 6, 2. 796 9, 3. 751 9, 6. 386 6, 7. 583 7, 5. 292 7, 3. 583 2}

Y_{12} (t) = {1, 1. 054 5, 1. 199 1, 1. 693 1, 1. 964 4, 2. 610 9, 2. 115 4, 3. 137 3, 3. 192 4, 3. 063 9}

Y_{13} (t) = {1, 1. 194 1, 1. 494 1, 1. 927 2, 2. 428 7, 3. 026 3, 3. 998 6, 4. 911 8, 5. 789 2, 6. 995 5}

Y_{131} (t) = {1, 1. 198 6, 1. 505 8, 1. 948 8, 2. 318 3, 2. 925 2, 3. 874 4, 4. 806 3, 5. 697 6, 6. 832 5}

Y_{14} (t) = {1, 1. 085 2, 1. 227 9, 1. 354 8, 1. 354 9, 1. 438 3, 1. 578 7, 1. 788 9, 2. 040 9, 2. 263 6}

Y_2 (t) = {1, 1. 085 2, 1. 227 9, 1. 354 8, 1. 357 9, 1. 438 3, 1. 578 7, 1. 788 9, 2. 040 9, 2. 263 6}

Y_3 (t) = {1, 0. 632 9, 1. 427 7, 2. 047 3, 2. 967 6, 4. 243 4, 5. 351 3, 5. 598 8, 7. 200 2, 9. 295 7}

第三步，计算母序列与子序列的关联系数，可得：

δ0-1 (t) = {1, 1, 0. 98, 0. 92, 0. 86, 0. 80, 0. 70, 0. 61, 0. 58, 0. 51}

δ0-11 (t) = {1, 0. 93, 0. 96, 0. 93, 0. 77, 0. 68, 0. 45, 0. 39, 0. 59, 0. 86}

δ0-12 (t) = {1, 0. 97, 0. 95, 0. 96, 0. 97, 0. 90, 0. 88, 0. 90, 097, 0. 99}

δ0-13 (t) = {1, 0. 99, 0. 96, 0. 90, 0. 85, 0. 80, 0. 68, 0. 60, 0. 54, 0. 44}

δ0-131 (t) = {1, 0. 99, 0. 96, 0. 89, 0. 88, 0. 83, 0. 70, 0. 61, 0. 54, 0. 45}

δ0-14 (t) = {1, 0. 95, 0. 89, 0. 83, 0. 48, 0. 50, 0. 47, 0. 45, 0. 47, 0. 45}

$\delta0-2(t)=\{1, 0.98, 0.96, 0.93, 0.86, 0.79, 0.76, 0.75, 0.74, 0.79\}$

$\delta0-3(t)=\{1, 0.86, 0.98, 0.87, 0.74, 0.61, 0.53, 0.53, 0.43, 0.33\}$

第四步，计算关联度：

$\gamma(X0, X1)=0.8$　$\gamma(X0, X2)=0.86$　$\gamma(X0, X3)=0.69$

$\gamma(X0, X11)=0.76$　$\gamma(X0, X12)=0.95$　$\gamma(X0, X13)=0.78$

$\gamma(X0, X131)=0.78$　$\gamma(X0, X14)=0.65$

3. 模型结果分析

根据 $0<\gamma<0.35$ 为弱相关联，$0.35<\gamma<0.65$ 为中度关联，$0.65<\gamma<1$ 为强关联的指标间关联分类原则，R&D 经费支出与地区生产总值的关联度为 0.8，科技人员数与地区生产总值的关联度为 0.86，科技成果与地区生产总值的关联度为 0.69，科技人员数曲线与地区生产总值曲线更为相似，但 R&D 经费支出、科技人员数、科技成果与地区生产总值呈强关联，它们对经济发展都有较大的促进作用，但相对来说，科技人员数对经济发展的影响更为显著。同时，在科技经费支出中，高等院校的科技经费支出与地区生产总值的关联度为 0.95，远高于科研机构、企业、工业企业等科研经费支出，说明高等院校对重庆市经济增长的影响最大。相对来说而技术创新成果对重庆市经济增长的影响较小，由于主要科技创新成果是受转换时滞和市场需求的影响较大。

四、对策建议

2015 年重庆市的经济增长依旧保持高速增长态势，增速已经达到 11%。但主要还是需求端（“三驾马车”）发力，2015 年社会消费品零售总额增长 13%，固定资产投资增长 18%（工业投资占比提高到 31.5%），进出口总额增长 39%。当前，经济下行压力依然偏大，重庆经济要实现长期可持续增长，必须依赖需求端和供给侧协同发力，单靠传统的刺激投资和出口等需求端政策是不够的。当前在扩大总需求的同时，还必须加强供给侧的改革，大力推动科技创新，提高要素利用效率，完善各方面体制机制。

第一，通过灰色关联分析可知，总体来说 R&D 经费支出对重庆市经济发展的影响较大，但不同的执行主体对 R&D 的重视度不同。从表 1 可以看出，2005—2014 年高等院校的科技经费支出占总 R&D 经费支出的 12.7%，但对经济增长的贡献率为 95%，而企业经费支出占总 R&D 经费支出达到 78.7%，但是对经济增长的贡献率却为 78%，高等院校科研经费的产出效应大于企业。近年来，重庆市的企业虽然对科研投入比较重视，但是企业从事科研的专业技术人员力量偏弱且科研成果的转化率不高，以至于企业科研经费投入产出效益不高。所以，应加强政府、研究机构、高校、企业等相互合作，引导企业与高校、科研院所共建研发创新平台，可在高校内将产、学、研有机结合，注重科研活动在企业内的大力开展，同时建立科技创新企业风险基金，发挥企业主体地位，着力弥补企业的创新短板，推动以科技创新为核心的全面创新，从而调动企业科技人才的积极性。

第二，科技人员数对经济发展有较大影响，重庆市政府一直以来高度重视科技创新，较早地实施了创新驱动战略和人才强市战略。在“十二五”期间，建立了一个科研机构——重庆科学技术研究院，人员总体规模为1 000人。但同时也应该意识到，由于科技人才的流动性大，政府应该创造好的科研环境，培育、引进、留住具有创新创业精神的人才，特别是对于掌握十大战略性新兴产业核心技术的专业技术人才更要加大力度培育和引进。对他们取得的科技成果，可转化为股权和分红激励，同时建立与贡献匹配的创新收益体制。

第三，注重科技成果的质量。重庆市在科技发展过程中还需要注意科技成果质量偏低的问题，作为科技投入的一项重要产出内容，科技成果的质量促进科技活动的更新和发展，形成科技发展过程中的良性循环。

注释与参考文献

[1] 文传浩，黄磊，兰秀娟，等. 技术创新对重庆市经济增长的影响实证分析 [J]. 西部论坛，2015，25（6）：70-76.

[2] 赵修渝，皮俊锋，黄河. 重庆市科技进步对经济增长贡献的测算分析与对策研究 [J]. 科技管理研究，2008（2）：102-104.

[3] 卢方元，靳丹丹. 我国R&D投入对经济增长的影响——基于面板数据的实证分析 [J]. 中国工业经济，2011（3）：149-157.

[4] 陈冬生，魏建国，严琼芳，等. 武汉市科技投入与经济增长灰色关联研究 [J]. 科学学与科学技术管理，2003（3）：48-50.

[5] 刘思峰，杨菊. 江苏省科技投入与经济增长的灰色关联研究 [J]. 科学学与科学技术管理，2004（1）：34-36.

[6] 姜庆华，米传民. 我国科技投入与经济增长关系的灰色关联度分析 [J]. 技术经济与管理研究，2006，1（4）：24-26.

[7] 黄鲁成，李晓英. 北京市科技投入与经济增长关联的实证分析 [J]. 科技管理研究，2006，26（4）：39-41.

[8] 刘勇. 科技投入与经济增长的灰色关联度分析——基于广东省与全国的比较 [J]. 科技管理研究，2009（9）：132-134.

[9] 王剑. 科技投入与上海经济增长的灰色关联分析 [J]. 科技管理研究，2008（3）：91-92.

[10] 赵俊英. 河南省科技投入与经济增长的灰色关联分析 [J]. 科技管理研究，2011，31（11）：72-75.

[11] 艾建玲. 长沙科技投入与经济增长的灰色关联分析 [J]. 当代经济，2008（4）：110-112.

[12] 徐冬林，郭云南. R&D投入对中国经济增长的动态时滞效应分析 [J]. 中南财经政法大学学报，2007（6）：36-43.

[13] 刘胜强，常丹丹. 重庆市财政科技投入与技术创新关系的实证研究 [J]. 华东经济管理，2014，28（11）：42-46.

[14] 朱清香，谢姝琳，李春玲，王立岩. 科技投入与经济增长的灰色关联分析 [J]. 科技管理研究，2010，30（3）：80-81.

[15] 王凯，庞震. 中国财政科技投入与经济增长：1978—2008 [J]. 科学管理研究，

2010，28（1）：103-110.

［16］乔朋华，郑继兴．黑龙江省科技投入与经济增长的灰色关联研究［J］．科技管理研究，2010，30（22）：59-62.

［17］赵喜仓，陈海波，李健民．R&D 资源投入对我国经济发展影响的时滞分析［J］．科学管理研究，2005，23（4）：112-115.

［18］唐五湘，刘志辉．京市科技投入与经济增长的 T 型关联度分析［J］．工业经济研究，2006，25（6）：100-102.

［19］邓聚龙．灰理论基础［M］．武汉：华中科技大学出版社，2002.

国家“一带一路”战略背景下我国数字出版产业发展选择[①]

游登贵[②]

[摘要] 在国家“一带一路”发展战略的背景下，产业融合创新和对外合作升级如车之两轮、鸟之两翼，对数字出版产业快速发展起着良好的促进作用。具体体现在有效激发产业市场活力和创新能力，加速了产业重构建设。从数字出版的发展历程来看，具备了对“一带一路”战略文化价值对接和耦合的重要条件，更在新形势下拥有良好的发展前景和机遇，尤其要在打造数字文化环境、整合特色资源、培育特色企业、加强版权输出、集聚人才队伍、提升文化渗透力6个方面进行优先发展。

[关键词] 战略依托　“一带一路”　数字出版　发展策略

追溯历史，从上古开始逐渐形成的“丝绸之路”不仅是一条商品流通之路，也是一条科技、文化、宗教等方面的交流之路。在新的战略布局下，“丝绸之路经济带”和“21世纪海上丝绸之路”肩负着促进东西方经济文化交流、加强中外文化价值耦合、引导民族大融合发展的时代使命。随着“一带一路”发展战略的进一步推进，不断提升国家文化国际影响力、增强国家文化软实力是重中之重，践行“文化先行”是关键路径。具体来看，我国文化产业的健康发展有利于激活五千年来中华文化积淀的存量资源，有利于展示现代各种丰富的民族文化成果，更利于促进特色文化产业集群快速形成。从数字出版产业发展历程上来看，不仅具备了对“一带一路”战略文化价值对接和耦合的重要条件，更在新形势下拥有良好的发展前景和机遇，有力助推文化产业快速发展。

一、数字出版与“一带一路”战略文化价值的对接耦合

国家“一带一路”发展战略有利于推动各国关系协调与和谐，使沿线国家走上和平发展之路，利于展示各民族多元文化融合，带动丝绸之路产业带快速发展，有效促进世界文化融合，夯实各国经济交流的民间基础。我国数字出版产业发展彰显独特文化价值，满足发展战略文化价值的重要条件，快速对接和耦合成

---

① 本文系重庆工商大学融智学院2015年度人文社会科学研究项目《“一带一路”发展战略视域下重庆文化产业对外合作升级研究》（项目编号：20157009）阶段成果。

② 重庆工商大学融智学院教师，主要研究方向为文化产业研究。

为产业发展关键。

（一）经济贡献是前提，文化价值耦合是目标

据统计，2010 年到 2014 年我国数字出版产值规模从 1 051.79 亿元、1 377.88亿元、1 935.49 亿元、2 540.35 亿元增长到 3 387.7 亿元，比上年同期增长 31%、40.47%、31.25%和 33.4%，对国民经济的贡献率分别为 0.26%、0.29%、0.37%、0.45%和 0.53%。说明我国数字出版产业不仅呈现飞跃发展状态，体现出了这一朝阳产业对国民经济的贡献价值不断增加，更为“一带一路”战略文化价值承接提供实力支撑。在这个发展战略不断推进的过程中，数字出版产业带来的发展成果不仅承接了古代“丝绸之路”的历史符号，更传递出了积极与沿线国家、中心城市主导产业融合共生、和平发展的美好夙愿。

（二）业态门类是条件，集聚示范是关键

据中国新闻出版研究院发布的《2014—2015 中国数字出版产业年度报告》，可知互联网广告、网络游戏和手机出版（涵盖手机彩铃、铃音、手机游戏等）分别为 1 100 亿元、718.4 亿元、579.6 亿元[2]，占据收入榜序列前 3 位。同时，互联网期刊、电子书（包含网络原创出版物）、数字报纸（不含手机报）、博客、在线音乐、网络动漫等数字出版产业业态助力出版产业转型升级。在 2014 年数字出版产业全年收入规模中，网络动漫经济规模增长 72.7%，移动出版增长 35.4%。这种增速是传统新闻出版产业不能比拟的，而且会随着“一带一路”发展战略桥梁作用和引领作用的体现，在各国、各领域、各阶层、各宗教信仰团体之间的文化交流与合作方面产生共同的文化记忆和凝聚丰富的文化符号，逐步形成具有民族特色、区域优势、示范效应的产业发展带。

（三）政策倾斜是支撑，纵深引航是方向

国家实施“一带一路”发展战略必须实施政策先行，实现积极出台系列国家之间相互合作的协议，实现认识的统一，保持政策的延续。2015 年 4 月国家出台了《推动共建丝绸之路经济带和 21 世纪海上丝绸之路的愿景与行动》，在推进“一带一路”发展战略中，重点强调加强沿线国家、中心城市政策互联，通过制定有利于多国之间的文化交流政策，为数字出版产业“走出去”发展提供强劲支持。2015 年以来，国家在促进数字出版产业繁荣发展领域加强政策纵深指引，针对其重点领域、具体需求、具体项目制定相关政策，出台行之有效的举措，为产业结构多元化、文化消费需求多样化保驾护航。具体而言，新疆、陕西、甘肃等地重点与中亚、西亚和南亚等国家加强文化交流，打造丝绸之路经济带上重要的文化科教核心区、民族人文特色交流基地；加强上海、天津、广州、深圳、青岛、烟台、大连、海口等沿海城市港口建设，加大文化和科技融合创新力度，形成参与和引领国际文化交流合作竞争新优势；以重庆为战略节点，充分利用人文、地貌、历史、产业、会展等文化旅游资源，推动长江中上游地区和“一带一路”沿线国家的文化交流。

二、融入“一带一路”建设，数字出版产业具有的发展基础

国家“一带一路”发展战略有效地对接和满足了世界经济社会持续发展所

需。这项战略将为沿线占全球一半以上低收入人口创造发展机遇，能够为实现沿线国家、城市的商贸需要、资本融通、文化交融提供可能。数字出版产业应运其中，拥有良好的发展基础和优势。

（一）基础设施不断完善

地域间基础设施建设，如交通要道、铁路和公路重点工程、物流枢纽站点、数字出版交流平台是优先领域，为实现“一带一路”战略目标提供坚实保障。在国际交通要道方面，按照“一带一路”具体走向，打造新亚欧大陆桥、中蒙俄、中国—中南半岛、中国—中亚—西亚、中国南海—南太平洋等国际经济文化合作走廊，重点建设沿线国家、中心城市数字出版产业版权输出窗口，进一步挖掘“一带一路”历史文化遗产。在重大项目和重点工程上，边境安全互联是战略依托。亚洲公路网、泛亚铁路网规划和建设，与东北亚、中亚、南亚及东南亚国家开通公路通路 13 条，铁路 8 条。蒙内铁路是肯尼亚百年来历史承接中的首条新铁路，是东非次区域互联互通重大项目，它的存在能够把我国先进的数字出版产业技术、标准、业态和发展模式带入非洲。在数字出版交流平台方面，充分依托沿线各国区域、次区域文化交流论坛、博览会、洽谈会方式，如丝绸之路（敦煌）国际文化博览会、丝绸之路国际电影节和图书展等，加强各国在数字出版产业发展领域上的专项投资、商贸孵化和品牌打造力度。足以看出，这些“一带一路”发展战略视角下的基础建设为推动数字出版产业快速发展提供坚实的物质基础。

（二）战略沿线合作基础得到加强

站在数字出版产业发展角度来看，“一带一路”发展战略落地有助于带动沿线国家和中心城市数字出版产业繁荣发展。中阿首次数字出版领域内业务交流当属 2015 年 8 月 27 日在京举行的“that's 阿文平台启动暨中阿数字出版交流会”，自此新闻出版业转型升级、对外融合创新发展这一话题便在埃及落地生根，目前已建成 that's 电子商务网站英文版、西文版和阿文版，有 30 家阿拉伯地区的出版机构加盟，授权 3 000 余种特色图书上线销售。印度依存自生雄厚的人力资源和廉价人工成本，成为学术、教育出版商外包数字业务重镇。在版权内容上，注重智能化贴身服务，实现跨平台出版发行，在推介过程中，开发阅读终端设备、专攻内容格式转换、搜索引擎优化、精准内容定位等成为印度术业。肯尼亚是我国“一带一路”战略在南非唯一支点，顺应技术变革和受众需要，已将国家图书馆所有图书资源数字化，提供电子借阅服务，并加强版权管理。南方出版传媒与印度、英国、越南、印尼和缅甸等“一带一路”沿线国家在数字出版、人才培育和版权输出等方面加强合作交流。

（三）基地集聚效应日益明显

数字出版产业需要从规模小、力量弱走向集团化、品牌化，这样才能参与国际竞争，那么数字出版产业基地建设就显得尤为重要。截至 2014 年年末，我国国家级新闻出版产业基地（园区）已经有 37 家，共有 21 家报送数据的国家新闻出版产业基地（园区）产值规模达到 1 424. 1 亿元，实现利润总额 217. 7 亿元，其中 12 家国家级数字出版基地（园区）的产值规模达到 1 118. 7 亿元，同比增长24%，利润总额为197.1亿元，同比增长43.1%。上海张江、江苏、广东国家数字出版产业基地占据国家级数字出版产业基地产值规模前3甲。因此，在“一带一路”发展战略的有效指引下，需要充分发挥数字出版产业基地的集聚效应，让各种技术、人力、财力在基地中充分交流融合。站在战略发展的深水区考量，“一带一路”沿线国家城市数字出版基地建设正发挥战略引擎作用，朝着舆论导向基地、产业集聚基地、人才孵化基地、政策试验基地和文化创新基地方向发展，为经济文化要素自由有序流动、产业资源禀赋高效配置和区域合作交流提供更为开放、包容、均衡、和谐的市场空间。

三、新形势下数字出版产业健康发展的选择

在国家“一带一路”战略有效指引下，应该结合沿线各国家的文化要素和文化需求，重点打造数字文化环境、整合特色资源、培育特色企业、加强版权输出、集聚人才队伍、增强文化渗透力，加快推进我国数字出版产业“走出去”发展。

（一）打造数字文化环境

一是不断完善创新创业基础服务体系。要大力推进商事登记制度改革，充分营造与国际接轨的营商环境，激发沿线国家、城市人民文化创业热情，培育良好的、优势显著的市场主体。要积极营造对外开放的投资融资环境，加快“一带一路”沿线各国家文化资源要素的互动交流，为市场主体提供强有力的资金支撑。还要不断加快自身基础设施建设，优先在支撑文化产品和文化服务快速发展领域做出倾斜，进一步完善文化类基础服务体系。二是承接国外文化市场，打造有特色的数字文化环境。在金融服务方面，探索完善面向文化科技企业的信贷服务体系，加大文化科技融资担保支持力度，引导金融扶持科技政策向文化科技企业倾斜，积极发挥华人文化产业投资基金等投资基金的杠杆作用；在技术服务方面，要加强面向技术创新的公共服务平台建设。针对我国文化企业的创新需求，建立和完善科技中介服务体系。建立健全共享机制，实现国家重点实验室、国家工程中心等各类共性技术平台向文化企业开放。完善各级文化产业园区现有公共技术服务平台，鼓励有条件的文化企业与高等院校、科研单位等合作承担服务平台建设，面向社会开放，提供公共服务。

（二）整合特色资源

一方面，积极培育数字出版领域内旗舰企业。需要打造一批以高新技术为依托、数字内容为主体、自主知识产权为核心的数字出版科技型领军企业，重点在电子商务品牌企业和国内大型出版机构联结融合上下功夫。数字出版旗舰企业的打造，有助于增强产业资源配置能力，加快各国经济要素的流动，促进“一带一路”战略发展沿线特色产业联盟的形成。另一方面，要在数字出版基地建设上加大突破。在契合“一带一路”发展战略的基础上，需要按照特色突出、行业集聚、空间集中的发展策略，依据产业优势资源、经济要素流动情况、市场融合程度，对基地内涵和内容进行建设，避免发展定位不明确、同质化严重、恶性竞争

的情况。要积极构建海外数字出版基地，探索文化产业与"一带一路"沿线各地文化合作开发模式，充分调动国际力量参与海外数字出版基地建设，形成文化对外融合发展新的桥梁与纽带。

（三）培育特色企业

示范基地（园区）在跨行业、跨领域的条件下开展文化、金融、科技、互联网等企业新型合作发展模式，不仅要加强企业间产品和服务的交织融合，更为重要的是为企业进行战略转型升级提供方向和目标，进而转化为对中小特色企业进行孵化和扶持。在这个过程中，积极培育本埠文化特色企业是关键。一是本土企业能准确地运用新技术对本土文化内涵充分解码和编码，更加有效地传承和传播本土文化内涵，使之不仅适应社会需要，更要加快发展文化生产力，增强文化产品和服务的原创能力。二是要运用先进文化理念来促进科技创新和自主研发水平，尤其是中小科技企业要不断发展壮大，除了增强自身科技实力之外，还需要积淀和提升科技的文化内聚力和文化底蕴。三是重点扶持壮大本土文化企业可以发挥其示范效应和产业集聚能力，实现以具体产业为中心，向上和向下的产业链的构建，以同心圆为核心的产业集群的形成，最终实现有所在、有所为的产业发展动力。只有先充分利用本土优势资源进行融合试验，才有胆气和能力承接外来文化理念和科学技术。

（四）加强版权输出

建设"一带一路"势必要推进国际区域内的全方位合作，尤其是各种经济、文化交流平台的逐步建立。要加强文化交流，重点是要构筑对外文化交流服务平台，要坚持以文化资源优化配置为引领，加快推进特色文化产业的标准化、国际化建设，着力引进外部优质文化资源，充分做到广泛交流、深度融合、全面渗透、促进发展。通过搭建以展示、交易、信息为重点的文化交流平台，重点发展对外文化贸易，积极扶持文化产品出口，主动参与国际文化竞争。同时，结合我国优势文化产业资源，通过发展文化产品和服务国际电子商务平台等，促进文化产品走向国际舞台。

（五）集聚人才队伍

加快文化与科技复合型文化产业人才的培养和聚集是赢得数字出版产业国际竞争力的关键要素。国家教育主管部门应该支持高校设立文化产业相关专业，重点推进以企业为主体、联合高校培养实践型文化产业人才的培训模式，着力培养设计服务、网络文化等领域的兼具文化与科技背景的复合型人才。在体制机制创新上，要完善数字出版产业人才培育体系。通过"政、产、学、研"的对接与耦合，鼓励数字出版产业人才的市场化运作，逐步形成集政府机构及行业主管部门、数字出版企业、科研院所以及行业组织为一体的多层次、多功能、多形式的数字出版产业人才培养机制，培育一批拥有市场经验、市场潜力的骨干人才队伍。在人才留用机制上，建立数字出版产业人才评价和考核指标体系，为人才的留用、再培养、晋升及奖励提供科学明晰的保障。在对外引进人才方面，要建立健全数字出版产业人才引入机制。从人才需求出发，制定科学完备的柔性引才规划：一方面，在社会福利、工资薪酬、落户安家、事业选择、学历认证、家庭安置等方面提供优惠政策；另一方面，构建人才流动机制，吸引京津沪渝地区数字出版产业高层次人才向战略发展沿线聚集，满足数字出版产业急需和急缺领军人才的刚性需求。同时，要给予数字出版和科技创新人才足够的自主权和探索权，在集聚和融合部分沿线国家、城市文化产业特色资源时才能够不拘一格、阔步向前。

（六）增强文化渗透力

一要加强非通用语种以及研究和掌握关键语言的人才培养，周边国家和地区使用的语言和方言近千种，可以通过创建我国周边语言文化数据库，积极打造国家语言战略智库等方式突破语言差异难题。二要加强研究区域语言习惯、语言政策和语言生态，创建“一带一路”沿线华文研究院，进行双向语言和文化交流，尽快出版语言文化类研究书籍。三要重点支持文化出版业对外进行版权输出，依托国家级文化和科技融合示范基地，开拓新兴的数字出版业态。同时，要以图书资源禀赋为支撑，充分利用国际图书综合交易平台这一载体，如北京国际图书博览会（简称 BIBF），加强中外出版业交流合作，打造有特色、有核心竞争力的数字出版品牌和产品。四要大力加强新兴文化产业知识产权保护，充分保障文化产业主体的合法权益，不断激励其创意活动。通过数字版权，保护核心技术，保护数字出版物的知识产权。

参考文献

［1］吴江文. 融合创新重构——兼议地方“十三五”数字出版产业规划要点［J］. 科技与出版，2015（9）：21-25.

［2］中国数字出版产业年度报告课题组：张立，王飚. 融合发展之年的中国数字出版——2014—2015 中国数字出版产业年度报告（摘要）［J］. 出版发行研究，2015（8）：5-10.

［3］曹琼. “一带一路”战略背景下中国产业“走出去”的机遇与路径探讨［J］. 商，2015（21）：276-273.

新常态经济下高新技术产业发展转折点的政府支持模式动态研究

陈 影①

［摘要］在当前世界经济复苏乏力的大环境下，我国提出了“大众创业、万众创新”的号召，激发民族创业精神和创业基因，形成了鼓励草根创业、人人创新的新态势。在新常态经济背景下，新兴产业、新型业态和新商业模式蓬勃发展。基于高新技术产业的专业技术性及高附加值特性，高新技术产业的健康快速和可持续发展成为推动经济结构调整和产业升级的重要力量。但高新技术产业本身存在的高研发风险性使其稳健发展需要政府的支持。为了更好地发挥高新技术产业的创新带动作用，政府出台了一系列利好政策保护和促进高新技术产业的发展。本文拟研究政府在新常态经济下对高新技术产业发展的支持模式，综合考虑高新技术企业发展周期，探寻高新技术产业发展的转折点，分析在动态条件下的政府支持模式，从而探索出最有效的政府支持方式，切实发挥政府的最优资源配置作用。

［关键词］新常态经济　高新技术　政府支持　动态模式

2016年作为全面建成小康社会决胜阶段的开局之年，推进经济结构转型升级的任务进入攻坚阶段。党的十八届五中全会确立了“创新、协调、绿色、开放、共享”的发展理念，指出创新是引领发展的第一动力。中央经济工作会议提出，适应新常态、引领新常态最终要靠科技进步，强调要依靠科技创新加快培育新的发展动能，改造提升传统比较优势，增强持续增长动力。要深入实施创新驱动发展战略，紧紧抓住科技创新这个“牛鼻子”，推动经济发展转方式、调结构，加快形成以创新为主要引领和支撑的经济体系和发展模式。数据显示，2015年全国医药制造业税收增长13%，领先制造业整体税收增速7个多百分点；科学研究和技术服务业税收增长13%，大大领先于制造业整体税收增长水平。2015年，全国软件和信息技术服务业税收完成1 210亿元，增长21.2%。新型服务业税收大幅增长。其中，创新程度较高的租赁和商务服务业完成税收5 822亿元，增长23.8%，连续3年增幅提高，企业所得税增长40.9%。由此可见，新兴信息产业以及法律、咨询、知识产权服务等知识密集型服务业增长迅速。高新技术产业作为技术密集型行业，创新驱动是其增长的动力。为了更好地保护和发挥高新

① 重庆工商大学融智学院教师，主要研究方向为财务与会计。

技术产业的创新带动作用，政府出台了一系列保驾护航的优惠宽松政策，鼓励高新技术产业不断改革创新，发挥高新技术产业推进经济结构转型和产业升级的中坚力量。

一、高新技术产业及发展阶段的界定

（一）高新技术产业

高新技术产业是指以高新技术为基础，从事一种或多种高新技术及其产品的研究、开发、生产和技术服务的企业集合。这种产业的关键技术开发难度较大，存在着极大的不确定性和高风险性。但一旦开发成功，其经济效益和社会效益往往高于一般产业。

2008 年 4 月，中华人民共和国科技部、财政部和税务总局三部门联合颁布了《高新技术企业认定管理办法》，文件中明确了高新技术企业的认定标准，规定了国家重点支持的高新技术领域，包括电子信息技术、生物与新医药技术、航空航天技术、新材料技术、高技术服务业、新能源及节能技术、资源与环境技术和先进制造与自动化技术八大类。同时对这八大行业中高新技术企业认定标准做出了详细的规定，具体有：具有大学专科以上学历的科技人员占企业当年职工总数的 30%以上，并且研发人员占企业当年职工总数的 10%以上；对企业近三个会计年度的研究开发费用总额占销售收入总额的比例做出了具体规定；高新技术产品（服务）收入占企业当年总收入的 60%以上。

2016 年 1 月国务院会议提出进一步加大简政放权、放管结合、优化服务力度，持续为企业松绑减负，为“大众创业、万众创新”清障搭台，以有利于继续推进结构性改革、扩大有效需求。为了让市场活力更大释放，会议确定修订现行的《高新技术企业认定管理办法》，更多向中小企业倾斜。一是适当放宽认定条件。适应研发外包、众包等趋势，对高新技术企业取消具有大专以上学历科技人员占企业当年职工总数 30%以上的要求，改为从事研发和相关技术创新活动的科技人员占比不低于 10%。在保持大中型企业 3%和 4%研发费占比要求不变的情况下，将小企业的研发费比例要求由 6%降至 5%。取消近 3 年内获得知识产权或取得 5 年以上独占许可的条件，鼓励企业自主研发或转让技术。二是简化认定流程，缩短公示时间。高新技术企业在资格有效期内跨管理区域整体迁移的，其资格继续有效。采取随机抽查与重点检查双结合等方式，优化对高新技术企业的管理。三是扩充重点支持的高新技术领域。将制造业中的增材制造与应用等新技术和服务业中的检验检测认证等技术，以及文化创意、电子商务与现代物流等领域的相关技术纳入支持范围，同时剔除一批落后技术，使政策优惠发挥对科技创新的牵引作用。

通过完善高新技术企业认定办法，加大对科技企业特别是中小企业的普惠性政策扶持，激励市场主体增加研发投入，可以有力推动“双创”，培育创造新技术、新业态和提供新供给的生力军，促进经济升级发展。《高新技术企业认定管理办法》的重新修订降低了高新技术企业的门槛，使更多的中小型高科技企业能享受政府的支持。

（二）高新技术产业发展阶段

高新技术产业作为电子信息技术、航空航天技术、新材料技术等技术密集型企业的集合，一方面，高新技术可以分成“高技术”和“新技术”两个层面来理解，所以对高新技术产业发展阶段可以从企业成长过程和技术发展进程来研究。从企业的成长过程来说，可包括种子期、创立期、成长期、成熟期。从技术发展进程来看，可分为技术研发阶段，成果转化阶段，工业化生产阶段，规模化阶段。另一方面，高新技术可从高新技术企业和高新技术产业两个范畴来理解，高新技术企业作为一个独立的企业，存在着产业链的概念，关系着不计其数的上下游企业；高新技术产业作为某一类企业的集合，存在着产业周期的变更，关系着行业的兴衰。总体来说，我国的高新技术产业目前仍处于起步阶段，高新技术产业贡献率最高仅达到30%左右，距离经济发达国家60%~80%的比率尚有较大差距。综上所述，本文将高新技术发展阶段细分为种子期、起步期、成长期、扩展期四个时间段。

二、政府支持高新技术产业发展转折点的动态模式研究

（一）政府支持高新技术发展方式的研究

目前，我国政府对高新技术产业的支持方式主要包括财政补贴、税收优惠、金融支持、投资政策、政府采购、进出口保险、非财政支持等。

在财政补贴政策方面，目前采取的措施主要包括财政直接补贴、财政贴息两种方式。为落实国家大力发展节能环保产业、建设节约型社会的号召，福建省为加快培育高新技术新兴产业集群，促进安溪县LED光电产业链的发展，拨付福建晶安光电有限公司“科技三项”财政补贴资金合计4.9亿元。上海市为促进高新技术成果转化，根据差别优惠、定额贴息的原则，由同级财政部门对转化项目进行不超过同期贷款基准利率的50%的一年期以内的专项贷款贴息。财政贴息按企业先支付利息、后贴息的程序进行，每半年核拨一次贴息款。

在税收优惠方面，为减轻纳税人的税收负担，政府采用的支持措施主要包括税收减免，降低税率，加计扣除，税收递延，退税等方式。国家税务总局数据显示，2015年支持“双创”共减免税3 000亿元以上，其中落实高新技术有关税收优惠政策减免税1 400多亿元。对国家需要重点扶持的高新技术企业，减按15%的税率征收企业所得税；对于引领新经济发展具有重要意义的软件和集成电路企业，实行增值税即征即退、减免企业所得税等优惠政策。2015年10月李克强总理在国务院会议宣布决定，将国家自主创新示范区部分所得税试点政策推广到全国。一是从2015年10月1日起，在全国范围内，有限合伙制创投企业采取股权投资方式投资于未上市中小高新技术企业2年以上，该创投企业的法人合伙人可按投资额的70%抵扣应纳税所得额；居民企业转让5年以上非独占许可使用权取得的技术转让所得，可享受500万元以内部分免征、超过500万元部分减半征收企业所得税的优惠。二是从2016年1月1日起，在全国范围内，中小高新技术

企业以未分配利润、盈余和资本公积向个人股东转增股本，高新技术企业转化科技成果给予本企业相关技术人员的股权奖励，个人股东和技术人员可在5年内分期缴纳个人所得税。在加计扣除方面，国家税务总局数据显示2015年前三季度，研发费用加计扣除政策的减税规模约为444亿元；支持高新技术企业创新发展减税965亿元；科技成果转化免征增值税50亿元，减免企业所得税1.6亿元。同时规定从2016年1月1日起，一是放宽享受加计扣除政策的研发活动和费用范围。除规定不宜适用加计扣除的活动和行业外，企业发生的研发支出均可享受加计扣除优惠。在原有基础上，外聘研发人员劳务费、试制产品检验费、专家咨询费及合作或委托研发发生的费用等可按规定纳入加计扣除。二是允许企业追溯过去3年应扣未扣的研发费用予以加计扣除。三是简化审核，对加计扣除实行事后备案管理，对可加计扣除的研发费用实行归并核算。

在金融支持方面，政府提出强化综合金融服务，建立多层次资本市场，着实提高资本市场服务实体经济的能力。政府主要从信贷政策、信用担保等方面入手，引导政策性银行机构对高新技术企业进行扶持。政策性银行可以在授信额度、科技成果转化、高新技术产品产业化等各个环节给予行业优惠的融资政策，在贷款抵押、贷款时限、贷款额度上均可以突破普通产业的贷款需求，涉及国家科技战略的，政府可以担保。安徽省政府鼓励银行、证券、保险等金融机构运用多种方式加大向上市（挂牌）公司及后备企业的投融资力度。省、市政策性融资担保机构要建立担保资源库与上市（挂牌）后备企业资源库对接机制，把上市（挂牌）后备企业作为重点服务对象，给予担保费率优惠，年化费率最高不超过1.5%。推广新型政银担合作模式，对单户在保余额2 000万元以下的拟上市企业贷款担保业务，担保机构、省信用担保集团、贷款银行、地方政府按照4∶3∶2∶1比例承担代偿责任。

在投资政策方面，政府采取以少量财政资金投入，吸引更多社会资金进入，通过设立基金模式，引导更多资金投往政府鼓励的领域，如互联网+产业基金、创新创业引导基金、高新技术产业引导基金等。2015年9月1日，国务院决定成立国家中小企业发展基金，由中央财政先行出资150亿元，引导民营和国有企业、金融机构、地方政府等共同参与，实现基金总规模600亿元，通过设立母基金、直投基金等，采用市场化模式运作，重点支持种子期、初创期成长型中小企业发展。2016年1月29日，国家中小企业发展基金首支实体基金在深圳成立。该实体基金由中央财政作为合伙人出资15亿元，深圳市政府和其他社会出资人合计出资45亿元，总规模为60亿元。深圳市中小企业服务署代表深圳市政府出资，深圳国中创业投资管理有限公司受托管理实体基金。

在政府采购方面，为了支持国内具有自主知识产权的高新技术设备或产品的产业化生产，各级地方政府均在高新技术园区设立了政府采购网，鼓励高新技术企业生产出优质的产品和提供良好的服务。政府采购通过公开招标、邀请招标、竞争性招标、询价采购、单一来源采购等方式进行，在高新技术产业的初创期及成长期起到了积极的引导和支持作用。在政府投资的项目中如果采用高新技术企业的产品，会给企业带来稳定的销售量和利润，此外，参与国家高精尖项目和示范工程更能给企业带来声望、名誉以及获得更多的其他合同。所以政府采购无疑是促进高新技术产业发展的重要手段。

在进出口保险方面，为落实《中共中央国务院关于实施科技规划纲要、增强自主创新能力的决定》和《国务院关于实施〈国家中长期科学和技术发展规划纲要（2006—2020年）〉若干配套政策的通知》，提出加强出口信用保险对自主创新的支持，进一步促进出口信用保险为高新技术企业提供服务。主动贴近市场深入了解企业需求，根据高新技术企业的特点，不断改善服务，加强保险新产品的开发，完善业务种类，积极为高新技术产品出口提供收汇保障。同时优先为高新技术企业出口提供保险保障。在国家规定的政策范围内，适当简化承保、理赔手续，加快承保和理赔工作的速度。进一步推动保险项下融资业务，扩大与商业银行的合作，拓宽高新技术企业的融资渠道。

在非财政支持方面，除税收优惠等财政支持外，政府还可以引导产业聚集通过建立科技园区、孵化器，增设自主创新示范区，办好地方高新区，提供人才引进和培养机制，如对研究人员的科技成果进行奖励、对大学生的科技项目进行奖励和资助等非财政支持手段来达到帮助高新技术企业发展的目的。2015年出台的《关于发展众创空间推进大众创新创业的指导意见》，提出要总结推广创客空间、创业咖啡、创新工场等新型孵化模式，充分利用国家自主创新示范区、国家高新技术产业开发区、科技企业孵化器、小企业创业基地、大学科技园和高校、科研院所的有利条件，发挥行业领军企业、创业投资机构、社会组织等社会力量的主力军作用，构建一批低成本、便利化、全要素、开放式的众创空间。

2015年，在黑龙江省政府推动下，依托哈尔滨工业大学成立了哈工大机器人集团和哈工大焊接产业集团两个高新技术企业，推动了全省机器人及智能装备产业发展，形成对经济结构调整和产业升级的支撑。北京中关村示范区作为我国首个高科技园区和首个国家自主创新示范区，拥有2万余家高新技术企业，2015年科技创新环境、辐射带动能力均显著提升，技术、产业辐射带动全国。北京社科院的《中关村指数（2015）报告》显示，2015年度中关村综合指数达到285.8，比上一年度数据提升73.3个基点。其中，科技金融指数达到540.7，较上年提高153.8个基点，拉动创新环境指数快速提升，人才资源指数也较之上年度提升30.7个基点。辐射带动指数已经达到290.1，较上一年度提升60.3个基点，其中技术辐射指数达到328.3，产业辐射指数达到251.8，分别较上一年提高75.5和45.1个基点。2015年1月至8月中关村规模以上企业实现总收入21 374.7亿元，同比增长10.8%。去年，中关村技术合同成交额超过3 100亿元，占全国的40%，其中80%输出到北京以外的地区，京外分支机构超过一万家，企业的总收入75%左右贡献给北京以外的地区。

（二）政府支持高新技术产业发展转折点的动态模式探讨

基于高新技术产业发展过程将高新技术企业的发展过程划分为种子期、起步期、成长期和扩展期四个阶段。由于高新技术产业发展的不同阶段的外部环境、研发技术、企业规模等因素都处于不断变化的过程中，因此高新技术企业的发展面临着各种不确定性，可能导致技术研发失败、筹资不足、产品没有市场等风险。动态地分析高新技术企业在各个发展阶段的特征和政府的支持方式，有利于找出政府对高新技术企业在发展转折点的有效支持模式，切实帮助企业在产业发展过程中减轻或避免风险因素的干扰，使高新技术企业顺利实现产业发展。

种子期是产生新技术、新发明、新设想的阶段，企业利用自有资金对技术进行酝酿和研发，但研发需要大量的资金投入，资金缺口大，所以迫切需要无融资成本的政府投资。同时为了提高研发效率和成功率，人才引进政策和产业聚集政策更符合企业的需要，此外，通过建立科技园和孵化器能够帮助中小科技企业以低廉的成本获得办公场所、网络、通信、交通等硬件基础设施。但高新技术行业是一个风险很高的行业，政府不可能准确地预见新的高新技术企业未来的效益，所以政府直接把资金投入到高新技术企业的风险太大。公司希望政府可以加大与创投公司的合作，由创投公司对新的高新技术企业进行专业的评估，从而给政府提供可靠的信息，使政府有限的补助资金定位对接有潜力的企业，产生最优的资源配置作用。种子期的企业产生的收入较少，所以税收优惠对公司的支持会弱一些，但是研发费用的加计扣除还是公司比较需要的，这会激发企业的研发积极性。综上所述，种子期的企业普遍期望获得财政直接或间接投入和非财政支持，税收优惠支持力度较小，但研发费用的加计扣除能激发企业的研发积极性，推动企业向下一阶段发展。

导入期的研发工作主要集中在对技术成果向产品进行转化，导入期的后期，企业需要投资建设产品生产线，为产品生产和销售做准备，此时需要大量的流动资金，有迫切的融资需求。消费者反馈、市场需求变化以及替代产品的情况既影响到产品的销售数量和利润，也会对企业的融资能力产生影响。在产成品投入市场产生销售收入时，税收优惠政策会增加前期的利润空间。由于我国资本市场并不发达，企业的主要外部资金来源仍然是银行贷款，在营业收入有限的限制下，政府的贷款担保等政策更能够帮助企业获得银行贷款，进行市场推广和生产线投资，从而扩大生产力。综上所述，税收优惠政策和政府的贷款担保等对导入期企业的支持力度较大，有助于企业获得流动资金以便顺利进入产业发展的下一个阶段。

成熟期的高新技术企业进入批量生产阶段，政府采购合同本身能够使企业的生产能力得到更充分的发挥。参与政府高精尖项目和示范工程能给企业带来良好的声誉和经验，使企业有能力获得其他类似的项目和订单。2001 年我国加入 WTO，加快了商品市场国际化进程。出口信用保险政策有利于扩大出口，增加企业的销售收入。为了应对越来越大的生产规模，企业一方面需要政府的财政补贴和低息贷款的资金支持，另一方面企业需要大规模的多层次融资来保证维持企业正常运转持续充足的现金流。此外，成长期企业关注利润，因此税收优惠在这一阶段对企业发展的影响较大，尤其是所得税及附加税。综上所述，成长期企业需要政府采购、出口保险等政策来支持其批量生产的产能，财政补贴、低息贷款和多层次的融资模式有利于支撑企业的大规模生产能力，同时税收优惠能在一定程度上减少企业利润空间的挤占，使企业进入稳步成熟阶段。

经过了种子期、导入期、成长期的发展，高新技术企业在这一阶段已经基本成熟，表现为技术已经成熟，产品进入大工业生产阶段，建立了强大的生产、销售网络，产品已经得到市场的认可，不确定性大大降低。成熟期企业有相当部分为大型企业，它们或是一个行业的龙头，或是占有足够的市场份额。成熟期企业同成长期企业一样，企业处于大规模扩张阶段，所以税收优惠、政府采购、出口保险、信贷支持等政策有助于企业的稳定发展。同时，这些企业的科技创新能力雄厚，且引领着一个行业或一个地域的经济发展。所以企业在进行区域扩张的时候，土地优惠、网络、交通等非财政支持尤为重要。综上所述，成熟期的企业除了财政支持外，非财政支持发挥着重要的作用。

构建针对高新技术产业发展不同阶段的政府支持模式，是地方政府根据企业发展状态制定政策和实施支持的重要依据。根据企业的生命周期将企业的发展过程分为种子期、导入期、成长期、成熟期，每一个阶段的转变均是企业的一种突破，一种蜕变，在发展的关键转折点，政府对高新技术企业的支持模式应动态地考虑，思考上一阶段的主要支持方式是否适宜作为下一阶段的主打模式，在转折点时，政府应参考各个阶段政府主要的支持模式，灵活地调整政策的支持力度，更好地发挥政策的支持效率，推动高新技术企业健康可持续发展。

参考文献

[1] 周方召，仲深，王雷. 财税补贴、风险投资与高新技术企业的生产效率——来自中国物联网板块上市公司的经验证据 [J]. 软科学，2013 (3)：100-105.

[2] 王宏起，王雪原. 基于高新技术产业集群生命周期的科技计划支持策略 [J]. 科研管理，2008，29 (3)：53-59.

[3] 姜涛. 推进我国高新技术产业化的支持条件与对策分析 [J]. 当代经济，2011，10 (2)：96.

[4] 崔琳琳. 政府采购促进高新技术产业发展探讨 [J]. 统计与决策，2010 (17)：186-188.

[5] 赵继新，刘敦辉，赵瑞华. 基于生命周期的我国高新技术企业阶段成长模式选择研究 [J]. 科技进步与对策，2009，26 (13)：57-60.

[6] 沙呈呈. 政府在推动高新技术产业发展中的作用研究 [D]. 扬州：扬州大学，2014.

[7] 张镧. 湖北省高新技术产业政策研究：政策文本分析视角 [D]. 武汉：华中科技大学，2014.

汇率变动对重庆笔记本电脑出口影响的实证分析

彭子洋[①]

［摘要］2015 年央行宣布实施人民币汇率中间价报价新机制，人民币汇率短期内产生了较大波动。同时，自 2015 年开始，重庆笔记本电脑的出口从过去的飞速增长开始回落，重庆笔记本电脑出口的转折性变化是否跟此次的汇率改革相关？本文利用 2012—2016 年人民币升值率与笔记本电脑出口占货物出口总额比重等相关的季度数据，运用 Eviews6.0 软件建立一元线性同归模型，并对模型进行实证分析。检验结果表明：人民币汇率变动对重庆笔记本电脑出口影响不明显。从而对重庆笔记本电脑产业未来发展提出把握产业发展方向、前瞻布局、加大力度扶植本土供应链厂商、优化产业供应链等建议。

［关键词］人民币汇率　笔记本电脑　实证分析

截至 2014 年，我国人民币名义汇率变化大致经历了贬值—基本稳定—升值的演变过程。2015 年 8 月 11 日央行宣布实施人民币汇率中间价报价新机制，人民币对美元双边汇率开始贬值，其后保持震荡走势。第四季度在人民币加入 SDR 后，央行减少了对人民币汇率的日常干预，人民币汇率再次开启了一轮持续贬值过程，截至 2015 年 12 月 31 日，人民币兑美元即期汇率收盘创四年半来新低。随着此次汇率制度的改革，汇率的波动对进出口贸易的影响成为国际贸易、国际金融和宏观经济学研究的热点问题。

重庆作为西部地区唯一直辖市，致力于打造全球 IT 制造高地。目前笔记本电脑产业经过几年的发展，实现"无中生有"，由弱到强的 5 个品牌商、6 代工厂、800 部件企业组成了"5+6+800"笔电产业垂直整合体系。2014 年重庆笔记本电脑产量占全球笔记本电脑产量的 40%左右，成为全球最大的笔记本电脑生产基地。同时重庆笔记本出口额达到重庆出口贸易的 38.9%，成为重庆对外贸易的主导行业。笔记本电脑的出口对带动重庆地区对外贸易以及经济发展有着非常重要的意义。

理论学界多次证明汇率的波动会对一国（地区）或者一个行业的出口产生一定甚至较大的影响，此次汇率制度的变动是否会对重庆笔记本电脑的出口产生影响，值得探讨。

① 重庆工商大学融智学院讲师，主要研究方向为技术经济及管理。

一、重庆笔记本电脑出口的发展现状

（一）高速增长后有所回落

2008 年 10 月，惠普和重庆共同宣布建立一个新的先进的电脑制造基地，开启了重庆笔记本电脑生产的篇章。2010 年，在重庆笔记本电脑正式出口，当年出口额为 44 231 万美元，随后以惊人的速度增长。2014 年重庆出口笔记本电脑 54 350 万台，出口额达 2 465 960 万美元，五年间出口增长了 44.37 倍，年均增长率高达 887.4%。2015 年，在重庆市出口规模下滑 13.3%的背景下，笔记本电脑出口规模有所回落，出口额约 1 857 219 万美元，较 2014 年下降 24.68%，超过重庆市出口规模下滑速度（见图 1）。

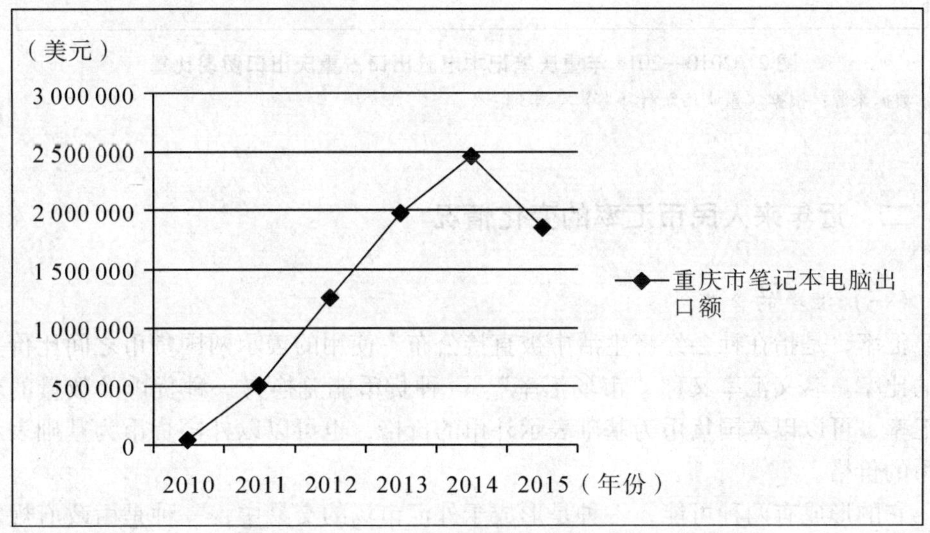

图 1　2010—2015 年重庆笔记本电脑出口规模

数据来源：根据《重庆市统计年鉴》等整理。

（二）出口占比有所下降

2010 年重庆市笔记本电脑出口仅占重庆出口贸易的 5.9%，随后几年占比逐步上升，2013 年高达 42.33%，但 2014 年由于平板电脑出口需求的增加，导致笔记本电脑出口占比下降为 38.9%。截至 2015 年 5 月，重庆市出口便携式电脑下降 29.8%，出口平板电脑增长 1.5 倍。但总体说来，笔记本电脑出口仍位居重庆市出口额首位，是拉动重庆对外贸易的强大动力（见图 2）。

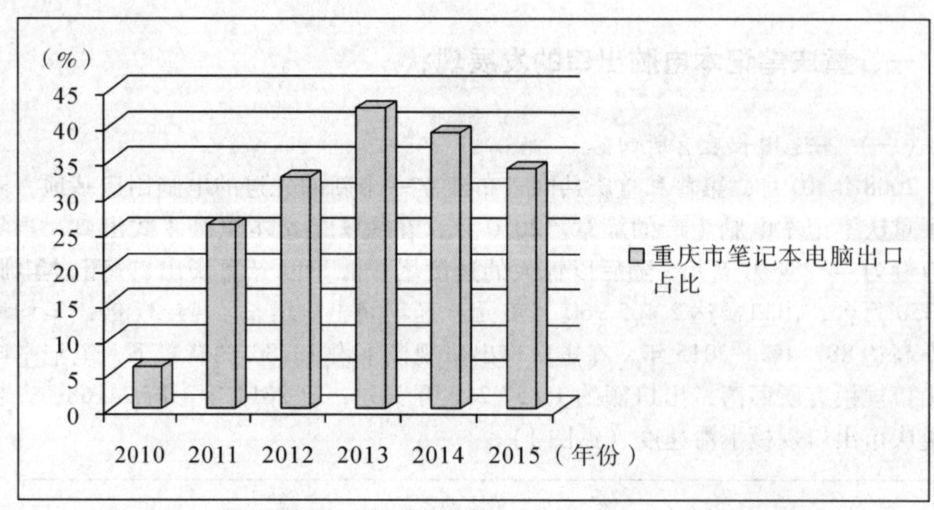

图 2　2010—2014 年重庆笔记本电脑出口占重庆出口贸易比重

数据来源：根据《重庆市统计年鉴》等整理。

二、近年来人民币汇率的变化情况

（一）汇率的含义

汇率，是指在社会经济生活中被直接公布、使用的表示两国货币之间比价关系的比率。名义汇率又称“市场汇率”。一种货币能兑换另一种货币的数量的名义汇率，可以以本国货币为基础表示外币的价格，也可以以外国货币为基础表示本币的价格。

它的形成有两种可能，一种是形成于外汇市场的交易中，一种是由政府规定的本国货币与其他国家货币的兑换比例。两个国家之间的相对物价水平的变化、相对利率水平的变化以及贸易收支状况的变化都会引起名义汇率的变化。由于在一定的前提条件下，这些因素可以决定两国之间的名义汇率，因此根据这些影响因素产生了购买力平价学说、利率平价学说以及国际收支学说等理论。名义汇率不能反映两国货币的实际价值，是随外汇市场上外汇供求变动而变动的外汇买卖价格。

（二）近年来人民币汇率变动情况

自 2005 年 7 月我国进行汇率改革以来，人民币汇率经历了缓步上行、快跑、加速跑、减速跑、慢跑的过程，人民币汇率屡破新高，从 2005 年的 8.19 升值至 2014 年的 6.14。

2015 年 8 月 11 日，中国人民银行宣布完善人民币兑美元汇率中间价报价机制，标志着我国新一轮汇改的启动，人民币汇率连续三日累计高达 3 000 点的降幅。12 月 1 日，国际货币基金组织（IMF）宣布人民币纳入特别提款权（SDR），12 月 11 日晚间，中国外汇交易中心首次发布 CFETS 人民币汇率指数，此举意味着人民币或“脱钩”美元，逐渐把参考“一篮子”货币计算的有效汇率作为人民币汇率水平的主要参照系，引导市场改变过去主要关注人民币对美元单一汇率的习惯，以更加全面和准确地反映市场变化情况。这种情况下人民币对美元单一货币存在一定的贬值倾向。2015 年人民币同期在岸市场人民币兑美元即期汇率累计下跌 4. 46%，人民币中间价则累计下跌 5. 77%。中国外汇交易中心公布的 2015 年 12 月 31 日 CFETS 人民币汇率指数为 100. 94，较 2014 年年底升值 0. 94%。最新公布的 2016 年 1 月 15 日 CFETS 人民币汇率指数为 100. 39，较 2014 年年底升值 0. 39%（见图 3）。

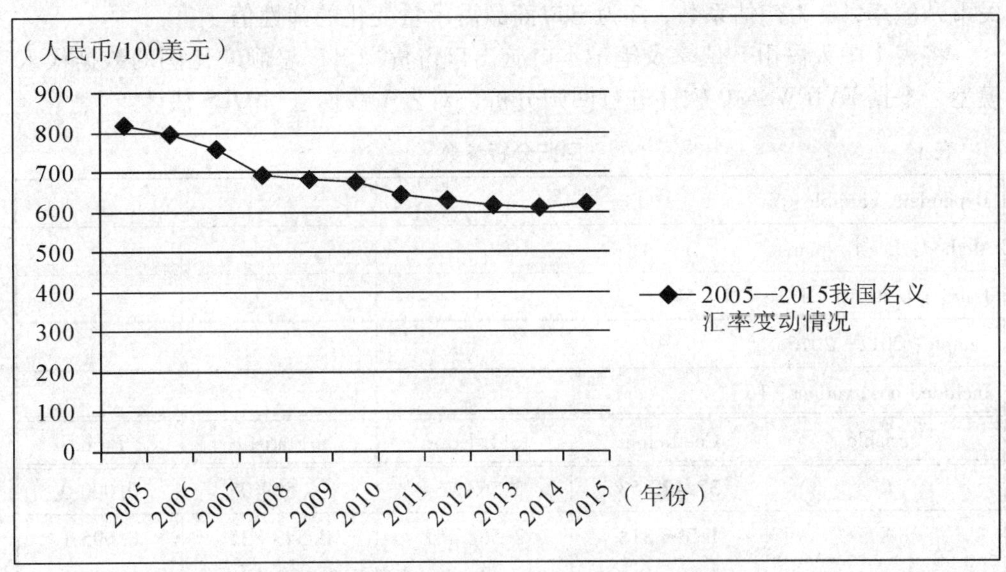

图 3　2005—2015 年我国名义汇率变动情况

数据来源：根据中国人民银行汇率报表整理所得。

三、汇率变动对重庆笔记本电脑出口影响的实证分析

理论学界认为汇率贬值会增加地区或行业的出口，升值会减少地区或行业的出口。2016 年来的经济危机中，多国都降低本币汇率，以期降低经济危机对本国出口的影响。但世界银行经济学家 Michele Ruta 表示，对于想要依靠货币贬值来增加国际贸易竞争优势的国家来说，人们的认知和贬值所带来的实际效果，两者之间恐怕存在着极大的差异。那么此次国家汇率制度的改革，对重庆笔记本电脑出口的究竟有无影响？如果有影响，是大还是小？需要精确验证。

（一）基于 EVIEWS 模型的实证分析

由于重庆笔记本电脑自 2010 年才开始出口，使用年度数据样本容量太少，本文采用季度数据作为观察样本。由于出口初期没有公布相应出口数据，所以本文利用 2012—2016 年各季度的汇率值计算出各季度的汇率升值率，同时与笔记本电脑出口占重庆出口总额比例相结合，研究人民币汇率变动与笔记本电脑出口的关系，通过计量经济学模型，并利用 EVIEWS6. 0 软件，对人民币汇率波动对笔记本电脑出口影响程度进行定量预测。

由宏观经济学可知，人民币升值，有利于进口，不利于出口。若一国的汇率升值，则使得出口价格相对提高，进口价格相对降低，从而引起出口量下降，进口量上升，这有助于缓解对外贸易顺差的压力；若一国汇率贬值，则使得出口价格相对降低，进口价格相对提高，从而出口量上升，进口量下降。因此，在宏观经济学理论中，出口函数一般表述为 $X=X(e)$，即出口是关于汇率的函数。

根据这个理论可建立模型：$Y_t=\alpha+\beta e_t$

式中 Y_t 代表历年各季度笔记本电脑出口占地区生产总值总额的比例，e_t 为人民币升值率，α 为待估系数，β 为出口商品需求量变化的弹性值。

将表 1 中人民币升值率及笔记本电脑出口占货物出口总额的比例的数据代入模型，根据 EVIEWS6. 0 软件进行回归分析，对表 1 数据进行 OLS 估计。

表 1　回归分析参数

Dependent Variable：Y				
Method：Least Squares				
Date：04/30/16　Time：21：33				
Sample：2012- 2016				
Included observations：16				
Variable	Coefficient	Std. Error	t-Statistic	Prob.
C	37. 428 53	2. 563 764	14. 599 05	0. 000 0
X	1. 396 818	2. 568 467	0. 543 833	0. 595 1
R-squared	0. 020 688	Mean dependent var		37. 175 03
Adjusted R-squared	−0. 049 263	S. D. dependent var		9. 844 554
S. E. of regression	10. 084 12	Akaike info criterion		7. 576 270
Sum squared resid	1 423. 653	Schwarz criterion		7. 672 844
Log likelihood	−58. 610 16	Hannan-Quinn criter.		7. 581 215
F-statistic	0. 295 755	Durbin-Watson stat		2. 079 023
Prob（F-statistic）	0. 595 111			

求得一元线性回归方程式为：

$Yt=37.429+1.397X_t$

$t=(14.599)(0.544)$

P 值（0. 000）（0. 595）

$R^2=0.0207$，

$F=0.2958$

其中：t 表示系数显著性检验中的统计量，用于对回归参数 α、β 的显著性检验；R 表示回归方程的相关系数，反应一元线性回归模型拟合情况；F 表示回归方程显著性检验中的统计量，用于检验一元线性回归方程的显著性。

（二）分析结论

根据以上数据结果，我们可得出：

第一，由于人民币升值率 et 对应的 p 值为 0.595 1，大于给定的显著性水平，说明该变量的回归系数显著异于零，即升值增长率对于笔记本电脑出口占比率影响不显著。

第二，人民币升值后重庆笔记本电脑出口绝对总额不减反而增加，人民币贬值时笔记本电脑出口绝对总额减少，这与基本理论相悖，但与我国经济发展是同步的，这不能说明人民币升值促进了笔记本电脑的出口，笔记本电脑的出口更主要受到其他因素的影响。

第三，由于月度数据的不齐全，此次检测采用了季度数据，所以样本容量较少仅为 16 个，对验证结果的精度有一定影响，随后将不断增加样本容量，再次验证结果。

四、重庆市笔记本电脑产业发展的建议

（一）把握产业发展方向，前瞻布局

重庆在引进笔记本电脑产业方面，把握了笔记本电脑产业转移的规律，但对平板电脑、智能手机发展潜力和市场需求估计不够。在短短几年时间里，平板电脑发展迅速，而笔记本电脑产业增速放缓，对重庆的笔记本电脑品牌商产生很大影响。深入把脉 IT 产业发展规律，把握产业发展方向，“前瞻性”招商引资“云计算”“大数据”等，有助于重庆实现以笔记本电脑产业为龙头的 IT 产业宏图。

（二）加大力度扶植本土供应链厂商

笔记本电脑产业有一个显著的特点是组团式转移，在组团中企业形成了一个封闭的产业链。重庆笔记本电脑产业加工贸易的发展非常迅速，但加工贸易主体仍然是台资企业。由于本土企业未能成为加工贸易的主体，当地笔记本电脑产业难以实现真正意义上的转型升级。故应让本土企业通过参与加工贸易，逐步积累成本控制、质量和服务提升等方面的能力，渐渐地将外资企业挤出加工贸易中的制造链条，并逐渐向高附加值环节攀升，让本土企业成为当地生产网络或产业集群的主体。

（三）优化产业供应链

目前重庆市笔记本电脑产业供应链的分散性，导致了原材料采购价格高、原材料物流与供给混乱、库存波动大和市场局面混乱等。这种情况下可通过横向整合重庆市笔记本电脑生产企业，实现原材料的集中采购，降低企业运营成本和不确定性，优化重庆市笔记本电脑产业链。

参考文献

[1] 杨贵中，陈孝胜. 重庆笔记本电脑产业现状、挑战与对策 [J]. 重庆与世界，2014 (7)：5-7.

[2] 周旭. 重庆电子信息产业现状分析 [J]. 重庆大学学报：社会科学版，1996 (4)：

43-49.

［3］张倩. 人民币升值对中国经济的影响［J］. 生产力研究，2011（4）：31-32.

［4］刘富江，江源. 人民币升值对我国出口企业利润和就业的影响［J］. 统计研究，2010（12）：30-34.

［5］胡晓群. 人民币实际有效汇率变动对我国机电产品进出口影响的实证分析［J］. 数学的实践与认识，2007（37）：18-23.

［6］刘雨萌. 人民币汇率变动对重庆进出口贸易的影响研究［D］. 重庆：重庆大学，2009.

［7］重庆市统计局，国家统计局重庆调查总队. 重庆统计年鉴 2014［C］. 北京：中国统计出版社，2014.

［8］于明超，刘志彪，江静. 外来资本主导代工生产模式下当地企业升级困境与突破——以中国台湾笔记本电脑内地封闭式生产网络为例［J］. 中国工业经济，2006（11）：108-116.

我国注册制改革面临的问题与对策建议

孙妙娟[①]

[摘要] 随着中国资本市场的发展，作为资本市场基础性制度之一的新股发行审核制度改革日益引起各界人士的关注。我国的股票发行制度历经审批制、核准制，未来的改革方向是实行注册制，这已经写进党的十八届三中全会决定。注册制度的推进，是需要一系列配套政策作为保障的。因此，本文在厘清注册制的概念的基础上，围绕注册制实施应予配套的政策进行分析，以期注册制顺利实施。

[关键词] 注册制　施行条件　对策建议

党的十八届三中全会颁布的《中共中央关于全面深化改革若干重大问题的决定》（以下简称《决定》）明确指出，“健全多层次资本市场体系，推进股票发行注册制改革，多渠道推动股权融资，发展并规范债券市场，提高直接融资比重。”由于证券发行制度对资本市场影响深远，故其每一次变动都会刺激全社会的神经。而写进《决定》的股票发行注册制改革，无疑打消了人们对要不要在中国资本市场上进行注册制改革的疑虑。现在，证券发行制度改革的方向已十分明确，我们要做的是，如何构建一种适合我国转轨经济背景和特殊制度环境下的注册制，使其能够充分发挥效用并与我国当前的现状相适应。本文通过对照我国发行制度纵向的历史沿革，对照国外典型资本市场的证券发行注册制实践，分析注册制推行所应具备的条件，结合我国资本市场的实际情况，给出相应的建议。

一、我国证券发行制度的历史沿革

我国股票发行制度如果不包括初创阶段采用的定向募集方式，则至少包含四个阶段：配额管理阶段、指标管理阶段、通道制阶段、保荐制阶段。其中，前两者属于审核制，后两者属于核准制，二者以 1999 年《中华人民共和国证券法》（简称《证券法》）的实施为其分界线。也就是说，我国证券发行制度已经经历了审批制、核准制两个阶段，而未来改革方向是向注册制阶段过渡。

审批制是一国在股票市场的发展初期，为维护上市公司稳定，平衡社会经济关系，主管部门根据指标推荐企业发行股票的制度。公司发行股票的首要条件是取得指标，取得了指标和额度，就等于获得了保荐，股票发行仅仅是走个过场，

① 重庆工商大学融智学院讲师，主要研究方向为金融、保险方面。

重点是获得股票发行指标。

核准制是介于注册制和审批制的中间形式。核准制取消了指标和额度管理，引进证券中介机构，判断企业是否达到股票发行条件。在核准制下，证券监管机构对证券的发行既进行形式审查，又进行实质审查，并有权否决股票发行申请。企业要想申请发行股票，不仅要充分公开企业真实情况，而且必须符合《中华人民共和国公司法》（简称《公司法》）《证券法》等法律和证券监管机构规定的条件。证监会对申报文件的真实性、准确性、完整性和及时性进行审查，并对拟发行人的营业性质、财力、素质、发展前景、发行数量和价格等进行实质性审查，判定其是否具备发行证券的资格。

核准制吸收了注册制的合理部分，投资者可以依据发行人披露信息做出判断。政府通过实质审核，对发行人披露文件的真实性和公司质量做出判断，使投资者受到双重保障。由于核准制进行严格的实质审查，可以发现一些不诚信的发行人，并否决其股票发行申请。这对于中小投资者来说，是种保护。但政府的审查能力毕竟有限，虽然在股票发行审核中投入大量人力、物力，但要做到件件审查准确是很难的，且易导致权力寻租，降低审核效果。

注册制在国外资本市场上进行了多年的实践。其内容为证券监管部门公布股票发行的条件，满足条件要求的企业均可发行股票。证券监管机构对发行人上报的各种资料，基于其真实性、准确性、完整性和及时性做出形式审查，对公司投资价值不作实质判断，交由证券交易所、证券中介机构、投资者等市场主体自行判断。

在核准制下，证监会在对上市企业进行甄选的同时，由于其进行实质审查，有代替投资者进行价值判断并“背书”的功能，使得投资者产生依赖心理，把自己在投资过程中的损失归咎于政府。另外，证券监管机关把大量的时间、人力耗费在审核上，严重削弱了其对市场的事后监管，使得市场环境建设长足不前。核准制度仍带有浓厚的行政色彩，容易形成证券发行环节的腐败行为，造成大量拟上市企业过度包装、财务造假，通过首次公开发行，然后在资本市场“圈钱”“再圈钱”，即便无力经营，仍具有壳资源的价值。

由于核准制对拟上市企业盈利等偏高的实质性条件，使得大量迫切需要资本市场支持的企业尤其是中小创新企业被拒之门外，这不利于股市融资功能的发挥及健康发展，也不利于产业结构的优化。

在注册制下，政府不应该也没有能力对股票的价值进行判断，不宜对发行设置条件。任何发行人，不管何种风险、风险多高，只要充分披露，就可以发行股票让市场去自行判断。即该制度是指股票发行申请人依法将与股票发行有关的一切信息和资料公开，制成法律文件，送交主管机构审查，且对所提供的信息的真实性、完整性和可靠性承担法律责任，主管机构只负责审查股票发行申请人提供的信息和资料是否履行了信息披露义务，不需要对发行的股票价格进行审核。

核准制与注册制的本质差别，不在于公开信息披露程度、审核标准等方面的差异，而在于公开发行权利是政府授予还是法律赋予。核准制认为，公开发行上市是公司的一项特权，须得到主管机关的授予，即“举证责任”在发行申请人，申请人必须提供足够信息来证明其发行符合公众利益，以得到审核机关授予的发行权利；而注册制认为，公开发行上市是公司的一项一般权利，法律规定公司自然享有，除非发行上市可能损害公众的利益，政府才能限制或者剥夺，即“举证责任倒置”——主管机关须根据申请人提供的信息证明其发行可能损害公众利益，否则就不能剥夺申请人公开发行的权利。

注册制将证券的发行主动权交还给市场，充分发挥市场主体的能动性，来判断公司价值，取代原来政府过多干预市场的行政模式。在国外资本市场的实践中，也充分证明了其对经济发展的良性促进作用。因此，在我国坚持注册制改革的方向，完全符合我国经济未来发展的实际需要。

二、世界各国或地区的资本市场关于证券发行制度的实践

（一）英国的“准注册制”

英国实行的是核准制，但由于证券交易所具有股票的审核权，其首次公开发行制度的特征已接近注册制，具体的实质性监控职责由伦敦证券交易所承担。除制定个别与证券相关的法律外，政府不干预有关证券管理的单行法律法规。英国证券在发行与上市过程中的自我管理是由两个层次构成的，证券交易所的监管和包括证券交易所协会及证券业理事会在内的行业自律。

（二）美国的“双层”注册制

美国的证券发行注册制确立由来已久，美国的《1933 年证券法》就确立了证券发行上市的注册制制度。但美国对于证券发行在联邦层面上采用注册制，在各州采用的却是实质性的审核，即由州证券监管机构对计划在本州推销的证券的发行申请进行审核。

（三）德国的混合制

德国的股票发行与上市审核制度是注册制与核准制相结合的混合制。针对未申请上市和申请上市两大类不同性质的股票，采取不同的发行与上市审核制度。对于发行股票未申请在交易所上市的公司，由联邦证券交易监管局进行审核，采取注册制。对于发行股票并申请上市的公司，采取核准制，由交易所对发行公司进行实质性审查，并对股票发行与上市同时进行核准。

（四）我国台湾地区的注册制

1963—1968 年，台湾地区曾在短期内实行过“强制上市制度”，规定公司公开发行股票后，必须向证券交易所申请上市。1968 年，台湾当局颁布所谓“证券交易法”之后，尽管公开发行公司可以选择不在交易所上市，而仅在场外市场交易，但是由于发行审核采用核准制，因此，为数不多的通过公开发行审核的公司，几乎毫无例外地选择到交易所上市交易。直到 20 世纪 80 年代发行审核制开始向注册制过渡后，通过公开发行审核的公司增多，有的公司选择只在场外交易，并不在交易所上市，场外市场才逐渐发展起来。台湾地区注册制的实践说明，建立多层次资本市场体系，注册制不可或缺。实行注册制可以最大限度地满足不同类型公司的融资需求。

（五）我国香港特别行政区“两重性”证券发行制度

香港的发行审核制度同时涉及两个机构，即香港证监会和联交所。香港证监会的责任是对证券发行人进行监管，而联交所则是对证券的发行展开监管。因此，审核注册制与核准制并行的“两重性”，是中国香港发行审核制度的典型特征。尽管证监会和联交所都需要对上市公司的发行材料进行审查，但两者审查的重点有所区别。证监会需要关注上市公司的上交材料是否符合相关条例的规定，包括招股说明书的整体质量以及该公司证券的上市是否能够给公众带来实在的利益，从审查特征上看，接近于形式审查；而联交所则需要按照“上市规则”和“公司条例”中对申请上市的公司的盈利能力、管理情况、市场价值等规定进行实质性的审查。

综上所述，世界各国或地区的资本市场关于证券发行制度的实践，呈现出一种趋势，即对证券发行与证券上市进行分别审核，证券在一级市场上的发行，采用形式审查，在交易所内的公开上市，采取实质审查。

三、实施注册制的条件及我国存在的差距

（一）成熟的投资群体

成熟的投资群体是注册实施的重要条件。由于在注册制下，监管机构对拟上市公司提交的资料仅作形式审查，不对公司的投资价值做判断，这就要求，资本市场上的投资群体自身素质要高，能够根据拟上市公司披露的信息综合判断，其发行的证券是否具有投资价值，且投资的风险自行承担，不再归咎于政府。而我国当前的状况是，散户仍然是中国资本市场的主力军，大约占到股民总数的95%。相对于机构投资者而言，散户投资者缺乏必要的金融知识和投资技巧，特别是收集和分析信息的能力低下，这导致他们的投资决策具有较大的随意性和盲目性，容易形成股市上的“羊群效应”。散户投资者由于其对优劣公司的甄别和筛选能力有限，极容易受到伤害。

（二）完善的信息披露制度

注册制得以实施的核心，就在于上市公司与有关中介机构能够对信息披露质量负责。上市公司必须不断提升其信息披露水平，同时，中介机构也需要严格审核拟上市公司披露的信息，以甄别是否存在着虚假披露行为，并承担自身的责任。我国现行的核准制下，也对上市公司信息披露做出了明确的规定。但是在实际执行过程中，仍存在信息披露不及时、不准确，甚至出现中介机构伙同上市公司披露一些虚假的信息，欺骗投资者的情况。我国前赴后继的“黑天鹅事件”，给资本市场的有序发展带来了很多负面影响。

（三）严格的退市制度

实行严格的退市制度，使退市公司数量与上市公司数量相当，股市常处于动态平衡之中。如1995—2012年，纽约证券交易所约有3 000家公司退市，纳斯达克市场则有8 000多家公司退市。长期以来，我国的资本市场形成一种固有思维，只要取得了上市公司的地位，便取得了在资本市场长期融资的通行证，即便

上市公司已成僵尸企业，其上市公司的资格也可以成为贵重的“壳资源”，成为那些需要上市的公司竞相追逐的对象。这背离了资本市场优化资源配置的初衷，也使得市场上充斥着投机气氛，异化了资本市场的融资功能，变相地把资本市场变成了赌场。

（四）高水平的证券监管要求

在注册制下，对证券监管机构的监管水平要求更高。注册制简便易行，高效率、低准入门槛使得参与资本市场的主体数量增加的同时，带来了上市公司质量参差不齐，良莠难辨，其中不乏一些劣质的上市公司损害投资者利益的事件。这就要求证券监管机构提高自身的监管水平，防范证券市场的恶性竞争和剧烈波动风险。长期以来，我国证券监管部门掌握着上市资源的配置权、供应权及市场的准入权，各市场参与主体的各种“公关”活动盛行，使得证券监管相关职能部门与各上市（拟上市）主体之间关系复杂、利益交织，导致监管部门自身监管能力严重弱化，对上市公司（拟上市公司）违法违规行为难以做出公正、严厉的处罚。对“上市即变脸”的公司得不到及时、有效的监管和查处，逃避法律制裁，严重削弱上市公司的整体质量，给市场的健康发展带来巨大隐患。内幕交易、虚假陈述、操纵股市、基金黑幕、老鼠仓、债市黑幕等问题层出不穷。

（五）中小投资者的保护制度

受害人人数众多是证券市场侵权案件最突出的特点，因此集体诉讼机制的建立对于受害者维权必不可少。然而，到目前为止我国尚未建立集体诉讼机制。虽然与其在某些方面类似的代表人诉讼在我国已有规定，但其对受害人的涵盖范围远远比不上集体诉讼。而且在执行过程中，由于法院担心代表人诉讼形成群体案件，影响安定团结，所以在受理这些案件时有所顾忌，这就导致了我国代表人诉讼机制的执行力大打折扣。

四、对我国实行注册制改革的对策建议

（一）投资群体的培育

目前，我国的证券市场上投资者缺乏起码的投资知识、价值判断水平以及价值投资理念，热衷于跟风短炒。中国证监会各派出机构应当负责组织实施，并督促、指导辖区内的证券公司积极开展提高投资者素质的工作。譬如，开办股民学校，举办专题讲座，利用网站优势设立投资者教育咨询服务中心等。其教育内容主要应包括普及证券市场基本知识，宣传证券市场的法律法规及各项方针政策，进行风险教育，针对证券市场不同的投资品种进行风险提示，进行正确的投资理念教育，帮助投资者认识自身的权利和义务，提高市场参与方风险意识和责任意识。

（二）强化信息披露质量，建立追责机制

市场中介机构未来要更加严格审核拟上市公司，如果发现拟上市公司有问题而不作应对，作为中介机构，包括券商、律所、会计师事务所等，都有责任。如果拟上市公司出现虚假陈述等问题，拟上市公司和中介机构都要受到处罚。通过落实发行人和中介机构的主体责任，推动各方归位尽责，强化信息披露的真实

性、准确性、完整性和及时性，提升发行人信息披露质量，抑制虚假信息、包装上市，全面揭示可能存在的风险和可能影响投资人决策的信息。对于造假机构，应建立投诉、问责和索赔机制，加大处罚力度，通过吊销营业执照、市场禁入等措施加以震慑。

（三）退市制度的进一步完善

成熟的退市制度是保证股票市场发挥资源配置职能的基础之一。长期以来，我国并没有良好的退市制度，股票退市比率很低，股票市场一直面临着“退市难”的尴尬。纵观美国各交易所的退市制度，不难发现两个特点：一是对退市的各项指标趋于量化，二是有多层次的资本市场确保股票的后续流通。因此，参考美国，我国的退市指标应尽量量化，避免模糊不清的标准，并且要为股票的退市流通创造后续通道，保证股票退市的高效顺畅。

（四）转变证监会职能

我国证监会作为证券发行上市的唯一审核监管机构，长期以来身兼数职。其IPO审核效率不高的缺点一直为各方所诟病，造成如此情况的一个重要原因是其资源有限，不可能真正有效地履行自己的多方面职能。鉴于此，可以将股票发行的审核权下放给证券交易所，证监会只对上市申请书进行形式审查，仍享有否决权，但不再是过去的“一票否决权”，另一票否决权交给证券交易所，形成分权。同时，证监会应当在审核人员中增设行业专家，改变过去审核人员全部由法律和财务人士组成的局面。

（五）完善对中小投资者的保护制度

注册制实行后上市公司的数量将会有快速的增加，我国相对不专业的投资者将会面临更大的风险，完善投资者保护机制势在必行。参考美国的做法，我国可以从两个方面加强对投资者的保护。一是建议借鉴美国集体诉讼制度，完善代表人诉讼制度。我国一直实行的代表人诉讼制度成本高，与实践相脱节，并没有充分保证投资者的利益。因此，我国应当借鉴美国集体诉讼“默示加入”的原则，扩大投资者保护的范围。二是建立专项投资者保护基金，保护因发行人或金融机构的欺诈行为给投资者造成的损失。但必须明确的是，投资者保护基金的保护对象仅限于中小投资者，公司的大股东或者关联人员应不在基金的保护范围。

总之，在我国实行注册改革注定前路艰辛。只要我们明确了方向，多借鉴成熟发达资本市场的经验，将施行注册制的条件一一完善，并推行证券发行注册制，才能真正发挥证券市场资源配置的职能。

参考文献

[1] 沈朝晖. 流行的误解：“注册制”与“核准制”辨析 [J]. 证券市场导报，2011 (9)：14-23.

[2] 郝晓鹏. 关于中国新股发审制度改革的思考 [J]. 中国外资，2012 (6)：203-204.

[3] 黄鑫鼎. 制度变迁理论的回顾与展望 [J]. 科学决策，2009 (9)：86-94.

[4] 何以. 我国保荐人制度存在的问题及其完善 [J]. 江西社会科学，2012 (2)：166-169.

"双十一"价格战对高校女大学生购物平台忠诚度的影响

——以重庆主城高校为例

张　华[①]

[摘要] 各大电商之间的"双十一"价格战能否给网购平台带来明显的新增消费者量，是否会影响现有消费者的忠诚度，这都是值得研究的问题。本文运用文献研究法分析了促销对消费者忠诚度的影响，然后结合 CNNIC 的调查数据和基于重庆主城区高校女大学生的调研数据进行分析。最后得出结论：促销活动中企业应该选择套餐券的促销方式，并根据消费者的心理特点、产品的属性等设置一个最优的中等打折水平；在不能保证其他因素不变或者变好的情况下，单纯进行价格战可以给网购平台带来部分新增消费者数量，但是会使得现有消费者的忠诚度降低。

[关键词]"双十一" 价格战促销 消费者忠诚度

一、引言

（一）背景介绍

2015 年的"双十一"狂欢购物是自 2009 年以来最疯狂的一次，仅淘宝一家就达到 912.17 亿元的交易额，是 2014 年的近 1.6 倍，是 2009 年的 1 824 倍[②]。从物流订单来看，2015 年 11 月 11 日当天主要电商企业全天物流订单约是 2014 年的 1.65 倍。2015 年"双十一"期间邮政企业的最高日处理量约是日常处理量的 3.2 倍（见表 1）。

表 1　　2014—2015 年"双十一"网络商品快件数量情况

项目	2015 年	2014 年
11.11 当天主要电商企业全天物流订单（亿件）	4.6	约 2.79
11.11 当天邮政快递企业揽件（万件）	14 800	8 860

① 重庆工商大学融智学院教师，主要研究方向为社会经济学。

② 数据来源：中国电子商务研究中心。

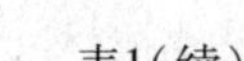
表1(续)

项目	2015 年	2014 年
11 日~16 日处理快件数（亿件）	7.8	5.4
最高日处理量（亿件）	1.6	1.026
日常处理量（万件/天）	5 000	3 309

数据来源：中华人民共和国国家邮政局。

在高增长速度的销售量和销售额的背后是促销的经济学效应和社会心理学效应。有学者研究表明商品促销是商家最常用的营销模式，能够带来明显的短期销量上涨，还会影响消费者的忠诚度，至于怎么影响，与促销的形式、程度、商品的属性等有关。所以，促销对现有消费者的忠诚度有何影响是不确定的，同样的，对潜在消费者的影响也是不确定的。

目前对消费者忠诚度的研究大多关于商品或者实体店、超市等，很少有关于网上购物平台的，不过鉴于内部影响因素相同，可以给本文提供借鉴，所以本文将先对消费者忠诚度的概念进行介绍，然后介绍促销对消费者忠诚度的影响，最后进行调查数据分析。

（二）文献研究

1. 品牌忠诚的概念研究

品牌忠诚（本文也称为消费者忠诚度）一直是学术界和实业界关注的热点。学者们对品牌忠诚的定义不同，分歧主要源于品牌忠诚的不同表现，如行为论和态度论。

态度论方面的研究以 Jacoby 为代表，他（1973）认为品牌忠诚度和简单重复购买不同，它是由六个心理方面的必要充分条件决定的。态度论比较全面地分析了品牌忠诚的决定因素，但是存在不能被量化的缺点。

与态度论不同，行为论从消费者购买行为的角度出发，此类定义的一大好处就是可以将品牌忠诚进行量化。如 Sheth（1968）基于品牌忠诚度的行为要素，定义品牌忠诚度为在与时间无关和与时间有关的情景下一个品牌的购买频数的函数。但是在可以被量化的同时，行为论忽略了消费者心理的变化，得出的品牌忠诚度并不与实际情况相符。因此很多研究者将行为论和态度论等因素综合起来定义品牌忠诚。

Wheeler（1974）将品牌忠诚度定义为连续购买行为和喜爱态度的反应，他将态度论和行为论有机地结合起来，但是仍存在分析不够到位的情况。因为他没有考虑消费者很有可能对某个产品不是特别喜欢，但是仍然重复购买的情况。Lyong（1992）指出品牌忠诚度不是一个简单的一维概念，而是一个非常复杂的多维概念。他认为在态度方面的研究最有进展的是 Fishbein 的理性行为理论（theory of reasoned action：TRA），任何对品牌忠诚度的概念化都应该利用 Fishbein 的理性行为理论，这样可以使得品牌忠诚度更加易于管理并更有意义。

2. 促销对消费者忠诚度的影响研究

Winer（1986）研究发现价格促销是消费者品牌转换行为的因素之一。他认为价格促销会在短时间内提高销量。Kahn 和 Louie（1990）根据经验发现如果消费者对促销的品牌感到满意，则在促销活动之后他们的满意度会不断加强且可能会引起再次购买的发生，特别是针对之前没有接触过的品牌。虽然这些研究都只说明促销对消费者行为的影响，没有考虑心理方面的因素，但是仅从行为论的角度来说，重复购买行为的产生就意味着品牌忠诚的产生。因此可以说促销对消费者忠诚度有着显著的影响。

（1）促销形式对消费者忠诚度的影响。

促销可以分为两类：价格促销和非价格促销，非价格促销又包括代金券、捆绑销售、团购券等。不同的促销方式对消费者的影响力不同，带来的效果也不同。

Joe A. Dodson 等人（1978）分析了三种促销形式（现金折扣、媒体折扣[①]、套餐券）下消费者的忠诚度，结果表明，与无促销时比起来，取消媒体折扣和现金折扣会导致消费者转换行为的产生，并降低消费者忠诚度。相反的，持续的套餐券即使被取消了也会刺激品牌忠诚度。作者结合经济效用理论和自我认知理论对结论进行了评估：由于媒体折扣和现金折扣兑换的成本不高且有较大的经济价值，使用了这两种促销方式的消费者很可能是冲着促销本身去的，而不是商品本身，所以再次购买很难发生，与无促销时比起来，消费者的忠诚度会降低；而套餐券的兑换成本较大且经济价值较低，消费者很有可能是因为产品本身的原因才去购买，所以可能在套餐券取消之后对品牌更加忠诚。后来，Blattberg 和 Neslin（1990）的研究印证了 Joe A. Dodson 等人关于现金折扣会导致消费者忠诚度的降低的说法，只是他们认为原因是，便宜的价格会使得消费者怀疑产品的质量。

针对套餐券对品牌选择的影响，Raju 等人（1994）提出了一个支持经验分析的随机选择模型。他们将套餐券大致分为三类：peel-off 优惠券[②]、on-pack 优惠券[③]、in-pack 优惠券[④]。研究发现 peel-off 优惠券和 on-pack 优惠券能带来比 in-pack 优惠券更高的长期市场份额；虽然 peel-off 优惠券的收益可以马上获得，而 on-pack 优惠券至少要等到下一次购买时才能使用，但是某些品种的 on-pack 优惠券却能带来更高的市场份额。

（2）促销程度对消费者忠诚度的影响。

部分文献研究认为促销和品牌忠诚度是负相关的，但是事实上不同程度的促销对消费者的品牌忠诚度有着不同的影响。

传统经济学理论认为大幅度的折扣比小幅度的折扣更受消费者欢迎。但是 VibhasMadan 和 Rajneesh Suri（2001）表示这是建立在消费者对质量的感知不随折扣程度变化的基础上的。他们认为产品感知价值的下降和边际货币效应的减少与高折扣水平有关。也就是说高折扣水平会使消费者忠诚度下降，因为有文献证

① 媒体折扣：报纸、杂志、邮件等媒体渠道获得的折扣。

② peel-off 优惠券：获得时就必须使用的优惠券。

③ on-pack 优惠券：在获得时不能使用，只能在未来购买时才能使用的优惠券。

④ in-pack 优惠券：和 on-pack 优惠券相似，不同之处在于消费者在购买商品时没有意识到该优惠券的存在即 in-pack 优惠券是被印在或放在套餐内的。

明了消费者对产品的感知价值是影响消费者忠诚度最重要的因素，且与忠诚度正相关。同时，Vibhas Madan & Rajneesh Suri 认为可能的结果是折扣和消费者产品感知价值之间的关系不是单调变化的。江明华和董伟民（2003）的研究也印证了这个观点。同时，他们认为企业必须根据行业竞争的态势和品牌的自然属性，确定适度的价格促销幅度，否则会适得其反。

二、对重庆市主城区女大学生的调查研究

（一）2013—2014 年网购用户行为分析及假设的提出

1. 消费者网购商品时主要考虑因素

程华，宝贡敏（2003）认为消费者感知网上购物有用、网上购物方便、安全是影响消费者网上购物态度和意向的三个关键决定因素，其中感知网上购物有用影响网上购物的态度和意向。

根据中国互联网信息中心（CNNIC）2013 年和 2014 年的调查数据可知，近两年，大多数消费者在网上进行购物时最主要考虑的因素均不是价格，而是口碑、评价[①]等（见表 2、表 3、表 4）。同样的，商品优惠力度大小也不是大多数消费者考虑的因素。

表 2　2013 年消费者在网上购买不熟悉商品时考虑因素

购买不熟悉商品时考虑因素（由大到小）	用户占比（%）
用户评价	37.5
网站知名度和口碑	28
价格高低	8.8
另：优惠力度大小，有无赠品（因素排名第七）	4.3

注：只截取其中占比最大的前三个因素以及网站促销力度这个因素。

数据来源：中国互联网信息中心。

表 3　2013 年消费者在网上购买熟悉商品时考虑因素

购买熟悉商品时考虑因素（由大到小）	用户占比（%）
用户评价	25
网站知名度和口碑	22.2
价格高低	16.8
另：优惠力度大小，有无赠品（因素排名第七）	6.1

数据来源：中国互联网信息中心。

① 口碑和评价：属于程华和宝贡敏所说的感知网上购物安全。

表 4　　2014 年网络购物用户购买商品时主要考虑因素

购物时考虑因素	用户占比（%）
产品网络口碑	71.1
网站/商家信誉	62.3
产品价格	58.1
另：网站促销力度（因素排名第六）	38.4

数据来源：中国互联网信息中心。

除此以外，消费者在网购时品质与价格的选择中更加倾向于选择品质。虽然近一半的人会两者折中考虑，但是有 37.4%的人会因为品质而忽略价格，只有 11.6%的人会因为价格而牺牲品质（见表 5）。

表 5　　2014 年网络购物用户购买商品时品质与价格的选择

网购时品质与价格的选择	用户占比（%）
更看重商品品质，会因为高品质而忽略价格	37.4
更看重商品价格，会因为价格略微牺牲品质	11.6
两种情况都有，品质与价格折中考虑	51

数据来源：中国互联网信息中心。

因此，综合文献研究和 CNNIC 数据，本文认为大多数消费者在网购时的行为更易受价格以外的因素影响。并在假设消费者更加看重商品品质的态度在"双十一"时仍不会改变的基础上提出假设 1。

假设 1：在商品品质不能被保证的情况下，电商在"双十一"期间以超低价格吸引新增用户的效果将不明显。

2. 网购用户重复购买的原因

从消费者购物忠诚度的定义来看，消费者形成对商家或购物平台的忠诚度之后，就会进行重复性的购买。相关研究表明，从消费者主观感受的角度来说，影响消费者忠诚度的因素有客户认知价值、客户满意、客户信任和转移成本，且均与客户忠诚呈正相关关系。从电子商务环境和网络商店的角度来说，影响消费者忠诚度的因素有安全、可靠、便捷程度等。

2013 年 CNNIC 的调查结果显示，79.3%的网购用户因为网站产品种类丰富重复购头，66.3%的网购用户因为网站产品价格便宜重复购买，60.2%的网购用户因为习惯使用该平台而重复购买（见表 6）。可见，虽然价格是一个影响很多消费者重复购买的重要因素，但是其他因素对大多数消费者的影响力会更大。

表 6　　2013 年网购用户重复购买的原因

网购用户重复购买的原因	比重（%）
网站产品种类丰富	79.3
网站产品价格便宜，优惠力度大	66.3

表6（续）

网购用户重复购买的原因	比重（%）
网站物流快递服务好，及时高效	65.9
网站的用户体验好，使用过程流畅	65.7
网站产品质量好，信誉有保障	61.5
习惯了，不愿再换	60.2
网站的服务体系健全，售后服务好	58.3
拥有该网站的礼品卡和折扣券	26.9
其他	0.5

数据来源：中国互联网信息中心。

此外，CNNIC 的调查数据还显示，有 52%的用户因为网站商品质量不好、信誉无保障而离开原来使用的网站，不愉快的购物经历、网站商品种类不够丰富、服务体系不健全等都是影响多数消费者离开网站的原因。虽然受价格影响的消费者占了 30.9%，但是与其他因素比起来，影响力并不是最大的（见表 7）。

表 7　　2013 年网购用户流失原因

网购用户流失原因	比重（%）
网站商品质量不好，信誉无保障	52
有不愉快的购物经历	43.4
网站商品种类不够丰富，不方便一次性购买	36.7
网站服务体系不健全，售后服务不好	33.4
网站用户体验不好	32.9
网站商品价格不够便宜，优惠力度不够大	30.9
网站的物流快递服务不好	29.1
拥有其他网站的礼品和折扣券	12
其他	1

数据来源：中国互联网信息中心。

根据相关文献研究以及以上两方面的数据，本文有理由猜测“双十一”期间的价格战并不会引起大多数消费者忠诚度的改变。

假设 2：在其他因素不能被保证的情况下，“双十一”期间仅仅是价格战并不会引起大多数消费者忠诚度的改变。

（二）调查数据的获得及检验

1. 数据收集与样本特征

CNNIC 数据显示，2014 年最主流网购用户（20~29 岁网购人群）规模同比增长 23.7%，达到 50.2%；在校生网购用户规模达到 18.3%①。考虑到大学生无收入来源，购物时较易受价格影响，特别是女大学生（有文献证明商品的价格是影响女大学生购物意向最重要的因素）。因此本文选择女大学生为研究对象。

在重庆主城区随机选取几个高校，共发放 281 份问卷，回收的有效问卷共 251 份，超过问项 10 倍以上的标准。应答者中，网购用户占 97.21%，不网购用户占 2.79%；网购频率在平均一月 3 次及以下的占 82.79%，网购频率在平均每周 1 次及以上的占 17.21%，这与 CNNIC 的调查结果基本吻合。

2. 数据分析与结果

（1）数据交叉分析

在被调查的 251 人中，平时有网上购物习惯的占了 97.21%，其中“双十一”当天也网上购物的占了 63.35%。其他“双十一”当天没有购物的人中，有 43.33% 的人是因为感觉“双十一”的价格并不比平时便宜，有 37.78%的人是因为“双十一”期间没有想买的东西，31.11%的人是因为“双十一”的快递太慢。除此以外，值得注意的是，在 7 个平时不网购的人中，有 2 人在“双十一”当天网购了，她们或多或少是受价格的吸引，但是由于担心品质问题，并没有疯狂购物，同样因为品质问题，均觉得“双十一”狂欢购物是一件没有意义的事情（见表 8）。

表 8　　　　2015 年“双十一”消费者网购情况

	人数（人）	占有效被调查者比重（%）	占平时网上（不）购物者比重（%）
有效被调查人数	251	—	—
平时网上购物	244	97.21	—
其中：“双十一”网上购物	159	63.35	65.2
平时网上不购物	7	2.79	—
其中：“双十一”网上不购物	2	0.80	28.6

在“双十一”当天进行网上购物的 161 人中，进行过各电商平台商品价格对比的有 79 人，占“双十一”网上购物人数的 49.7%，占有效被调查人数的 31.47%；价格对比之后转换购物平台的有 45 人，占进行过各电商平台价格对比人数的 59.96%，占“双十一”网上购物人数的 27.95%，占有效被调查人数的 17.93%（见表 9）。可见，在 11 月 11 日这天各大电商平台进行的价格大战引起了近一半当天网购用户的价格对比行为，且带来了一定量的消费者产生转移行为。

表 9　　　　2015 年“双十一”消费者转换网购平台情况

	人数（人）	占有效被调查人数比重（%）	占“双十一”时网上购物人数比重（%）	占进行过各电商平台价格对比的人数比重（%）
有效被调查人数	251	—	—	—

① 数据来源：主流网购用户规模和在校生网购用户规模均利用 CNNIC 公布数据计算所得。

表9（续）

	人数（人）	占有效被调查人数比重（%）	占"双十一"时网上购物人数比重（%）	占进行过各电商平台价格对比的人数比重（%）
"双十一"时网上购物者	161	64.14	—	—
"双十一"进行过各电商平台价格对比者	79	31.47	49.07	—
价格对比之后转换购物平台者	45	17.93	27.95	56.96

（2）选择的原因分析

进行了价格对比的消费者与没有进行价格对比的消费者相比，在平时购物的过程中更加看重平台商品的价格；同样的，价格对比后更换购物平台的消费者与价格对比之后没有更换购物平台的消费者相比，在平时购物的过程中也更加看重平台商品的价格（见图1）。这与他们在"双十一"价格战期间做出的行为选择是相符的。

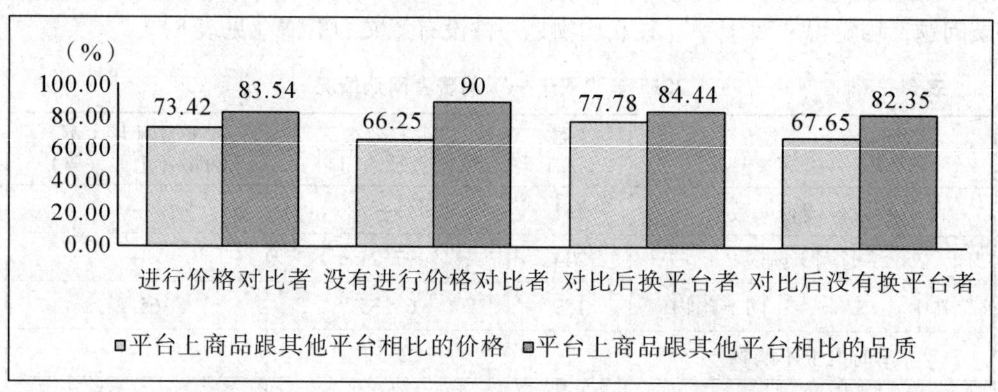

图1　是否进行过价格对比的"双十一"网购者网购时主要考虑因素

注：调查问卷中设计了价格、质量、送货速度、产品多样性等7个因素，这里截取了选择最多的两个：价格和品质

分析进行价格对比后消费者是否更换购物平台的原因，可以发现：更换购物平台的消费者主要考虑了平台上商品的品质、价格以及商家服务态度。虽然消费者更多的是考虑平台上商品的品质，但是有26.67%的消费者会仅仅因为价格便宜就转换购物平台，且选择转换购物平台的消费者人数占了进行价格对比的人数的一半多，占"双十一"购物人数的27.95%（见表10）。所以在不能保证其他因素不变的情况下，电商在双十一期间以超低价格吸引新增用户的效果还是比较明显的。因此本文的假设1不能被证明是正确的。

表10　进行价格对比之后更换平台的原因

更换购物平台的原因	对比后换平台者占比（%）
仅仅因为价格便宜	26.67

表10（续）

更换购物平台的原因	对比后换平台者占比（%）
除了价格以外还考虑了平台上商品的品质	66.67
除了价格以外还考虑了平台上卖家的服务态度	31.11

注：调查问卷中设计了价格、质量、商家服务态度、送货速度等7个因素，这里截取了选择最多的三个：品质、价格、商家服务态度。

在进行价格对比之后没有更换购物平台的消费者中，一半的人是因为习惯了平时使用的购物平台所以没有更换，从态度论的角度来说，这是一种消费者忠诚的表现。所以，从某种程度上来说，在不能保证其他因素不变的情况下，仅仅是价格因素并没有对消费者忠诚度产生很大的影响，这与本文的假设（假设2）基本吻合（见表11）。

表11　　进行价格对比之后没有更换平台的原因

没有更换购物平台的原因	对比后没有换平台者占比（%）
更习惯平时使用的平台	50
平时使用的平台上商品的品质更好	29.41
平时使用的平台上商品选择性多	23.53

三、总结

（一）文献研究结论

本文主要回顾了促销对消费者忠诚度影响的相关研究现状，在此之前简单回顾了研究消费者忠诚度概念的文献。在实际中，企业不能只看眼前利益，促销活动之后若是能够带来消费者高的忠诚度，将带动企业的长期销售量。所以，促销活动中企业应该选择套餐券的促销方式，并根据消费者的心理特点、产品的属性等设置一个最优的中等打折水平，这样可以使得消费者有最高水平的产品感知价值，提高消费者忠诚度。

（二）实证分析研究

本文通过对2015年"双十一"期间消费者平台转换行为的分析，发现：有近一半的消费者会受到价格促销的影响而进行不同购物平台间价格的对比，其中会有近一半的人转换购物平台。但是这些转换购物平台的人产生转换行为并不仅仅是因为价格的原因，更多的人是因为商品品质、商家服务态度等价格以外的原因；而没有产生转换购物平台行为的人是因为习惯、商品品质等原因没有转换购物平台。

因此对于购物平台来说，如果能让商品多样性、商品品质、服务质量等价格以外的因素变得更好，那么价格促销将带来更多的新用户，且原有用户的忠诚度不会降低；反之，价格促销虽然能带来新用户，但是数量不会太多，且原有用户很有可能产生转换平台的行为，其忠诚度降低。

此外，本文没有对消费者转换购物平台以后的行为进行分析，这个部分将在以后进行完善。

参考文献

［1］陈明亮. 客户忠诚决定因素实证研究［J］. 管理科学学报，2003（05）：72-78.

［2］江明华，董伟民. 价格促销的折扣量影响品牌资产的实证研究［J］. 北京大学学报：哲学社会科学版，2003（05）：48-56.

［3］程华，宝贡敏. 网上购物意向决定因素的实证研究［J］. 数量经济技术经济研究，2003（11）：150-153.

［4］常亚平，朱东红，张金隆. 影响消费者重复网上购物行为因素的实证研究——基于电子商务环境和网络商店因素的数据分析［J］. 管理评论，2009（04）：65-71.

［5］彭梅芳. 基于性别的大学生网络购物行为影响因素的比较分析［D］. 北京：北京化工大学，2014.

［6］JACOBY J，KYNER D B. Brand Loyalty vs. Repeat Purchasing Behavior［J］. Journal of Marketing Research，1973，10（1）：1-9.

［7］SHETH J N. A Factor Analytical Model of Brand Loyalty［J］. Journal of Marketing Research，1968，5（4）：770-774.

［8］WHEELER D R. Brand loyalties：Qualitative，Quantitative，or Both?［J］. Journal of the Academy of Marketing Science，1974，2（2）：651-658.

［9］FISHBEIN，M. A Theory of Reasoned Action：Some Applications and Implications.［J］. Nebraska Symposium on Motivation Nebraska Symposium on Motivation，1980，27（27）：65-116.

［10］HA C L. The Theory of Reasoned Action Applied to Brand loyalty［J］. Journal of Product & Brand Management，1992，7（1）：51-61.

［11］WINER R S. A Reference Price Model of Brand Choice for Frequently Purchased Products［J］. Journal of Consumer Research，1986，13（2）：250-56.

［12］KAHN B E，MORRISON D G. Measuring Variety-Seeking and Reinforcement Behaviors Using Panel Data［J］. Journal of Marketing Research，1986，23（2）：89-100.

［13］JOE A DODSON，ALICEM . TYBOUT and BRIAN STERNTHAL，Impact of deals and deal retraction on brand switching［J］. Journal of Marketing Research，Vol . 15（1），February 1978：72.

［14］BLATTBERG，R C，NESLIN，et al.，Sales Promotion：Concepts，Methods，and Strategies，Prentice-Hall，Englewood Cliffs，NJ，1990.

［15］RAJU J S，DHAR S K，MORRISON D G. The Effect of Package Coupons on Brand Choice［J］. Marketing Science，1994，13（2）：145-164.

［16］MADAN V. Quality Perception and Monetary Sacrifice：A Comparative Analysis of Discount and Fixed Prices［J］. Journal of Product & Brand Management，2001，10（3）：170-184.

重庆绿色会展体系的构建研究

邹　烨[①]

[摘要] 随着我国会展产业的大力发展，会展对地区经济的影响越来越大，各个地区已经把发展会展业作为地区经济发展的重要部分。而会展产生的环保问题逐渐突出，会展是否是“绿色行业”引起了行业内的思考，绿色会展的理念逐渐进入人们的视野。绿色会展理论的研究已经持续了多年，但如何落实到实践发展才是重点。本文从重庆会展行业的现状出发，分析重庆会展发展的特点，结合我国正在推行的绿色会展政策导向，探索重庆绿色会展体系的构建。

[关键词] 绿色会展体系　构建评价体系　实践策略

绿色会展发展从狭义上讲，包括发展环境友好型产业、降低能耗和物耗、保护和修复生态环境、发展循环经济和低碳技术以及经济社会发展和自然相协调。从广义上看，包括均衡发展、节约发展、低碳发展、清洁发展、循环发展、安全发展等含义与要求。

近20年，我国会展持续高速发展，形成长期的粗放型发展模式，与欧美会展发达国家相比，我国会展业能源消耗与环境保护进程落后。目前，我国展览工程行业80%采用不可回收的一次性木材料，造成搭建施工的许多问题。面对气候变暖，资源减少的全球形势，日益突出的资源浪费和环境污染问题，严重影响了我国会展业的健康发展，注重绿色环保、低碳经济、持续发展的展会逐渐成为现代展会转型提升的目标。

党的十八届五中全会提出“创新、协调、绿色、开放、共享”的五大发展理念。对于会展业来说，绿色发展将成为指导“十三五”期间发展的科学发展理念和发展方式。2015年3月，商务部流通产业促进中心牵头起草的《会展业节能降耗工作规范》正式颁布实施，成为我国首个会展行业环保标准。这一系列的会展环保政策的出台，引导“绿色会展”成为未来中国会展行业发展的重要目标。“绿色会展”的发展会影响到的会展产业链的上、中、下链条多个环节，在这个背景下，各相关链条产业的改革都是本项目的研究内容。重庆立足长江上游的经济发展，打造西部会展中心的步伐加快，如何率先且有效地发展重庆的绿色会展，是重庆会展实现“西部会展之都”的当下目标。

---

① 重庆工商大学融智学院讲师，主要研究方向为区域经济学。

一、国内外绿色会展的发展现状

（一）国外绿色会展的发展现状

1. 绿色会展的相关政策标准

随着国际上对环境问题的日益关注，以及各国相继提出的可持续发展观念的趋势，欧美等会展产业成熟的国家逐渐开始关注环保会展的发展。早在 1996 年，美国环境保护署就制定了首个会展相关的绿色指南——“环境友好型会展指南”，率先开始了绿色会展的实践。该指南列举了会展活动所带来的环境影响，分析了绿色会展所具有的优势，并提出了一系列“绿色会展清单”，如减少废弃物排放、节约能源以及不同交通、住宿、食品选择等。随后，新西兰、德国、加拿大等国家也制定了相应的绿色会展指南。例如，加拿大环境研究委员会和绿色会议委员会制定了详尽的绿色会展指南——《加拿大绿色会议指南（2005）》，这是目前国际上最具可行性的绿色会议指南，按照展前、展中、展后三个阶段介绍了绿色环保的要求。同时，许多国家的会展行业委员会、国际生态旅游协会、联合国环境规划署、国际化标准组织、绿色环球组织、全球报告倡议组织等一些国际组织和机构也都制定和颁布了相关的绿色会展标准。

2. 绿色会展的实践发展

从场馆生态规划建设的方面，一些国家在开发绿色会展活动中，将生态系统引入场馆设计中，把场馆和周边配套综合起来。例如德国在场馆建设规划方面考虑酒店、餐饮、商业等配套设施的距离，交通资源的分配；英国在场馆户外空地预留环境规划，又将建筑底层作为共享空间，减少土地使用量；法国在建设会展场馆时，引入农业景观，做到美观和实用共享。国外绿色会展的开发与循环经济相结合，运用“3R”少量化设计原则来指导场馆建设和运营，减少资源消耗和降低环境污染。

（二）国内绿色会展的发展现状

1. 绿色会展的理论研究现状

我国早在十年前就有关于“绿色会展”概念的提出，但仅停留在理论研究层面，主要以定性研究为主，在开发途径方面的研究多为宏观性的概述，可实际操作性有待提高，绿色会展的实施一直没有得到充分的开展。在分析绿色会展开发的必要性及国外绿色办展的经验基础上提出了以可持续发展为原则，以会展环境保护法律法规为保障的绿色会展体系；还从展览三个阶段对绿色会展的开发途径、场馆节能建设、展览垃圾的循环使用等方面展开了理论探讨。从循环经济理论的角度研究绿色会展产业的发展，提出科学定位措施和发展策略；构建绿色会展企业发展水平评价体系、政府调控政策；绿色会展技术的创新体系，建立公众参与机制等。从《上海世博会绿色指南》与《加拿大绿色会议指南（2005）》比较研究，分析形式和内容上的缺陷，提出实施绿色会展的计划的具体建议。通过天津病害新区发展绿色会展的必要性基础上，提出通过绿色主题策划、合理空间划分、绿色占据设计、数字化绿色会展效应四个方面的优化发展。

2. 绿色会展的评价体系发展

党的十八届五中全会提出创新、协调、绿色、开放、共享的五大发展理念。对于会展业来说，绿色发展将成为指导“十三五”期间发展的科学发展理念和发展方式。2015 年 3 月，商务部流通产业促进中心牵头起草的《会展业节能降耗工作规范》正式颁布实施，成为我国首个会展行业环保标准。同期，国务院下发《关于进一步促进展览业改革发展的若干意见》，提出倡导展览业低碳、环保、绿色理念，为我国推动会展业绿色可持续发展提供了依据。2016 年初，商务部完成《环保展台评定标准》国内贸易行业标准的审定，并积极推进该标准的制定和落实。商务部流通产业促进中心正在组建中国绿色会展联盟，旨在建立由政府部门牵头，会展产业龙头企业参与的会展业低碳、环保、绿色的合作平台。逐渐完善的环保型会展的评价体系正在形成，我国绿色会展的政府导向性实践发展正在展开。

二、重庆会展行业发展现状

（一）重庆会展行业的发展现状

表 1　　2014—2015 年重庆展览业发展综合指数

年份	展览数量（场）	展览面积（平方米）	TOP100 展览项目数量（场）	TOP3 展览项目数量（场）	增长比率（%）
2014	662	601. 3	4	4	23. 09
2015	749	702. 3	8	14	

数据来源：中国会展经济研究会。

根据中国会展经济研究会发布的《2015 年度中国展览数据》，2015 年重庆共举办展览 749 场。其中国际展览业协会 UFI 认证的展会有 1 个，全国排名前 100 的展览项目 8 个，与 2014 年相比增加 4 个，全国各行业展览排名前三的展览项目 14 个，与 2014 年相比增加 10 个。重庆会展业发展指数仅次于上海、广州、北京，排在全国第四位。从市场化程度较高的商贸类展览规模来说，10 万平方米以上展会 2 个，5 万~10 万平方米展会 7 个，2 万~5 万平方米展会 22 个。一系列的数据表明，重庆的会展行业正在逐步稳健的发展，并且慢慢跻身我国大型会展城市之列。

（二）完善的会展基础设施

目前重庆共有专业会展场馆 4 个，场馆总面积 32. 5 万平方米，仅次于上海、广州、北京，排在全国第四位。重庆会展场馆的建设使用，符合重庆会展行业的发展需求，促进了重庆原有中型展会的发展，部分展会如“重庆汽车工业展”已发展为 10 万平方米以上的大型展会。同时，由于场馆的区域影响力、先进设施和管理水平，也吸引了如“糖酒会”这样的全国较为有影响力的大型展会。以大型场馆为依托的会展城的建设，配合完善的公共服务基础设施，加上重庆现代制造业、服务业和保税港区的发展优势，打造了集餐饮、娱乐、休闲为一体的会展产业集群。

（三）绿色会展的管理逐步加强

在我国会展行业环保标准实施初期，重庆国博中心作为重庆会展业的龙头企业，参与完成《展览器材 术语 型材展台》《展台分类及技术规范》两项行业标准。同时作为搭建服务相关产业链中的场馆企业，2016 年筹备组建特装搭建团队、针对重复使用的展台搭建，力图在全国率先开展环保型展台搭建的转型。在国家的政府导向趋势下，重庆的会展龙头企业率先开展绿色会展的实践发展，是重庆绿色会展发展的良好开端，也是重庆打造西部会展之都的有力举措。

三、重庆发展绿色会展的思路

（一）找准绿色会展的发展关键，逐步实现相关行业的改革

会展企业作为会展行业的运作主体，处于决定性的地位，企业的运作决定了展览性质，直接参与会展行业的发展。绿色会展的发展，根本上是从会展企业的角度去变革和创新。纵观会展产业链的上、中、下游企业，绿色会展的发展关系到包括会展场馆企业、会展主办企业、会展设计企业、展览搭建装饰企业、搭建材料提供企业等。绿色会展的实施，是把环保的理念融入到会展企业的经营和管理中，从企业经营的多个角度实现可持续发展，找到绿色会展实施的关键环节，实现从基础层面做到绿色环保的办展办会。从资源浪费和环境污染问题的角度出发，分析会展举办过程中的各个环节，跟绿色环保办展办会关系密切的实施环节，涉及行业规范、评价体系、会展设计、搭建方式、材料开发、展位销售等。

（二）建立绿色会展体系的运行基础，完善主体设施

会展场馆作为会展产品的载体、会展产业链的上游企业，是展会活动信息传播的媒介，也是城市和地区会展发展的领头企业。绿色会展体系的建立，首先是建立在生态环保场馆主体基础之上。我国的新建会展场馆在“低碳、绿色”的建筑要求方面也有很多成功案例，例如上海世博会的理念，各国参展商的搭建展馆都基本趋于“生态化设计”，新技术和新材料的运用，尽可能地做到了能源的节约，同时绿色景观的设计，也使生态环保融入展会中。

如表 2 所示，根据 2015 年中国展览数据统计，把重庆现有的所有场馆进行筛选，其中 4 个场馆被纳入专业的会展场馆之列。

表 2　　2015 年重庆专业场馆情况一览表

2015 年全国排序	展馆名称	室内展览面积（万平方米）
3	重庆国际博览中心	23
51	重庆国际会议展览中心	4. 5
96	重庆展览中心	2. 5
97	重庆农业展览中心	2. 5

数据来源：中国会展经济研究会。

这4个分布于重庆不同区位的场馆，可能承担大中小型各种规模的展会，在运营方面，都采取了现有会展场馆的规范化运作。但由于建造年代的不同，较老的会展场馆在硬件设施方面比较落后，在一定程度上造成了办展资源的浪费。而场馆的许多展会道具和设施也是目前国内常用的设施，不具备较高的再利用性，同样造成了一定的资源浪费。从场馆建筑环境的改造，实现建筑与生态的融合；在场馆日常运营的方面，从生态经济的角度出发，采用高效节能的措施；在场馆设施的建设和改革方面，使用科技化含量较高的设备，运用智能化的管理体系，都可以实现绿色会展主体的完善。

（三）构建绿色会展体系，健全法律政策和评估标准

绿色会展体系的构建，依托于健全的法律政策和完善的环保评价体系的基础之上。从国家层面，会展行业的绿色发展是“十三五”的发展规划方向，2015年商务部颁布实施的《会展业节能降耗工作规范》作为我国会展行业的首个环保标准，开启了我国会展行业绿色会展体系政策法规的正规道路。同时国务院下发《关于进一步促进展览业改革发展的若干意见》，又为推动会展业绿色可持续发展提供了依据。2016年，中国绿色会展联盟的成立，参与企业都是各地的会展领头企业，这也势必引导各地绿色会展的发展。重庆国际博览中心作为重庆会展场馆的标志，也是重庆会展行业的领头企业，已经开始进行特装搭建团队的组建筹备，就循环利用的展具展架进行采购，并且计划在场馆运营方面制定环保绿色的规定标准，力求从场馆办展的环节把控环保资源再生。

四、重庆绿色会展体系的构建策略

（一）借鉴国外会展发达国家的实践经验，开发城市绿色会展活动

从政府导向和市场导向方面，倡导绿色环保展会的理念，打造以绿色会展为主题的展会，把绿色经济和可持续发展的理念融入各类会展活动运作中。

2001年，美国华盛顿的“国家循环联盟”采纳“绿色会议”的政策，在年会、展览和组织活动中，呼吁参与者为保护自然资源身体力行，细小到简单的如垃圾回收、会议餐饮等环节。2005年，全球最为详细的《加拿大绿色会议指南》发布，详细指导了会务物流和运输、食品和餐饮服务、住宿、环境友好办公室、采购和通信等环节的绿色环保运作。城市绿色会展活动的运作，首先从项目本身出发，基于不同形式和性质的项目，从具体的展会运作环节出发，可以参考国外的绿色环保指南，进行有针对性的运作。例如在展会服务的交通环节，参考《加拿大绿色会议指南》，列出展会过程中的公共交通信息和附加的交通租赁服务、场馆周围的会展专线交通，合理规划展会期间交通方式的衔接，并有针对性的运用绿色节能资源的交通工具。

（二）用数字化和科技化引领绿色会展

现在科技和网络的发展已经普及到会展的多个方面，运用数字化和科技化的产品能够弥补会展硬件和展示效果的不足，给观众带来视觉、听觉和触觉的多元感受。从现代展览的展示方式，特别是像车展这类型的展览，展厅内道具少、展

品大，装饰效果也简洁，大量地运用数字化屏幕营造氛围。这种数字化屏幕的运营，不仅能突显场景效果，还可以重复利用，对场地的要求很低，可以多方位展示展品，展示的补充效果也很明显。

（三）规范化运作绿色展览搭建，根本上减少资源的浪费

分析绿色会展发展的关键，不难看出，展览搭建对环保节能方面的影响是最大的。在展览搭建方面，以德国模式为代表的欧洲展览器材，在将现代展览向构件化、精密化、模块化、标准化、重环保等方面发展中做了楷模；美国则在德国展览器材发展的基础上，加入了小心桁架、折叠展架、布饰结构等，增加了更加轻盈、淡化构架轮廓，以构架的整体加画面处理形成一种风格的系统；日本是构件式展览器材使用最普及的国家之一，同时还利用铝合金桁架配合使用以实现整体展台效果。国外展览发达国家的搭建模式遵循的搭建“6R 原则”，即尊重自然，减少对资源和能源的使用，尽量使用可再生和可循环利用的材料，减少展会施工对环境和人体的负面影响，从环保角度规范搭建环节相关企业的各项服务。

展览搭建关系紧密的环节包括会展设计、搭建服务、场馆运营，每一个环节都是绿色会展发展的影响因素。

1. 会展设计中融入绿色会展道具的使用

绿色设计理念的会展道具具有结构精巧、款式多样、规格齐全、搬运方便、拆装简易等优点，这既能节约会展物流的运输成本，又能节省会展搭建的时间成本，还能从根本上做到可回收和可重复利用，从生产、储存、运输、安装等方面都相对比较便捷。在会展设计方面，运用这些轻巧简洁的道具模块，引导绿色搭建的趋势。但从现实角度，也会存在一定的弊端，设计理念与绿色搭建材料的契合度很难保证，绿色会展道具不一定都能实现设计作品的效果，这就要求环保型搭建材料的开发从材质、样式等方面能够紧跟绿色会展的趋势。

2. 运用环保材料进行搭建，避免展具展架的能源消耗

目前，会展行业普遍的展览搭建布展比较粗放，长期一次性木质结构展具的大量使用，带来对材料、电力和水资源的大量消耗，如场馆展览垃圾数量巨大、施工现场污染严重，引起大量的施工现场产生的粉尘、不合格涂料挥发的有害气体等诸多问题。通常采用的会展搭建材料主要是广告材料和装饰材料，以塑料、板木结构最多，这些材料基本不具备可回收和可重复利用的特性。从搭建材料的选择方面，考虑可以组合的铝制构件、桁架，配合纸质或布面的隔断材料，轻化展示效果的装饰性，突出展品，同时还能实现拆装方便，避免材料浪费和环境污染。

3. 场馆制定有利于环保节能的规定，从布展和撤展两方面引导绿色会展

会展搭建的布展和撤展跟场馆的现场运营管理密切相关，场馆可以从运营管理规定入手，进行一系列环保节能的标准，促进绿色会展的发展。例如，制定一定的优惠政策，对采用可回收和可重复利用搭建材料的搭建服务商给予支持，对撤展阶段展览搭建垃圾较少的搭建商给予优惠；在运营管理的评价体系方面，可以明确规定搭建材料的属性，给搭建商给予环保节能材料的引导；在选择搭建服务商的时候，向提供可重复利用搭建的企业一定的倾斜。

五、总结

绿色会展是会展行业的发展趋势，也是目前国家的会展政策导向。重庆力求打造西部的会展龙头城市，且成为全国会展发达城市，势必率先发展绿色会展。重庆如何发展绿色会展，构建合理完善的会展体系是关键。从政府的环保绿色引导，到行业各级企业的绿色环保观念树立，再到跟会展环保节能密切相关的企业的实践运作，缺一不可。在重庆市会展行业的领头企业的带领下，重庆的绿色会展改革已经拉开了序幕，当重庆的绿色会展潮流逐步发展到每一个环节，重庆的绿色会展也会越来越良好地发展。

参考文献

[1] 史琦. 分析成都绿色会展的发展与构建 [J]. 生态环境保护，2015 (12)：239-241.

[2] 张海林，魏雅莉. 滨海新区推行绿色会展经济模式的对策研究 [J]. 商业现代化，2012 (3)：68-69.

[3] 汪慧. 创新绿色会展体系构建的开发 [J]. 辽宁科技学院学报，2015 (6)：93-94.

[4] 栢豪，蔡礼彬. 低碳会展及其评价指标体系构建研究 [J]. 山东社会科学，2015 (3)：162-166.

[5] 王晓丽. 低碳经济背景下我国绿色会展发展路径优化研究 [J]. 枣庄学院学报，2014 (6)：119-122.

[6] 蔡萌，格林斯·迈克凯恩，唐佳妮. 国际绿色会展的概念与实践评述 [J]. 上海对外经贸大学学报，2015 (7)：37-47.

[7] 马志新. 国闪外绿色会展研究综述 [J]. 经济发展研究，2014 (4)：242-244.

[8] 周波. 绿色设计在会展道具中的研究与应用 [J]. 中国包装工业，2013 (20)：18-19.

[9] 肖志慧. 浅析绿色思潮下的会展设计研究 [J]. 艺术教育，2016 (1)：214-215.

[10] 黄彪. 绿色 环保——国际展览发展趋势 [A]. 2010 中国会展经济研究会学术年会论文集，72-76.

“一带一路”背景下中国西部边境贸易的发展研究

王 草[①]

[摘要] 随着“一带一路”战略构想的提出，中国西部地区特别是新疆的边境贸易获得新的发展契机。新疆作为“一带一路”战略的桥头堡对中国西部经济的发展有着重要的拉动作用，同时还能够加强我国同中亚国家之间的联系与合作，实现互惠互利。本文从研究“一带一路”战略背景出发，基于对中亚五国的资源、贸易条件以及与中国贸易状况的分析，强调中哈贸易对中国西部边境贸易的重要性，进一步分析新疆边境贸易口岸的经济发展条件并得出对中国西部边境贸易发展的结论及启示。

[关键词]“一带一路”　中亚经济发展　中哈贸易　边境贸易口岸

一、“一带一路”战略概述

“一带一路”是“丝绸之路经济带”与“21 世纪海上丝绸之路”的简称。2013 年 11 月，中国共产党十八届三中全会通过的《中共中央关于全面深化改革若干重大问题的决定》明确将“一带一路”收录在内，“一带一路”上升为国家战略。当前国际经济与政治合作进一步加深，世界格局瞬息万变。据世界贸易组织统计，截至 2015 年 3 月，世界上的区域贸易协议有 612 项，实施 406 项；国际投资协定总数达到 3 268 项。各个国家都在为促进本国经济贸易的发展寻求新的合作组织和机制。“一带一路”的建设顺应了世界多极化与经济全球化的发展趋势，旨在促进经济要素自由流动，市场与资源有效配置，推动沿线国家经济持续发展，经济合作水平加深。

“一带一路”联通欧亚非地区，并最终形成一个海上与陆上的循环。“一带一路”沿线涉及包括东南亚、中亚以及中东欧 65 个国家，涉及中国包括西南、西北、东北、东南以及内陆等 18 个省份，是目前世界上跨度最大的经济走廊。我国西部边境地区的发展以及与中亚国家经济的合作有赖于“一带一路”战略的实施。

西部边境地区如新疆，作为连接中国与中亚邻国的纽带，在“一带一路”

---

① 重庆工商大学融智学院教师，主要研究方向为国际商务与国际经济与贸易。

建设中具有独特的地位。本文主要研究中亚五国的贸易条件以及新疆对外贸易口岸的经济发展条件，分析得出有关中国西部边境贸易发展的启示和建议。下面就中亚五国的资源贸易条件做一个简单的分析。

二、中亚五国资源贸易条件分析

（一）中亚五国的基本经济概况

中亚五国包括哈萨克斯坦、吉尔吉斯斯坦、乌兹别克斯坦、塔吉克斯坦以及土库曼斯坦，总面积近 400 万平方千米，总人口约为 6 758 万。中亚五国与我国地缘接近，资源经济互补，中亚五国位于中国的“一带一路”战略沿线，与中国有着合作发展的深远历史和广阔前景。

20 世纪 90 年代至今，中亚五国经济增长率呈现稳步增长的态势。2014 年，哈萨克斯坦、吉尔吉斯斯坦、乌兹别克斯坦、塔吉克斯坦、土库曼斯坦的 GDP 增长率分别为 4. 3%、3. 6%、8. 1%、6. 7%以及 10. 3%，其中哈萨克斯坦 2014 年 GDP 总量为 2 179 亿美元，是中亚五国中 GDP 最高的国家。

（二）中亚五国的资源贸易条件分析

在“一带一路”的战略背景之下，中国需要与中亚五国加深合作，特别是与中亚五国毗邻的省份（如：新疆）需要进一步加强与中亚五国之间的边境贸易合作。中亚五国由于其特殊的地理位置与政治特征，其资源、贸易条件具有以下几点特征：

第一，中亚五国的矿产资源丰富。中亚五国具有丰富的石油、天然气、煤炭资源，且拥有较多的金属矿藏资源。哈萨克斯坦的石油储量约为 100 亿吨，天然气储量约为 11 700 万亿立方米，在中亚国家中位居第一，煤炭的地质储量为 1 700亿吨，是世界十大产煤国之一。因此，哈萨克斯坦的经济主要以石油、天然气、采矿、煤炭以及农牧业为主。相反，中国的油气、矿产资源缺乏，难以满足国内的需求，对外的依存度较高，与中亚五国在矿产资源方面的合作可以弥补中国矿产资源缺乏的短板，有效保障经济的增长。

第二，中亚五国的劳动力资源较为丰裕。2013 年，中国、哈萨克斯坦、吉尔吉斯斯坦、塔吉克斯坦和乌兹别克斯坦的资本劳动要素比分别为 2 981、3 601、427、195、477（美元/人）。由以上数据可见，哈萨克斯坦的资本劳动比率明显高于其他几个国家，而中国位列第二，除哈萨克斯坦、中国以外的三个国家均属劳动力丰裕型国家，因此在劳动密集型产品的生产上具备比较优势，这三个国家可以通过出口劳动密集型产品向中国和哈萨克斯坦进口资本密集型产品，加深外贸合作，从而增进双方福利。

第三，中亚五国具有不同的贸易条件指数。这里我们采用净易货贸易条件指数来衡量贸易条件，净易货贸易条件指数为出口单位价值指数与进口单位价值指数的比率，相对于 2000 年为基年度量，主要衡量贸易条件相对于基期（2000 年的情况）的改善与恶化程度。2011—2014 年中国及中亚五国的净易货贸易条件指数如表 1 所示。

表 1　2011—2014 年中亚五国净易货贸易条件指数

国家名称	2011 年	2012 年	2013 年	2014 年
中国	79	79.7	81.8	84
哈萨克斯坦	233.3	232.3	229.7	215.6
吉尔吉斯斯坦	112.6	110.4	107.5	105.4
乌兹别克斯坦	187.1	175.7	174.6	171.3
土库曼斯坦	222.3	243.4	236.1	223.5
塔吉克斯坦	112.7	94.3	91.8	91.4

数据来源：世界银行。

由表 1 可以看出，除中国外，中亚五国的贸易条件从 2011—2014 年存在不同程度的恶化，并且有继续恶化的趋势，其中塔吉克斯坦的贸易条件恶化程度最为严重。因此，中亚各国迫切需要与中国进行外贸投资合作，从而改善贸易条件。

通过对中亚五国的资源、贸易条件分析可知，中国与中亚五国发展水平不一，资源要素禀赋各异，具有很强的互补性。同时，中亚五国自 2011—2014 年存在贸易条件恶化的现象。因此，我们迫切需要在“一带一路”战略背景之下，发挥中国与中亚各国的比较优势，促进中国与中亚各国在资源以及贸易上的深入合作。

（三）中国与中亚五国的贸易情况

1. 中国与哈萨克斯坦的贸易情况

1992 年中国与哈萨克斯坦正式建交，进入 21 世纪后两国的贸易发展态势稳步上升，2007 年，中哈贸易总额达到 138.77 亿美元，中国上升成为哈萨克斯坦的第二大贸易合作伙伴国，同时哈萨克斯坦也是中国的新兴出口市场之一。中国与哈萨克斯坦之间的贸易主要集中在纺织制品、矿产品、石油产品及金属制品等方面。由表 2 可以看出，2005—2014 年，中国与哈萨克斯坦进出口总额基本处于稳步增长的态势，2013 年达到 285.95 亿美元，而 2014 年相对来说有些回落，但中国对哈萨克斯坦的出口额仍然在增长，已达到 127.09 亿美元。中国新疆在与哈萨克斯坦的贸易中至今为止仍然占据着重要位置，随着哈萨克斯坦与中国其他各省之间开展合作，新疆主要承担着跨境运输的功能和作用。同时，新疆地区边境贸易口岸的发展进一步促进了中国与哈萨克斯坦的边境贸易发展。

表 2　2005—2014 年中国与哈萨克斯坦的贸易状况　单位：百万美元

年份	进出口总额	中向哈出口	哈向中出口
2005	6 806.11	3 896.75	2 909.36
2006	8 357.75	4 750.48	3 607.27
2007	13 877.77	7 445.86	6 431.91
2008	17 552.34	9 824.51	7 727.83

表2(续)

年份	进出口总额	中向哈出口	哈向中出口
2009	14 129.13	7 833.45	6 295.68
2010	20 448.52	9 320.07	11 128.45
2011	24 961.23	9 566.53	15 394.70
2012	25 678.81	11 001.24	14 677.57
2013	28 595.96	12 545.12	16 050.83
2014	22 451.67	12 709.85	9 741.82

数据来源：《中国统计年鉴》。

2. 中国与其他中亚国家的贸易情况

20世纪90年代中后期，中亚五国的经济状况开始好转，进入21世纪，中国与吉尔吉斯斯坦、塔吉克斯坦、土库曼斯坦以及乌兹别克斯坦的双边贸易额都有不同程度的增长和突破。由表3可以看出，对比2002年与2014年，中国与除哈萨克斯坦以外的中亚五国间的进出口总额有一个质的飞跃。与土库曼斯坦之间的进出口总额从2002年的0.87亿美元增至2014年的104.7亿美元，增长了接近120倍，是中亚五国中与中国贸易额增长倍数最多的国家。

表3　**中国与其他中亚国家进出口总额**　单位：百万美元

国家名称	2002年	2014年
吉尔吉斯斯坦	201.88	5 297.94
塔吉克斯坦	12.39	2 515.94
土库曼斯坦	87.52	10 470.44
乌兹别克斯坦	131.77	4 276.12

数据来源：《中国统计年鉴》。

3. 小结

通过对中国与中亚五国的贸易情况的研究，我们可以得出两个结论：

第一，中国与中亚五国的对外贸易交流自21世纪以来日渐增多，贸易总额也在迅速提升，随着“一带一路”战略的提出和实施，中国与中亚五国之间的贸易合作前景广阔，以后有望在能源、交通、旅游以及投资等多方面进行全面合作。

第二，由表2和表3数据分析得出，中国与哈萨克斯坦的贸易总额比其他四个国家的贸易总额绝对值高出许多，究其原因是两国具有相似的需求结构。根据需求偏好相似理论，影响一国需求结构的决定因素是人均收入水平，需求结构越相似，产生的贸易量就越大。2014年，中国、哈萨克斯坦、吉尔吉斯斯坦、塔吉克斯坦、土库曼斯坦以及乌兹别克斯坦的人均国民总收入分别为7 400美元、11 850美元、1 250美元、1 080美元、8 020美元、2 090美元。其中，中国、哈萨克斯坦、土库曼斯坦的人均国民收入相似，属于中高等收入国家，结合表2和

表3的数据，我们可以看出2014年中国与哈萨克斯坦以及土库曼斯坦的贸易总额都超过百亿美元。再者，由于中国直接与哈萨克斯坦接壤，相邻的两个国家存在相似的国民收入水平与需求结构，因此产生了较大的贸易量。基于此，中国需要重视与中亚国家特别是与哈萨克斯坦之间的边境贸易合作，在“一带一路”战略背景下，继续加强中哈友好关系与经济合作。

三、新疆边境贸易口岸分析——以霍尔果斯为例

中哈贸易的进一步合作有赖于边境贸易的加强以及边境贸易口岸的建设。新疆作为我国西部地区的重要省份，在地理位置上有着独特性，其联通中亚地区，在“丝绸之路经济带”中扮演着重要的枢纽作用，并且是中国直接与哈萨克斯坦接壤的地区。研究新疆边境贸易口岸的发展情况有利于我们深入了解中哈边境贸易的发展状况。

目前，新疆共有一类口岸17个，其中陆路口岸15个、航空口岸2个，二类口岸12个，已与143个国家和地区建立了经贸联系。其中，开放程度比较高的口岸有霍尔果斯、阿拉山口与乌鲁木齐国际机场等9个口岸。

（一）霍尔果斯口岸基本情况介绍

霍尔果斯口岸于1881年正式通关，是中国最早向西开放的口岸，也是目前中国西北五省综合运量最大的国家一类公路口岸，更是中国辐射中亚、西亚乃至欧洲距离最近、最便捷的集公路、铁路、管道为一体的国际交通枢纽。

随着“一带一路”战略的不断推进，霍尔果斯口岸已经成为我国向西开放的重要支点。霍尔果斯国际边境合作中心2014年实现入出区货物275.45万吨，同比增长超过500%。

（二）霍尔果斯口岸经济发展条件分析

近年来，霍尔果斯口岸得到了很大的发展，这些发展成就主要取决于其良好的经济政策条件，主要包括良好的地缘优势、有利的人文因素、优惠的政策措施以及逐渐加强的战略规划和基础设施建设。

就地缘优势来说，霍尔果斯口岸距离中亚各国首都比较近，是连接中亚各国的经济交通枢纽；同时，霍尔果斯口岸位于第二亚欧大陆桥中国境内的最西端，是中国人员、物资、商品通向哈萨克斯坦、俄罗斯、德国以及荷兰的重要陆上通道。

就人文因素来说，霍尔果斯口岸所在区域位于伊犁哈萨克族自治州，这里的哈萨克族与哈萨克斯坦的哈萨克族有着共同的渊源和相似的文化；同时，霍尔果斯自古以来就是“丝绸之路”的沿线要道，是中西方文化交流的交汇地。

就优惠政策来说，2010年5月中央设立霍尔果斯和喀什经济开发区，2011年9月国务院出台了《国务院关于支持喀什霍尔果斯经济开发区建设的若干意见》，对霍尔果斯经济开发区实行关于财政支持、税收减免、行政许可、基础设施建设等方面的扶持政策；另外，2013年9月“一带一路”战略的提出，更是强化了我国与中亚等国家的合作发展信心，霍尔果斯口岸也进入快速发展时期。

就战略规划和基础设施建设来说，霍尔果斯的基础设施和规划正在不断完善。中哈霍尔果斯国际边境合作中心是集加工制造、货物中转、金融服务和旅游休闲等功能为一体的综合性国际贸易中心，也是我国与其他国家建立的首个跨境边境合作中心。中心总面积 5.6 平方千米，沿中哈界河横跨中国与哈萨克斯坦，2012 年 4 月投入运营，合作中心内人员、车辆和货物可跨境自由流动。中哈霍尔果斯国际边境合作中心的建立大大促进了中哈两国贸易的自由化和多样化。

通过以上分析可见，“一带一路”背景下，国家对新疆的口岸建设扶持力度较大，并且以霍尔果斯口岸为代表的边境贸易口岸不断加强了中国与哈萨克斯坦等中亚国家之间的经济联系，带动了中国与中亚五国的经济贸易发展。

四、中国西部边境贸易发展的结论及启示

基于对中亚五国的资源、贸易条件与中国贸易状况以及中国新疆的边境贸易发展情况分析，本文得出以下结论及启示：

首先，基于对中亚五国的资源贸易条件分析，中国同中亚五国之间存在贸易以及资源上的互补性。中国应该坚持“一带一路”战略部署，加强同中亚五国之间的经济合作，扩大合作领域，发挥各自比较优势，优化各自的贸易条件，从而促进中国西部边境贸易的繁荣。

其次，哈萨克斯坦是中亚五国中面积最大的国家，同时其直接与中国新疆地区接壤，与中国存在相似的国民收入水平与需求结构，因此，中哈贸易是中国西部边境贸易发展的工作重点。

再次，新疆地区作为联通中亚五国的重要枢纽，是国家实施“一带一路”战略的桥头堡，加强新疆地区的口岸建设，增强口岸的开放程度，建立像中哈霍尔果斯国际边境合作中心这样的跨境边境合作中心是发展中国西部边境贸易的重要路径。

最后，发展西部边境贸易还应当重视西部省市之间的合作与配合，新疆可以担任起跨境运输的桥梁作用，加强中亚五国同中国西部内陆省市之间矿产品、石油产品等方面的合作贸易。

注释与参考文献

[1] 王志远. 中国与中亚五国贸易关系的实证分析 [J]. 俄罗斯中亚东欧市场，2011 (06)：18-31.

[2] 汤金润. “一带一路”背景下中国与中亚五国贸易合作前景分析 [J]. 中国经贸，2015 (16)：32-33.

[3] 曾昭宁，席理想. 新丝路带背景下中国与中亚贸易的互补性与增长源泉分析——以中哈贸易为例 [J]. 经济研究参考，2015 (64)：89-95.

[4] 李钦. 提升霍尔果斯口岸贸易发展水平策略研究 [J]. 价格月刊，2012 (06)：88-91.

[5] 刘翔峰. “一带一路”战略下的中哈经贸合作 [J]. 国际贸易，2015 (11)：34-38.

[6] 郭可为. “一带一路”战略下中国与中亚的经贸金融合作 [J]. 国际经济合作，2015

(11)：59-66.

［7］王彦芳. 中哈国际边境合作中心贸易效应的再思考［J］. 克拉玛依学刊，2015（05）：9-14.

［8］夏先良. 中国“一带一路”与美国TPP在全球贸易规则上的博弈［J］. 安徽师范大学学报，2015（05）：549-557.

［9］刘奕. 新疆边境贸易与国际运输通道发展的思路与对策［J］. 对外经贸实务，2011（06）：7-10.

第二篇　金融聚集

互联网金融理财产品风险防范

——来自“e租宝”被立案侦查的案例剖析

夏文瑞[①]

[摘要]“e租宝”被立案侦查让互联网金融理财产品的各种现实风险暴露在人们面前，法律法规的不健全致使合法性很难确认，互联网与金融的结合创新致使经营模式必须改变，网络技术的漏洞致使黑客容易侵入引起信息泄露、资金受损等。本文通过对互联网金融理财产品现实风险的原因、特征分析，针对个人、机构、法律、市场提出了相应的风险应对策略。

[关键词] 互联网金融　“e租宝”　风险

随着互联网技术的快速发展和全球经济趋势的走高，互联网金融理财产品早已经在国外的市场有所展现，促使金融机构发生翻天覆地的变化。目前我国互联网金融主要有六个种类：第三方支付、P2P网络贷款、众筹、大数据金融、信息化金融结构、互联网金融门户。而互联网金融理财产品是投资者或家庭通过互联网获取商家提供的理财服务和金融资讯，根据外界条件的变化不断调整其剩余资产的存在模式，以实现个人或家庭私有资金收益最大化的活动。然而收益和风险是成正比的。以去年震惊全国被立案侦查的“e租宝”为例，虽然它的产品预期年化收益率大部分都在10%以上，但最后受其所害的投资者遍布全国31个省市区，吸收资金500余亿元，涉及投资者约90万名。

一、互联网金融理财产品的现实风险

2014年7月，一种新的网络借贷平台迅速映入大家眼帘，不仅有公交站台广告、地铁广告，还有包含央视在内的各大电视台广告宣传，这就是“e租宝”。“e租宝”全称是金易融（北京）网络科技有限公司，其平台主打模式是A2P，6款产品都是融资租赁债权转让，预期年化收益率在9%~14.2%之间不等。然而2015年12月，却爆出“e租宝”网站及相关联公司涉嫌违法犯罪问题被依法立案侦查。A2P其实是P2P网络贷款模式的一种创新形式，据《2015年中国互联网金融发展报告》公布：P2P网络借贷平台如今发展欣欣向荣，截至2014年年底平台数量已达到1 300多家，根据对325家重点网络借贷平台的监测结果，

① 重庆工商大学融智学院教师，主要研究方向为互联网金融理财风险。

2014年网络借贷平台综合成交量超过2 500亿元。虽然从上述数据来看，网络借贷平台的发展非常迅速，但同样每年问题网络借贷平台数量也呈现加速上升状态，曾经出现了2013年的P2P倒闭潮，这说明该行业本身就存在一定风险，而客观来说，作为衍生模式的A2P在概念上是无可挑剔的，安全性也高于P2P，但是“e租宝”的事件也不禁让我们思考：互联网金融理财产品的风险到底有哪些呢？

（一）行业自身存在的风险

1. 非法风险

网络借贷平台在立法滞后的情况下疯狂生长，平台数量在几年内剧增，但由于缺乏统一的行业标准规范，网络贷款行业的平台资质、规模都良莠不齐。而“e租宝”就是在这个大的背景下迅速发展，一年多时间其平台投资总额累计已超过了750亿元，目前公安机关也正是因“e租宝”互联网金融平台及其关联公司涉嫌非法吸收公众存款而立案侦查。根据《关于取缔非法金融机构和非法金融业务活动中有关问题的通知》规定，单位或个人未经中国人民银行批准，任何非法发放贷款、票据贴现、资金拆借、信托投资、金融租赁、融资担保、外汇买卖等活动的行为都属于非法吸收公众存款。

2. 经营模式风险

从“e租宝”的显示操作来看，互联网只是一个资金的流量入口，而信贷交易却受信用风险的控制。对于信用风险的控制包括“e租宝”在内的很多网络借贷平台都跟传统金融机构一致，普遍采取线下审核模式。这种运营模式和传统金融机构一样却没有传统金融机构那么多的制度性保障。

3. 信息披露不完整

根据百度百科出来的“e租宝”信息可以看出，除了注册资金、所属公司、产品类型等基本信息之外并没有更多的核心信息，例如借经营平台及其公司的运营情况；在“e租宝”的融资项目里面，投资者也只能看到借款企业的大致信息和内容范范，看不到借款企业详细情况、相关担保情况、保理公司等信息。

（二）法律及监管机制存在的风险

1. 法律保障机制缺失

早在“e租宝”出事以前它就曾陷入信用危机，在融360联合中国人民大学推出的网络贷款评级报告中，“e租宝”被评为C-级且被指出涉嫌自融、虚假标的、无资金托管等问题，然而由于我国缺乏相关法律法规的保障让某些不法商家钻了空子，“e租宝”的问题没有得到及时的控制。这也是为什么P2P网络借贷平台的合法性一直存在争议的原因。

2. 监管部门不明确

“e租宝”的合法性一直存在争议，网络借贷平台属于互联网和金融的交叉行业，平台本有着特殊的身份，没有专门的法律明确其身份属性和监管细则，因此行业处于监管空白的尴尬境地。互联网金融本处于创新发展阶段，官方并没有采取牌照准入制度，这使得进入本行业的门槛很低以至于整个行业良莠不齐，而采用的内容监管，并没有明确监管部门以及内容。

(三) 其他风险

1. 网络技术风险

技术风险包括用户信息披露和借贷双方资金的损失。在“e 租宝”平台注册时需要提供诸如身份信息、联系方式（手机验证)、银行卡号等资料进行认证，而这些重要信息都留在网站内。与传统金融机构相比，互联网金融的安全技术落后，漏洞很多。除一些大型的互联网公司，如百度、腾讯、阿里巴巴等有能力抵御网络黑客攻击，弱小的网络借贷平台这方面的风险很大。此外当平台被黑客攻击以后，可能会发生对借贷双方敲诈勒索、截取贷款、以他人名义贷款等行为，造成资金损失。

2. 人员风险

人员风险包括从业人员和投资者的风险。互联网理财产品由于规模普遍较小，不能像传统金融机构一样配备充足的风险管理人员，行业从业人员也未必经过专业培训，专业素质缺乏。其投资者多数存在投资理财知识缺乏的问题，盲目追求高收益却忽略了应与收益成正比的高风险，这样的盲目投资也给投资本身带来了风险。

二、风险原因剖析

“e 租宝”能够在一年时间内发展如此迅猛，我认为有三个方面的原因：第一是广告，第二是高收益，第三是操作模式。而这三个方面也正是互联网金融理财产品风险产生的原因。

(一) 操作模式

2013 年一股余额宝的风波席卷而来，这让大多数中国人了解甚至参与了互联网金融理财。与传统银行的低效、烦琐的业务程序相比，大部分人非常乐意接受的就是它带来的简单、清晰、方便的服务。如果说“余额宝”是给个人理财用户带来的福利，那么“e 租宝”这样的网络借贷平台除了给个人理财用户提供了投资平台，也给企业用户带来了福利。因为以前个人或企业如需贷款只能在银行或者在民间进行，但是银行过程繁杂，民间没有保障，所以 P2P 网络借贷平台的出现给需求者提供了便利。

“e 租宝”的运营模式 A2P 是基于 P2P 的一种创新，所谓 P2P 就是个人对个人的信贷，简单地说，就是个人或法人通过独立的第三方网络平台相互借贷。A2P 就是资产对个人，区别于 P2P 来说就是网络平台借钱给了融资公司，但公司用钱所购买的资产属于平台。“e 租宝”就是靠着这种所谓更安全更有保障的 A2P 模式吸引大量投资者进行投资，然而却没有严格按照该模式应有的程序进行操作，因而产生了风险。如“e 租宝”融资租赁债权转让项目第 1501 期项目中显示，借款单位成立于 2013 年 9 月，位于宁波高新区，主营业务为高新技术，还款来源来自于主营业务收入，并且有融资担保公司担保，融资租赁公司承担连带担保责任，保理公司承诺对项目债权无条件赎回。这里面提到的担保公司是蚌埠市龙子湖中小企业融资担保公司，但该公司的法人王兰兰却是融资租赁公司钰诚集团的副总经理，同样的保理公司增益国际保理（天津）有限公司也属于钰诚集团。并且在这个项目中我们查不到借款公司的详细资料，除此之外在已完成的项目中我们同样无法查到借款方、担保方、债权转让方的相关信息。

这种偏离原有轨迹的自融平台，一步之差就踩在了非法的红线上，而形成的原因归纳为以下几个方面：第一，平台以其所属其他公司进行担保，监管缺失，导致借款被用于非法用途；第二，平台自身或与其有关联的单位发布标的，形成自融；第三，平台信息披露不完全，误导投资者。

（二）广告

很多投资者都说难道央视打广告的都是假的？正是因为看到了央视和各大卫视上的广告他们才选择了“e 租宝”，然而“e 租宝”就给大家证实了，广告确实是假的。3 月份，“e 租宝”的广告出现在了各种车站广告牌上。4 月份，“e 租宝”广告就登陆了央视广告黄金时段，甚至出现在了万众瞩目的《新闻联播》前的广告中。5 月份，各大知名卫视开始不停播放其宣传片。此外，钰诚集团还在全国各地成立了大量分公司和代销公司，采用直接深入老百姓的推销模式进行宣传，选择的宣传对象也多是中老年人。这种铺天盖地的宣传方式的确成功吸引了投资者的眼球，暂且不说其广告内容的真实性，一个刚成立一年的网络借贷平台又有多么雄厚的资金来承担这些天价的广告费用呢？俗话说羊毛出在羊身上，理性地想一想也该想到为这些天价广告费用买单的可能是投资者。

“e 租宝，易享生活，易享人生”“举手之间，财富尽揽”“1 元起投，随时赎回，高收益低风险”，这些都是“e 租宝”的广告宣传口号，听上去是多么的诱人，但是低风险高收益这样的好事真的存在吗？可能有人会问，既然这么明显的错误为什么国家还会让他出现在公众面前。在《刑法》里面的确有一条虚假广告罪，但条例里面提到的违反国家规定是一个很宽泛的范围，并没有明确的界定。《广告法》也对广告内容提出要求，但仔细审核“e 租宝”的广告内容，也并没有公然违背里面的要求，勉强也能说得过去。其次，“e 租宝”本就是一个创新行业，别说是 A2P 了，连 P2P 网络借贷平台都缺乏相关法律法规，2008 年小额贷款公司的成立使民间借贷阳光化了，2012 年温州金融综合改革试验区正式明确了他们的合法性，但却一直没有全国统一的民间融资法律法规的出台。加之网络借贷平台实际属性是民间借贷的中介机构，国内目前没有此类牌照，并且没有专门的立法规定此类公司从事的业务范围，这就意味着他们可以从事非中介服务，游走在法律边缘，没有法律规范也没有部门来监管。

（三）高收益

“e 租宝”的六种产品预计年化收益率都在 9%~14.6%，然而一般银行理财产品的预计年化收益率只在 5%，“e 租宝”已远高于一般银行理财产品，更不用说是银行活期存款利率 0.35%的多少倍了。如此高的收益率，他们却说低风险，甚至有些推销人员还承诺保本保息，灵活支取。我相信绝大多数的投资者都是看到这些才选择了“e 租宝”，但也正是因为这些而掉入了陷阱。“e 租宝”也是抓住了普通老百姓缺乏金融知识的弱点而编造出了这么一个陷阱。

对金融有点了解的人都应该知道金融产品有一个特点就是收益越高风险越高。

这是因为网络借贷平台本就是民间借贷演变而来，民间贷款中的借款人往往是不被银行等传统机构接纳的，他们可能存在信用问题或缺乏有效担保和抵押，因此他们愿意承担更高的利率来获得贷款。并且，网络借贷平台和投资者也存在对信息调查不仔细，仅仅依靠网站信息来分析风险大小，却忽略了信息的真实性的问题。

三、风险特征分析

（一）客观性

只要有金融业务存在，无论是传统金融理财还是互联网金融理财都会存在风险，并且这个风险不因人的意志，不因时间地点的变化而转移。在整个经济市场中，人们所面对的变化是无限的，认识的能力却是有限的，随着行业的不断创新，理财产品的不断增加，风险也会越来越大，因此投资者们在选择个人理财产品进行投资时一定要注意风险控制，减少经济损失。

（二）传染性

金融风险本不同于其他经济风险，风险发生不仅影响机构自身的生存和发展，更明显的是导致投资者的经济损失。而互联网金融风险的传染性更强于传统金融风险，因为互联网金融的开放性和虚拟性使得每一个环节都要非常严谨，一旦有一环出现问题将会导致整体的崩溃，“e 租宝”事件的发生就是因为最初的风险没有得到有效管控而进一步加剧，导致事件最终的爆发。并且行业内一个机构的失败也会影响到整个行业的声誉，当“e 租宝”事件发生后大家会对整个 P2P 行业的安全性产生怀疑，影响整个行业的发展。

（三）隐蔽性

互联网金融在我国发展时间还不长，行业本身也不太成熟，而且所有信息只能依靠互联网获得，所以给了互联网金融机构创造信用的机会。例如“e 租宝”就利用此机会制造虚假标的，形成自己的资金池，这种行为在短时间内并不会被外界发觉，外界难以感受到风险的存在，但随着时间的推移这个漏洞会越来越大，风险也越积越大，最终以突发的形式表现出来。

（四）双重性

在金融这个大的市场环境下，收益与风险往往是并存的，两者有着一种正相关的关系。获得的收益越多，存在的风险也越大。比如我国四大银行因为其国有的性质与其他商业银行相比，风险就要小一些，但相对来说活期利率就会低一些；同样的，互联网金融理财产品因为其虚拟性与传统金融理财产品相比，风险要大一些，相对来说其预期年化收益率就要高一些。这样的双重性给不同性格的投资者带来了不同的选择，同时也对他们起到了一定的激励和约束作用，使他们能够有效地配置资源。

四、如何避免风险

如今投资理财产品的种类繁多，如何合理配置资产能够既规避风险又实现收益的最大化，成了投资者的主要考虑因素。虽然互联网金融理财产品还是新兴产品，但投资者的关注热度却很高，互联网金融理财产品购买比重已超过全国理财总人数的一半以上。我们要怎样更安全地投资互联网金融理财产品，笔者将从以下三个方面进行分析：

（一）投资者

如果说市场风险是不可控制的，那么投资者自身存在的风险就是可以避免的。投资者的选择在整个投资环节中起着尤为重要的作用。第一，看清说明，谨慎选择。互联网金融是个新的概念，互联网金融理财产品也是一个新兴产品，不管是定义还是模式都还在不断变化、不断创新中，作为一个投资者首先要不断学习互联网金融知识，搞清楚理财产品的运作模式，弄明白其公布出来的各种信息，尤其是像“e租宝”这种刚发展起来的理财产品更要谨慎选择。因为P2P网络借贷平台本来就鱼龙混杂再加上缺少全方位的监管，所以有的平台随时可能出现倒闭、跑路等不安全现象，加之“e租宝”这种A2P模式的创新，不安全因素也随之增加。在这种情况下，投资者最好是选择知名度高，运营时间较长的平台进行投资。第二，了解自己，不要贪心。每个投资者的风险承受能力是不同的，在进行投资之前一定要清楚自己的风险承受能力，正确评价自己的性格特征和风险偏好。如果你是稳健性的投资者，就千万不要贪心，为了收益高而去选择安全性较差的产品投资，这样只会自食其果。第三，小心宣传，不信承诺。“e租宝”的广告营销策略非常成功，几乎是凭借宣传而迅速发展起来，如果让我们仔细研究它的广告会发现还是存在漏洞。“保本保息，灵活支取”是“e租宝”做出的承诺，但是据了解就连传统金融机构银行所推出的理财产品都不敢承诺保本保息，更何况“e租宝”的预期年化收益率还远远高出银行理财产品。第四，分散投资，降低风险。俗话说不要把鸡蛋放在同一个篮子里面。投资者自身应该清楚认识到高收益一定伴随着高风险，在选择像“e租宝”这样高收益的产品时，就应该考虑到它的风险性，不要将所有资金都投入其中，应该多种选择，分散投资，降低风险。

（二）法律政策

互联网金融理财产品的新生导致了他们自身的合法性备受争议，没有法律的监管也没有法律政策的保障，这导致了互联网金融理财产品风险的提高。第一，明确法律地位，提供法律保障。“e租宝”的被查在全国引起轩然大波，金融问题和社会问题不断浮现，这次事件也催生了银监会的《网络借贷信息中介机构业务活动管理暂行办法（征求意见稿）》。其实早在2013年P2P网络借贷平台倒闭潮出现的时候，就有人民银行条法司相关人士给出了明确的风险警示，要求明确P2P网络借贷平台的业务经营红线，但是问题平台的数量不减反增。据网络贷款之家的数据统计，2015年全国问题平台达到896家，是2014年的3.26倍，这正是由法律政策的滞后性所导致的。第二，树立正确导向，促进健康发展。在2015年7月发布的《关于促进互联网金融健康发展的指导意见》中提出了“鼓励创新、防范风险、趋利避害、健康发展”的总体要求。这在法律上对各类互联网金融理财产品提出了要求，让各平台做到更加合理透明。

（三）市场监管

1. 设定准入门槛

我国P2P网络借贷平台的数量每年都在剧增，但平台质量却不能与数量形成正比，这是因为我国目前尚无准入门槛导致行业参与者良莠不齐，容易发生高风险问题。为了防范有关风险，监管部门应该考虑设立一定的准入门槛，如果国外的牌照准入制会影响或约束我国互联网金融行业的创新能力，那么可以将准入门槛设计的更为科学更为合理。例如借贷双方的身份资料必须经过严格的审核，并且通过平台进行与之对应的资料查询。

2. 建立第三方存管

我国证监会所颁布的法律条文明确指出，在P2P网络借贷平台行业发达的经济市场中，必须建立借贷资金的第三方存管制度，对投资理财公司与网站进行交易的借贷双方的结算资金之间进行隔离，规定投资理财公司不能将借贷双方客户交易结算资金擅自保管。投资理财公司必须将交易资金委托给我国银监会所认定的、有第三方存管资格的银行金融机构存管。这样就能避免像“e租宝”一样，规模突破100亿元却无人托管，最终形成了自设资金池。

3. 加强信息监管

“e租宝”事件发生后投资者的资金已很难找回，因为网络借贷的本质就是由投资人自身完全承担风险，因此应该加强对信息的监管尤其是信息披露和信息安全。信息披露的完整有利于降低平台的信用风险，增加其运作透明度，为投资者进行投资选择提供正确基础。信息安全的保障有利于保证系统的稳定和保护用户私密信息的安全。

（四）机构自律

“e租宝”发展得很快但消失得也很快，其主要原因也是因为其自身没抵挡住金钱的诱惑，只顾着自己谋一时之利。因此除了外部监管，行业自身更应该通过自律来降低现实风险，保障自身发展，维护投资者信心。2013年8月，中国小额信贷联盟发布了首份《P2P小额信贷信息咨询服务机构行业自律公约》，公约对从业人员管理、资金管理、风险监控管理等都做出了详细要求，但实际签署公约的企业只占少数，所以为了保障自身安全，也为了给投资者提供更安全的投资平台，应强化行业自律。

参考文献

［1］罗明雄，等. 互联网金融蓝皮书2014［M］. 北京：电了工业出版社，2015.

［2］戴志峰，刘瑞，王小松. 解构互联网金融实战［M］. 北京：经济管理出版社，2014.

［3］谢辉. 网金的魅惑［M］. 上海：中国出版集团，2014.

［4］刘丽丽. 我国P2P网络借贷的风险和监管问题探讨［J］. 征信，2013（11）：29-32.

［5］周礼贤. P2P网络借贷的法律监管制度研究［D］. 北京：中国政法大学，2014.

［6］李文明，黄德健. 互联网金融的风险特征及监管改进［J］. 北方金融，2015（02）：72-74.

［7］左芳园. 我国余额宝的风险与防范研究［D］. 沈阳：辽宁大学，2014.

［8］岳利军. 互联网背景下的金融风险特征及防范对策探讨［J］. 财经界，2014：10.

内部控制质量对商业信用融资的影响分析

韩冬梅[①]

［摘要］近年来，我国经济快速增长，扩大规模和提高效益成为所有企业的既定目标。与此同时，融资难成了企业在实现目标道路上所面临的一大难题。高质量的内部控制能保证财务报告信息的真实性和可靠性，提高企业与外部利益相关者之间的信任度，有利于企业进行商业信用融资。本文分析了内部控制质量对企业商业信用融资额所产生的积极影响，在研究二者关系时还考虑了地区市场化程度和产权两个因素。通过研究分析，希望能够提出对企业融资有用的看法和建议。

［关键词］内部控制　商业信用　产权　市场化水平

21世纪以来，国内外出现了诸多上市公司财务舞弊及经营违规案件，通过对这些企业的详细分析会发现其重要原因是企业的内部控制没有得到重视。内部控制的有效与否影响到企业经营的方方面面，其对资本市场的积极影响主要体现在以下三个方面：首先，有利于提高会计信息质量，保证各个利益相关者对高质量会计信息的需求，对于保护利益相关者的合法权益有至关重要的意义。其次，健全有效的内部控制有利于上市公司遵守国家法律法规和其他相关规定，避免或减少舞弊事件的发生。最后，健全有效的内部控制能增强企业的竞争力，提高上市公司的质量。制定发布内部控制基本规范及其配套指引是中国资本市场发展中的一件大事，它的实施将有利于我国资本市场的持续健康发展。

一、内部控制质量对商业信用融资的影响

不管是国际上COSO对内部控制的解释，还是我国发布的《企业内部控制基本规范》对内部控制的定义，都表明企业的内部控制同时隐含着上市公司投资者、债权人、债务人等各个关联方的利益。比如，如果公司的内部控制质量较低，必定会影响企业的融资条件，进一步导致融资条件的恶化，比较常见的就是融资利率、融资成本的提高（Ashbaugh-Skaife et al.，2007）。甚至会使企业难以获得外部资金支持，最终导致停业、破产等严重后果。因为内部控制质量低下会

---

① 重庆工商大学融智学院助教，研究方向为财务管理。

导致企业间信息不对称，信息不对称的情况下债权人掌握的是一些不精确的信息，很难通过这些信息去评估债务人的违约风险并难以评估结果制定债务契约，这会导致债权人索取更高的债务成本来弥补他们降低的准确评估违约可能性的能力以及决策能力（Bhojraj & Sengupta，2003）。企业内部控制质量的高低不仅影响到企业个体，在一定的条件和环境下，还能够通过传导机制影响到整个宏观经济，甚至造成很大的经济损失。

根据信息不对称理论，在资本市场中由于交易双方之间掌握的信息量不同，就会提高市场的运营成本，降低资本市场的效率。Ryanlafond（2008）认为，如果公司的治理机制不够健全，企业与供应商之间的代理问题就会凸显，对会计稳健性的需求就会增大，因为会计稳健性可以把企业的损失（因企业与供应商之间的信息不对称所产生的）降低。为了解决由于信息不对称引起的一系列问题，对企业信息披露的要求就逐渐提高。企业内部控制是公司治理的重要组成部分，也是企业进行经营管理的一项重要措施，对于企业特别是上市公司的平稳快速发展起到非常重要的作用。郝玉贵（2012）认为，在企业的整个生产经营过程中都需要内部控制，因为内控有防范事前、监督事中和控制事后的作用，所以，一个企业如果建立了有效健全的内部控制，就可以对其利益相关者起到多方制衡作用，财务舞弊发生的风险就会较小。在上市公司中，内部控制不仅关系到公司的信息质量和自身发展，还关系到各个利益相关者的利益。其中，利益相关者就包括为企业提供商业信用的交易伙伴，交易伙伴为企业提供赊销时，最关注的就是企业按时还款的实力。而企业是否能按时还款除了企业自身信用这个软因素以外，还包括企业资产的安全，企业的经营状况和管理水平以及效益的高低等因素。而高质量的内部控制能提升企业防范和控制风险的能力，填补管理漏洞，保障资产的完整安全。健全有效的内控还有助于提高经营效率，提升企业的盈利能力和持续发展能力，增强公司的市场竞争力，提高上市公司价值，这些都是企业按时还款的主要保障因素，可以传递出企业能够按时还款的信号，这也是对方企业提供商业信用时比较关心的方面。所以，在我国上市公司中，企业健康有效的内部控制能够促进企业的商业信用融资。

二、产权因素对二者关系的影响

在我国特殊的制度环境下，全社会经济资源和金融资源的配置难免受到政府的干预，民营企业和国有企业在资本市场中会受到区别对待。研究发现，在同等条件下，由于受到政府的隐性担保，国有上市公司获得政府和国有银行的照顾更多一些，以四大国有商业银行为主导的银行体系在放贷时对国有企业存在体制性偏好，它们将相对较多的信贷资源提供给了国有企业。Dong 和 Putterman（2003）认为，由于政府向国有企业附加了大量的社会政策负担，所以国有企业向政府索求各种补偿的理由和动机会更充分，其中寻求资金支持就是一方面。既然国有企业比较容易从银行贷到款，对商业信用融资的依赖程度就相对较低。常璟，许旭（2010）研究认为，中国上市公司债务融资行为与其股权的国有属性相关，具有国有属性的上市公司的商业信用融资比例低。民营企业在向银行借款时会受到歧视，民营企业面临资金短缺时，只能借助其他融资渠道。再加上我国金融体系发展不健全，除了银行借款，企业能够利用的融资工具相对不多，而企业进行商业信用融资时面临的约束和限制相对于银行借款较少，成为民营企业主要的融资来源。所以，相对于国有企业，民营企业的银行借款能力相对较弱，从而对商业信用融资的依赖程度比国有企业高，再考虑到内部控制质量对商业信用融资的促进作用。因此，相对于国有企业，在民营企业中，内部控制质量与商业信用融资的促进作用更大。

三、地区市场化程度差异对二者关系的影响

我国各个省份和地区的政治、经济和法律体系基本一致，但是由于我国的改革进程实行的是渐进式的，每个行政区域改革的深度和范围存在差异。最终造成在不同的省份中，市场化进程和政府干预程度、所处的法律环境以及金融市场的发育程度均存在很大差异。余明桂（2008）研究了我国上市公司中的民营企业，实证结果表明，如果企业所在地的市场化程度较低，金融发展较落后，法制化水平不高，则政府会较多地干预信贷市场，企业和政府之间的政治关系会对企业贷款的获得有明显的促进作用。吴文峰等（2008）的研究结果也得到了相似的结论，即在政府干预市场较严重的地区，企业的政治背景对它的融资借款有很大的帮助。通过阅读这些已有的研究文献，我们发现不同地区的市场化水平差异会影响到企业的融资结构。在市场化水平较低的地区，法律体系不健全，政府干预金融市场较为严重，不管是企业的政治关系还是政府促进当地经济发展的急迫心情，都促使政府帮助企业获得银行信贷。在这样的环境下，企业较容易获得银行借款，缺乏足够的动力去搜寻其他融资渠道（商业信用融资就是其中之一），自然也较为缺乏为了获得更多外部融资而重视公司治理的理念。内部控制建设是加强公司治理的一项重要措施，在市场化程度较低的地区，对商业信用融资的影响也相对较小。相反，在市场化水平较高的地区，政府不容易干预金融市场，企业为了获得较多的外部融资，会加强公司治理。为了降低和外部利益相关者的信息不对称，也更加注重内部控制的建设。所以，在市场化水平较高的地区，内部控制质量对商业信用融资的影响相对较大。

四、对策和建议

本文主要分析了内部控制质量与商业信用融资的关系问题，并在此基础上考虑了产权因素和市场化水平对二者关系的影响。根据以上分析提出以下几点建议：

第一，在我国上市公司中，企业融资时如果面临银行信贷约束，商业信用融资会成为比较可靠的融资渠道。所以，对于贷款时受到银行融资约束的企业要积极采用商业信用融资来缓解融资压力。而信任是供货方提供商业信用融资的前提

条件，企业要想获得商业信用融资就要加强企业文化建设，以人为本，培育积极向上的诚信观，培养企业各个层级的员工要具有高尚的道德价值观，提高企业的社会责任感，提高自己在市场上的信用口碑。还必须在硬件上解决与交易伙伴之间的信息不对称问题，增强与供货方的信任度，争取使企业获得较多的商业信用融资额来解决资金困难。

第二，我们分析发现高质量的内部控制可以增加企业的商业信用融资额。因为内部控制可以增进销售方与购买方之间的信任，在一定程度上解决了上文提到的企业与交易伙伴之间的信息不对称问题。高质量的内部控制可以保证企业披露的财务信息真实、可靠，而这些可靠的财务信息中所反映的企业偿债能力、盈利能力等指标是销售方考虑是否提供商业信用时的主要参考因素。所以企业要高度重视内部控制的建设，要把内部控制建设落实到各项工作中。为了有效实施内部控制，首先要建立健全内部控制制度体系，把企业自身的实际情况和法律法规的有关要求相结合，完善一套适合自身特点的内部控制制度体系。其次，企业要重视各类人员的职业道德和内部控制意识的提高，比较典型的是企业的管理人员和会计人员，他们的职业素质的高低直接影响内部控制的有效实施。再次，为了使企业的内部控制工作落到实处，收到真正的实效，企业要建立内部控制评价体系和考核机制，定期检查和考核本单位内部控制制度的建立和执行情况，对于检查发现的内部控制中存在的问题和缺陷，要及时提出改进意见。最后，为了避免企业管理层置身于内部控制之上，应当设计相应的制度增强内部审计的独立性，加强对管理者的监督。

如果一个企业内部控制信息披露的不透明、不充分，将会误导利益相关者（比如债权人）对企业真实经营情况的判断，在这种情况下，企业自身的利益也可能受到损失。企业要增强信息披露的透明度来解决信息不对称问题，就要完善内部控制信息披露制度，提高管理层和董事会以及股东会之间信息披露的及时性，定期向社会公众披露真实、完整的信息。并按照《企业内部控制审计指引》的要求，管理层要对企业内部控制进行自我评价并出具报告，把评价报告提供给注册会计师审计。这些都有利于企业完善信息披露，提高内部控制质量。增强与利益相关者之间的信任度，从而增加商业信用融资的获得额。

第三，在我国，政府对国有企业、地方政府对地方经济的扶持是政府干预市场经济行为的体现。它能够促进国有企业和地方企业的发展，但也对信贷资源的配置效率有一定的负面影响。为了创造一个相对公平的融资环境，充分发挥企业自身优势在融资中的作用，帮助民营企业走出融资困境，我们认为，应该逐步减少政府干预，净化整个市场，提高所有企业的自我适应能力，使所有企业能够公平自由地选择适合自己的融资方式，并努力采取有效措施，比如提高内部控制质量，减低和债权人之间的信息不对称，来增强自己的融资能力。对于政府来说，首先要加快改革金融领域，减少对经济活动的直接干预，加快形成金融业竞争局面，突出市场在金融资源配置中的作用，使得内部控制质量好，信用情况较优，发展势头好的企业能够优先获得商业信用融资等各种融资额。其次，要转变政府职能，积极建立我国企业社会信用体系，建立企业社会信用档案。促使各个企业做好内部控制建设，因为高质量的内部控制可以减少财务舞弊行为，并提高企业信用。

五、小结

在我国，基于信息不对称理论和信号传递机制，企业的内部控制质量对商业信用融资有促进作用，企业越注重内部控制的建设，内部控制质量就越高，企业能够获得的商业信用融资也就越多。同时，在我国特殊的制度环境下，由于全社会经济资源和金融资源的配置相对不均衡，造成不同产权背景和不同区域的企业对商业信用融资的依赖程度不同，相对于国有企业和市场化程度较低地区，非国有企业和市场化水平较高地区的企业对商业信用融资的依赖程度更强，内部控制质量对商业信用融资的促进作用也相对更明显。所以，我国企业要充分认识到内部控制在融资中的重要性，同时要减少政府对金融市场的干预，真正实现金融资源的市场化配置，发挥内部控制质量在企业融资中的积极作用。

注释与参考文献

[1] 张俊民. 内部控制理论与实务［M］. 大连：东北财经大学出版社，2012.

[2] 郝玉贵，刘李晓. 关联方交易舞弊风险内部控制与审计——基于紫鑫药业案例的研究［J］. 审计与经济研究，2012（4）：26-35.

[3] 常璟，许旭. 中国上市公司的股权属性与债务融资结构的实证研究［J］. 南京师范大学学报：社会科学版，2010（9）.

[4] 余明桂，潘红波. 政治关系制度环境与民营企业银行贷款［J］. 管理世界，2008（8）：9-21.

[5] 吴文锋，吴冲锋，刘晓筱. 中国民营上市公司高管的政府背景与公司价值［J］. 经济研究，2008（7）：130-141.

[6] 季健. 当前企业内部控制建设中存在的问题、原因及其对策［J］. 商业研究，2005（17）.

[7] 王典. 基于公司治理角度提高内部控制质量［J］. 中国乡镇企业会计，2012（8）.

[8] 史忠良，刘劲松. 产权理论与国有资产管理［J］. 首都经济贸易大学学报，2006（1）.

[9] ASHBAUGH-SKAIFE H，COLLINS D W，KINNEY W. The Discovery and Reporting of Internal Control Deficiencies Prior to SOX-mandated Audits［M］. Journal of Accountancy，2007.

[10] BHOJRAJ，S SENGUPTA，P. Effect of corporate governance on bond ratings and yields：the role of institutional investors and the outside di-rectors［M］. The Journal of Business，2003.

[11] RYANLAFOND，SUGATAROYCHOWDHURY. Managerial Ownership and Accounting Conservatism［M］. Journal of Accounting Research，2008.

[12] DONG X Y，L PUTTERMAN. Soft Budget Constraints，Social Burdens and Labor Redundancy in China' s State Industry［J］. Journal of Comparative Economics，2003（31）：110-133.

"次贷危机"后金融监管的研究热点综述

孙　鹤[1]

[摘要] 纵观金融监管理论的演化进程，可以发现金融监管理论经历了一个从自由到管制、到放松管制、再到重新管制的一个历程。从金融监管理论萌芽、发展以来，各国的学者们从各个角度提出了众多的关于金融监管的理论。2008年美国"次贷危机"发生之后，人们在质疑传统监管理念的同时提出众多新的监管理念，关于金融监管这个话题出现了许多新的热点。通过对这些理论的梳理，我们可以发现，宏观审慎监管和逆周期监管理论提出之后受到重视，同时监管当局注重实质信息披露，对金融系统保持其多样性、降低复杂性。

[关键词] 宏观审慎监管　逆周期监管理论　信息披露

一、宏观审慎监管理论

在金融危机发生后，国际监管当局普遍认识到，建立在最低资本要求基础上的微观审慎监管存在多方面的缺陷。因此加强宏观审慎监管以保障金融体系的稳定，迅速成为各国政府、国际组织及学术界的共识。

宏观审慎监管，是为了维护金融体系的稳定，防止金融系统对经济体系产生负的外部溢出效应而采取的一种自上而下的监管模式。与微观审慎监管关注单个金融机构安全不同，宏观审慎监管关注的是整个金融系统的稳定，重视金融系统风险的部分内生性风险，而不仅仅只重视外生性风险。宏观审慎监管的根本目的是最小化整个社会因金融体系的波动而导致的产出损失，其最直接的目标是维护金融体系的稳定。

宏观审慎监管涉及两个维度：一是横截面维度，指的是在任意时间点内，风险在金融体系的分布以及各个金融机构之间的相互作用；二是时间维度，关注风险随时间如何变化，尤其是考察其与金融周期之间的关系。按照上述两个维度，在横截面维度上，宏观审慎监管应通过自上而下的监管框架，先根据系统风险的贡献程度分配资本金要求来实施监管；在时间维度上，为抑制金融体系的顺周期特征，监管当局应主要以逆周期政策实施监管。

可以认为宏观审慎监管是金融监管的一部分，但在某些方面却超出了金融监

① 重庆工商大学融智学院教师，主要研究方向为金融监管。

管的范畴，涉及整个国家的宏观经济管理。但究其本质，仍是对金融体系进行国家干预，避免金融体系在自发运作当中产生的低效率，抑制系统性风险的积累，维护整个金融体系的稳定。因此，宏观审慎监管的理论依据主要源自于国家干预主义的思想。

二、逆周期监管理论

（一）金融体系顺周期性的表现

Glaudio Borio（2001）等较早提出商业银行的顺周期性特征，他通过对OECD国家样本进行的实证研究发现，在经济上升期，真实资产价格水平以及信贷与GDP的比率都出现快速上升，而在经济衰退时则明显下降。国际清算银行（BIS，2001）以及Bikker. J和Hu. H（2002）的实证研究也得出了相同的结论。我国学者也对我国金融体系顺周期性现象进行了分析，如鹿波、李昌琼（2009）的研究结果表明，我国银行的贷款损失准备金计提存在顺周期性，无论是在自身贷款增长率较高的时候，还是在宏观经济繁荣的时候，都会减少贷款损失准备金的计提。刘超等（2010）从保险行业的业务范围、企业财务管理、偿付能力监管和经营激励机制等角度剖析了保险行业的顺周期性形成机制。其中，偿付能力的核心监管指标之一是偿付能力资本要求（SCR）。这是一个与风险敏感正相关的指标，风险敏感性越高，资本顺周期性越强。刘超与孟涛（2010）认为，证券业在外部信用评级、内部财务管理及激励机制、主要业务及投资基金等方面均具有顺周期性。

（二）金融体系产生顺周期的根源

金融体系产生顺周期的根源是建立逆周期监管体系的依据。Katalin Mero（2002）指出，金融系统的这种顺周期性源自贷款双方的信息不对称，具体表现为：商业银行在经济开始出现疲软的时候由于更多地考虑到信用贷款的偿付可能，更加倾向于紧缩信贷规模，使得那些没有风险、能够获利的项目也难以获得融资，从而可能导致整个宏观经济的进一步紧缩，并转化为通货紧缩，因此银行信贷政策的态度在本质上有助于加强经济波动，具有很强的顺周期性。Claudio Borio等（2001）认为，银行拨备和资本比例在经济繁荣时期没有增加，这加强了银行盈利能力的周期性，在经济衰退期对银行施加了额外的增加资本压力，更普遍地约束了银行信贷总量从而促长金融体系的顺周期性。

商业银行所采用的内部评级法与VaR模型存在的缺陷是造成商业银行体系顺周期性的重要原因，国内外很多学者对此问题进行了深入研究。李文泓（2009）认为，巴塞尔协议Ⅱ对于信用风险评估允许银行选用标准法或内部评级法；标准法是根据外部评级确定风险权重，内部评级允许商业银行采用其内部计量的违约概率（PD）、违约风险暴露（EAD）、违约损失率（LGD）和期限（M）等风险参数计量监管资本要求，因此大幅提高了资本监管的风险敏感性，而资本监管的顺周期性与风险敏感性具有正相关关系，风险敏感性的提高必然伴随着顺周期性的增强。余文卿（2006）认为商业银行信贷过程中所运用的信用评估模型是造成商业银行形成顺周期性的直接原因，信用评估模型在产生机理、评估的时间跨度以及对宏观经济周期波动的处理方面都存在缺点，而这些缺点正是导致商业银行资本顺周期性的原因。在评级的时间跨度上，采用时点评级法比采用跨周期评级法具有更强的顺周期性。Henrik Andersen（2010）通过对挪威多家商业银行的分析发现，即使银行运用一个基于十年观察期风险参数的跨周期评级系统，在经济衰退时期，当银行资本恶化的时候，经计算《巴塞尔协议Ⅱ》资本要求仍然出现大量上升。如果风险权重以一个足够长的、包含了经济衰退的观察期为基础，《巴塞尔协议Ⅱ》资本要求的顺周期性可以得到有效地遏制。《巴塞尔协议Ⅱ》的附加银行资本配置顺周期压力可能比《巴塞尔协议Ⅰ》更大。但是，基于二十年移动平均的《巴塞尔协议Ⅱ》的风险加权资产在模拟周期中却没有表现出明显的顺周期性。

中国银监会课题组（2010）认为，基于10天持有期、99%单尾置信区间的稳定性标准计算的VaR值在计算风险资本要求时存在重大缺陷：一是不能充分反映金融市场处于压力条件下交易业务损失；二是忽略了交易账户不同交易工具的流动性差异；三是对金融市场的变化过度敏感，导致资本要求的过度波动。此外，Enria（2004）、Novoa（2009）以及李文泓（2009）等的研究表明，目前国际社会普遍采用的公允价值会计准则增加了金融机构资产和负债的波动性，并因交易类资产的公允价值变动直接计入损益，可供出售类资产的公允价值变动计入所有者权益，从而增加了收益和资本的波动性，与此同时也加剧了金融体系的顺周期性。这是次贷危机将公允价值拖入争辩漩涡的主要原因。

（三）逆周期金融监管的工具

大多数学者将研究的视野集中于逆周期金融监管的资本与贷款损失准备金两个方面。Claudio Borio等（2001）认为，在经济繁荣时期增加拨备和资本比例将会增强金融稳定性，这将更好地跟踪风险，起到内置稳定器的作用，更高的资本比例和拨备有助于通过金融系统放大机制来限制金融稳定状况恶化。李瑞红（2010）指出，由于目前贷款损失准备金制度主要建立在“已发生损失”模型的基础上，导致准备金的计提易产生顺周期性，因此要进一步改革贷款损失准备金制度，在经济运行处于上行周期时多提取准备金，相反则少计提准备金，以发挥贷款损失准备金的“逆周期”作用。FSB（2009）提出4项政策建议：一是修正现有的以VaR为基础的风险评估方法，扩大压力测试对于资本充足率的影响权重；二是提早确认贷款损失；三是监管部门需要对杠杆使用情况建立数量化的监督指标和约束机制；四是改进“巴塞尔协议”的资本监管框架，建立动态准备金制度，在经济上升期要求银行保持更多数量和更高质量的资本充足率，而在经济衰退期降低这一标准。针对内部评级法的顺周期性，Wellink，N（2008）等提出在监管资本计算公式的输入端建立缓释机制，即采用跨周期法来计算PD、LGD、EAD等参数；在资本监管计算公式的输出端建立缓释机制，即通过引入缓释参数对监管资本的计算结果进行修正。

针对监管资本的顺周期效应，Michael B. Gordy等（2006）构建了指数函数形式的逆周期调整参数模型。

西班牙政府是第一个采用逆周期拨备制度的国家。2000年7月，西班牙建立了“统计拨备”科目，用来预期损失与专项拨备的差。在动态拨备制度下，当经济上行时，按历史违约率计提准备金，高于当期违约率；如果经济下行导致违约率高于历史数据，则少计提准备金。此外，Hyun Song Shin（2010）认为，在传统监管工具之外，还可以补充以下政策工具：贷款价值比率的上限、债务服务收入比率的上限、杠杆率上限、非核心负债费等。

三、关于增强市场信息的实质性披露

监管从来都不是对市场约束的替代。正相反，市场约束应该得到加强。在一个发育良好的制度中，市场具有约束金融机构行为的激励。市场施加的约束与官方机构施加的制裁一样有力。但是在此次危机爆发之前，对市场（包括银行间市场）施加的约束是不够的（Llewellyn，2009）。

监管战略应该集中于寻找各种办法以降低监督成本（如通过信息披露），增加监督收益（如使利益相关者相信当银行采取冒险行动时他们将会遭受损失）。公开、及时、充分的信息披露是发挥市场约束效应的关键。

在这个全新的信息时代里，我们拥有足够多的信息。对于最近一些年开发的很多复杂的结构性金融创新产品来说，投资者能够获得大部分用于分析产品的基本资料。从此意义上说，真正的问题也许是：我们拥有有关复杂金融产品如此多的信息，如果不依靠其他金融机构，投资者不可能对有关的金融产品做出合适的风险评价。即使是评级机构的高级分析师，也不可能得出完整全面的分析。因此，信息问题远比强调信息公开及时披露的建议或反思要复杂得多（Hoenig，2008）。

从行为金融学的角度看，信息的充分披露并不能保证市场有效地运行。过多的信息经常会淹没真正有价值的信息，这就是“阳光造成的失明”（刘东民，2009）。由于投资者的认知偏差，无论市场的信息披露到何种程度，投资者往往只关注其中的部分信息。例如，由于代表性偏差，投资者往往过于关注近期的信息，在决策中对其赋予过高权重；由于确认偏差，投资者有意识地寻找支持或者有利于证实自身信念的各种信息，不再关注那些否定自身观念的信息。因此，金融监管的改革方向应该是推行“实质性披露”，即不追求信息披露的数量，而是追求有质量的信息披露。

四、关于保证金融系统的多样性

监管要保护和促进金融系统的多样性（包括机构的多样性、产品和服务的多样性、投资者偏好的多样性等）。不论是经典经济学理论，还是行为金融学与复杂科学，都强调多样性对于金融系统的重要价值。标准金融学认为，通过构建低相关性的资产组合能够有效分散风险，保护投资者利益，而金融投资工具的多样性是投资者能够实施分散化的前提条件（兹维·博迪，罗伯特·C. 莫顿）。复杂科学和行为金融学的观点则更为深刻，埃德加·E. 彼得斯（2004）、Klaus Mainzer（2005）、Emilios Avgouleas（2009）等指出，多样性是复杂系统的本质特征，是其维持活力和可持续发展能力的必要条件，我们要像保护生物多样性一样，去保护和促进金融系统的多样性。一方面，在具有多样性的各类参与者的相互作用下，复杂系统能够比集中控制系统或者过度管制的系统具备更好的敏捷性和适应性；另一方面，在金融市场上，投资主体和投资模式的多样性可以有效缓解羊群效应，降低市场的过度波动，增强市场的流动性，从而降低了市场的系统风险。

从促进多样性的角度出发，金融监管应该允许和鼓励市场开发多样性的投资模式和创新产品（Robert C. Merton，Zvi Bodie，2005），这有益于提升政府的监管效益。例如，对冲基金作为行业整体，在投资策略和投资技术上表现出显著的多样性，不仅能够满足众多投资者的不同偏好，还为市场提供了强大的风险分散化工具，能够有效抵抗系统风险，政府在改进监管（如增强信息透明度、要求对冲基金进行注册等）的同时，应该鼓励对冲基金等各种私募基金的健康发展（SEC，2003；IMF，2007）。市场上永远都存在投机心理，政府或企业通过发行附加彩票的债券，既可以满足投机者的需求，又增加了融资渠道。考虑到投资者既追逐赢利又厌恶风险的心理特征，政府应当允许开发保本型理财产品（在很多国家保本型产品是被禁止的）。

五、关于降低金融系统的复杂性

复杂科学理论指出，系统越复杂，其不确定性和不稳定性越高（陈平，2004）。理查德·布克斯塔伯（2008）指出，目前的金融体系，由于复杂衍生产品的广泛应用，金融机构、个人投资者和消费者所用的高杠杆，以及金融全球化都增加了市场的复杂性，从而导致系统风险的增加。高杠杆的运用增强了非线性，使得市场容易产生正反馈效应，当风险发生时难以进行及时的控制。Emilios Avgouleas（2009）认为，信用衍生产品的高复杂性使得金融专家们自身也难以进行评估，因而就出现了对于信用评级的过度依赖，并进一步造成贷款机构和机构投资者对于次贷风险的低估，这是易得性偏差充分的信息披露，市场参与者仍然无法清楚地评估风险，因此还会出现羊群效应——当市场行情上涨时，大多数投资者都一致看多，而危机爆发后又一致看空。因此，理查德·布克斯塔伯（2008）指出，更好的监管应该是事先降低复杂性，而不是在事后试图补救，更简单的金融工具和更低的杠杆率将创造一个更加强健和更有生命力的市场。

参考文献

[1] 李红权，马超群. 金融市场的复杂性与风险管理［M］. 北京：经济科学出版社，2006.

[2] 鹿波，李昌琼. 资本充足率对我国商业银行贷款损失准备金计提行为的影响——顺周期效应与熨平收入效应的考察［J］. 武汉金融，2009（6）：56-58.

[3] 刘超，刘志威. 保险业顺周期性和逆周期监管：理论、形成机制和应对策略［J］. 上

海金融，2010（11）：49-53.

［4］刘超，孟涛. 证券监管的策略因应：自顺周期与逆周期生发［J］. 改革，2010（7）：139-145.

［5］李文泓. 关于宏观审慎监管框架下逆周期政策的探讨［J］. 金融研究，2009（7）：7-24.

［6］余文卿. 商业银行亲周期性与宏观经济波动：一个基于信用风险评估模型的解释［J］. 安徽农业科学，2006（22）.

［7］王兆星，韩明智，王胜邦. 建立反周期资本监管框架，缓解亲经济周期效应［J］. 中国金融，2010（4）：75-77.

［8］李瑞红. 逆周期监管工具、机制与中国的选择［J］. 北京市经济管理干部学院学报，2010（1）：40-44.

［9］STIGLITZ J E，ANDREW WEISS. Credit Rationing in Market with Imperfect information［J］. American Economic Review，1981，73（3）：393-410.

［10］STIGLIZ J E. The Role of the State in Financial Markets［Z］. Proceedings of the World Bank Annual Conference On Development Economics：1993，19-52.

［11］PETERS E，FRACTAL MARKET ANALYSIS. Applying Chaos Theory to Investment and Economics［M］. New York：John Wiley&son Inc，1994.

［12］KATALIN MéRO. Studies on the Procyclical Behaviour of Banks［J］. MNB Occasional Papers，2002（10）：51-94.

［13］HENRIK ANDERSEN. Procyclical implications of Basel II：Can t he cyclicality of capital requirements be containe d?［J］. Journal of Financial Stability，2011（7）：138-154.

［14］ANDREA ENRIA. Fair Value Accounting and Financial Stability［M］. European Central Bank Occasional Paper Series，2004.

［15］WELLINK N. The Importance of Banking Supervision in Financial stability［M］. BIS press release，2008.

基于制度变迁的我国商品期货交割演进分析①

谢灵斌②

[摘要] 我国商品期货交割制度变迁过程经历了交割是多余环节的零交割观点、对交割量加以限制的限制交割观点和实行敞开交割的无限制交割观点。随着我国经济进入新常态，未来交割制度创新的方向应当是诱致性制度变迁，同时为减少制度变迁的成本和阻力，微观主体需加强与政府监管部门和交易所的沟通及互动。

[关键词] 强制性变迁　期货市场　交割　商品期货　诱致性变迁

一、我国商品期货交割演进的制度背景分析

根据制度变迁理论，当一种制度向另一种制度演进时，其实质就是一个追求潜在获利机会的自发交替过程。这个过程既可以是政府以法律、政策、规章制度及命令强制进行，也可以是个体或机构因响应获利机会而自发形成、组织及实行，即政府在收益目标函数预期最大化下推动实施的强制性制度变迁以及人们追求潜在获利机会而自然成长的诱致性制度变迁。作为期货市场中的交割制度，其制定和实施总是嵌入在特定的制度背景之中。

（一）政府偏好主导商品期货市场的发展

我国期货市场功能的实现及其自身的发展，除了要受到宏观环境条件和行业政策的影响和制约以外，还受到政府偏好的影响。一般来说，制度变迁要经历以下几个步骤：首先，产生推动制度变迁的第一集团，并提出可行的方案和进行评估；其次，产生推动制度变迁的第二集团，他们共同推动制度变迁。

始于20世纪80年代中期的价格双轨制，使得商品价格大幅波动，引起国家领导人对这种经济现象的反思，期货制度的相关论证和认知则源于这种反思，随后形成了第一集团即政府机构及其代言人，所以说期货市场的制度需求主体是政府，特别是中央政府，目的是转移价格风险。1990年郑州粮食批发市场的正式建立和成功运作，激起了有关部门及地方政府发展期货市场的积极性，出现了所谓的第二集团。在第二集团的推动下，期货市场迅速发展，但与之相随的是管理

① 本文系重庆工商大学融智学院科研培育项目（项目编号：20140206）阶段性成果。

② 重庆工商大学融智学院讲师，主要研究方向为金融衍生产品。

不规范，人员素质低下，交易品种重复，投机活动猖獗，产生了大量的经济纠纷，引起了人们对这一市场的误解和非议，导致第一集团与第二集团之间的矛盾增加，也偏离了制度设计者的初衷。因此，从 1993 年开始进行了长达 8 年的治理整顿，随着治理整顿的结束，以及市场和价格的进一步开放，我国期货市场又得到了恢复性发展，交易规模保持增长势头，新的期货品种不断推出。

（二）现货市场基础逐渐加强

期货是市场经济的高级形态，现货市场的发展程度直接左右着期货市场功能的发挥以及交割条款的设计。总的来说，区域市场发展不平衡、地方保护及条块分割的情形依然存在，随着改革的不断推进及经济的高速发展，现货市场基础正逐渐加强。

1. 价格体制改革

在逐步放开价格的过程中，1992 年 10 月召开了党的十四大，确定了建立社会主义市场经济体制的总目标，价格工作的主要内容也转变为创建和完善市场价格体制。随着 1998 年《价格法》的颁布和实施，以及其他一系列规范市场价格秩序法规的推出及实行，在一般商品的价格放开后，市场在配置资源中所起的作用越来越大，当然价格的波动程度也随之增加。对机构用户来说，为减少价格波动风险，客观上要求能有提供避险的工具。

商品期货市场的产生源于减少或规避价格波动的风险，其上市的品种大多数是基础性的原材料或关系国计民生的大宗农产品，这些产品很难被厂家或消费者联合控制，基本上接近完全竞争市场，价格波幅较大。

2. 流通体制改革

商品流通体制对交割的作用主要有三方面：一是期货交割是经济市场化的产物，它客观上要求降低费用，货畅其流；二是运输、仓储等费用的变化会对期货交割的时间、地点及交割量产生影响；三是影响交割定点仓库的选址和不同距离升贴水的设计。

改革开放以前，我国实行高度集中的计划型商品流通体制，产品基本上按照固定的价格、渠道、销地进行流通。以 1992 年邓小平的南方谈话及党的十四大的召开为契机，流通体制改革进入了新的阶段，国有商业企业开始现代企业制度试点，并加大了商业流通领域的对外开放程度，引进现代化的流通形式及经营方法。20 世纪 90 年代中期，逐渐放开了粮食及其他一些关系国计民生的农产品价格，2013 年 5 月国务院发布的《深化流通体制改革加快流通产业发展重点工作部门分工方案》，提出了深化流通领域改革开放、加强现代流通体系建设、全面提升流通信息化水平。

3. 市场竞争环境的优化

在中国经济转型过程中，地方政府为了提高本地企业的竞争和获利能力，会借助行政以及其他管制手段介入经济运行之中，阻碍资本及资源自由进出本地市场。为减少地方政府保护行为，促进区域发展和公平竞争，中央政府制定和颁布了一些法律法规，旨在对地方政府滥用权力进行限制，如 1993 年实施的《反不正当竞争法》、2001 年 4 月 21 日发布的《国务院关于禁止在市场经济活动中实行地区封锁的规定》、2008 年 8 月 1 日实施的《中华人民共和国反垄断法》（以下简称《反垄断法》），以及党的十六届三中全会所做出的《中共中央关于完善社会主义市场经济体制若干问题的决定》，提出“加快建设全国统一市场”，十八届三中全会提出的“市场在资源配置中起决定性作用”。这些法规及决定对建立正常市场秩序、促进资源流动、加快国内市场一体化有重要作用。

（三）我国对西方交割制度的借鉴

西方的农产品、金属、能源期货在交割方式、结算、仓单管理、交割风险控制、交割配对、定点仓库管理、交割地及交割物设计、升贴水设计、交割成本的确定等方面都有成熟的经验。中国的期货交割制度可以站在更高的起点上，从而少走弯路。

尽管在早期期货市场盲目快速发展过程中，各交易所为了生存及发展，同时担心大量交割会引发重大风险，所以都尝试限制交割。但不可否认，在期货市场筹建期间及发展初期，研究工作小组即以当代最发达的美国、日本、中国香港等市场的经验为借鉴，并采取派人员外出考察学习、经验交流、培训等请进来、走出去的方式，从而获得了大量制度设计的知识，通过模仿加创新，汲取早期交割风险频发的教训后，不断对交割相关条款进行修改，促进了期货业的发展。

二、我国商品期货交割演进是强制性制度变迁的结果

（一）制度变迁及其模式

制度的起源及发展是为了减少交易的不确定性以及由此带来的风险，林毅夫从“需求—供给”视角出发，把制度变迁分为强制性变迁和诱致性变迁，他认为强制性变迁是由政府命令和法律引入而实现的，而诱致性制度变迁则是指现行制度安排的替代或变更，或者是新制度安排的创造，是由个人或一群人因响应获利机会而自发倡导、组织和实施的。

在早期期货试点及创办阶段，我们可以看到政府是整个商品期货市场及交割制度变迁的主体。政府及其代言人作为第一集团推动了这一自上而下的制度变迁，它既是期货市场整个交割制度的需求者，又是这一制度的供给者。这使得一方面制度变迁具有边际成本较低的优势，另一方面又可能存在制度创新的边际收益较低的劣势。而真正需要转移价格风险的套期保值者、投资者并不是这一制度变迁的主体。但是，第二集团的介入加上人们对期货市场本质规律认识的局限性，再加上初期市场的不成熟和信息披露的不透明，最终导致期货市场风险频发，使得政府机构加大了对期货市场的整顿，并取消了实物交割总量限制。

（二）我国商品期货交割制度变迁过程分析

1. 零交割观点

零交割的观点认为：一个运行正常的市场几乎不进行交割，达成期货合约并非为了交换所有权，存在大量交割的市场是失败的，按照零交割理论设想，实物交割就成为多余的环节。现实中，根据成熟市场的交割量与成交总量进行比较，可以发现实际的交割率非常小，一般不超过 5%。正是由于以上观点的误导，在

试点初期，才导致了对交割问题的忽视，交易所和政府机构设置各种条款避免交割，交割制度漏洞多，给投机大户操纵市场进行逼仓提供了土壤，导致了偏离预期目标即转移价格风险。

2. 限制交割观点

该观点主张对交割量加以限制，通过限制交割来增加投机者的人数。它认为投机者可以增加市场的流动性，并可承担套期保值者转移的价格风险，有利于商品销售和金融工具的交易。虽然1996年证监会下达了取消实物交割总量控制的通知，但现实中，限制交割的条款仍隐性存在，影响了交割的进度。由于期货交易以及交割制度并不是各利益主体不断重复博弈出来的，其背后可能隐藏着制度缺陷，加之中国特殊的经济环境和缺乏统一的大市场，在期货市场由政府推动型为主的情况下，出于部门和地方利益的考虑，市场并不按照制度设计者的要求运行也在所难免。在20世纪90年代中期及之后，巨量交割的事情仍有发生。

3. 无限制交割观点

无限制交割观点认为期货交割不应该加以限制。因为在正常情况下，交割量具有经济调节功能。交割环节的经济活动将导致期现价格趋合。从2000年开始，三大交易所实行统一的新交易规则，并实行敞开交割，有效地抑制了逼仓，随着套保者的操作水平和风险控制能力的提高，有利于交割量向小量交割的状况靠拢。2002年，我国期货市场便获得了恢复性增长，并出现了多个品种同时活跃的状况，2009年商品期货成交量首次超过美国并跃居世界第一。

三、商品期货交割制度创新方向

（一）经济新常态要求期货业大力提升服务实体经济的能力

我国二十多年的商品期货市场发展，尽管中间出现过许多波折和困难，该市场还是深深地融入中国的市场经济体系之中。随着我国经济呈现出新常态，增长速度由高速增长转变为中高速增长、结构不断优化升级、增长方式由投资和要素驱动转变为创新驱动。根据诺思的观点，制度的建立会受形成时期政治、经济、文化的影响，并产生路径依赖性。期货市场赖以发展的制度环境发生变化时，一些规则也会跟着改变。当前，许多企业在经营中，各种风险特别是价格风险会更加频繁地出现，这就要求期货市场通过自身的升级和能力的提高，主动围绕降速、增效等关键点来服务于实体经济。具体到期货制度设计中的交割制度，则需要各成员通过自发的制度创新来捕捉潜在的获利机会，通过反复的博弈来达到平衡。如果政府仍然通过行政手段来获得先发优势，则可能会破坏制度创新。

（二）路径选择：强制性变迁向诱致性变迁转变

政府在我国商品期货市场的制度创建中发挥了关键作用，也是交割制度制定的推动者。中国三十几年制度变迁的经验表明，在改革之初，由政府推动的强制性制度变迁是制度创新的主要形式，非政府制度创新者如进行制度创新将面临极高的成本。从该意义上说，强制性制度变迁保证了中国改革开放之初制度变迁的效率。

但是随着外部竞争环境的日趋激烈，市场的不断发展及改革的深入，以及统治者的偏好及有限理性，政府可能会重新调整位置，最简单的方式就是退出创新。事实上，面对开放社会，微观主体的利益诉求已越来越多地影响着政策的制定，并获得越来越多的自发创新空间。政府依靠所拥有的资源优势和权威设计一种新的制度，并按照自己的理解强制执行所谓的新规则，即使在较短的时间内能完成某一制度变迁，但也可能会造成政府和社会成员对规则产生不同的理解而引起社会秩序的紊乱，反而会损害该种制度创新。

1. 明确交割制度变迁的主体

如果制度创新及交割制度的设计没有微观主体的参与，则制度创新的动力将不足。制度安排的缺陷将会导致微观主体的利益受损。现实中，只要有潜在获利机会，微观主体就有能力或有意识地通过自发创新来捕捉这一获利机会，并存在推动这一制度变迁的动力。诱致性制度变迁中，具有利益需求的处于基层的行为主体因潜在获利机会，自发地自下而上产生对制度的需求或认可，并进而影响决策安排。因此它具有边际效应递增的特性，是一种渐进的、不断分摊改革成本的演进过程。

以我国商品期货交割制度为例，历史上交割风险频发、交割成本过高及交割的低效率，导致微观经济主体的不满，以及政府自身的知识限制使得其选择常常不符合实际的特定环境。随着套期保值者队伍的日渐扩大以及其他社会成员的选择，可能会在适当的时机通过本利益集团代言人或利用各种媒体和渠道与政府部门沟通，对标准品的选择、交割物等级及升贴水的设计、仓单标准化及流通等施加影响。经过一系列讨价还价后与监管机构达成互利的交易，并最后形成一个新的政策，促使政府通过正式制度或规则承认微观主体的需求。

2. 变迁主体需加强互动沟通

当然，诱致性制度变迁也存在一些缺陷。反复博弈的时间较长，效率较低且花费大量的交易费用，这些不足可能会导致制度变迁失败。所以，作为这一变迁的主体投机者、套期保值者、经纪商、交易所等应加强与政府的沟通及协调，寻求更有利的外部环境，减少制度变迁的成本和阻力，从而增强制度变迁的动力。在分散主体追求自身收益最大化，相互作用自发形成的制度能够被接受的前提下，诱致性变迁主体也应适当结合强制性变迁主体共同推进，毕竟后者拥有前者不具有的优势，如降低组织及实施时间、节约实施费用。当然，政府也应放松对自发行动的限制，并为其提供创新空间。

参考文献

[1] 道格拉斯·C. 诺斯. 制度、制度变迁与经济绩效［M］. 杭行，译. 上海：格致出版社，2008.

[2] 王学庆. 中国“价格改革”轨迹及其下一步［J］. 改革，2013（4）.

[3] 欧阳日辉. 中国期货市场发展的制度分析［M］. 重庆：重庆出版社，2006.

[4] R. 科斯，等. 财产权利与制度变迁［M］. 上海：上海三联书店，上海人民出版社，1994.

应用型本科院校国际金融课程改革与实践

——基于以学生为中心的教学理念

周婧玥①

[摘要] 国际金融是高等学校金融学专业本科生主干课程之一，属于专业基础课。随着中国金融市场开放程度的进一步加深，具有国际金融相关知识对于高校应用型人才也显得越发重要。目前传统国际金融教学主要以讲授基本理论为主，这不利于国际金融的应用型人才培养。以学生为中心的教学理念和课堂设计是当前教学改革中针对应用型人才提高教学效果的重要手段。论文分析了以学生为中心的教学理念和课堂设计的必要性，目前应用型本科院校国际金融课程教学中存在的教学内容偏重理论、学生被动学习、没有充分利用实验室协助课堂教学内容等问题，并提出了国际金融课程以学生为中心的教学理念和课堂设计的思路与实现途径。

[关键词] 应用型　国际金融　以学生为中心

国际金融课程是国家教育部确定的，高等院校经济和管理类专业开设的一门核心课程和专业基础课程，是一门综合性、理论性、实践性与时代性都很强的综合课程。随着全球经济化的日益加深，资本市场的迅猛发展，以及由美国次贷危机引发的国际金融危机，深刻影响了世界经济的发展趋势。同时中国筹建亚投行，成为其最大股东，人民币成功加入 SDR 都预示着中国的金融行业将进一步开放，许多经济、金融部门需要大量熟悉国际金融实务的高素质应用型专门人才。因此，为培养更多高素质的金融方面应用型人才，结合国际金融课程特点，围绕以学生为中心的理念，探索应用型本科院校国际金融课程的教学方法改革，具有重要的意义。

一、以学生为中心的教学理念与必要性

近年来，在教学改革不断注重实践环节的强化过程中，大家已经越来越清醒地认识到，实践教学是培养学生实践能力和创新能力的重要环节，也是提高学生社会职业素养和就业竞争力的重要途径。特别是针对应用型的本科院校，更是以

① 重庆工商大学融智学院讲师，主要研究方向为互联网金融、金融英语、国际金融。

培养出善于利用信息技术收集和处理信息来掌握新知，能敢于质疑、善于思考，有实践经验的复合应用型人才作为目标。对于本科应用型人才的培养改革模式，很多只是把原来的课程体系进行调整修改，增加一门课或减少一门课，将课程教学内容进行添加或者删减等。这些方式能产生效果，但应用型人才培养的改革更多方面强调的是学生自身的实际运用与操作能力，这不单单只是把知识结构进行调整就可以实现；并且我国传统教学方法是以教师作为课堂中的主体和中心，学生的学习局限于课堂、教材，学生单纯是知识的被动接受者。这种模式下的课程教学效果往往不够理想，学生对于知识一般限于了解程度，对现实工作中的实际相关问题却没有太多办法运用知识合理解决。

"以学生为中心"的观念源于美国教育家杜威"以儿童为中心"的观念。该理念基于学生自身的主动学习态度，进行自我知识结构的建立和总结，以课堂中老师与学生、学生之间的角色互换、多向互动、小组合作为主要方式。在该方式下的学生由传统的"听课、看课、配角"的角色转变成为课堂中的主角，教师由传统的"讲台、权威、主角"成为学生的"指导者、协助者、高级合作伙伴"，由此师生在课堂学习中的地位趋于平等。学牛在该模式下获得了更多自我学习，自我理解，自我表达与同团队协作机会，而这些能力都是作为一名本科毕业的应用型人才应该具备的基本技能。所以"以学生为中心"的教学理念更加适合应用型本科院校对于人才的培养。

二、国际金融课堂教学中存在的问题

（一）讲授内容偏重理论，与知识内化存在脱节

根据应用型本科院校金融类学生的培养目标，国际金融的讲授内容应该是以实现创新型素质与实践分析能力为宗旨，课程结束后学生应该既对相关理论知识有所理解，也能够简单分析国际金融问题，给出具体操作方案，规避各类国际金融风险。但是多数教师在进行国际金融课程讲授时，往往还是习惯从自身角度出发，讲课内容多是强调学生对于宏观的国际金融理论知识的学习与掌握，如国际收支、国际收支调节理论、开放经济下的内外均衡理论、汇率制度、国际资本流动、国际货币体系等相关理论知识。时常忽略毕业后的现实工作中，学生同时也需要掌握微观的国际金融实务操作技能这一方面。

目前由于大多数国家包括中国在内都是实行有管理的浮动汇率制度，各个国家之间的汇率变化形成了越发没有规律且浮动波动加剧的趋势。中国自 2011 年底出现人民币汇率"双向"波动的趋势后，国内的进出口企业因为汇率波动趋势的变化波动幅度加剧而在一定程度上受到了严重影响。此外，中国在 2015 年筹建了亚洲基础设施投资银行（AIIB，简称亚投行），成为最大股东，具有一票否决权；同年 12 月 1 日，国际货币基金组织（IMF）又正式宣布，人民币 2016 年 10 月 1 日起将被正式纳入特别提款权（SDR）货币篮子，人民币资本项目可自由兑换的步伐又将进一步推进。在这一背景下，毕业进入金融机构或者外贸企业工作的学生真正需要面对如何分析国际行情变化、外汇变化风险、采取何种外

汇保值操作帮助机构或企业规避风险等一系列严峻问题。这也是金融机构与外贸企业在录取员工时所看重的能力技巧。但目前国际金融教学中对于外汇保值操作与外汇风险管理的相关重点不突出，教材中的案例过于简单，与实践中的相关业务严重脱钩，导致学生将来在银行、证券、保险、基金等金融机构和跨国公司投融资部从事金融工作时无法快速解决相关问题，体现不出应用型人才的价值。

（二）学生被动学习的问题凸显

国际金融课程包括的内容涉及面比较广，综合性也相对较强。一方面，课程内容中既要求学生运用到宏观经济学、金融学、会计学等课程的相关知识，又需要了解国际政治关系、世界金融发展等背景知识。另一方面，课程内容涉及国际金融领域范围内相关理论和操作方法，既包括理论分析（如国际收支理论、汇率决定理论等），又有实务操作业务（如有关汇率的换算、外汇交易、防范外汇风险实务等），还有相关政策的研究（如国内经济均衡前提下实现国际收支平衡）。上述国际金融市场运作和各类交易与一般人的日常生活存在距离，相较于银行存款和股票交易业务等更加复杂，对尚未走上实际工作岗位的学生来说相对比较抽象，增加了学习难度。而传统的国际金融教学模式，往往又是“以教师为中心”，多数教师通常以静态教案为本位，学生以聆听的方式居多，原本就比较抽象的概念更是只能被动接受与适应，课堂教学一直徘徊在低层次的简单记忆和理解。这种学生为承载体而被动学习、认知过程代替了对国际金融实际内容的认知过程，导致学生在课堂学习过程中少有机会去表达对国际形势的看法、对国内和其他国家之间的金融博弈与合作的理解以及面对具体金融风险与危机时候的判断结果与应对措施，从而导致学生丧失了对于国际金融课程的表达能力、分析能力与应用创造性。

（三）实训实验室建设利用有待加强

国际金融的教学内容包括国际收支平衡表，外汇交易与汇率分析等既包含理论又囊括实际分析与操作的内容。目前教师在教学过程中通常简单地借助 PPT 展示教学内容，或者将授课视频挂上网络。这类讲授方式看似对教学方式有所改革，但实质依然是以老师为中心的理论讲解形式。对于国际金融里的一些较为抽象的概念，学生依然无法有直观性的理解，更没有办法解决学生实践操作能力这个问题。所以以上方式还是忽视了利用实训实验室能为学生提供的信息技术进行网络互动，更忽视了通过实验实训室这个平台学生可以运用信息技术的更大空间（如外汇交易软件的操作，套汇的方案设计）以及对信息分析的应用能力的锻炼，不利于实现培养应用型人才的目标。

（四）教学评估模式过于单一

在“以老师为中心”的传统教学方式中，大多数院校的国际金融课程考核模式存在考核主体单一化、考核方式主观化与考核内容单一化的问题，主要采用“平时出勤成绩+期末考核”的方式。这种有限时间内容的卷面考核方式，一方面存在试卷出题内容仍然主要围绕理论知识来考核学生掌握程度的缺陷。单纯的理论知识考核方式会导致学生对于课程的前期学习缺乏兴趣和热情，产生惰性心理，依赖期末期间的死记硬背来完成课程的考核，但考后就忘记，并且本质上对于国际金融课程的实际操作部分无法掌握。另一方面由于试卷的考试时间有限，而国际金融这门课程又具有涉及面广、综合性强的特点，因此有限的考试时间内难以把需要学生掌握理解的全部内容统统进行考核。导致教师对于学生掌握金融课程内容多少、运用理论解决实际问题能力的程度等方面难以详细准确了解。这种考核方式培养出的学生的创造性、自主性难以有效发挥，无疑是与培养应用型人才的目标背道而驰的。

三、国际金融以学生为中心的教学方式应用

（一）通过案例教学，激发学生兴趣

国际金融课程中有大量复杂难懂、枯燥的专业术语，具有很强的理论性。其实该课程属于一门开放性课程，很多问题并没有固定的答案，关键取决于决策者所选取的角度与所构想的目标。因此，非常适合以学生为中心，老师发挥辅助功能，让学生在具体的案例情境中积极思考、主动探索发表，从而培养学生分析问题、解决问题的能力，同时又避免了教学内容过于乏味无趣，学生容易失去学习积极性的问题。国际金融领域本身就包括了丰富的各国案例，教师可以运用案例教学提高教学效果，有助于激发学生对于教学内容的兴趣，因而主动参与到课堂学习中来。但是在进行案例教学时需要注意，目前国际金融教材里提及的案例大都过于陈旧，教师有必要区分针对理论内容的典型案例和针对实际工作的实务案例，以便于深化应用型案例教学法，提高教学效率与质量。一方面教师应该安排学生自主学习教材中阐述的典型但时间较为久远的案例，锻炼学生的自学能力；另一方面，教师需要利用网络信息，为学生提供最新的、最贴近实际的案例来锻炼学生的分析能力。严格来说，典型案例是一种低层次的案例教学，而实务案例则建立在典型案例的基础上，并要求学生能运用所学原理解决一定的问题，其难度相对较大，需要多个学生的参与，否则只能解决一个问题或者根本不能解决任何问题。

比如在讲到国际金融危机章节时，可以以美国“次贷危机”为例，课本往往只是介绍了“次贷危机”的发生原因和总体影响，在让学生自主学习了教材阐述内容后，还可以要求学生针对“次贷危机”对于中国金融市场的各方面影响进行分析阐述。这是运用典型案例结合实务案例，让学生参与其中，提供应用能力的方法。

（二）充分利用多媒体，翻转课堂方式

由于国际金融属于与时俱进的一门学科，不仅相关的汇率信息在不断变化，相关的金融政策也在不断发展和完善。因此，必须充分利用相关的网络资源作为课堂教学内容的有力补充。例如要求学生每周查阅外汇管理局相关资料，登录金融类互联网站收集汇率变化、国际金融合作、世界各国金融政策新闻等信息。这种方式可以增强授课的直观性、形象性、生动性，从而极大地激发学生的学习热情和参与度，让学生从课堂的配角转化为主角。既可以避免教材数据资料陈旧，又可以培养学生收集有效信息并且分析信息的实践能力。

另外还可以利用多媒体实现最典型的以学生为中心的翻转课堂教学模式。翻转教学是从英语“FlippedClass Model”这一词汇翻译过来的术语，通常被称为“翻转课堂式教学模式”。在该模式下，老师与学生都可以通过互联网去发现和使用优质的教育资源，不再单纯地依赖授课老师去教授知识。而课堂和老师的角色则发生了变化。老师更多的责任是去引导学生发现问题，教导学生如何运用理论知识来解决问题。例如讲到国际储备章节，老师可以先将学生根据兴趣或者交流的便利分为几个小组，每组 5 人左右，选出组长，确保每位同学的参与；在上课前一到两周为学生提供有关于中国人民币加入 SDR 的相关新闻报道视频，让学生提前自主观看视频，小组成员可以各自对国际储备，特别提款权等相关问题进行独立研究，最后再进行协作探究；经过组内探讨，小组的研究成果集中在课堂进行分享，展示成果的形式可多种多样，如举行 PPT 报告会、辩论会等；最后教师对学生互动过程中把握不准确的知识点进行评析，对每位学生的表现进行评价，对国际储备的章节内容进行总结。这种利用多媒体的新型教学模式彻底改变了传统教学，让学生成为课堂的中心主体，老师反过来成为配角，补充学生对于知识理解的不足。

（三）尝试模拟课堂，提高教学效率

在传统课堂中受长期教学习惯影响，教师往往一进教室就条件反射为自己分配主角这个角色，学生也自然将自己作为课堂的配角。而金融实验实训室通过对各种真实金融交易环境的模拟，可以让学生身临其境，变成交易场所的主角，进行实践操作能力的培训，实现“以学生为中心”的教学效果。这个时候教师在课堂中只是扮演协助角色，在学生实验操作过程中出现问题时给予其帮助。这种将课堂放置在实验实训室，让学生主导操作流程进度，进行模拟教学的方式，不但可以摆脱单一枯燥的理论教学，提高学生的兴趣与积极性，还可以实现理论与实践结合的过程，让教师了解学生对于前期理论知识点的掌握程度，从而完善教学内容。针对国际金融的教学内容，比如在讲到外汇交易这一部分内容时，可以将课堂开设在实验室，通过模拟交易，进行外汇买卖，体会到汇率时时变化的特点。在讲到国际金融市场的实务操作内容，如套汇、套利、期货、期权等交易，也可以采取模拟交易，使同学更为直观地、深入地学习并掌握相关知识，尝试解决规避现实中汇率波动的风险问题。

（四）设计建立多元考核模式

国际金融课程的学生期末成绩考核评估，不应该再是“一锤定音”的传统方式。“以学生为中心”的教学模式更注重学生的学习过程和参与程度，关注学生理解了哪些理论知识、具备了哪种程度的分析能力、掌握了哪些实践操作，其评估目的在于考核学生分析与解决实际问题的能力。因此，讲授教师应该考虑建立多元考核模式，改变以往一卷定分的考核方式，变结果考核为结果考核与过程考核相结合的考试模式。在传统试卷考核模式不变的基础上，对于过程考核，可以按照一定的比重分别对学生课堂参与和团队协作程度、理论知识理解和记忆效果、实际案例分析能力与风险管理操作实践等多方面进行综合考核。课堂参与度、理论知识理解的考核可以通过课堂问题抽查和课后作业的形式实现；团队协作、实际案例分析可以通过课堂中学生小组课题发表的形式实现；风险管理操作实践可以通过课堂方案设计，实验室软件操作的形式实现。只有这样，对学生的考查才能较为客观而全面地反映其学习面貌，促进学生更加积极主动投入到新的学习之中。

综上所述，教学有法、教无定法、贵在得法。在面对以培养应用型人才的教学对象时，在十分有限的课堂教学时间内进行内容较庞大、实践要求较高的国际金融课程教学，存在一定难度。以金融市场人才需求为出发点，从课堂教学的角色转换入手培养以学生为课堂中心，激发学生的学习积极性与课堂参与度，保持教学内容与现实发展的一致性，以学生能掌握的方法或模式进行教学是提高应用型本科院校国际金融课程教学效果的关键途径。

参考文献

[1] 杨小丽. 应用型本科教育中国际金融课程教学改革探讨［J］. 当代经济，2013（23）：134-136.

[2] 邵金菊.《国际金融》课堂教学改革研究与实践［J］. 轻工科技，2015（10）：149-150.

[3] 莫理宁. 国际金融课程翻转教学法课堂应用［J］. 中国教育技术装备，2013（10）：71-73.

[4] 文婕. 应用型案例教学法在国际金融课程教学中的应用及改革［J］. 才智，2015：122-123.

[5] 徐彬. 以学生为中心的教学理念和课堂设计［J］. 现代企业教育，2010（11）：250-251.

[6] 韩文琰. 高职国际金融课程教学改革实践研究［J］. 北京市经济管理干部学院学报，2015（9）：64-68.

第三篇　管理探索

农村留守妇女心理健康水平现状及对策探究

柏 群[①] 刘宇琴[②]

[摘要] 农村留守妇女由于丈夫长年在外务工，需要承担比丈夫外出前更多的责任和压力。近年来，农村留守妇女的心理健康问题不断涌现并日趋突出。本文就农村留守妇女心理问题产生的原因进行分析，并针对性提出解决留守妇女心理问题的对策。

[关键词] 农村留守妇女 心理问题 对策

一、引言

改革开放以来，随着经济的快速发展，我国的工业化和城市化进程加快，农村劳动力开始涌入城市。一般而言，家庭中男性进城务工，女性留守家中照顾老小并兼顾农业生产，农村随之逐渐形成了一个特殊的群体——留守妇女。2013年全国农民工监测调查报告显示，我国农民工总量为26 894万人。其中，外出农民工16 610万人。从性别来看，男性农民工占66.4%、女性占33.6%。女性外出的比例明显低于男性。2008—2013年调查数据显示，农民工举家外出的比例未见明显增长（如图1所示）。

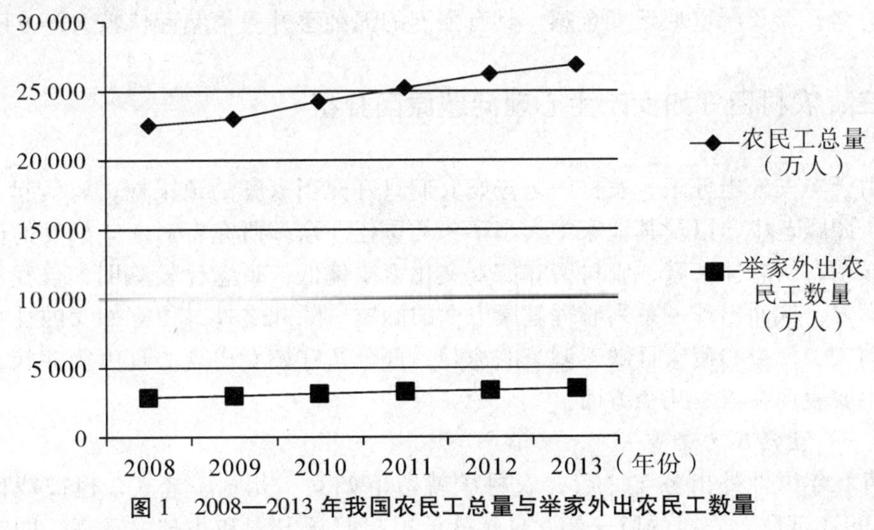

图1 2008—2013年我国农民工总量与举家外出农民工数量

① 重庆工商大学融智学院院长、教授，主要研究领域为农村人力资源管理。

② 重庆工商大学硕士研究生，主要研究方向为人力资源管理。

由此可见，留守妇女的数量在不断增加。全国妇联报告显示，我国目前的农村留守妇女已经超过5 000万。留守妇女问题已经成为社会需要关注的问题。针对中国特有的劳动力流动问题，学术界的相关研究不计其数，而对农村留守妇女的关注近几年才逐渐增多。我国学术界对农村留守妇女的研究主要集中在有关留守妇女的权益保障、生活状况、家庭和谐等方面，专门针对农村留守妇女心理健康问题的研究较少。为实现农村社会的和谐发展，探索农村留守妇女心理问题的原因并针对性地提出相关的对策具有积极意义。

二、农村留守妇女心理问题现状

世界卫生组织认为："健康是一种身体上、精神上和社会适应上的完好状态，而不是没有疾病及虚弱现象。"心理健康是和生理健康相互联系的，是健康不可或缺的组成部分。研究者们发现，农村留守妇女这个群体的心理健康问题日益突出，她们的心理健康状况令人担忧。黎小平等（2007）指出，农村留守妇女出现不同程度的烦恼、多疑、抑郁、焦虑、狂躁等不良情绪。李楠等（2008）发现，广东农村留守妇女存在一定的心理压力，这些压力来自孩子的教育以及对丈夫的担心等。朱桂琴（2006）认为，农村留守妇女的躯体化、强迫症状、人际关系敏感、抑郁、焦虑、精神病性6个因子上的分值均显著高于全国常模。吴惠芳等（2010）采用社会学调查问卷的方法，通过对被调查的留守妇女对自身状况的自述来分析农村妇女存在的心理健康问题。他们指出，留守妇女的心理问题来自于生活的压迫感、孤单感、缺乏安全感以及不良的情绪。贾东立等（2013）指出，与非留守妇女相比，留守妇女的幸福感状况较差。黎小平等（2007）指出，农村留守妇女心理问题日趋严重，而农村妇女组织没有发挥应有的作用。综合以上研究发现，农村留守妇女心理问题主要表现为焦虑、抑郁、恐惧、易激惹、冷漠等不良情绪，以及严重缺乏安全感、具有强烈的孤独感并且情绪起伏较大等方面。

三、农村留守妇女产生心理问题原因分析

由于丈夫外出务工，农村的留守妇女们只好充当家庭的顶梁柱，肩负起农业生产、照顾老小，以及其他家中大小事务的重任。众多研究者对留守妇女的调查结果显示，从总体来看，农村留守妇女文化素质偏低，观念比较陈旧，自我保健意识不强，从而出现一系列心理健康方面的问题。除此之外，留守妇女的社会娱乐活动较少，身心疲惫且缺乏调节的途径，部分留守妇女出现心理失衡症状，其原因主要表现在以下几个方面：

（一）生活压力繁重

青壮年男性外出务工之后，农村中就留下妇女、儿童、老人，也被戏称为"386199"部队。农村的留守妇女自然就承担起照顾老人和小孩的重任，同时还要进行农业生产，照看家中的"一亩三分地"以及处理家中的大小事务。全国妇联原副主席陈秀榕提到，目前农村妇女劳动力约占农村劳动力总数的65%。

2007 年对重庆留守妇女的调查显示，女性劳动力已占重庆农村劳动力总数的 75. 29%。可见在农业生产中，留守妇女承担了相当大的劳动强度。沉重的劳务压力会在一定程度上加重妇女的心理负担。据调查发现，与每天干家务活 4 小时以下的留守妇女相比，每天干家务活 8 小时以上的留守妇女的心理健康水平显著更差。而甘肃省妇联 2009 年在对甘肃省留守妇女的调查中发现，留守妇女劳动强度过大，身体健康受损。其中，高达 72. 2%的留守妇女患有不同程度的腰椎和关节疾病。长期的生活压力本身就会给留守妇女的心理健康带来不良影响，许多留守妇女为了节约开支，身体上的疾病也没有及时去治疗，再加上女性生理特征，身体的疲惫和痛苦给留守妇女的心理健康带来隐患。

（二）多因素的安全感缺失

安全感一般是从心理学的角度来定义的。它是指对身心健康是否具有危险或者自己的利益是否受损的一种预期。人本主义心理学家马斯洛认为，安全感是决定心理健康最重要的因素。对农村留守妇女而言，生活中的许多因素都造成她们严重缺乏安全感。心理学上人的安全感包括情感、身体、社会关系、法律、收入、福利、生活环境等方面的感知。由丈夫外出务工引起的家庭不安全生活事件、遭遇性骚扰以及对丈夫的各种担心导致留守妇女安全感非常低。对西部留守妇女的调查显示，留守妇女的婚姻关系满意度比非留守妇女低 11. 8%。

从安全感的来源的角度做分析，诸多因素造成留守妇女的安全感缺失。在情感方面，丈夫常年在外，留守妇女往往得不到丈夫应有的关心和照顾；丈夫长期外出，每年在家时间短，留守妇女缺乏正常的夫妻生活。2012 年对黑龙江留守妇女调查显示，丈夫平均每月回家一次探亲的占 24. 1%，每半年回家一次探亲的占 49. 8%，每年回家一次探亲的占 19. 9%。留守妇女没有应有的情感上的慰藉，孤独感也因此加重，同时担心丈夫可能会发生心理或者行为上的出轨；再加上对丈夫生活和身体的担忧，使得留守妇女在情感上严重缺乏安全感。从经济压力方面来看，留守妇女在家务农收入并不乐观，加上家中各种费用开支如子女教育开支、医疗开支等，经济状况并不良好，只能靠丈夫外出务工才能稍微改善家中生活状况。2013 年全年农村居民人均纯收入 8 896 元，城镇居民人均可支配收入 26 955元。数据显示农村人均收入与城市人均收入差距依旧很大。而家庭年收入越高，感受到的精神压力、经济压力和总体家庭压力就越小。对于需要养家糊口的留守妇女来说，经济条件没有得到很好的改善也会使得她们缺乏安全感。而就社会福利而言，地处偏远的农村的居民的各种福利远远比不上城市居民，医疗卫生条件状况差、缺乏先进的医疗设备和高质量的医疗环境。生活环境也是安全感的重要影响因素。有的边远乡镇，社会治安混乱，人口分布不集中，街坊四邻相距较远，家中没有青壮年男性，发生不安全事件求救概率小。2010 年对安徽、河南、湖南、江西和四川的农村留守妇女调查表明，在丈夫外出务工后，33. 5%的留守妇女比之前更容易感到害怕，证明了丈夫外出务工确实对她们的安全感产生了一定的影响。

（三）社会支持度不高

20 世纪 70 年代，英国人类学家 R -布朗提出社会支持是指人们感受到的来自他人的关心和支持。社会支持主要包括客观支持和主观支持，也就是来自他人的物质和精神上的支持。农村留守妇女大多存在于经济欠发达的中西部地区，她们得到的关注往往不够高，社会支持程度较低。西北农村留守妇女的社会支持网规模都偏小，她们更多与周边的强关系成员（公婆、父母子女或兄弟姐妹）联系密切。从社会支持来看，留守妇女精神支持网规模越大，其感受到的精神压力和总体家庭压力感就越小。“从夫居”的婚姻制度使得妇女既有的社会网络产生某种程度的弱化甚至断裂，娘家与婆家地理距离越远，社会网络断裂的程度越深。在丈夫外出务工后，农村留守妇女需要重建家庭的社会网络，而由于农业生产和家务的压力，留守妇女缺乏较多的时间和精力去构建稳定的社会支持网络。丈夫外出后留守妇女要担负起维系社会关系的责任。由于长期受“女主内，男主外”的传统思想影响，农村妇女的人际交往能力较弱，而男人外出的农村家庭，被认为是弱势的家庭。因此在遇到邻里纠纷、土地纠纷等问题时，她们更容易成为被欺负的对象。这些社会关系的不和谐也会造成留守妇女缺乏安全感。据调查表明，80%的留守妇女在生活劳作时遇到困难都靠自己。留守妇女的社会支持度不够高，遇到困难无法得到适当的援助与关怀。因此，困难时期的无助感会在一定程度上加深留守妇女的心理压力。

（四）自身素质较低，自我保健能力差

根据第三期中国妇女社会地位调查和全国妇联对农村妇女教育培训状况的调查数据显示，我国农村妇女整体教育程度偏低。18~64 岁的女性中接受过高中阶段及以上教育的仅占 18.2%，中西部地区的比例仅为 10%。2011 年全国留守妇女中 73.0%的留守妇女没有参加过任何培训。文化素质低在一定程度上导致留守妇女在自我保健、自我激励和自我调节方面都缺乏能力。文化素质低又很少接受知识提升的培训，法律意识较为淡薄。对自身心理健康可能存在的问题一无所知，也缺乏在自身出现不良情绪时该如何调适和缓解的常识。更不懂得去进行心理咨询或如何进行压力释放。除此之外，当自身权益受到侵犯时，也不懂如何运用法律手段来保护自己，往往只能自己忍受或者采用极端手段解决。素质低使得留守妇女心理缺乏应有的保健能力，心理问题得不到适当的解决，因此心理压力长期积压从而使得心理问题变得越发严重。

（五）缺乏心理压力转移途径

心理学上的研究表明，当心理问题得不到解决的时候，可以通过转移压力来治疗心理问题。目前，劳动力流动较大的农村，女性劳动力已经成为农业生产的主力，留守妇女劳作之外的闲暇时间很少。在农村依然缺少积极健康的文化生活，互联网的普及程度较低，留守妇女业余生活仅为看电视、聊天、玩纸牌等有限的几项，娱乐方式比较单一，缺少积极的文化要素以及交流平台。2010 年的全国留守妇女休闲方式调查中，84%的人看电视、66%的人打牌、28%的人赌钱、51%的人继续工作挣钱。我国农村居民的精神文化生活水平较低，乡镇图书馆建设不容乐观。“图书馆距离”是农村留守妇女文化生活贫乏的重要特征。留守妇女缺乏精神平台对心理的压力进行释放。外出的丈夫对妻子的关心问候较少，平时打电话联系的次数不多，电话内容大多是关心家人和子女学业情况，很少问及妻子的心事。留守妇女有心理压力也很少跟丈夫及时沟通。由于心理情绪得不到良好的引导和宣泄，留守妇女的心理压力只会越来越严重。

三、提升留守妇女心理健康水平的对策思考

（一）政府提供支持

1. 建立互帮互助联盟

针对目前留守妇女存在的诸多压力，政府需要在解决农村留守妇女心理问题中充当主导力量。乡镇基层政府可以号召留守妇女按照自身需求在每个农业小组建立互帮互助的妇女互助组，各个互助组还可以相互帮助，使之成为提供资源和技术共享的平台，通过互助组可以让留守妇女加强情感和日常生活交流，帮助她们宣泄心理的压力，减轻孤独感和无助感。互助组有经验的成员为其他成员提供技术培训，改良她们的农作方式，减弱劳作强度，减少农村留守妇女在农业生产方面的压力。根据本地区情况，因地制宜地采用机械化生产，引进新的生产方式，改变传统的粗放农作，这样可以把妇女从农务中解放出来，适当减轻她们的生理和心理负担。同时可以提高农业收益，增加留守妇女的农业收入，这对增强留守妇女的安全感有积极意义。

2. 健全安全治安防护系统

基层政府应该为留守妇女提供良好的治安环境，在有条件的地区建立农村社区，使留守妇女与邻里关系更紧密，每天安排有关执勤人员加强日常巡逻，提升留守妇女的安全感。政府加大农村教育经费投入，对农村留守妇女教育问题加强重视，帮助她们树立法制观念，增加她们的法律常识。每半年或每 3 个月开办一次心理方面的知识技能培训课程，教会她们在遇到心理压力时如何进行自我调节和释放从而提高心理上的健康水平。

3. 完善乡村文化建设

乡镇文化建设是新农村建设中不可或缺的部分，政府应当为乡村的通信建设做出努力，为安装互联网农户给予补助，为闲暇农村妇女提供上网培训，让她们可以通过互联网与外出丈夫进行沟通，改变信息闭塞的状态。完善乡村图书馆的建设，建立“城乡图书馆连锁服务网”，根据农村留守妇女文化需求的变化趋势来引进图书和相关服务。村委会定期为留守妇女组织文娱活动，例如目前风靡各大城市的广场舞。丰富留守妇女的文化生活，建立与时俱进的文化支援氛围，让她们在娱乐的同时忘掉内心的烦恼和不安。

4. 建立留守妇女特色医疗服务体系

农村中沉重的劳作负担给留守妇女身心带来隐患，政府在农村医疗体系的健全和完善中针对留守妇女的状况提供医疗保险，号召留守妇女积极参保；提升乡镇医院的医疗设施水平，特别关注留守妇女的妇科疾病治疗，以免身体上的疾病对心理造成阴影。卫生组织积极开展身体和精神健康常识宣传，改良乡村卫生环境状况，改变农村“小病不医，久病成疾”的医疗现状。特别是心理问题的治疗，更需要加大投入的力度和精力，不能让留守妇女的心理问题发展到更严重的

地步。

（二）社会组织给予支援

各地妇联组织是农村留守妇女的强力后援部队。妇联组织时刻关注留守妇女群体的利益和需求。在村委会设置法律咨询、心理咨询中心，或者提供上门咨询服务，为留守妇女解决法律问题和心理问题，让她们在遇到困难时可以及时进行自我宣泄。妇联组织也可以充当当地的仲裁调解机构，当留守妇女遇到邻里纠纷时及时参与调解，确保留守妇女的利益不受损害。社会组织可以自行建立托幼养老组织，义务帮助留守妇女照顾老人和小孩。为小孩教育提供帮助，减少留守妇女的压力和负担，对她们的身心健康都有帮助。文艺组织可以拍摄以留守妇女为题材的电影电视剧，让更多的人了解留守妇女这个群体，号召整个社会为其提供更多的帮助。妇联等组织应积极号召建立一种团结互助的乡村氛围，邻里之间以和为贵、互敬互爱，不能歧视或者欺负处于弱势的留守妇女，为留守妇女提供和谐的生活环境和较大的社会支持，可以很大程度上增强她们的安全感和心理健康水平。

（三）家人予以协助

农村留守妇女产生一系列心理问题的根源在于“留守”。而丈夫是治愈她们心理失衡最好的良药。“留守妇女”的丈夫应该多给予妻子更多情感上的慰藉，以弥补夫妻没有共同生活的缺憾。外出丈夫要多主动联系妻子，及时询问妻子在家近况，同时也让妻子多了解自己的生活状况，减少妻子在家不必要的担心和猜疑。同时利用一些小细节给妻子一些意外惊喜，例如给妻子快递生日礼物或结婚纪念日礼物，或者在工作稍闲的时候回家探望妻子等。这些都会增进夫妻间的感情，减少留守妇女内心的孤独。留守妇女的父母、公婆、兄弟姐妹也要给予其尽可能的帮助，除了农业生产互帮互助之外，在生活中要给予关心和照顾，身体健康的父母在能力范围内帮助她们共同承担家务，减轻留守妇女的家务负担。家人的关心和爱护可以很好地降低留守妇女产生心理问题的概率。

（四）留守妇女自身加强心理调节

留守妇女自身是提高心理健康水平的关键主体。政府、社会组织以及家人的作用都是外力作用。如果产生心理问题，要鼓足勇气去解决，保持积极的态度，对生活充满热情，对自己充满信心，遇到困难要主动去咨询和寻找帮助，与邻里周边建立良好的人际关系。多与身边的人沟通交流，把内心的不良情绪和困扰宣泄出去。在农闲时节，可以带上子女去丈夫工作的地方探亲，顺便去旅游和散心。这样可以改善情绪状况，减少长期与丈夫分离的孤独和空虚，有益于改善留守妇女心理健康状况。

参考文献

［1］周庆行，曾智，聂增梅．农村留守妇女调查——重庆市的调查［J］．中华女子学院学报，2007（2）：63-66.

［2］刘巍．西北农村留守妇女社会支持网络对其心理健康的影响：来自甘肃省的调查发现［J］．妇女研究论丛，2012（9）：28-35.

［3］吴惠芳，叶敬忠．丈夫外出务工对农村留守妇女的心理影响分析［J］．浙江大学学

报：人文社科版，2010（5）：141-146.

［4］许传新. 婚姻关系满意度：留守妇女与非留守妇女的比较研究［J］. 妇女研究论丛，2009（9）：25-32.

［5］方伟明，孟广宇. 对黑龙江省农村留守妇女状况的调查与思考［J］. 学术交流，2012（12）：147-150.

［6］国家统计局. 中国统计年鉴（2013）［M］. 北京：中国统计出版社，2014.

［7］潘小娟，卢春龙. 中国农村留守群体生存状况研究［M］. 北京：北京大学出版社，2013.

［8］李包庚. 农村青年留守妇女发展问题分析［J］. 当代青年研究，2012（12）：31-36.

［9］邓倩. 从农村留守妇女文化生活现状谈乡镇图书馆建设［J］. 图书与情报，2010（3）：15-19.

［10］贾东立，孟悌清. 农村留守妇女幸福感状况研究——以河北省为例［J］. 人民论坛，2013（6）：238-239.

［11］黎小平，钟建荣. 浅谈农村妇女心理健康对新农村建设的影响［J］. 农业考古，2007（3）：145-147.

房地产税改革相关问题的研究综述

包燕萍①

［摘要］近年来，伴随着房地产市场的迅速发展，国内关于房地产税改革以及房地产市场调控等问题成了研究和社会争论的热点。自2011年沪渝成为房产税改革试点后，学者们针对我国房地产税开征的目的、税制改革、功能与效果等进行了丰富的理论和实证研究。本文基于国内学者对房地产税研究的相关文献，主要从房地产税征收的法律制度建设、房地产税公平目标实现的理论与实践、税收遵从的理论与实践、国外税务改革路径借鉴等几个方面进行了梳理，并在此基础上提出未来的研究展望。

［关键词］房地产税　收入分配税制改革　国外税务改革

一、引言

房地产行业在我国经济快速发展过程中发挥着重要的推动作用，作为我国重点发展的支柱产业，房地产行业的发展影响着与其紧密相关的上游、下游产业；另外，房地产价格的迅速上涨对社会中低收入群体的居住权利产生了一定的负面影响，因而，对房地产市场的调控一直是社会关注的热点。基于房地产行业的房地产税改革，其目的之一在于通过税收制度的改革，完善地方税体系，从而有效调控房地产市场，促进社会公平目标的实现。在政府的一系列政策干预中，房地产税实际上被赋予了两重功能，首先是抑制房地产过度投资带来的经济泡沫和通货膨胀，这个属于经济调节功能；其次，房地产税还被赋予了收入分配的功能，从而促进社会公平。

党和国家的重要文件中对房地产税改革的表述，经历了从“开征物业税”到“推进房地产税改革”再到“加快房地产税立法”的改变（安体富，葛静，2014）。中共十八届三中全会形成的纲领性文件《中共中央关于全面深化改革若干重大问题的决定》（以下简称《决定》）中提出“房地产税”的概念，与“房产税”虽然只有一字之差，但征税范围却从单纯的房屋扩大到对房屋和土地都征税。

“房地产税改革”应当理解为广泛的房地产税收体系，这个体系应该包括了对房地产的开发环节征收的税收、房地产保有环节征收的税收、房地产转让环节

① 包燕萍，女，重庆工商大学融智学院专任教师，主要研究方向为房地产行业税务研究。

征收的税收、房地产出租环节征收的税收的统筹考虑、合理安排。

围绕着房地产税改革的若干问题研究，本文主要梳理了“房地产税征收的法律制度建设”“房地产税公平目标实现的理论与实践”“税收遵从的理论与实践”“国外税务改革路径借鉴”等几个方面的研究成果，并在此基础上提出未来的研究展望。

二、房地产税征收的相关法律与政策

关于征收房地产税的政策目的，主要体现为保护土地资源，满足广大人民的基本住房需求，打击房产投机，保持房价合理稳定，调节居民收入和财富分配，从而有利于增加地方政府财力，促进国民经济可持续发展。

要实现上述的政策目的，法律制度的完善是必不可少的。“依法治税”是国家治理结构的一个重要的部分，那么我国现行的税收体系是否都体现了依法治税呢？笔者认为，最为关键的是法律制度的建设问题。

我国现行税收体系由全国人大及其常委会制定的税收法律，国务院制定的税收行政法规，财政部、国家税务总局制定的税收部门规章，省级人大及其常委会制定的税收地方性法规和税收地方性规章组成。

现行税收程序法即《中华人民共和国税收征收管理法》（简称《税收征管法》）由全国人大常委会通过并颁布；现行实体法中共涉及18个税种，其中《企业所得税法》和《个人所得税法》由全国人大立法，关税和车船税由全国人大常委会立法，其余14个税种均授权国务院，以行政法规的形式颁布。因此，我国现行税法是以人大授权立法为主的（胡怡建，2015）。

《决定》提出要落实税收法定原则，将税收立法权回归于人大，由人大授权的行政立法向全国人大直接立法转变，通过人大立法反映民意，制定出更加科学、合理、有效的税收法律制度体系。

陈洁、欧阳明（2015）提出房地产税改革的难点和核心是向个人住房征税，开征房地产税需要具备的先决条件是科学合理的征管法律制度。另外，准确完整的房地产数据信息、成熟规范的房地产评估市场、严密高效的社会征信体系、合理健全的争议解决机制、透明公开的财政预算制度等是房地产税开征得以有效执行的保障。

《决定》中明确了“深化税收制度改革，完善地方税体系”，其中提到关于税收结构的问题需要解决的是“逐步提高直接税比重”。这个问题的提出主要是针对我国现行的税收结构不合理。樊丽明（2014）在对金砖四国税制结构变迁比较研究中，指出我国以间接税为主体，2012年间接税占比为59.95%，直接税占比为40.05%，间接税收与直接税收的比例大约为6∶4。而2013年的税收结构，高培勇（2015）在相关数据的收集研究后得出间接税收与直接税收之间的比例扩张到了7∶3，由此提出“逐步提高直接税比重：以个人所得税和房地产税为主要载体”，因为就对自然人征收的整个财产税类而言，房地产税在现行的税制体系中几乎是个空白。所以，开征房地产税事实上属于“平地起高楼”。为了进一步观察我国税收结构的发展变化，我们收集了2014年我国税收收入的数据，如表1所示。

表1　　2014年中国税收收入结构

税收名称	国内增值税	国内消费税	营业税	企业所得税	个人所得税	进口货物增值税、消费税	证券交易印花税	地方税种	全部税收收入
税收收入（亿元）	30 850	8 907	17 782	24 632	7 377	14 424	667	11 952	116 591
占总税额比例（%）	26.46	7.64	15.25	21.13	6.33	12.37	0.57	10.25	

资料来源：财政部《2014年财政收支情况》，财政部网站。

从表1的数据可以看出，2014年我国直接税收收入（企业所得税和个人所得税之和）占了全部税收收入的27.46%，在2013年的基础上稍微有所下滑，但总体变动不大，说明直接税收与间接税收的结构问题并没有得到改变，优化税收结构还需要进一步加大力度；其中直接税收中又以所得税和房地产税的调节空间为大。

但是，高培勇（2015）在研究中提出，从长远看，房地产税作为直接税，也是地方主体税种，存在很大的调控空间。但是，向居民个人开征房地产税，会直接影响一系列既得利益集团，另外，税务机关的征管机制也需加以改进。房地产税立法，本身需要有一个广泛讨论和征求意见的过程，因而，至少在近期，房地产税对于地方主体税种的重建来讲，可能是“远水解不了近渴”，只能作为长期选择，渐进地加以推进。

税收法律制度的制定是完善税收改革的一个保障，但是在执行的过程中，如何有效地实现税收最初设定的初衷则又是一个问题。高培勇（2015）在论述完善税收制度的新阶段的过程中提出，“在中国，对自然人征收的直接税之所以始终是一块难啃的骨头，就是因为它与现行税收征管机制难以相容”，中国税制结构的优化调整，难不在税制安排，而在征管实现。郝朝信、汪丽丽（2014）认为在税务行政行为过程中需要“柔性执法”，即运用行政指导、行政合同、服务、疏导、教育等柔性执法手段进行税务行政管理。柔性执法手段和适度弹性的调节方式，在税务系统中，一方面可以舒缓征纳双方之间的矛盾，另一方面也有利于对税法的积极遵从，从而以较小的代价、更高的效率实现税收管理目的。

三、房地产税公平目标实现的理论与实践

作为国家调控经济与调节收入分配的重要手段，税收调控的两大目标是公平与效率，这是理论界和实务界都一致认可的。那么我国的税收政策在实践过程中，是否能够体现公平，实现效率呢？

学者卢洪友、熊艳（2014）从定量的角度进行分析，以税收收入的规模、结构和征管三个影响因素对我国的税收的居民收入再分配效应进行实证研究，其结

果表明，我国的税收并没有达到预期的对居民收入分配差距起到有效的调节作用。

目前我国城乡居民收入存在较大的差距，2003—2014 年我国全民收入基尼系数总体上保持在 0.47~0.49，并有逐步回落的趋势。按照国际的标准，0.4 以上表示收入差距较大。据贾康、孟艳（2011）的研究分析，收入差距迅速扩大，在很大的程度上已不仅仅源于劳动性收入，还来源于财产性收入，因为居民收入中财产性收入占比越来越大，与其他收入综合在一起，形成了收入差距扩大状态。

对于贫富收入差距悬殊是否要进行调整，社会各界保持了一致的态度。财政部财政科学研究所课题组（2013）认为目前我国对财产收入缺乏有效的引导和约束机制，从而使得高收入群体收入越来越高，收入差距居高不下，相应的对策是“以房地产保有环节的改革试点切入，对高收入阶层的收入及带来的财产差距扩大的状况进行适度调节，将整个社会的财产分布差距控制在大体可以接受的水平”。

在收入分配的调节问题上，房地产税被赋予了特殊的功效，然而，房地产税是否能够担负起调节收入分配的重任，或者说在多大程度上房地产税可以实现调节收入分配、从而缩小我国收入差距呢？舒国燕（2008）认为由于个人财富的多样化，仅仅依靠个人所得税来实现缩小贫富差距越来越不可能，加快房地产税等财产税的开征才是今后调整收入分配的选择。但是，也有学者对房地产税的功能另有看法，夏商末（2011）否定了房地产税在收入分配中的调节作用，理由是在我国居民的全部财富中固定资产并不是很多，财富形式丰富，表现为金融资产、知识资产、贵金属、艺术品等有形和无形资产的比例越来越大。杨志勇（2013）亦持否定态度，认为房地产税不应作为调节收入分配的税种存在。以收入分配调节名义征税，实际上破坏了社会创造财富的机制。因为如果仅凭自己的经济实力购房居住而不麻烦政府的人，还要为其他没有住房的人建房出资，会出现这样的怪象，即更多的个人不愿意努力去创造财富而等着政府统一安排。其实，房地产税要在地方税系中担当更为重要的角色，使得纳税人觉得自己的纳税是为优化整个社会环境在做贡献，而不仅仅是“劫富济贫”，克服这种观念和制度上的障碍比克服征收技术的障碍更为重要。

实现收入分配公平是政府的重要职责。然而，对于“公平”的正确理解，对政策制度的制定十分重要。现实税收分配制度和转移支付制度正是依据公平理论设计的。但是，事与愿违，再分配现实与制度设计相悖（刘穷志、吴晔，2014）。那么，应该如何来理解公平？本文比较认同曾军平（2014）的观点，即“公平问题本质上是规则问题而非单纯的结果问题”，真正的公平应该是强调主体人格平等的“平等待人”而不是强调客体占有均等意义上的使人平等，财税政策所追求的应该是平等待人的规则而不是使人平等的规则。日常生活中，我们很容易就掉入这样的陷阱，即实现收入的均等化才是所谓的社会公平，然而，这其实是纯粹的结果公平。事实上，完全地实现均等化也不符合社会发展的基本规律。社会的公平更重要的是其所依赖的隐藏于结果背后的公平的“规则”，此规则应该是将结果与决定该结果的诸因素有机地联系起来。其实，在某些情况下，保持适当的差异，也是公平的一种体现。

那么，利益分配在何种意义上才是平等待人的？在曾军平（2014）的研究分析中，可以采用“帕累托改进是否存在”来就资源配置是否有效做出检验和判别，利益分配是否做到平等待人，可以采用换位思考意义上的可逆性检验来加以判别。在这个理论的基础上，对于特定的分配规则，它是否是公平的，则需要将分配规则的制定者和与之存在一定利益冲突的相对者进行互换，如果在互换的前后，双方均认为该利益分配并没有实质性的差异，该规则是可以接受的，那么可以认为该分配规则是公平的。

四、税收遵从的理论与实践分析

所谓税收遵从，是指纳税人基于对国家税收法律的认同以及对成本和收益的权衡而表现出的遵守和服从税法，履行纳税义务的行为。然而，自从税收产生之日，税收流失就与之形影相随，世界各国税收流失都很普遍，而且对税收不遵从进行的治理也层出不穷。其实，从本质上看，经济激励是影响企业理性纳税行为的根本诱因（孙志亮、杨焕玲，2009）。作为不同的利益主体，企业纳税人追求的是税后利润的最大化，而税务机关则尽可能保证国家税款的应收尽收和及时征缴入库。因而出现了纳税义务人与征税机关之间的利益博弈，理性的纳税人会对自己的税收遵从成本、税后净收益进行有效的分析，在一定的风险下，如果纳税人逃税获得的收益大于被惩罚而付出的成本时，纳税人会选择冒险逃税。

从理论上讲，不论纳税人是富人还是穷人，也不论其缴税多或少，都有加入逃偷抗税大军的可能，这是因为，一方面取决于纳税人权衡自己的税后净收益，另一方面还与该纳税公民承受税赋的能力有关。郭剑鸣（2010）提出，除此之外，还有纳税公民对公共计划的认同度和税收的公平性——税赋与回报是否恰当持怀疑态度。

目前关于税收遵从（纳税）与不遵从（偷逃税）的既有研究文献的理论基础，主要是前景理论和预期理论。薛菁（2011）在研究税收遵从成本对企业税收遵从的影响中利用了“前景理论”进行分析，该理论假设企业是理性的经济人，收益的最大化是影响企业经济行为决策的重要因素，在纳税的行为选择上亦是如此，较高的税收遵从成本将会导致企业选择税收的不遵从行为。基于前景理论，人们对未来面临损失或收益前景的风险偏好有所不同，在面临损失前景时会倾向于风险偏好，较高的税收成本使得企业觉得未来可能会承受更多的损失时，企业就会更加愿意选择冒险，从而税收遵从度下降。但是，这个理论的假设条件中，如果假设企业是“有限理性人”，则在不确定风险条件下，有限理性的纳税人对预期收益会表现出风险厌恶的特征（谷成、周大鹏，2013）。

学者们研究了税收不遵从（偷逃税）的影响因素，比如税率、金融发展水平、公司治理环境和市场竞争压力、企业所有权性质等方面。Fisman 和 Wei（2004）利用香港和内地之间进出口货物数据之间的差额作为研究的对象，结果发现内地企业存在较为普遍的关税逃税现象，而且当进口产品关税税率越高时，其逃税现象就越严重。Wingender（2008）发现金融发展水平越高的国家，企业会越少使用现金交易，在金融机构的交易记录越完整，因此税务监管和稽查会越容易，逃税现象也就越少。Desai 等（2007）考察了不同国家的公司治理环境对企业逃税的影响。他们发现，在公司治理环境越好的国家，企业所得税逃税现象越少。Cai 和 Liu（2009 ）考察了市场竞争压力对企业所得税逃税的影响，他们发现，面临市场竞争压力越大的企业，其逃税就越多。马光荣、李力行（2012）关注企业所得税的逃税研究，在利用 1998—2005 年中国县级财政数据和工业企业数据进行分析的过程中发现，在各种所有制企业中，国有企业的利润低报现象最为严重，税收遵从度较低。可能的原因是，国有企业有更多的政治关系，税务部门对国有企业的稽查力度更弱。

在对税收遵从的研究方法中，既有的研究有的利用实际的经济数据进行统计分析，从而发现影响税收遵从的因素（比如前文的各种研究结论）；当然，也有采用实验的研究方法。刘华、周琦深、王婷（2013）基于税收遵从视角，梳理了国外学者在行为财政学研究中使用的实验研究方法，从实验方法、实验对象、实验条件以及实验步骤等方面，评述了“行为财政学”实验。在行为财政学的研究中，实验研究方法已经广泛地被运用，诸多研究将社会学、心理学、经济学及其他因素纳入了税收遵从的影响因素当中，并在此基础上改良传统的税收遵从决策模型，更好地解释纳税人的税收遵从行为。

上述在税收遵从方面的研究结论，虽然研究的具体对象鲜有房地产税税收的遵从问题，但是从本质上看，仍然存在着纳税人与政府之间的利益博弈，这些研究的内容和研究方法，对我国房地产税税收改革具有重要的借鉴意义。房地产税税收是政府在提供社会公共产品和公共服务的一种成本补偿方式，如果从纳税人的利益角度出发，当纳税人从社会公共产品和公共服务所获得的收益增加时，其纳税遵从率将会得以提高。对于我国房地产税税收体系的改革过程中，制定什么样的税率、是否对具体的纳税人进行分类征税、如果纳税人实施了不遵从（偷逃税）时应当设定何种惩罚，除了要在理论上进行严格的论证外，采用必要的实验对纳税人进行研究，从而更好地把握纳税人的税收遵从行为，这对于提高政府的财政收入、缓和纳税人与政府之间的利益矛盾都有积极的促进作用。

五、国外房地产税税务改革对我国的经验借鉴

国内诸多学者针对国外的房地产税税收制度进行了深入的研究，并在此基础上结合我国的房地产税收制度改革提出了有建设性的看法，如陈锋、陈宝卫（2011）、陈琳（2013）、赵心刚（2013）、黄琼莉（2013）、李永刚（2014）、樊丽明、葛玉御、李昕凝（2014）、任强（2015）等。综合各学者的研究结论，笔者发现，尽管各个国家或地区在房地产税收制度上存在着差异，其主要共同点在于房地产税的征收结合了本国的实际情况，房地产税的用途都在于地方政府的公共服务供给，比如学区义务教育、改善治安和公共环境等；在征收房地产税的过

程中，都注重了相关信息系统的建设；确定房地产税的税基坚持评估机构的相对独立性；在税收优惠政策上，各国或地区均考虑了对政府机构、文化、教育、卫生、宗教、公共墓地和军队等所拥有、所使用的房地产实行减免税。

纵观各国的做法，房地产税的征收在各国基本上能够实现征收的目的，然而这些经验是否可以直接借鉴于我国？笔者认为，明确界定我国征收房地产税的目的是制定相关制度、政策的关键。王昊（2014）从我国房地产税发展进程及发达国家经验对我国的房地产税改革进行探讨时，提出了“为什么要进行房地产税改革”，并从三个方面对房地产税改革的目的做了梳理。他指出虽然上海、重庆房地产税试点文件所列房地产税改革目的是“调节收入分配”，但是从试点的实际情况看房地产税的设计并没有达到有效调节收入分配的作用。如果房地产税改革的目的是“抑制房价和投机，调节房地产市场”，那么税制的改革就应该考虑纳税人的范围，即应该对那些拥有超标准住宅的居民征收，而不是针对普通居民个人。如果房地产税的改革注重于给地方政府建立稳定的财政收入来源，那么房地产税税制改革应该面向全社会，建立宽税基低税率的制度。笔者认为，一项税收制度的改革，因受到社会各种较复杂因素的影响，从而导致其目的的设定必定不可能是单一的，比如前文论述过程中提到房地产税改革的目的在于通过税收制度的改革，完善地方税体系，从而有效调控房地产市场，促进社会公平目标的实现。

那么在具体的房产税税制改革过程中，国外有哪些经验可以为我国的实践所借鉴？从征税依据来看，美国的房地产税是以房地产核定价值作为计税依据，核定价值是由独立性房地产评估师组织对房地产价值进行估价（王昊，2014）。房地产价值的评估机构是否独立，在征税过程中是体现能否“公平公正”的一个重要因素。德国政府将房地产视为比较重要的刚性需求和民生需求，其用意在于促进居民拥有自己的住房所有权，对自有自用的住宅只需要缴纳房屋所在地的土地税，而不需要缴纳房地产税，对于用于出售的房地产以及居民的第二套房产才需要通过评估价值进行房地产税的计征。这一做法值得我国借鉴。

樊丽明、葛玉御、李昕凝（2014）通过比较金砖四国税制结构的变迁，探讨了我国税制结构优化的路径选择。他们研究发现，金砖四国税制结构变迁大都通过改革所得税带动直接税快速增长，改革间接税使其稳定增长而实现；并提出因为我国目前的税收结构是以间接税为主体，结合我国的实际情况，房地产税试点应把握时机全面推开，使房地产税成为直接税稳定的收入来源。

刘成奎（2013）认为，在我国，房地产税的税基评估的最大困难在于税基评估，包括了税基评估信息的收集与更新、评估结果的及时全面公示、评估争议有效合理的解决等。

笔者认为，围绕着房地产税征收的目的，应在国内各个地区进行有针对性的社会实验，借鉴上海和重庆征收房地产税试点的成功经验，在此基础上制定符合各地实际情况的税收法规制度；同时，在执行征收的过程中，如何有效地监管和解决现有争议机制，是促进房地产税税收改革和完善的重要保障。

六、结论与未来研究的展望

房地产税是房地产税税收体系中比较重要的一个税种，虽然国内基于房地产市场背景的房地产税税收体系的理论和实践研究成果迭出，但是在现实中，对全面开展房地产税的征收还存在一定的困难。尽管 2011 年上海和重庆已经率先进行了房地产税的开征，但经验研究表明，其征收的功能和效果还有待验证。从理论上来说，科学地开征房地产税对我国税收体制的改革与完善十分重要，同时，对于有效调控我国房地产市场的健康发展也具有重大的现实意义。笔者认为，未来对房地产税的改革毋庸置疑，学者在今后的研究中更应当关注具体的应用研究，比如在沪渝试点经验的基础上有效地将其成功的做法应用于其他地区的社会实验中，解决开征房地产税过程中存在的一些问题，以便设计出符合我国国情的房地产税税收体制以及监管体制。

参考文献

[1] 安体富，葛静. 关于房地产税立法的几个相关问题研究 [J]. 财贸经济，2014 (8)：5-12.

[2] 陈洁，欧阳明. 房地产税开征相关征管问题研究 [J]. 税务研究，2015 (7)：118-121.

[3] 樊丽明，葛玉御，李昕凝. 金砖四国税制结构变迁比较研究 [J]. 税务研究，2014 (1)：72-78.

[4] 高培勇. 以税收改革奠基收入分配制度改革 [J]. 经济研究，2013 (3)：8-9.

[5] 高培勇. 论完善税收制度的新阶段经济研究 [J]. 中国社会科学，2014 (12)：102-122.

[6] 高培勇. 中国近期税制改革动向与趋势 [J]. 国际税收，2015 (2)：6-8.

[7] 谷成，周大鹏. 不确定风险条件下的个人税收遵从行为研究 [J]. 财经问题研究，2013 (11)：73-78.

[8] 郝朝信，汪丽丽. 柔性执法：税务行政行为方式之趋向与选择 [J]. 税务研究，2014 (5)：44-47.

[9] 何浩然，韩余凌. 税收不遵从及其动机：理论与实验证据 [J]. 南方经济，2015 (6)：114-125.

[10] 胡怡建. 我国税收改革发展的十大趋势性变化税务研究 [J]. 税务研究，2015 (2).

[11] 刘成奎. 房产税的国际经验与启示：税基评估视角 [J]. 学习与实践，2013 (6)：11-17.

[12] 刘成龙，王周飞. 基于收入分配效应视角的税制结构优化研究 [J]. 税务研究，2014 (6)：15-22.

[13] 刘华，王婷，周琦深. 税收遵从研究述评：基于数据获取与应用视角 [J]. 税务研究，2014 (6)：88-91.

[14] 刘华，周琦深，王婷. 实验研究方法在行为财政学中的应用 [J]. 经济学动态，2013 (3)：119-128.

[15] 刘穷志，吴晔. 收入不平等与财政再分配：富人俘获政府了吗 [J]. 财贸经济，2014 (3)：22-33.

[16] 刘威. 房地产税税收限制的国际经验及启示 [J]. 涉外税务，2013 (6)：29-34.

［17］李承益. 我国房产税改革研究［J］. 宏观经济研究，2015（1）：103-108.

［18］李升. 税制结构优化研究：基于税负归宿的视角［J］. 税务研究，2015（1）：58-62.

［19］李永刚. 中国个人住房房产税制度设计研究——基于国际经验借鉴视角［J］. 经济与管理研究，2014（1）：94-100.

［20］卢洪友，熊艳. 我国税收的居民收入再分配效应研究［J］. 财政研究，2014（4）：15-18.

［21］毛丰付，李言. 我国房产税改革实践功效与展望评述［J］. 地方财政研究，2015（2）：18-23.

［22］马光荣，李力行. 政府规模、地方治理与企业逃税［J］. 世界经济，2012（6）：93-114.

［23］彭海艳. 财税调节收入分配的机制比较及启示［J］. 涉外税务，2013（2）：18-22.

［24］任强. 房产税：美国实践及借鉴［J］. 财政研究，2015（1）：53-57.

［25］申亮，王玉燕. 国外社会认同与纳税人态度、行为理论研究［J］. 经济与管理评论，2015（4）：87-92.

［26］宋丽颖，李倩倩. 基于征税行为的 A-S 模型的探讨［J］. 当代经济科，2014（2）：118-128.

［27］孙志亮，杨焕玲. 企业纳税理性的经济博弈分析［J］. 商业研究，2009（11）：60-62.

［28］王昊. 从我国房产税发展及发达国家经验看房产税改革［J］. 改革与战略，2014（7）：64-66.

［29］王玉霞，纵凯. 我国逃税行为的经济学分析［J］. 财经问题研究，2010（3）：79-85.

［30］薛菁. 税收遵从成本对企业税收遵从的影响分析——基于企业逃税模型［J］. 湖北经济学院学报，2011（2）：64-69.

［31］徐春林，倪燕，许银奎. 对我国个人住房房产税试点效果的评析及建议［J］. 涉外税务，2013（6）：23-25.

［32］杨志勇. 中国地方税系的构建与完善问题探讨［J］. 涉外税务，2013（6）：14-18.

［33］阮阳. 房产税征收的国际比较与借鉴［J］. 上海金融，2014（6）：116-118.

［34］曾军平. 促进收入公平分配的财税政策：从结果公平转向规则公平［J］. 税务研究，2014（7）：17-25.

［35］曾军平. 公平分配、规则架构与财税政策选择［J］. 税务研究，2015（7）：60-65.

［36］朱为群，曾军平. 现代国家治理下我国税制体系的重构［J］. 经济与管理评论，2015（1）：67-72.

基于渝新欧国际铁路大通道的重庆农产品物流问题研究

黄　兰[①]

[摘要] 渝新欧国际铁路（简称“渝新欧”）在新丝路经济带建设中发挥着日益重要的作用，它不但是一条连贯世界的物流通道，更是带动区域经济发展的重要引擎。作为渝新欧国际铁路线的起点，重庆的对外贸易和经济发展已大为受益。利用这一国际大通道对欧输出重庆的优势、特色农产品，以满足欧洲巨大的农产品需求，这将会有巨大的市场潜力。然而欧洲技术贸易壁垒严苛、重庆农产品物流基础平台薄弱、冷链物流实施难度大等因素，严重制约了基于渝新欧国际铁路大通道的重庆农产品物流的运行，是其发展过程中亟待解决的关键所在。

[关键词] 渝新欧国际铁路　农产品供需　农产品物流

从重庆到德国杜伊斯堡港的渝新欧国际铁路线是横贯新丝绸之路经济带的重要大动脉。这条重庆连接欧洲的国际联运大通道，起于重庆团结村，经新疆阿拉山口到哈萨克斯坦、俄罗斯、白俄罗斯、波兰，最后到达德国杜伊斯堡，全程11 179千米，耗时16天。“渝新欧”自开行以来已稳定运行了5年，打破了中国传统以东部沿海城市为重点的对外贸易格局，加快实现了亚欧铁路一体化建设，不仅使重庆从中国的内陆城市变为了开放前沿，更是搭建起了与沿途国家经济联系和文化交往的桥梁，赋予了古丝绸之路新的时代内涵。

渝新欧国际铁路大通道以欧洲为主要经济腹地，以重庆为据点，源源不断地运送各类物资往来于两地市场。其主要货源为电子、通信、家电、服装及面料、照明设备、机器零部件等高价值产品。然而随着公共班列的开行，国内更多的行业看到了渝新欧的巨大商机，更多的商品有望搭乘渝新欧班列驶出国门，开拓欧洲市场，这其中就包括农产品。欧洲是中国农产品出口的重要市场，以渝新欧为载体的农产品出口有着巨大的潜力。

一、基于渝新欧国际铁路大通道的农产品需求分析

（一）中国对欧农产品出口总体概况

欧洲历来是中国农产品出口的主要地区，在中国农产品出口中占有重要地位

① 重庆工商大学融智学院副教授，主要研究方向为物流和供应链管理。

（见表1），出口总金额仅次于亚洲地区。据统计，2015 年 1 至 11 月，中国农产品出口金额为 624. 2 亿美元，其中对欧出口总额达到 9 190. 90 百万美元，是除亚洲以外最大的出口区域，占中国农产品出口总额的 14. 72%。

表 1　　2010—2014 年中国农产品对欧出口总额

单位：百万美元

出口额度及比例	年份				
	2010	2011	2012	2013	2014
出口金额	8 790. 59	10 538. 38	9 969. 25	10 657. 47	11 166. 55
所占比例（%）	17. 98	17. 53	15. 95	15. 91	15. 65

资料来源：《中国农产品进出口月度统计报告》。

纵观近年来中国对欧出口农产品的情况，俄罗斯联邦、德国、荷兰、英国等国家一直是中国农产品出口的大国（见表 2）。

表 2　　2010—2014 年中国农产品对欧出口分国家汇总

单位：万美元

国家	年份				
	2010	2011	2012	2013	2014
俄罗斯联邦	153 698. 8	194 743. 7	193 997. 8	209 950. 6	230 102. 9
德国	173 851. 2	198 011. 5	190 654. 0	194 480. 4	205 419. 5
荷兰	108 455. 2	124 823. 8	118 029. 0	125 502. 6	134 455. 1
英国	81 304. 2	95 382. 0	95 329. 5	106 325. 1	109 881. 0
西班牙	74 298. 5	91 610. 9	72 813. 5	82 833. 1	86 052. 7
意大利	47 852. 3	62 155. 3	50 821. 8	59 231. 3	60 239. 3
法国	43 541. 5	55 974. 3	52 255. 1	55 083. 8	56 194. 4
比利时	46 313. 5	54 256. 8	54 682. 3	54 617. 2	53 300. 3

资料来源：《中国农产品进出口月度统计报告》

2010—2014 年，中国对欧洲主要国家的农产品出口在整体稳定的基础上呈现出平缓上升趋势（见图 1）。特别是俄罗斯联邦，它一直是中国农产品的进口大国，近期受欧美贸易制裁的影响，为弥补食品类供应缺口，俄罗斯政府计划向非西方国家、地区进口食品，这无疑给中国农产品贸易企业带来了更多的商机。

（二）中国对欧农产品出口的商品结构分析

根据中国海关总署采用的《商品名称及编码协调制度的国际公约》（简称 HS），将动植物及食品部分分为 1—24 章、四大类，本文所讨论的中国对欧出口的农产品也按这四大类加以分析。分类情况如表 3 所示。

表 3　　农产品分类

第一类	活动物；动物产品	第二类	植物产品
第三类	动植物油、脂及其分解产品；精制的食用油脂；动植物蜡	第四类	食品；饮料、酒及醋；烟草、烟草及烟草代用品的制品

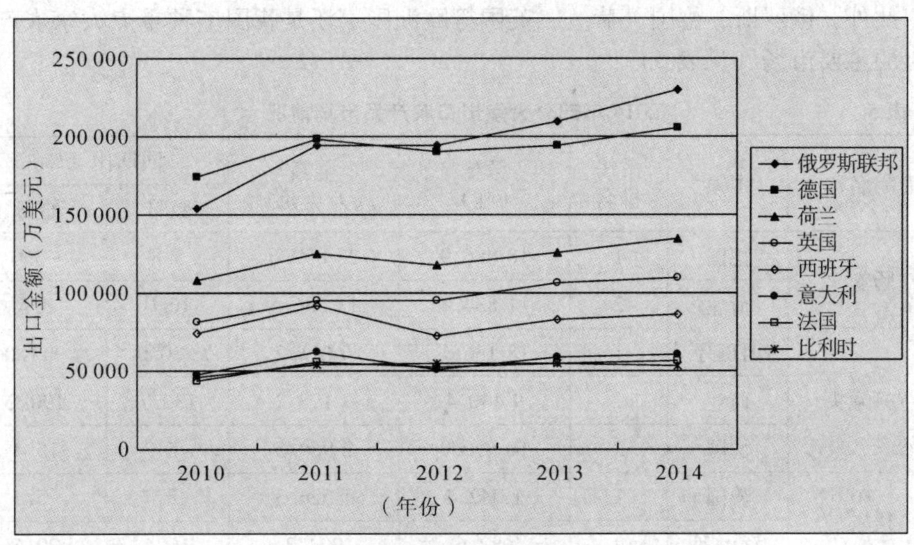

图1　2010—2014 年中国农产品对欧出口分国家汇总

资料来源：《中国农产品进出口月度统计报告》。

2014 年，中国向欧盟 28 国出口这四类农产品的总价值分别约为 28.330 亿美元、23.422 亿美元、1.250 亿美元和 28.146 亿美元，同比增长分别为 3.07%、2.61%、13.1%和 7.53%。其中 HS03 鱼、甲壳动物、软体动物及其他水生无脊椎动物，该类产品对欧盟出口势头强劲，且具有很大的发展潜力，出口额居于各类农产品之首，达到了 18.809 亿美元。HS20 蔬菜、水果、坚果或植物其他部分的制品，该类产品是中国出口欧盟的第二大类农产品，出口金额为 9.366 亿美元。HS05 其他动物产品列第三，出口金额为 7.461 亿美元。而 HS01 活动物类产品出口总额最低，仅为 336.3 万美元。

中国对欧洲的另一大成员国俄罗斯，2011—2014 年的农产品出口情况如表 4 所示。由表中可见，俄罗斯对第四类农产品需求旺盛，同时对第二类植物产品也有较高的需求。而其中 HS20 蔬菜、水果、坚果或植物其他部分的制品，HS16 肉、鱼、甲壳动物、软体动物及其他水生无脊椎动物的制品，HS08 食用水果及坚果；柑橘属水果或甜瓜的果皮、HS07 食用蔬菜、根及块茎位，HS03 鱼、甲壳动物、软体动物及其他水生无脊椎动物等是中国对俄罗斯出口的重要农产品。

表 4　2011—2014 年中国农产品对俄罗斯出口总额

单位：美元

类别	年份			
	2011	2012	2013	2014
第一类	198 670 976	213 229 248	278 009 877	308 992 790
第二类	721 077 223	642 281 811	690 118 605	814 719 532
第三类	6 235 847	7 253 974	5 181 888	5 593 464
第四类	925 969 361	976 475 282	1 009 014 564	1 061 270 052

资料来源：根据联合国 UNCOMTRADE 数据库数据计算整理。

此外，俄罗斯、德国、荷兰、英国等欧洲国家还是我国多种重点大宗农产品出口的主要市场（见表5）。

表5　　2014年部分大宗出口农产品市场情况

商品名称	国家	市场排名	数量（吨）	金额（万美元）	同期比（%）	
					数量	金额
肠衣	德国	1	18 886.9	23 859.6	5.8	-3.0
	荷兰	2	11 834.4	12 536.5	10.0	0.5
芦笋罐头	西班牙	1	18 136.1	6 611.7	-20.0	-11.0
	荷兰	2	9 440.4	3 198.2	130.7	190.2
	德国	3	10 690.9	2 969.5	-5.3	15.4
猪鬃	德国	1	1 042.4	1 526.3	-8.7	-5.1
	意大利	2	682.6	904.3	16.4	20.6
蜂蜜	比利时	2	21 327.2	4 747.0	2.9	17.0
	英国	3	22 223.1	3 745.4	0.7	-2.4
蘑菇罐头	俄罗斯	1	49 107.6	7 496.1	-7.5	-1.1
花生仁果	西班牙	2	11 013.6	1 361.6	-16.4	-32.8
烤鳗	俄罗斯	2	4 180.4	13 613.0	-2.6	-12.8
烟草	比利时	2	25 458.9	9 799.5	-20.8	-17.0
番茄酱罐头	俄罗斯	3	83 337.3	9 260.6	7.8	31.9
植物油	荷兰	3	993.1	1 911.1	-13.0	80.7
苹果汁	俄罗斯	3	57 031.4	8 059.6	16.2	14.0
鸡肉制品	荷兰	3	7 446.2	3 132.6	17.6	20.0

资料来源：《中国农产品进出口月度统计报告》。

综上所述，渝新欧国际铁路线所联系的欧洲市场有着巨大的农产品需求，不论从总量上还是类别上来看，都为中国的农产品生产和销售带来了无限的商机。作为渝新欧国际铁路的起点，重庆应当以此为契机，结合自身的农业特色，依托渝新欧这条新丝路经济带的大动脉，积极开拓欧洲市场，把更多、更好的优质、特色农产品送出国门，推向世界。

二、基于渝新欧国际铁路大通道的重庆农产品供给分析

（一）重庆农产品资源概况

重庆是一个大城市、大农村并存的直辖市，拥有相当规模的农业产业资源，农村经济在其经济结构中占有相当分量（见表6），2015年实现地区生产总值15 719.72亿元，其中第一产业增加值1 150.15亿元，增长4.7%。重庆立足于五大农业主体功能区和“两区一带”农产品生产战略格局，因地制宜发展蔬菜、

柑橘、生态渔业、草食牲畜、茶叶、中药材、调味品、木本油料、伏淡季水果、蚕桑、烟叶等特色产业，一批品质优良、特色明显、附加值高的优势特色农产品对地区经济发展起到了重要作用（见表7）。

表6　　2010—2014年重庆市地区生产总值及农林牧渔业总产值

单位：亿元

产值与比例	年份				
	2010	2011	2012	2013	2014
全市生产总值	7 925.58	10 011.37	11 409.60	12 783.26	14 262.60
农林牧渔业总产值	1 021.13	1 265.33	1 402.03	1 513.74	1 594.96
所占比例（%）	12.88	12.64	12.29	11.96	10.61

资料来源：《重庆统计年鉴（2010—2015）》。

表7　　2010—2014年重庆市部分优质特色农产品生产情况

单位：万吨

类别	2010年	2011年	2012年	2013年	2014年
油菜籽	34.22	35.14	37.71	40.11	43.97
蔬菜	1 309.54	1 407.97	1 509.34	1 600.64	1 689.11
茶叶	2.52	2.79	3.14	3.42	3.38
烤烟	6.39	7.59	7.61	8.24	7.09
柑橘	139.02	153.33	171.52	193.19	207.24
猪肉	147.55	148.55	150.73	154.95	158.54
水产品	22.43	27.56	33.07	38.50	44.34

资料来源：《重庆统计年鉴（2010—2015）》。

（二）重庆农产品出口情况分析

重庆的农产品不但满足了本地区及周边市场的需求，柑橘、蔬菜、猪肉、茶叶、烤烟等特色农产品更是凭借自身优良的品质广开销路，甚至远销到了国外（见表8、表9）。近年来，虽然受到全球贸易萎缩、欧美经济疲软以及国内经济形势的影响，部分产品出口量有所下降，但总体还是呈现出增长的趋势。据统计，2015年1月至11月，重庆市农产品出口金额达29 633.7万美元，同比增长5.6%。

表8　　2010—2014年重庆市农产品按类别出口总值

单位：万美元

类别	2010年	2011年	2012年	2013年	2014年
活动物、动物产品	9 233	10 631	9 242	10 340	7 196
植物产品	2 023	3 450	2 604	13 292	5 235

表8(续)

类别	2010 年	2011 年	2012 年	2013 年	2014 年
动植物油脂及分解产品、精制食用油脂、动植物蜡	168	124	82	120	109
食品、饮料、酒及醋；烟草及烟草代用品的制品	3 788	6 299	11 290	11 353	12 888
合计	15 212	20 504	23 218	35 105	25 428

资料来源：《重庆统计年鉴（2010—2015）》。

表 9　　2010—2014 年重庆市部分特色农产品及其制品出口情况

单位：吨

类别	2010 年	2011 年	2012 年	2013 年	2014 年
猪肉	8 224	5 056	2 847	2 746	3 149
蔬菜	17 999	18 948	20 646	23 187	20 598
茶叶	6 210	4 221	4 600	5 385	3 115
烤烟	—	1 751	6 742	8 896	9 309
柑橘属水果	70. 4	0. 1	17. 6	256. 3	102. 8
肠衣	2 859	3 096	2 254	1 817	1 718
猪肉罐头	3 980	4 530	3 920	4 165	4 230
蘑菇罐头	1 365	1 073	524	1 255	1 098

资料来源：《重庆统计年鉴（2010—2015）》《中国农产品进出口月度统计报告》。

重庆丰厚的农产品资源有着巨大的市场潜力可以挖掘，特别是重点扶持发展的优势、优质、特色农产品与前述的欧洲农产品进口需求有着较大的吻合度，这无疑确保了重庆对欧出口农产品的可行性。而渝新欧国际铁路线架设起了连接重庆和欧洲市场的大通道，借助于“一次报关、一次查验、全程放行”的国际货运专列，重庆对欧出口农产品已经搭建了良好的物流平台。

三、基于渝新欧国际铁路大通道的农产品物流困难分析

由于农产品的季节性、地域性、多样性、鲜活易腐性等特点，决定了农产品物流的特殊性，再加上渝新欧铁路运输的国际性，更是增加了物流难度。结合重庆本地的物流现状，以及渝新欧连接的市场情况，当前，基于渝新欧国际铁路大通道的农产品物流的主要困难如下：

（一）技术性贸易壁垒的限制

技术性贸易壁垒对农产品出口的限制不仅表现在销售和消费领域，其实产业链上的各个环节均可能受到技术性贸易壁垒的影响。在农产品的开发、生产、加工、包装、运输、销售、消费和废弃的整个生命周期中，那些被发达国家认为对

健康不利或对环境不友好的农产品就会受到进口国技术性贸易壁垒的制约。这种制约不仅涉及初级农产品，而且涉及所有的中间农产品甚至制成品。

农产品出口除了因品质、农药残留物、食品添加物以及证书材料不合格等问题而遭遇国外技术性贸易壁垒外，还有一些原因则可能是在物流环节中产生的，例如标签不合格、包装不合格、农产品污染等。此外农产品的品质质量也同样会在物流过程中受到环境和作业等方面的影响而发生变化。因此应对农产品出口的技术性贸易壁垒，不但要提升农产品质量安全，完善农产品技术标准体系，加强农产品检验检疫工作，整个储运、包装、加工等物流环节也是保证农产品符合发达国家越来越严苛的技术性贸易标准的重要条件。这恰恰就是基于渝新欧国际铁路线的农产品物流不可忽视的首要问题，在全程物流中必须考虑农产品出口欧洲的受阻因素，从而采取相应的物流技术手段和方法以避免因物流环节的因素而受制于欧洲技术性贸易壁垒。

（二）冷链物流难度大

由于农产品普遍具有易腐烂变质、易损耗、储存时效性高的特点，因而基于渝新欧铁路的农产品物流采用一体化的冷链运作模式，能最大限度地保证产品品质和质量安全，减少损耗、防止污染。

但是我国，特别是以重庆为代表的西部地区，农产品冷链物流发展仍处于起步阶段，规模化、系统化的冷链物流体系尚未形成，与发展现代农业、居民消费和扩大农产品出口的需求相比仍有差距。突出表现在以下几方面：

1. 冷链物流供给能力严重不足

重庆市冷链物流一级节点主要布局在九龙坡区白市驿，在渝北和巴南二环通道附近设冷链储运设施，补充主城的需求。其他的二级、三级以及四级节点分布于涪陵、万州、合川以及铜梁等 22 个远郊区县。具体到主城，包括江北区的凯尔冷链物流市场、大亚湾水产市场、九龙坡区的万吨冷链物流市场、明品福物流市场，以及大渡口区的茄子溪市场等，都是目前冷链物流聚集地。据重庆市物流与供应链协会的调查显示，在中国西部农产品冷链物流中心 23 万吨的冷库投入运营使用以前，整个重庆的冷库容量只有 17 万吨的规模，人均冷库容量 6 千克，仅相当于全国平均水平的三分之二。根据市商委副主任的介绍，目前重庆市冷库容量已达到 106 万吨，冷藏车 1 051 辆，总载重 9 460 吨，然而按照 2015 年有冷链物流需求的部分农产品的产量数据来看，即蔬菜、禽蛋、猪肉产量分别为 1 780. 47 万吨、45. 36 万吨、156. 15 万吨，冷链物流基础设施供应与需求已经存在很大的缺口。

2. 冷链物流技术推广滞后

生鲜农产品产后预冷技术和低温环境下的分等分级、包装、加工等商品化处理手段在我国尚未普及，运输环节温度控制手段尤为原始粗放。农产品的加工、储运、分销、零售各环节缺乏统一标准，不但“断链”现象频出，而且全程冷链的比率低。而与之相匹配的冷链物流全程监控与追溯系统、监管与查验体系、冷链物流信息系统等更是发展滞后。这些问题严重制约了我国冷链物流的发展，也同样将对基于渝新欧铁路的农产品物流运作产生关键的影响。

3. 冷链物流成本高

冷链物流的实施不但依赖于专业的设施设备，还需要专业的技术手段、管理方法和组织模式，这无疑增加了农产品物流的成本，这也是多年来制约冷链物流发展的根本原因之一。再加上农产品进口国高昂的关税，对农产品出口商而言无疑是雪上加霜。此外，渝新欧铁路所使用的冷藏集装箱等专业冷链设备还存在着回程空载的问题，回程的成本问题也是必须要考虑的。高昂的冷链物流成本使得不少农产品供应者望而却步，基于渝新欧铁路的对欧农产品出口如何压缩成本以提升物流竞争力，显然是一个无法规避的关键问题。

（三）农产品物流基础平台薄弱

重庆是国家定位的西南物流区域核心城市，现代物流业发展至今，五个级次的物流区域布局体系初步构建，"三基地四港区"的国家级物流枢纽平台和市级重点物流园区的物流集聚效应初步显现，"一江两翼三洋"的国际物流大通道逐渐趋于完善。然而由于农业经济的特点，农产品产能、产值、经济效益等因素，重庆专业化的农产品物流基础平台相对薄弱。

针对这一问题，重庆已经加大了对农产品物流发展的扶持力度。2012 年批准建立了西部国际涉农物流加工区，承担市内外大宗粮食、冷链物流分拨与集散以及全市大宗农产品交易、储备、应急保供和稳定物价等职能。此外，五大市级物流枢纽和五大地区级物流枢纽也都各自兼具一定的农产品物流功能。然而农产品物流不是分割的、片断的，不仅仅是几个硬件设施的规划建设就能够全面改善的。农产品物流的政策环境、农产品物流的市场和企业群体、农产品物流的管理水平和服务质量等方面也是重庆农产品物流基础平台构建和完善过程中不可忽视的。

从田间地头到收购站、加工点，到储运中心、中转点，再到渝新欧的始发站团结村中心站，正是这些登上渝新欧货运专列之前的物流活动在很大程度上决定了基于渝新欧的农产品物流的效率和成本。而只有"软硬兼施"，促进重庆农产品物流基础平台良性发展，重庆对欧输出农产品全程物流的高效性和低成本才有可能实现。

四、结语

渝新欧国际铁路大通道是"新丝绸之路经济带"和中国向西开放战略的重要支撑，它的开通和运行，不但为沿线各国经贸合作提供了一条史无前例的"快车道"，同时又基于这条"快车道"聚集起了大外资、大产业，促进中国西部加快融入全球经济一体化进程。随着渝新欧国际货运专列不断地运行调整，其班次更加频密、路线更加优化、货源更加丰富，中欧贸易也因此更加活跃和深入。

作为渝新欧铁路线起点的重庆有着丰富的农产品资源，而作为终点的欧洲有着巨大的农产品需求，因而利用这一大通道连接起供应与需求的两端，拉近产地和市场，将成为一个合理而可行的选择。然而欧洲技术贸易壁垒严苛、冷链物流实施难度大、重庆农产品物流基础平台薄弱等问题严重制约了基于渝新欧国际铁路大通道的农产品物流的运行。因此，正视并尽快解决这三大难点将是重庆对欧农产品物流良性发展的关键所在，也是发展基于渝新欧国际铁路大通道的重庆农产品物流亟待解决的系列大问题。

参考文献

[1] 魏大治. 中国农产品出口应对技术性贸易壁垒策略研究 [D]. 泰安：山东农业大学，2010.

[2] 江凌. 技术性贸易壁垒对我国农产品出口影响分析及应对策略研究 [D]. 重庆：西南大学，2012.

[3] 张春颖，王秀云，李娜. 我国西部特色农产品冷链物流的发展现状与策略研究 [J]. 物流科技，2010 (10)：50-54.

[4] 高吕艳杏. 重庆冷链物流步入发展快车道 [EB/OL]. http：//www. chinanews. com/cj/2015/11-16/7626229. shtml. 2015-11-16/2016-04-10.

[5] 农村流通处. 创新发展 转型升级 开创农村流通工作的新局面 [EB/OL]. http：//wsy. cq. gov. cn/news/readnews/nid/ca221ac3fa30937921227374f62bad1c. 2016-01-26/2016-04-10.

关于影视剧版权的会计核算问题探析

——兼论无形资产准则的不足和改进

李 倩①

[摘要] 随着文化产业的发展，人们越来越认识到对知识产权的尊重，但是关于影视剧版权的会计核算问题目前还未有统一的规定。本文试图从不同的会计主体出发，指出其影视剧版权该如何进行相应的会计核算，以期为需要核算影视剧版权的企业提供参考，并讨论关于企业会计准则——无形资产存在的不足及其改进建议。

[关键词] 影视剧版权　无形资产　核算

随着现代社会的不断发展，越来越多的影视剧被创造出来，丰富了人们的文化生活。随着对知识产权更清晰的认识，越来越多的企业开始重视影视剧版权的管理问题。但影视剧版权区别于其他的资产，有着其独有的特点，这导致其会计核算问题屡屡出现，不管是对“乐视网影视剧版权摊销的争议”，还是对“互联网影视版权凸显估值分歧”等问题，都充分说明我们对于影视剧版权的会计核算体系尚不完善。

版权是法律上规定的某一单位或个人对某项著作享有印刷出版和销售的权利，任何人要复制、翻译、改编或演出等均需要得到版权所有人的许可，否则就是对他人权利的侵权行为。所谓影视剧版权是指对于电视、电影等作品的出版和销售的权利，这是一种法律赋予的权利，从其特点上来看，满足无形资产的定义——“由企业拥有或控制的不具有实物形态的可辨认非货币性资产”。但我们判断属于哪项资产时，除了判断其是否满足该项资产的定义以外，还有一项非常重要的判断标准——企业持有该资产的目的。比如土地使用权，虽符合无形资产的定义，但企业将其确认为何种资产还需要从企业持有的目的来判别：对于企业拥有的土地使用权，如果持有目的是自己使用，那么可确认为无形资产加以核算；如果其持有目的是对外出租以赚取租金或以出售赚取价值增值的话，那该将此土地使用权确认为投资性房地产；如果由房地产开发企业持有且打算开发准备出售的商品房，那么该土地使用权最终会确认为存货——开发产品的成本。所以，对于影视剧版权的确认，同样需要视其持有目的来分类。下面从会计主体的角度对影视剧版权的问题展开论述，探讨应该如何进行会计核算。

---

① 重庆工商大学融智学院讲师，主要研究方向为无形资产会计核算。

一、影视剧制作企业的会计核算

该类企业主要是指生产制作影视剧的企业，如中国电影集团、海润影视、华谊兄弟等就属于此类会计主体，对于影视剧制作单位来说，其“产品”就是各类影视剧，故而对于这类会计主体而言，持有影视剧版权的目的主要是为了销售，满足存货的定义，应该将其确认为存货。

该类企业在制作有关的影视剧时，需要将其制作成本准确地归集，可设置“生产成本”账户，并根据制作具体影视剧的名称设置明细账，分别核算其成本。需要注意以下几个问题：

首先，支付给有关演职人员的工资如果是税后的，制作单位承担个人所得税，并到相关的税务机关代开个税完税发票，其承担的个税和税后工资均应计入相关的生产成本，此时，借记“生产成本——某某剧成本”，贷记“应付职工薪酬——劳务费”“应交税费——应交个人所得税”。

其次，不管是2015年的春晚，还是最近的电影，我们都会发现在影视剧制作中，另外一个突出的新现象就是广告植入。而从会计核算上看，在影视剧制作中，对于植入的广告收入和其成本，均并不能单独剥离于该影视剧独立存在，因此不建议将取得的植入广告收入独立核算。应在取得相关的广告收入时，借记“银行存款”，贷记“生产成本——某某剧成本”，冲减影视剧的生产成本。

然后，在有关的影视剧制作完成时，将其成本结转至“库存商品”，此时，借记“库存商品——某某剧”，贷记“生产成本——某某剧成本”。

最后，在影视剧制作单位将其影视剧产品出售给发行企业时，如果发行单位以买断的形式来发行影视剧，视同制作单位将影视剧销售给发行企业，按销售进行账务处理。此外，根据《财政部 国家税务总局关于在全国开展交通运输业和部分现代服务业营业税改征增值税试点税收政策的通知》（财税〔2013〕37号）把广播影视服务纳入了“现代服务业”营改增的范围。广播影视服务，具体包括广播影视节目（作品）的制作服务、发行服务和播映（放映）服务。因此，制作单位将影视剧销售给发行方时，不再需要缴纳营业税，改为缴纳增值税，按有关规定计算出需要缴纳的增值税，并进行如下账务处理：按取得的销售收入，借记“银行存款”，按其销售价格贷记“主营业务收入”，再按6%的增值税税率计算出其销项税额贷记“应交税费——应交增值税（销项税额）”。同时结转其成本，借记“主营业务成本”，贷记“库存商品——某某剧”。

二、影视剧发行（贸易）企业的会计核算

根据财税〔2013〕37号文件规定，影视剧发行企业，是指以分账、买断、委托、代理等方式，向影院、电台、电视台、网站等单位和个人发行广播影视节目（作品）以及转让体育赛事等活动的报道及播映权业务活动的单位。该类企业持有影视剧版权也主要是以出售为目的，建议将其确认为存货类资产。此类企

业中有关于影视剧版权的核算主要有以下几个方面：

（一）购入影视剧版权的账务处理

发行方从制作单位购入有关的影视剧版权时，将购买所支付的、增值税以外的费用记为该影视剧版权的采购成本，账务处理为借记“库存商品——某某剧”，按其取得的增值税发票中的金额，借记“应交税费——应交增值税（进项税额）”，按支付的总价款贷记“银行存款”等。

（二）发行影视剧版权的账务处理

发行方以不同的方式进行具体影视剧发行时，需要进行不同的账务处理，以下主要讨论买断和分账两种方式。

1. 买断方式

在这种方式下，发行方视同将影视剧版权销售给客户，应进行有关影视剧销售的账务处理。其具体的账务处理同前面制作方销售时的账务处理类似，不再累述。同时，依据财税〔2013〕37号文件规定，至2013年12月31日，广播电影电视行政主管部门（包括中央、省、地市及县级）按照各自职能权限批准从事电影制片、发行、放映的电影集团公司（含成员企业）、电影制片厂及其他电影企业取得的销售电影拷贝收入、转让电影版权收入、电影发行收入以及在农村取得的电影放映收入免征增值税和营业税。

2. 分账方式

在分账方式下，主要涉及发行方用电影等影视剧与各影院之间进行交易的行为，具体来说，就是发行方将影视剧交给各大院线播放，同时从电影院中的票房收入中按双方约定的分账比例取得收入。这种方式下，各影院播放相关的影视剧时间不会太长，一般为两周至四周不等，而且，影视剧的版权并不会转移，发行方仍然保留其版权，因此不做商品成本的结转。当影视剧下线后，发行方根据约定的比例取得其有关的收入时，借记“银行存款”，贷记“主营业务收入”。虽然发行方保留其版权，不做商品成本结转的账务处理，但根据经验，电影获得的收入主要来自于影院的票房收入。电影下线后虽然仍能为企业带来经济利益的流入，但其金额明显小多了。同时为了确保收入与成本相匹配，建议需要结转大部分的成本。此时需要根据经验判断影视剧版权的剩余价值。扣除其剩余价值后，结转有关的成本：借记“主营业务成本”，贷记“库存商品——某某剧（已减值）”。若剩余价值不多，根据谨慎性质量要求，也可以将成本全额结转。

三、影视剧播出企业的会计核算

这类企业类似于各大电视台以及一些在互联网上公开播放电视、电影的视频网站，如乐视网、爱奇艺等。这类企业持有影视剧版权的目的更多的是使用，因此，应将其确认为无形资产。

（一）购入影视剧版权的账务处理

当此类会计主体购入影视剧版权时，按其所花费的成本记为无形资产的初始计量成本，借记“无形资产——某某剧”，贷记“银行存款”等。

（二）影视剧版权摊销的账务处理

此类影视剧版权，一般都约定好了期限，属于使用寿命确定的无形资产。按照会计准则的有关规定，应在持有期间进行摊销。有关无形资产的摊销方法，有直线法、工作量法和加速摊销法等。

以乐视网为例，其影视剧版权的摊销采用直线法，此类方法的优点是工作量简单，在每个期间计提时，按该无形资产的总成本除以使用寿命确定每期的摊销额，借记“管理费用”，贷记“累计摊销”；而以优酷、土豆为代表的企业则选择用加速摊销法，在这种方法下，前期的摊销额更多，符合影视剧前期播放次数更多，前期能带来的收入更多的规律，从而更符合收入与成本相匹配的原则。

2014 年 5 月 12 日，IASB 发布了《对可采用的折旧和摊销方法的澄清（对 IAS 16 和 IAS 38 的修订）》，明确以收入为基础的折旧或摊销方法并不适当。文中指出“以使用一项无形资产的经营活动产生的收入为基础，对该无形资产进行摊销的方法并不适当。使用该无形资产的经营活动产生的收入，并未反映与该无形资产包含经济利益的消耗方式直接相关的因素。例如，收入受到其他投入和生产过程，以及销售活动、销售数量和价格变动的影响。收入中的价格因素，受通货膨胀的影响，而不是资产消耗方式的影响。”借鉴此文件，笔者也赞同用直线法来进行影视剧版权的摊销。

（三）影视剧版权出租的账务处理

若是影视剧播放企业有权将获得的影视剧版权出租，赚取租金时，按获得的租金收入借记“银行存款”等，贷记“其他业务收入”；在出租时，若自己同时也在播放该影视剧，则不需要重复计提摊销。

当然在期末如果该影视剧版权存在一些客观证据表明其存在减值迹象时，需要对其进行计提减值的账务处理。具体为借记“资产减值损失”，贷记“无形资产减值准备”。

综上所述，对于影视剧版权的账务处理，并不能一概而论，都作为“无形资产”来核算，而应根据会计主体持有目的的不同来区别对待，使会计核算能更客观真实地反映出会计主体的财务状况和经营成果，也使同类企业之间的会计信息更具有可比性。

四、现行会计准则无形资产的不足及其改进

根据上述影视剧版权的账务处理，我们发现现行《企业会计准则第 6 号——无形资产》中尚存在下列不足：

（一）有关于概念界定的问题和建议

在《企业会计准则第 6 号——无形资产》中，对于无形资产是这样定义的：“企业拥有或者控制的没有实物形态的可辨认的非货币性资产”。在《国际会计准则第 38 号——无形资产》中，对无形资产的定义为“无形资产指为用于商品或劳务的生产或供应、出租给其他单位，或管理目的而持有的、没有实物形态的、可辨认非货币性资产”。二者都强调了无形资产的不具有实物形态和可辨认

性，但区别在于国际会计准则强调了企业持有该项资产的目的，我国的会计准则却没有做详细的表述。事实上，持有该项资产的目的，对于资产的确认非常重要。建议我国的会计准则应清晰表述无形资产的持有目的。

（二）摊销方法不够明确

在准则中对于无形资产的摊销这样规定："企业应当于取得无形资产时分析判断其使用寿命，对于使用寿命确定的无形资产，应摊销金额应在其使用寿命内系统合理地摊销，使用寿命不确定的无形资产不应摊销而只计提减值。"其中对于摊销方法，只是简单地表述为"系统合理地摊销"和"该项无形资产有关的经济利益的预期实现方式进行摊销"，并未详细地指出具体的摊销方法及其适用的具体情况。相较而言，在国际会计准则中，则规定无形资产摊销可采用直线法、余额递减法和生产总量法等方法，并在《对可采用的折旧和摊销方法的澄清（对 IAS 16 和 IAS 38 的修订）》中明确以收入为基础的折旧或摊销方法并不适当。该修订文件适用于 2016 年 1 月 1 日开始的完整会计年度。相较而言，我国准则中的摊销方法不够具体，可参考有关的国际准则规定，明确有哪些具体的摊销方法，以及其具体适用的情况。

参考文献

[1] 财政部会计司编写组. 企业会计准则讲解 2010［M］. 北京：人民出版社，2010.

[2] 高娟，汤嘉欣. 无形资产会计理论：演进与发展［J］. 财会通讯，2012（3）：125-127.

三峡库区土地利用系统健康评价研究[①]

陈　丹[②]

[摘要] 随着三峡库区蓄水完成以及城镇化进程的推进，城市土地利用结构发生了明显变化，其相应的土地利用系统健康状况也发生了变化。本研究以三峡库区为研究对象，采用2000—2014年5期土地利用现状数据、社会经济以及环境监测数据，分析该阶段土地利用时空变化，通过模糊综合评判模型对该区域进行土地利用系统健康评价，并采用灰色模型对其健康水平进行预测。其结果表明：2000—2014年近14年里，三峡库区土地利用类型的空间结构发生了巨大的变化，包含数据结构和空间结构的变化，其中耕地和建设用地的变化最为突出；2000—2014年，三峡库区土地利用系统健康状态表现为不健康和临界状态两个等级，总体上土地利用系统的健康水平有所提高；从采用灰色模型对土地利用系统健康水平进行预测的结果来看，三峡库区土地利用系统健康水平呈现出提高的趋势。

[关键词] 土地利用　模糊综合评判　灰色模型　三峡库区

土地是一切生产、建设和人民生活不可缺少的物质条件，是人类赖以生存的最基本资源。土地利用是人类根据土地特点，按一定的经济与社会目的，采取一系列技术手段，对土地进行的长期性或周期性的经营活动。Aldo Leopold最早于20世纪40年代提出“土地健康”的概念，随之大量学者对土地的概念有了新的认识和更加深入的了解。随着社会经济可持续发展战略实施以来，围绕土地资源可持续利用的一系列研究广泛兴起，土地利用系统健康成为其中一个重要的研究内容。土地利用系统是一个以土地利用为基础的经济、社会以及自然的复合性综合系统，它除具有其本身的特殊性外，还具有生态系统的一般特征。因此，在当今社会经济和城市不断发展的背景下如何实现土地资源的永续利用成为学术界关注的热点问题。

随着三峡大坝的修建，三峡库区的土地利用发生了很人的变化，土地利用系统也呈现出各种生态问题。本研究以三峡库区为对象，采用2000年、2004年、2007年、2010年和2014年五期遥感数据及社会、经济和环境监测数据为主要数据源，基于PSR模型构建评价指标体系，利用模糊综合评判法建立评价模型，对库区土地利用系统健康状况进行评价，并针对问题提出对策建议。

---

① 本文系重庆工商大学融智学院2015年度人文社会科学研究项目（项目编号：20157002）阶段成果。

② 重庆工商大学融智学院教师，主要研究方向为国土资源管理、3S理论与应用、环境科学。

一、研究区概况

三峡库区位于北纬 29°—31°50′，东经 106°20′—110°30′，总面积约 5.7 万平方千米，位于四川盆地和长江中下游平原之间，北面和南部分别为大巴山和川鄂高原，地形复杂，多山谷。三峡库区包含了重庆主城区（渝中区、江北区、北碚区、渝北区、巴南区、南岸区、沙坪坝区、九龙坡区和大渡口区）以及巫山县、巫溪县、奉节县、云阳县、开县、忠县、丰都县、武隆县、石柱县、万州区、涪陵区、长寿区、江津区和湖北省境内的宜昌市、兴山县、秭归县、巴东县。三峡库区地处我国亚热带湿润气候区，夏季高温多雨，冬季温和湿润，拥有丰富的水热资源，垂直气候带明显。随着三峡库区的蓄水完成以及库区内区县的经济发展，三峡库区的土地利用结构和土地利用系统健康受到了较大影响。对三峡库区土地利用系统进行健康评价，可为土地资源的可持续利用提供理论基础和指导意见，同时它也能够帮助地方诊断由自然因素和人为活动引起的土地利用系统的损坏和退化程度，为管理者提供决策依据。本研究参照《土地利用现状分类》(GB/T21010—2007)，结合三峡库区实际情况，将其划分为耕地、林地、草地、水域、建设用地和未利用地 6 类。

二、数据来源及数据处理

（一）数据来源

运用 ERDAS9.1 软件对三峡库区 2000 年、2007 年和 2014 年的 Landsat TM 遥感影像进行 4、3、2 波段组合，采用人机交互的解译方法获取研究区 2000 年、2004 年、2007 年、2010 年和 2014 年五期 Landsat TM 遥感影像的土地利用数据；参考 2000—2014 年重庆市统计年鉴、湖北省统计年鉴获得相应的经济社会数据；其中土地利用多样性指数和聚集度指数通过 FRAGSTATS4.1 软件计算获取；部分数据指标经计算后得到。

（二）数据处理

数据分析之前，各个指标数据需进行标准化处理，对数据进行无量纲化，以消除量纲的影响，即将绝对的有量纲指标转化为无量纲指标，用统一的方法进行综合评价。本文采用极差变换法对指标进行无量纲标准化处理，具体方法如下：

正向型指标处理方法：

$$Y_{ij} = (X_{ij} - \min X_{ij}) / (\max X_{ij} - \min X_{ij}), \quad (1 \le i \le n, \ 1 \le j \le m)$$

逆向型指标处理方法：

$$Y_{ij} = (\max X_{ij} - X_{ij}) / (\max X_{ij} - \min X_{ij}), \quad (1 \le i \le n, \ 1 \le j \le m)$$

式中：i 是时间，j 是评价指标，Y_{ij}表示的是 i 时间 j 评价指标的无量纲化值。X_{ij}表示的 i 时间 j 评价指标的原始数据。$maxX_{ij}$、$minX_{ij}$分别是 i 时间 j 评价指标的最大值和最小值，其中标准化值 $0 \leqslant Y_{ij} \leqslant 1$。

三、研究方法

（一）构建评价指标体系

本研究以“压力—状态—响应”（PSR）模型构建三峡库区土地利用系统健康评价指标体系：目标层、准则层和指标层。以三峡库区土地利用系统健康评价为总体目标，从土地利用系统健康压力指标、土地利用系统健康状态指标和土地利用系统健康响应指标三个子系统为准则层出发选取 17 个评价指标，进行构建三峡库区土地利用系统健康综合评价指标体系（见表 1）。其中压力子系统反映了社会经济的发展给土地利用系统带来的压力；状态子系统反映了土地利用在受到人为干扰下表征出来的抗干扰能力；响应子系统反映了土地利用系统在受到来自各方面的压力后土地资源管理者采取的对策。

（二）评价指标权重的确定

层析分析法（AHP）是一种对难于完全定量的复杂系统做出决策的模型和方法。层次分析法根据指标体系的层次结构（最高层、中间层和最低层），对各层指标因素进行两两比较后构成判断矩阵，通过计算判断矩阵的最大特征值和特征向量得出各指标值的权重（见表 1），公式如下：

$$A=\begin{bmatrix} g_1/g_1 & g_1/g_2 & \cdots & g_1/g_m \\ \cdots & \cdots & \cdots & \cdots \\ g_2/g_1 & g_2/g_2 & \cdots & g_2/g_m \\ \cdots & \cdots & \cdots & \cdots \\ \vdots & \vdots & \vdots & \vdots \\ \cdots & \cdots & \cdots & \cdots \\ g_m/g_1 & g_m/g_1 & \cdots & g_m/g_m \end{bmatrix}$$

表 1　　三峡库区土地利用系统健康评价指标体系及权重

目标层	准则层	权重值	指标层	指标类型	权重值
土地利用系统健康	土地利用系统健康压力指标（P）	0.510 9	人口自然增长率	负向	0.070 8
			人口密度	负向	0.107 2
			农用地比例	正向	0.153 6
			建设用地比例	负向	0.388 1
			土地利用程度指数	负向	0.235 9
			地区生产总值年增长率	正向	0.044 4
	土地利用系统健康状态指标（S）	0.099 2	人均耕地面积	正向	0.158 4
			人均建设用地面积	负向	0.041 6
			土地利用多样性指数	正向	0.293 0
			土地利用聚集度指数	负向	0.178 2
			人均地区生产总值	正向	0.196 9
			人均可支配收入	正向	0.131 9
	土地利用系统健康响应指标（R）	0.389 9	人口就业指数	正向	0.038 0
			单位耕地面积粮食产量	正向	0.082 4
			工业固体废物综合利用率	正向	0.293 2
			工业废水和废气处理率	正向	0.374 6
			森林覆盖率	正向	0.211 8

（三）模糊综合评价法

模糊数学是研究和揭示模糊现象的定量处理方法，在处理复杂系统方面具有优越性，土地利用系统健康评价具有模糊性质的概念，应用模糊数学的方法建立土地利用系统健康评价更加符合实际情况。本研究通过采用模糊综合评判方法设计隶属度函数，对三个子系统下的各指标进行评判集隶属度的评判，从而获得该级模糊评判向量，获得新的判断矩阵，具体步骤为：

（1）确定指标集 U＝｛u_1，u_2，…，u_n｝，u_1，u_2，…，u_n为各评价指标值。

（2）确定评判集 V＝｛v_1，v_2，…，v_n｝，v_1，v_2，…，v_n为评价等级，其中本研究中评价等级分为五级：病态、不健康、临界状态、亚健康、健康。

（3）进行单因素评判，形成各级指标体系隶属度矩阵 R。

$$R=\begin{bmatrix} r11 & r12 & \cdots & r1n \\ r21 & r22 & \cdots & r2n \\ \vdots & \vdots & \vdots & \vdots \\ rn1 & rn2 & \cdots & rnn \end{bmatrix}$$

（4）利用上述层次分析法确定各指标权重值 A＝（a_1，a_2，…a_n），对评判对象进行综合评价。

$$B=(a_1 \quad a_2 \quad \dots \quad a_n)\begin{bmatrix} r_{11} & r_{12} & \dots & r_{1n} \\ r_{21} & r_{22} & \dots & r_{2n} \\ \dots & \dots & \dots & \dots \\ r_{n1} & r_{n2} & \dots & r_{nn} \end{bmatrix}=(b_1 \quad b_2 \quad \dots \quad b_n)$$

（5）最后利用加权平均原则计算综合评判值，其中用 1，2，3，4，5 分别代表评判集中的病态、不健康、临界状态、亚健康和健康。

$$C=\sum_{j=1}^{n}(b_j * j)/\sum_{j=1}^{n} b_j$$

式中，C 为综合评判值，b_j为综合模糊评判集，j 为评判集中第 j 个元素的隶属度。

（四）灰色模型预测法

灰色模型（ Grey Model，GM）预测法由邓小龙于 1982 年提出，它是将一个随机过程当作与时间相关的过程，将许多离散杂乱无序的数据梳理为一个有序的数列，再对其进行分析的预测方法。灰色模型是在灰色过程中建立的模型，其理论基础是灰色系统理论，它的基本思想是将原始数据组成原始序列，经过累加生成一个新的序列，再对变换后生成的新的序列建立微分方程求解，其中误差检验的概率应大于 0.9。

四、结果分析

（一）三峡库区土地利用状况

表 2　　2000—2014 年三峡库区各土地利用类型面积统计

年份	面积/比例	草地	耕地	建设用地	林地	水域	未利用地
2013	面积（平方千米）	1 396	21 340	1 862	31 206	1 513	17.2
	比例（%）	2.43	37.22	3.24	54.43	2.63	0.03
2010	面积（平方千米）	1 399	21 564	1 490.9	31 380	1 485	17
	比例（%）	2.44	37.61	2.6	54.73	2.59	0.03
2007	面积（平方千米）	1 406.4	21 699	1 372	31 409	1 433	16.5
	比例（%）	2.45	37.85	2.39	54.78	2.5	0.03
2004	面积（平方千米）	1 408	21 781	1 303	31 421	1 406	16.9
	比例（%）	2.46	37.99	2.27	54.8	2.45	0.03
2000	面积（平方千米）	1 409	21 840	1 274	31 472	1 324	17.3
	比例（%）	2.46	38.09	2.22	54.89	2.31	0.03

由表 2 可知三峡库区 2000—2014 年各土地利用类型面积的分布状况。其中，林地和耕地分布最为广泛，库区总体上呈现耕地、林地、草地和未利用地面积减少，水域和城镇建设用地面积增加的趋势，具体表现为：建设用地面积增幅最大，面积从 1 274 平方千米增加到 1 862 平方千米，增加 58 838 平方千米，主要是重庆市直辖所带来的机遇以及经济的快速发展，导致城镇建设用地需求不断增加；耕地和林地面积一直处于下降状态，分别减少 500 平方千米和 266 平方千米；受三峡库区蓄水的影响，水域用地面积逐年增加，从 1 324 平方千米增加到 1 513 平方千米；由于草地和未利用地在三峡库区所占面积比例本身比较小，因此草地和未利用地面积变化数量很小，草地也略有减少，而未利用地面积有所增加。2000—2014 年，未利用地面积仅占三峡库区总面积的 0.03%，表明三峡库区的土地开发利用程度较高，然而后备土地资源不足。

（二）土地利用系统健康评价权重分析

由表 1 可知土地利用系统健康压力、状态和响应三大子系统中各评价指标对土地利用系统健康状况的影响具有明显的差异。在土地利用系统健康压力指标中，建设用地比例权重值最大，土地利用程度指数次之，地区生产总值年增长率最小，说明建设用地和土地利用程度指数对土地利用系统的压力最大，这是 2014 年来建设用地规模扩张的原因；土地利用系统健康状态各指标中土地利用多样性指数最大，人均建设用地面积最小；土地利用系统健康响应指标中工业废水和废气处理率的权重值最高，其次是工业固体废物综合利用率，说明面对三峡库区土地利用系统的压力，土地资源管理者在处理废水、废气和固体废物中采取了一定措施。土地利用系统健康压力、状态和响应三个子系统中压力权重值最大为

0.510 9，这是因为土地利用系统中的压力指标对土地利用是否健康有着至关重要的作用；而土地利用系统健康响应指标权重次之为0.389 9，说明压力与响应之间具有关联性；土地利用系统健康状态指标影响最小，权重为0.099 2（见表3）。

表3　　三峡库区2000—2014年子系统指数值及综合健康值

年份	2000年	2004年	2007年	2010年	2014年
系统压力	0.302 2	0.314 9	0.355 0	0.385 8	0.267 0
系统状态	0.251 3	0.260 1	0.274 9	0.290 4	0.314 2
系统响应	0.218 5	0.225 7	0.253 8	0.278 3	0.307 6
系统健康值	0.264 6	0.274 6	0.328 5	0.362 5	0.400 2

（三）土地利用系统健康评价结果及预测分析

由综合模糊评判法得出土地利用系统健康评价三大子系统历年的指数值和健康值。综合土地利用系统健康指数的计算结果，本文将土地利用系统健康级别划分为5个等级（见表4）：病态（0~0.2）、不健康（0.2~0.4）、临界状态（0.4~0.6）、亚健康（0.6~0.8）和健康（0.8~1）。

表4　　土地利用系统健康级别含义

健康级别	含义
病态（0~0.2）	结构完全不合理，恢复力、服务功能与环境保护冲突严重
不健康（0.2~0.4）	结构很不合理，恢复力、服务功能差，服务功能与环境保护冲突重大
临界状态（0.4~0.6）	结构比较不合理，恢复力较差，有明显的生态压力
亚健康（0.6~0.8）	结构合理，恢复力、服务功能一般
健康（0.8~1）	系统功能正常，无明显的生态胁迫因子

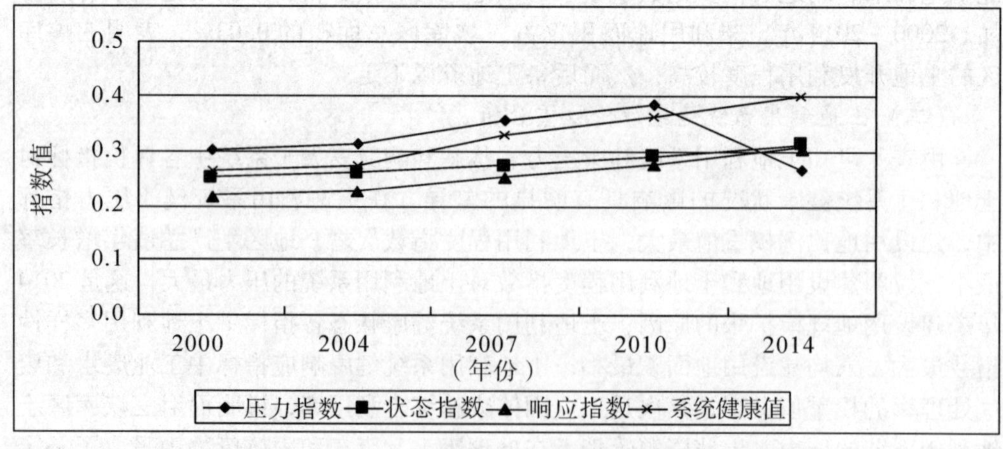

图1　2000—2014年三峡库区土地利用系统健康评价值变化图

由图 1 可知 2000—2010 年三峡库区土地利用系统健康压力指数呈现上升趋势，由 0.302 2 上升到 0.385 8，2010—2014 年压力指数又迅速减小到最低值 0.267 0，主要是由于该阶段人口、经济以及自然因素对土地利用系统的综合压力有所下降；2000—2014 年三峡库区土地利用系统健康状态指数保持着持续上升的态势，且上升趋势较为平缓，增加了 0.062 9，表明三峡库区土地利用状态有所改善；2000—2014 年三峡库区土地利用系统健康响应指数逐年增加，由 0.218 5 增加到 0.307 6，上升幅度较大，说明了人类针对土地利用系统在人口、经济以及自然因素等方面的压力做出了一系列的保护和治理措施。

2000—2014 年三峡库区健康指数值由 2000 年的 0.264 6 上升到 2014 年的 0.400 2，土地利用系统总体上处于不健康和临界状态，且从 2010 年开始土地利用系统由不健康向亚健康的临界状态转变。2000—2010 年三峡库区土地利用系统健康水平偏低（0.264 6~0.362 5），处于不健康状态，主要是由土地利用系统压力子系统指数较高，而响应系统指数较低造成的，即三峡库区人为干扰能力强，而缓冲能力弱。1997 年重庆升级为直辖市，从而带动了经济的快速发展，同时也使得生态环境遭到了人为的破坏，主要表现为土地利用结构不合理、建设用地面积增加，耕地、林地、草地等生态系统功能减弱，且土地利用聚集度指数减小，土地结构较为分散；2010—2014 年三峡库区处于亚健康的临界状态，主要是三峡库区更加注重经济与生态的可持续发展，决策者对环保财政支持力度加大，废水、废气和废弃物处理率和利用率提高，使得三峡库区土地利用响应指数提升，促进了三峡库区土地利用系统的健康水平。

运用灰色模型预测方法，在三峡库区土地利用系统健康评价结果的基础上，对三峡区 2016 年和 2020 年土地利用健康状况进行预测，预测值为0.425 3和 0.513 8，表明三峡库区土地利用系统健康状况会随着时间的推移有所改善，逐渐由临界状态向亚健康转变。

五、结论

1. 2000—2014 年，三峡库区总体上呈现草地、耕地、林地和未利用地面积减少，建设用地、水域面积增加的趋势。建设用地规模扩张迅速，导致了大量耕地、林地被占用，生态平衡遭到破坏，影响库区土地利用健康状况；土地利用聚集度指数降低，土地斑块较为破碎，集约利用程度低，应调整优化土地利用结构布局，集约利用土地；未利用地所占面积比例较小，土地后备资源不足。

2. 运用模糊综合评判法和灰色模型预测法所得出的三峡库区土地利用系统健康评价值结果较为合理。2000—2014 年三峡库区主要为不健康（2000—2010 年）和临界状态（2010—2014 年）两个阶段，到 2020 年逐步向亚健康过渡。其中土地利用系统健康压力指数是土地利用健康状况的关键因素，因此应转变经济发展方式，优化产业结构和布局，控制减少人为因素施加于土地的压力，保证土地利用系统的健康发展。

3. 研究虽然采用了 PSR 模型构建评价指标体系，充分考虑了经济社会生态对土地利用系统健康评价的影响，但是专家依靠经验打分仍然存在着主观因素，结果的客观性有所降低，结果有待于进一步检验和深入的研究。同时，由于研究中部分社会经济数据收集的困难，数据空间尺度较大，缺乏对三峡库区空间上和局部区域的研究，这些都是今后三峡库区土地利用系统健康评价要深入研究和进一步完善的问题。

参考文献

［1］何小艳，唐承丽．衡阳南岳区土地利用现状及其变化分析［J］．贵州农业科学，2008，36（6）：173-176.

［2］刘纪远．中国资源环境遥感宏观调查与动态研究［M］．北京：中国科学技术出版社，1996.

［3］张惠远，赵昕奕，蔡运龙，等．喀斯特山区土地利用变化的人类驱动力机制研究：以贵州省为例［J］．地理研究，1999，18（2）：136-142.

［4］蔡为民，唐华俊．土地利用系统健康评价［M］．北京：中国农业出版社，2007.

［5］徐建华．现代地理学中的数学方法［M］．北京：高等教育出版社，2002.

［6］杨亮．城市土地承载力评价方法与实证研究——以深圳市为例［D］．北京：中国科学院研究生院，2010.

［7］张悦，宋戈．城市土地利用系统健康评价——以哈尔滨市为例［J］．城市问题，2013（12）：26-31.

［8］丁家玲，叶金华．层次分析法和模糊综合评判在教师课堂教学质量评价中的应用［J］．武汉大学学报：人文科学版，2003，56（2）：241-245.

［9］汪建航．基于 PSR 的西宁市土地利用系统健康评价［J］．青海国土经略，2014（5）：70-72.

［10］张继权，邹桃红，路兴昌，等．模糊综合评判在土地生态系统健康评价中的应用［J］．科技导报，2011，29（19）：33-39.

［11］陈倩．重庆市长寿区土地利用系统健康评价研究［D］．重庆：重庆工商大学，2015.

［12］刘思峰．灰色系统理论及其应用（第 5 版）［M］．北京：科学出版社，2010.

［13］陈江，赖伟坚．GM（1，1）模型在预测医院人均门诊费用中的应用［J］．齐齐哈尔医学院学报，2015（1）：80-81.

［14］李玲玲，段超颖，孙训俊，等．灰色模型的改进及其应用［J］．统计与决策，2014（24）：11-15.

［15］杨丹，叶长盛．南昌市土地利用系统健康评价及障碍因素诊断［J］．东华理工大学学报：社会科学版，2013，32（3）：320-326.

我国审计报告改革评析[①]

陈元媛[②]

[**摘要**] 我国发布了修订审计报告相关准则的征求意见稿，表现出我国审计报告将迎来一次重大的改革工作，也体现出我国对于国际审计与鉴证准则理事会（IAASB）修订审计报告系列准则的积极反应，并将实现中国审计准则与国际准则的趋同。本文首先分析现行审计报告模式的不足，同时指出2008年金融危机爆发推动了审计报告的改革进程。然后，对改革措施中最重要的一部分，即在审计报告中增加关键审计事项部分进行探讨，这一重大改革将有助于提高审计工作的透明度，并有利于财务报表使用者理解财务报表。最后，对审计报告改革的预期效果做出评价。

[**关键词**] 审计报告　改革　评析

2015年1月15日，国际审计与鉴证准则理事会（IAASB）发布了新规定（修订）的相关审计准则文本，使得审计报告的模式迎来了一次重大变革。在2016年1月7日，中国注册会计师协会发布了修订审计报告相关准则的征求意见稿，修订6项准则和拟定1项准则，体现出我国对国际准则有关审计报告内容重大变革举措的积极反应，标志着中国审计准则与国际审计准则的趋同，这将是我国审计报告模式的一次重大变革。

一、我国现行审计报告的缺陷

审计报告是注册会计师根据审计准则的规定，在执行审计工作的基础上，对财务报表发表审计意见的书面文件。财务报表使用者可以根据审计报告的审计意见做出决策，可见审计意见是审计报告的核心，它指出了审计的财务报表是否在所有重大方面符合会计准则的规定，是否公允反映被审单位的财务状况、现金流量和经营成果。审计报告分为标准审计报告（无保留意见审计报告）和非标准审计报告（包括保留意见、否定意见和无法表示意见的审计报告）。这种审计报告称为“标准/非标准”模式。这种模式具有内容比较简洁、意见明确、有一定可比性等优点。

如今，当一件件财务舞弊案件曝光以后，我们会质疑注册会计师在对其财务

① 本文系重庆工商大学融智学院2015年度人文社会科学研究项目《审计对政府购买服务中风险的预防研究》（项目编号：20155006）阶段成果。

② 重庆工商大学融智学院教师，主要研究方向为会计和审计。

报表审计时为什么没有发现其舞弊行为。作为社会公众，我们很希望注册会计师能在进行审计工作时发现被审单位的舞弊行为，从而避免投资损失，然而审计工作并没有此项责任。当我们查看这些财务舞弊单位过去的审计报告时，就会发现很多都是出具的标准审计报告，并没有指出其财务舞弊迹象，更别说指出被审单位的舞弊行为，这也让社会公众对注册会计师的审计工作失去了信心。企业现行审计报告最大的缺点就是信息含量过少。注册会计师在审计过程中，作为独立的第三方专家，了解和掌握着大量的有关被审单位的信息，但是除了引言段（审计意见的对象）和意见段之外，其他内容都是标准模板，适用于所有审计报告。往往信息使用者只浏览审计意见类型，如果是"无保留意见"，便不会继续阅读。可见，标准审计报告对于信息使用者来说没有重要的价值。

2008 年金融危机的爆发推进了审计报告改革的进程。人们开始对审计报告的模式提出质疑：注册会计师所审计的财务报告发表的审计报告没有提到濒临破产企业的持续经营问题？在很多上市公司发生巨额亏损期间，注册会计师怎么会对这些上市公司亏损期间的财务报表发表了标准的审计意见？现在需要探究的是注册会计师是否真正履行了社会责任，所提供的审计报告是否对财务报表使用者提供了有意义的价值。

二、我国审计报告改革的内容

（一）拟定《中国注册会计师审计准则第 1504 号——在审计报告中沟通关键事项（拟定，征求意见稿）》

1. 关键审计事项

关键审计事项，指注册会计师根据职业判断认为当期财务报表审计最为重要的事项。确定关键审计事项时需要注意以下几点：

（1）从"与治理层沟通的事项"中选取关键审计事项。目前，在我国审计准则第 1151 号准则中没有要求在审计报告中披露审计师与被审单位治理层在审计过程中沟通的事项，除审计师针对这些事项做出非标准审计报告外。而在审计过程中，这部分沟通的事项是审计报告使用者所关心的内容。因此，征求意见稿要求从沟通事项中选取关键审计事项，拟修订《中国注册会计师审计准则第 1151 号——与治理层的沟通（修订，征求意见稿）》。

（2）从"与治理层沟通的事项"中选出审计师执行审计工作中重要关注过的事项。这些事项主要指审计师在审计工作中投入的时间和精力较大，与管理层和治理层沟通次数较多，项目质量控制符合重点内容等事项。审计师在确定主要关注的事项时需要特别考虑下列事项：

①评估出具有较高重大错报的风险领域或识别出特别风险。根据风险导向审计理念，注册会计师需要识别和评估财务报表重大错报风险和特别风险，往往在这些领域中给予较多的关注，投入更多的审计资源。

②与财务报表中涉及重大管理层判断（包括被认为具有高度估计不确定性的会计估计）的领域相关的重大审计判断。财务报表往往涉及复杂的、管理层判断

的领域，而这些领域需要注册会计师做出相应的审计职业判断，这类职业判断较为复杂和困难。因此在审计过程中注册会计师需要给予其较多的关注，投入较多的审计资源。财务报告的很多事项都涉及管理层的判断和估计，这些事项具有高度不确定性，并且是财务报表中比较复杂的领域，会对财务报表产生重大影响，需要聘请专家参与。因此审计报告使用者强调他们对这些会计估计感兴趣，对他们理解财务报表具有一定的作用。

③在所审财务报表期间重大交易或事项对审计的影响。例如，企业间超出正常经营过程的非常规交易或企业与关联方间的交易。

上述①至③项通常与财务报表披露的事项有关，并且是财务报表使用者重点关注的领域。但是，除了上述三项，还可能有其他事项构成关键审计事项。

（3）从“在执行审计工作时重要关注过的事项”中选出最重要的事项。“最重要”的事项不一定只有一项，其数量受被审单位的实际情况影响。注册会计师需利用职业素养判断，综合考虑最重要的事项对于预期信息使用者理解财务报表整体的重要程度、相关会计政策的复杂程度、相关错报的性质等重要情况的影响。但是最重要事项也不宜太多，否则不能称为最重要事项。

2. 审计报告描述关键审计事项的规范

审计报告“关键审计事项”部分描述的内容逐项按以下要求描述关键审计事项：

①索引至财务报表相关披露（如有）。

②说明被确定为关键审计事项的原因。

③在审计工作中如何处理，可能包括应对措施、审计程序概述、审计结果等事项。

为突出关键审计事项，应当在审计报告中单设“关键审计事项”部分，并逐项描述每一关键审计事项。

3. 关键审计事项不能替代非无保留意见

需要注意的是，非无保留意见的事项从本质来说属于关键审计事项。但这些事项应根据《中国注册会计师审计准则第 1502 号——在审计报告中发表非无保留意见（修订，征求意见稿）》的规定在审计报告披露中规范使用，不得用关键审计事项段代替所出具的非保留意见。

对于被审单位持续经营能力被质疑或存在重大不确定性的事项，从本质上来说也属于关键审计事项，应该由《中国注册会计师审计准则第 1324 号——持续经营（修订，征求意见稿）》的规定予以规范，不得用关键审计事项替代该部分事项。

（二）为了增强审计报告信息含量的其他改革措施

为配合《中国注册会计师审计准则第 1504 号——在审计报告中沟通关键事项（拟定，征求意见稿）》的规定，修改了《中国注册会计师审计准则第 1501 号——对财务报表形成审计意见和出具审计报告（修订，征求意见稿）》《中国注册会计师审计准则第 1502 号——在审计报告中发表非无保留意见（拟定，征求意见稿）》《中国注册会计师审计准则第 1503 号——在审计报告中增加强调事项段和其他事项段（修订，征求意见稿）》《中国注册会计师审计准则第1151号——与治理层的沟通（修订，征求意见稿）》《中国注册会计师审计准则第1324号——持续经营（修订，征求意见稿）》《中国注册会计师审计准则第1521号——注册会计师对其他信息的责任（修订，征求意见稿）》6项准则中的内容和措辞，使得这6项准则能提供更加详细的指引。

（1）修订《中国注册会计师审计准则第1501号——对财务报表形成审计意见和出具审计报告》。主要将“审计意见”段前置到审计报告第一部分，突出审计意见，并要求增加形成审计意见的基础部分，突出注册会计师的独立性和职业道德，提升社会公众对审计质量的信心，同时增加了管理层和注册会计师与被审单位持续经营等相关重要事项的相对应的责任描述。此外，要求在审计报告中增加负责审计并出具审计报告项目合伙人姓名，以增强审计报告的透明度。

（2）修订《中国注册会计师审计准则第1324号——持续经营（修订，征求意见稿）》。当被审单位持续经营存在重大不确定性，财务报表已经充分披露该重大不确定性，要求审计报告增加“与持续经营相关的重大不确定”事项段，强调持续经营重大不确定性的事实，并提醒信息报告使用者关注财务报表附注对于持续经营重大不确定性的相关披露，以便信息报告使用者做出决策。

（3）修订《中国注册会计师审计准则第1151号——与治理层的沟通》。增加了注册会计师与治理层的沟通事项，包括应对重大错报风险评估水平较高领域的措施、利用专家工作实施的审计程序或评价的审计结果、构成关键审计的事项、审计中发现的重大问题等，并且提供了沟通过程的指引内容。

（4）修订《中国注册会计师审计准则第1503号——在审计报告中增加强调事项段和其他事项段》。虽然增加了关键审计事项段，但仍保留原来的强调事项段，指出了两者的区别，强调事项段强调财务报表使用者需对财务报表披露或列报的相关事项予以关注，而关键审计段描述注册会计师在审计工作中重点关注的某一审计事项。并且规定增加强调事项段不能替代某项关键审计事项的相关描述，也不能将确定的关键审计事项的事项用其他事项段予以描述代替。

（5）修订《中国注册会计师审计准则第1502号——在审计报告中发表非无保留意见》。规定不能在非无保留意见的财务报表审计报告中包含关键审计事项段。

（6）修订《中国注册会计师审计准则第1521号——注册会计师对其他信息的责任》。其他信息是在已审计财务报表和审计报告之外，包含在被审单位年度报告的财务信息和非财务信息。将年度报告的内容进一步扩展，需提供被审单位经营情况、财务业绩及财务状况等信息，目的在于向信息使用者提供被审单位的相关信息。同时，增加注册会计师处理其他信息的工作，要求注册会计师需考虑其他信息与审计工作中了解的情况是否存在重大不一致，将其他信息选定的金额与其他项目和财务报表中的相应金额进行比较，看其是否一致，对财务报表或审计过程中了解的不相关的其他信息存在重大错报的迹象予以注意。此外，还要求在审计报告中增加“其他信息段”，明确注册会计师和管理层对于“其他信息”的责任。如果注册会计师确定其他信息存在未更正的重大错报，需要在审计报告中予以说明。显然，其他信息对于投资者决策有用，但是注册会计师不会对其提供任何形式的鉴证结论，只是对财务报表实施有限的审计程序，报告其中发现的重大错报。这项准则的修订增强了某些信息的质量。

修订的这6项准则着重强调了注册会计师和管理层在持续经营中所承担的责任，说明注册会计师对年报中除已审计财务报告和审计报告以外的其他信息、发现舞弊以及与治理层沟通的相关责任，明确了审计项目的合伙人对审计工作的质量承担的责任。

三、对我国审计报告改革的评析

我国审计报告的征求意见稿对审计准则的修改，增强了审计报告的价值，有利于财务报告使用者和审计报告使用者做出决策。此次审计报告的修订具有以下意义：

（1）为信息使用者提供了更多关于审计工作的信息，增加了审计报告的信息含量，增强了审计工作的透明度，使社会公众更加相信审计工作的价值。审计报告中增加关键审计事项，描述被审单位、审计单位审计项目的个性信息，从中反映出注册会计师在确定关键审计事项及其应对措施是否恰当，进而可以看出审计工作的质量。信息使用者很想知道注册会计师在审计工作中所执行的程序和对重大信息的判断，但是标准审计报告提供的信息很少，这就让信息使用者对审计工作的质量提出一定的质疑，而通过将注册会计师部分的审计工作在审计报告中披露，可以增强信息使用者对审计质量的信心。正如普华永道一名合伙人说的那样，你把车送去保养，你肯定很想知道机械师到底做了些什么工作，这将会使你更放心，同时也使机械师工作得到更多的认可。改进后的审计报告成为透视审计工作的窗口，也为选聘会计师事务所提供了部分依据。

（2）有利于财务报表使用者更加理解财务报表。目前的审计报告只给出“标准”“非标准”两种结果，“标准”报告在财务报表使用者看来往往是合格的报告，而“非标准”报告往往被看作不合格的报告。虽然会有导致非标准意见的信息，但是这些信息价值是有限的，因为它们仅仅列出导致非标准意见的某一具体事项，而没有说明其他的风险信息。所以，增加关键审计事项可以列示被审单位关键的财务报告风险，以提醒信息使用者注意。当然，在审计报告中增加审计事项段是否能够真正给信息使用者提供有价值的信息，还有待观察。

（3）强化了注册会计师、被审单位管理层和治理层的责任。通过修改审计报告的内容和措辞，明确了注册会计师、被审单位管理层和治理层各自在审计工作中的职责，提高了三方的沟通价值。同时也回应了信息使用者对于持续经营、其他信息以及注册会计师在审计工作中独立性的关注。

（4）审计报告增加关键审计事项后，信息使用者是否能够读取这些信息的含义是未来值得观察以及考虑的问题。审计报告内容主要反映的是财务报表审计的信息，所以关键审计事项更多地反映与财务报表重要事项和审计工作相关的信息，而对于投资者关注的其他信息，审计报告是无法提供的。所以财务报表的审计报告无法满足投资者所有的决策信息。

四、总结

本次征求意见稿是我国审计报告的一次重大改革，对注册会计师来说，具有一定的挑战性。注册会计师要想在审计报告中正确选择对信息使用者决策有用的信息作为关键审计事项的信息，就需要具有更高的职业判断能力。注册会计师披露的关键审计事项是否恰当，需要信息使用者进行审视。不难发现，在未来，注册会计师出具审计报告将会是一个艰巨的过程，拟定关键审计事项段是一个非常慎重的过程，这需要会计师事务所和注册会计师投入大量的审计资源和精力，也对注册会计师的审计工作提出了更高的要求。

随着财务报表复杂程度的日益增加，在关键审计事项段列示对信息报告使用者具有决策价值的重要信息，如关键的财务报表风险等，可以提醒信息使用者对此予以关注和重视。但是审计报告增加的关键审计事项段是否能够满足社会公众的期望，还有待在今后的审计报告披露中观察，是否能真正为信息使用者提供有用的价值还值得在今后的研究中进行检验。

参考文献

[1] 唐建华. 国际审计与鉴证准则理事会审计报告改革评析 [J]. 审计研究，2015（1）：60-66.

[2] 张继勋，韩冬梅. 标准审计报告改进与投资者感知的相关性、有用性及投资决策：一项实验证据 [J]. 审计研究，2014（3）：51-59.

[3] 张静，朱庆，王松. 加强和改进人民银行内部审计的思考——基于对境外审计报告的研究和分析 [J]. 审计研究，2014（2）：108-112.

[4] 张继勋，贺超，韩冬梅. 标准审计报告改进与投资者感知的审计人员责任：一项实验证据 [J]. 审计研究，2015（3）：56-63.

[5] 魏朱宝，聂曼曼. 审计报告的不同解读 [J]. 会计研究，2005（3）：59-62+94.

财务杠杆、企业效益及企业风险的辩证关系研究

——基于2006—2014年上市房地产企业的面板数据分析

兰 静①

[摘要] 本文通过上市房地产企业的面板数据研究了企业财务杠杆、企业经营效益、企业风险及宏观经济环境的辩证关系，并建立了线性个体固定效应回归模型。分析发现企业流动比率与财务杠杆呈负相关；企业对宏观经济环境的判断对融资决策发挥着负向效应；企业对未来预期收益的判断会影响企业的融资决策。根据研究结果，对当前房地产企业提出了建议。

[关键词] 财务杠杆 流动比率 经营绩效 面板数据 房地产企业

一、引言

房地产开发的周期长、资金投入大，为了满足房地产开发的资金需求以及提高投资者的资本回报，房地产开发企业一般会通过财务杠杆融资用于项目开发。房地产开发企业在利用财务杠杆为企业带来高收益的同时也会为企业带来高风险。因此，对房地产开发项目的决策实际上是对利益与风险的权衡。

房地产开发企业在权衡利益与风险的过程中会从三个方面进行考虑。一是考虑财务杠杆所能带来的收益。收益的增加主要源于投资的扩大、税额的减免和投资收益与贷款利息差额。二是财务杠杆可能导致的风险。财务杠杆实际上是由公司的负债经营引发的，还本付息是公司的固定支出，一旦企业无法按期偿还到期债务，公司就将面临破产清算。企业的融资比例越高，对偿债能力的要求就越高，企业抗风险能力越弱，丧失偿债能力的可能性就越大。三是收益与风险的对等均衡性。理性的投资者总是追求投资者效用的最大化，即在同等风险水平下的收益最大化或是在同等收益水平下的风险最小化。房地产开发企业正是基于对利益及风险的权衡来做出杠杆比率（融资结构）的决策。所以，理清财务杠杆、企业收益以及企业风险之间的辩证关系有利于保证我国房地产企业的持续健康发展，同时考虑到宏观经济环境对企业财务杠杆决策的影响效应，研究具有理论和实践意义。

---

① 重庆工商大学融智学院管理工程系教师，主要研究方向为房地产金融、房地产营销。

本文基于房地产开发自身特性，选取我国在A股上市的房地产企业2005—2014年的面板数据，对房地产上市企业的财务杠杆、企业效益及企业风险之间的辩证关系进行实证分析，并对我国房地产开发企业的发展模式及经营管理提出政策性建议。

二、文献综述

资本是公司运作的血液，资本结构是公司经营管理的核心内容。学术领域对资本结构的认知主要有三种：自有资本结构、长期资本结构和全部资本结构。目前，学术界探讨的主要资本结构是全部资本结构。该观点认为资本结构是权益资本与债务资本的对比关系。资产的不同组合关系着企业经营的安全性与盈利性，国内外研究领域也逐渐形成了完整的资产管理理论，如资产负债管理理论。该理论认为需要对资产与负债进行共同管理，以此协调资产与负债在期限、利率、流动性等方面的结构，形成资产与负债的最优组合，实现风险与收益的均衡性。

美国经济学家Modigliani和Miller于1958年提出了MM理论，认为公司的负债数额越高，公司产生的价值也会越大，二者之间呈正比关系。权衡理论在MM理论的基础上增加了财务危机成本和破产成本。对于过度负债的企业，当企业现金流量不足以支付债务时就会陷入债务危机，而债权人可以通过系列手段使企业免于破产，这个过程产生的成本即为财务危机成本；当企业现有资产不足以偿付负债价值，财务危机就会导致破产，产生破产成本。该理论的核心就是随着债务的上升，企业风险也在增加，即企业陷入财务危机的概率也在增加。

在国内外关于财务杠杆与公司绩效的影响效应研究中，一种观点认为公司提高财务杠杆可以降低资本成本，从而提高公司效益（冯根福，1999；洪锡熙、沈艺峰，2000；Jordan，Lowe，Taylor，1998）；另一种观点认为公司财务杠杆与公司绩效呈负相关（陆正飞、辛宇，1998；卢纯、程杞国；肖作平，2005；Titman，Wessels，1985）关系。研究的行业和衡量指标的不同造成了财务杠杆与公司绩效的效应差异。

从以上国内外文献综述可以看出，多数文献研究了资本结构、企业价值之间的关系，没有对资本结构、企业效益与企业风险三者之间的均衡效应进行分析，并且忽略了宏观经济环境对企业资本结构决策的影响效应，以及企业效益、企业风险对资本结构决策的滞后效应。本文运用我国16家上市房地产企业2005—2014年的年报数据，针对三者进行实证分析，研究三者之间的辩证关系以及宏观经济环境、企业效益和企业风险对资本结构决策的滞后影响效应。

三、模型与数据

（一）模型的选择

面板数据（时间序列截面数据）是把时间序列沿空间方向扩展，或把截面数据沿时间扩展成的数据集合，时间序列数据或截面数据均为一维数据，面板数据是同时在时间和空间上取得的二维数据。面板数据模型是基于面板数据分析变量关系的计量经济学模型。面板数据的基本模型为：

$Y_{it}=\alpha_{it}+\beta_{it}X_{it}+\mu_{it}$，$i=1$，2，3，…，$N$（空间向量）

$t=1$，2，3，…，T（时间向量）　　公式（1）

其中：Y_{it}为被解释变量，X_{it}为解释变量向量，β_{it}为解释变量向量系数，α_{it}为截距项，μ_{it}为随机干扰项；

本文研究的是财务杠杆、企业效益与企业风险三者之间的辩证关系，并加入了宏观经济环境对资本决策的影响效应，因此根据面板数据模型的基本形式建立以下模型来进行分析：

$Lr_{it}=\alpha_{it}^{1}+\beta_{it}^{11}Lir_{it}+\beta_{it}^{12}Eco_{i(t-1)}+\mu_{it}^{1}$　　公式（2）

$Lr_{it}=\alpha_{it}^{2}+\beta_{it}^{21}EPS_{i(t+1)}+\beta_{it}^{22}Eco_{i(t-1)}+\mu_{it}^{2}$　　公式（3）

$EPS_{i(t+1)}=\alpha_{it}+\beta_{it}^{1}Lr_{i(t-1)}+\beta_{it}^{2}Eco_{i(t-1)}+\beta_{it}^{3}Lir_{i(t-1)}+\mu_{it}$　　公式（4）

在公式（2）（3）（4）中，$i=1$，2，3，…，16，为横截面个数，代表16家上市房地产企业；$t=1$，2，3，…，9，表示时间序列，计2006—2014年；Lr_{it}表示第i家上市房企在第t期的财务杠杆；$Lir_{i(t-1)}$表示第i家上市房企在第t 1期的企业风险；${}_{t}Eco_{i(t-1)}$表示第i家上市房企在第$t-1$期的宏观经济；ROI_{it}表示第i家上市房企在第t期的企业效益；μ_{it}为随机干扰项。

公式（2）研究企业流动性及宏观经济环境对企业的资本结构（杠杆率）的滞后效应，风险性的回归斜率为β_{it}^{11}，宏观经济的回归斜率为β_{it}^{12}；公式（3）研究的是企业收益预期及宏观经济环境对资本结构的影响效应，企业预收益的回归斜率为β_{it}^{21}，宏观经济的回归斜率为β_{it}^{22}；公式（4）研究的是企业财务杠杆、风险性及宏观环境对企业效益的滞后影响效应，企业财务杠杆的回归斜率为β_{it}^{1}，宏观经济的回归斜率为β_{it}^{2}，流动比率的回归斜率为β_{it}^{3}。

（二）研究变量概念的界定及指标（数据）的选取

中国房地产业在1998年以前一直采用计划体制，1998年后国家为了规范房地产业发展逐步加强宏观调控，2004—2006年则一直被称为房地产行业的政策年，国家颁布了一系列文件用以规范房地产市场行为，特别是加强了房地产税收管理，这是中国房地产业从大力发展到迈向成熟的关键。因此，数据选取的时间序列研究起点为2006年。因为需要研究变量的滞后效应，所以数据选取时间点为2005年。数据根据上市房地产开发企业披露的年报表整理得出，数据结构属于平衡面板数据。

本文研究的是财务杠杆、企业效益及企业风险之间的辩证关系，并引入宏观经济环境的影响效应。在选取数据之前，本文首先对研究变量的概念进行界定。

1. 财务杠杆的界定及指标的选取

财务杠杆是以固定财务费用为支点，产生营业利润的小变化引起每股利润大变化的杠杆效应。固定财务费用是由固定筹资资本产生的，因此财务杠杆描述了企业的负债水平，即企业负债在公司资本中的比例。一般可以采用两种方式对财务杠杆进行计量，一是企业债务资产与所有者权益资产的比例；二是企业债务资产与资产总额的比例。本文在财务杠杆的度量上选取的是企业债务资产与资产总额的比例：

$$Lr_{it}=\frac{TLE_{it}}{TL_{it}}$$ 公式（5）

在公式（5）中，Lr_{it}表示第 i 家上市房企在第 t 期的财务杠杆；TLE_{it}表示第 i 家上市房企在第 t 期的资产总额；TL_{it}表示第 i 家上市房企在第 t 期的所有者权益总额。从公式分析，所有者权益在资产总额中所占的比例越低或债权人资产在资产总额中所占的比例越高，财务杠杆 Lr_{it}就越高。

2. 企业效益的界定及指标的选取

企业效益评价的是企业的经营效益，本质上是企业的经济效益。1995 年，财政部从投资者、债权人和社会贡献三个方面发布了企业经济效益评价指标体系，包括销售利润率、总资产报酬率、资本收益率、存货周转率、应收账款周转率、社会贡献率、社会积累率等。而因为利润是企业生存与发展的基石，企业通过利润扩大经营，投资者通过利润获得股息红利和资本增值，所以企业的盈利能力指标是最重要的企业效益评价指标之一。衡量企业盈利能力的指标主要有净利润、每股收益、净息差、资产利润率和股东回报率等。本文为了体现上市房企经营期间净资产赚取利润的能力，采用加权平均净资产收益率作为衡量企业效益的指标：

$$EPS=\frac{P}{S_0+S_1+\frac{S_i\times M_i}{M_0}-\frac{S_j\times M_j}{M_0}}$$ 公式（6）

式中，P 为报告期利润；S_0为期初股份总数；S_1 为报告期因公积金转增股本或股票股利分配等增加股份数；S_i为报告期因发行新股或债转股等增加股份数；S_j为报告期因回购或缩股等减少股份数；M_0为报告期月份数；M_i为增加股份下一月份起至报告期期末的月份数；M_j为减少股份下一月份起至报告期期末的月份数。EPS_{it}表示第 t 期第 i 家上市房企的加权平均净资产收益率。

3. 企业风险的界定及指标的选取

企业风险包括财务风险、战略风险、操作风险和灾害风险，而战略、操作及灾害层面的风险最终体现在公司的财务报表上，因此，财务风险是企业风险最直接的表现。衡量企业财务风险的指标包括企业盈利能力、企业偿债能力、资产管理能力和企业成长能力，企业偿债能力反映了企业到期偿还债务的能力，如果企业到期无法偿还债务，或是债权人提出诉讼导致企业破产或重组，或是企业通过融资偿还到期债务导致财务费用的持续增加，使经营陷入困境，因此企业偿债能力指标能最直观的反映企业当前面临的最紧迫的风险。为了体现企业风险的紧迫性，本文选择用流动比率作为企业风险判断的衡量指标：

$$Lir_{it}=\frac{Ca_{it}}{Cl_{it}}$$ 公式（7）

式中，Lir_{it}、Ca_{it}、Cl_{it}分别表示第 t 期第 i 家上市房企的流动性比率、流动资产和流动负债。

4. 宏观经济环境的界定及指标的选取

宏观经济环境是国民经济的整体情况。分析宏观经济整体情况一般以经济增长率、通货膨胀率、失业率、国际收支作为分析因子。其中经济增长率的影响因素主要包括投资、消费和出口，这会影响到房地产的产销情况，因此本文以经济增长率作为衡量宏观经济环境的指标。经济增长率即是 GDP 增长率，数据源自国家统计局。

（三）数据特征

根据（二）部分指标的选取，得到了2006—2014年16家上市房地产企业的杠杆比率、加权平均净资产收益率和流动性比率，整体数据统计特征如表1所示。从表1可以看出，16家上市银行的财务杠杆比率分布在120.13%（绿景地产，2014年）到640.51%（莱茵置业，2013年）间，平均值为294.51%，其中46.53%的样本值大于等于平均值，53.47%的样本值小于平均值；加权平均净资产收益率分布在-25.2%（绿景地产，2010年）到44.8%（莱茵置业，2006年）之间，平均为11.51%，其中49.31%的样本值大于等于平均值，50.69%的样本值小于平均值；流动性比率分布在27.54%（北京国贸，2009年）到534.96%（绿景地产，2014年）之间，平均为190.43%，其中45.14%的样本值大于等于平均值，54.86%的样本值小于平均值。经济情况记2006年至2014年的GDP指数（上一年=100），分布于107.7~114.2，平均值为101.15。

同时，取16家上市房企2006—2014年的杠杆比率、企业效益及企业风险的平均值，得到研究变量的变动情况，可以得出，加权平均净资产收益率在10%上下波动，流动比率整体表现平稳，财务杠杆整体呈现上涨趋势，但在2007—2009年出现下行波动。

表1　主要研究变量的描述性统计资料

	N	最小值	最大值	平均数	标准偏差
杠杆比率：Lr_{it}（%）	144	120.13	640.51	294.507 4	116.307 50
企业效益：EPS_{it}（%）	144	-25.20	44.80	11.507 8	8.382 45
企业风险：Lir_{it}（%）	144	27.54	534.96	190.427 8	71.660 31
经济情况：GDP 指数	8	107.70	114.20	110.150 0	2.290 98

四、实证研究

（一）变量平稳性检验

为了避免伪回归（变量的高度相关是因为变量同时随时间向上或向下的变动），需要通过单位根检验判断数据的平稳性。本文采用 LLC 检验、ADF-Fisher 和 PP-Fisher 三种方法对变量的单位根进行检验以分析其平稳性，检验结果如表2所示。三个变量在单位根检验时均是从水平序列开始的，滞后阶数根据赤池信息准则判断为0，得到检验结果的P值小于0.05，表明三个变量不存在单位根，属于零阶单整序列，变量之间不存在伪回归现象，因此，不需要对变量间做协整检验。

表 2　面板数据的平稳性检验数据及结果

变量	检验形式（C T K）	单位根检验						结论
		LLC	Prob.	ADF-Fisher	Prob.	PP-Fisher	Prob.	
Lr_{it}	（C 0 K）	-3.628 1	0.000 1	48.052 1	0.034 0	50.403 9	0.020 4	不含单位根
Lir_{it}	（C 0 K）	-9.659 73	0.000 0	80.808 7	0.000 0	65.519 1	0.000 4	不含单位根
EPS_{it}	（C 0 K）	-10.814 5	0.000 0	95.501 4	0.000 0	90.045 9	0.000 0	不含单位根

注：检验形式（C 0 K）表示检验方程中含有截距项，不含趋势项，滞后阶数 K 根据赤池信息准则选择

（二）计量模型结果分析

本文基于公式（2）（3）（4）的计量模型对 16 家上市房企进行回归，模型估计采用最小二乘法。面板模型采用个体固定效应模型，即各研究个体的截距不相同，但自变量回归系数相同。面板数据模型的估计结果如表 3 所示。面板模型的横跨个体固定效应估计值如表 4 所示。

对模型 1（公式 2），16 家上市房企的回归系数均在 1%的显著性水平下显著，模型的拟合度为 82%，拟合度较好。得到估计模型为：

$$Lr_{it}=1\ 066+215D_1+45.63D_2+\cdots+61.62D_{16}-0.500tLir_{it}-0.613\ Eco_{i(t-1)}+0.36$$

公式（8）

式中，虚拟变量 $D1$ 、$D2$ …… Di 的定义是：

$$D_i=\begin{cases}1（如果属于第\ i\ 个个体，i=1，2\cdots\cdots16）\\0（其他）\end{cases}$$

以保利地产（_ BL）为例，考虑到横跨个体固定效应估计值，其回归模型可表述为：

$$Lr\_\ BL=(215.3+1\ 066.0)-0.500*lir\_\ BL-0.613\ Eco\_\ bl_{(t-1)}+0.36$$

$$(-5.24)\qquad(-2.76)$$

$R^2=0.83$　$DW=1.86$　公式（9）

对模型 2（公式 3），16 家上市房企的回归系数均在 1%的显著性水平下显著，模型的拟合度为 82%，拟合度较好。得到估计模型为：

$$Lr_{it}=1\ 101.3+186.53D_1+56.76D_2+\cdots+67.77D_{16}+1.26EPS_{i(t+1)}-7.43Eco_{i(t-1)}+0.41$$

公式（10）

式中，虚拟变量 $D1$ 、$D2$ …… Di 的定义是：

$$D_i=\begin{cases}1（如果属于第\ i\ 个个体，i=1、2\cdots\cdots16）\\0（其他）\end{cases}$$

在建立模型之前，需要通过 F 检验来判断是适合建立混合模型还是个体固定效应模型。F 检验的假设为：

H0：模型中不同个体的截距相同，$a_i=a_0$；

H1：模型中不同个体的截距不同，$a_i\neq a_0$；

F 统计量定义为：

$$F=\frac{(SSEr-SSEu)/(N-1)}{SSEu/(NT-N-k)}$$

公式（11）

式中，*SSEr* 为混合估计模型的残差平方和；*SSEu* 为个体固定效应回归模型的残差平方和。*N* 为个体数，*NT* 为样本数，*k* 为回归参数个数。根据公式（6）计算得出，模型 1 中的 $F=4.8>F_{0.05}$（15. 100）= 2. 12，表明在 5%显著水平下拒绝原假设，应该选择个体固定效应回归模型。同理得出模型 2、模型 3 在 5%显著水平下选择个体固定效应回归模型。

由回归模型 1（见表 3）可知，第一，财务杠杆率与流动性比率呈负相关，这是一种长期趋势。这是因为当企业面临偿债压力的时候（流动性比率降低），企业为了避免破产或重组，倾向于以债偿债的方式来缓解企业经营压力，债务的增加会提高财务杠杆率，两者之间呈现相反的变动；而当企业为了扩大投资，提高财务杠杆率的时候，由于房地产行业建设周期长的特性，投资无法立刻变现，导致企业偿债压力的增加，两者又呈相反的变动趋势。

第二，宏观经济环境对企业财务杠杆的决策起着负向效应，系数为6. 13，当前期的宏观环境较好的时候，投资人对企业的经营绩效会有更高的期望，企业因此可以吸纳更多的权益资本，在资本充足的情况下，为了降低企业的偿债风险以及财务成本，企业将减少负债，从而降低企业的财务杠杆率。

表 3　　面板模型的估计结果（PANEL EGLS）

	$Lr_{it}=\alpha_{it}^{1}+\beta_{it}^{11}Lir_{it}+\beta_{it}^{12}Eco_{i(t-1)}+\mu_{it}^{1}$	$Lr_{it}=\alpha_{it}^{2}+\beta_{it}^{21}EPS_{i(t+1)}+\beta_{it}^{22}Eco_{i(t-1)}+\mu_{it}^{2}$	$EPS_{i(t+1)}=\alpha_{it}+\beta_{it}^{1}Lr_{i(t-1)}+\beta_{it}^{2}Eco_{i(t-1)}+\beta_{it}^{3}Lir_{i(t-1)}+\mu_{it}$
回归系数 *Lir*	−0. 500 395***	–	−0. 075 569***
Lir 的 *T* 值	−5. 241 566	–	−2. 839 030
回归系数 *EPS*	–	1. 259 418 *	–
EPS 的 *T* 值	–	1. 780 631	–
回归系数 *Eco*	−6. 134 532***	−7. 431 537***	−0. 641 399
Eco 的 *T* 值	−2. 759 040	−3. 044 476	−1. 257 659
回归系数 *Lr*			−0. 035 309 *
Lr 的 *T* 值			−1. 739 532
截距 α_{it}	1 066. 02***	1 101. 341***	105. 491 8
白噪音 μ_{it}	0. 359 557***	0. 408 698***	0. 122 594
R2	0. 829 150	0. 821 043	0. 353 739
F 统计量	29. 388 06	23. 704 34	3. 111 322
DW 值	1. 858 761	1. 672 735	1. 805 098
样本量	128	112	128

注：*** 和 * 分别表示在 1%和 10%的显著水平下拒绝原假设。

由回归模型 2（表 3）可知，企业对经营效益的预期与对财务杠杆的运用呈正向效应，当企业预期收益提升时，往往会扩张业务，而在不影响股东现有股本结构的情况下，企业倾向于通过债务融资来获取扩张的资金，以增加资本收益，而在做融资决策的过程中，投资者又会根据前期经济情况判断是否加大对企业的投资，经济情况的回归系数为 7.43，收益预期的回归系数为 1.25，在经营效益的预期及前期经济环境的判断的博弈下，前期经济环境的判断对融资方式的选择的影响更大。

从回归模型 3（表 3）看，除流动性比率外的其他解释变量的回归系数并不显著，从系数的绝对值来看，财务杠杆率与流动性比率对企业效益的滞后效益也并不明显，但是从中长期来看，流动性比率、财务杠杆率及宏观经济环境对企业效益呈现正向性影响效应，由于本文选取的时间维度不够，有待对结论进一步论证。

五、结论与建议

（一）结论

通过分析 A 股上市房地产企业 2006—2014 年的财务杠杆、流动性比率、加权净资产收益率的面板数据可以得到以下结论：

（1）财务杠杆与流动性比率呈负相关，两者总是呈现此消彼长的长期变动趋势，表明企业经营状况与企业融资决策存在长期负向相关性。经营状况下行会促使企业增加债务资本，从而导致财务费用的增加，使企业面临更大的偿债压力，形成恶性循环。这也是现阶段房地产企业面临的主要困境之一。

（2）宏观经济情况对财务杠杆的负向影响效应显著。企业管理者对经济情况的判断会影响企业融资结构，表明政府可以通过宏观经济调控手段来影响房地产企业的融资构成，正向引导企业的融资决策，有助于降低企业经营风险，引导企业理性扩展。

（3）企业经营绩效预期对财务杠杆的使用起着正向影响作用，表明经营绩效预期或强化财务杠杆的使用或对其约束，而预期本身具有主观性、逐众性，容易导致财务杠杆的非理性使用，这也是现阶段房地产企业面临较大偿债压力的重要原因，是房地产企业经营者需要理性面对的问题。

（4）房地产企业个体之间存在着影响效应的差异，虽然解释变量的回归系数相同，但是由于各个体的截距不同，同样的宏观经济情况、收益预期对融资决策的影响效应是不同的，这也是因为房地产企业经营管理团队的经营理念、股本构成和业务范围存在差异。

（二）建议

（1）以动态均衡观念加强房地产企业的经营收益、风险与财务杠杆的统筹管理。从管理当局来看，有必要制定杠杆率、收益性及流动性指标并在制定过程中充分考虑三者之间的关系，针对不同房地产企业设定差异化指标，帮助引导企业稳健平稳持续发展；从房地产企业来看，要正确分析自身所处经营阶段、经营环境以及经营特点，制定合理的发展战略，实现杠杆率、收益性及流动性的统一均衡。

（2）建立财务杠杆预警机制有效遏制房地产企业的非理性发展。中国房地产企业的债务资本主要是由银行贷款及民间资本构成，民间资本占用成本费用高导致企业面临极大的偿付风险，一旦崩盘不仅企业面临破产清偿，而且会造成极大的负面社会效应，不利于房地产行业的稳健发展，也不利于社会稳定。参照国外经验，企业对资产负债率控制要求一般不超过50%。国家监管当局可以针对国内房地产企业的实际情况，设定财务杠杆阶段性预警标准，以降低企业经营风险。

（3）善用宏观经济调控手段引导企业稳健持续经营。企业对宏观经济环境的判断会极大地影响企业的融资结构的决策，资产结构会影响到企业的经营管理。因此，宏观经济环境调控手段可以形成对企业经营的联动效应。当企业杠杆率使用过高，加大了企业经营风险的时候，政府可以采用宏观调控手段比如市场信息披露等方式影响企业决策。

（4）建立更丰富的资本补充机制，降低企业经营风险。企业在面临经营困境的时候尤其需要充足的资本渡过难关。因此，要建立更有效的资本补充机制，一是适当提高利润留存比例或提取风险准备等方式，合理配置经营利润，建立内生性资本积累补充机制；二是提升资本市场的广度和深度，完善资本市场的环境和制度建设，通过新型金融工具的创新来拓宽资本补充渠道。

六、结语

本文利用上市房地产企业的面板数据建立回归模型，研究了财务杠杆、宏观经济环境、经营风险及经营收益之间的关系，将理论与应用结合，用理论指导应用，应用反证理论，具有一定的研究与实践意义。但受本文样本限制，企业财务杠杆及流动性对企业经营效益的影响研究需待进一步加强。

参考文献

[1] 张晓姣，刘晓君. 财务杠杆在房地产投资中的运用及风险防范策略［J］. 价值工程，2005（1）：121-123.

[2] 陆正飞，辛宇. 上市公司资本结构主要影响因素之实证研究［J］. 会计研究，1998（8）：34-37.

[3] 洪锡熙，沈艺峰. 我国上市公司资本结构影响因素的实证分析［J］. 厦门大学学报：哲学社会科学版，2000（3）：114-121.

[4] 肖作平. 上市公司资本结构与公司绩效互动关系实证研究［J］. 管理科学，2005（3）：16-22.

[5] 魏俭. 房地产公司业绩与财务杠杆关系实证分析［J］. 商业时代，2012（11）：127-128.

[6] 范柏乃，楼晓靖. 企业风险形成机理探析［J］. 社会科学家，2012（12）：75-79.

[7] 周毕文，程嘉许. 房地产金融流动性风险中的银企博弈研究［J］. 北京理工大学学报：社会科学版，2008（2）：8-10.

[8] MATZ L，NEU P ETC. Liquidity Risk Measurement and Management：A Practitioner's Guide to Global Best Practices［M］. John Wiley & Sons. 2007（12）：55-83.

[9] AIRMIC，ALAM，IRM. A Risk Management Standard［EB/OL］. http：//www. alarmUK. org/publications/alarm_ guidance_ documents/guidance_ non_ member_ info. aspx.

建设用地扩展对城市热环境影响研究

——以重庆主城区为例①

梁　甜②

［摘要］近年来，随着城市建设用地的不断扩张，城市生态环境问题越来越突出。因此进行建设用地扩张对城市热环境影响的研究显得十分重要。本文以重庆主城区为研究区，采用 1988a、2000a、2002a、2007a、2010a Landsat TM 和 MODIS 遥感数据，基于人机交互解译和定量遥感技术相结合的方法，反演重庆主城区 1988a、2000a、2002a、2007a、2010a 地表温度和归一化建筑指数，研究重庆主城区热环境时空变化特征和建设用地扩展之间的关系。研究结果表明：1988a—2010a，重庆主城区的地表温度整体呈上升趋势、热岛问题日益严重；1988a—2010a，重庆主城区各等级热岛面积随时间的迁移都在发生变化，其中弱热岛、中等热岛和强热岛变化的趋势最明显，较强热岛次之，极强热岛和无热岛区域面积变化不大；热岛效应在城市建成区是普遍存在的，但真正构成环境问题的是具有较高强度和一定规模的高等级热岛；重庆主城区热环境问题日益严重；地表温度与建设用地呈明显的正相关关系，新增建设用地容易形成新兴的热岛区。

［关键词］重庆主城区　热环境　NDBI　TM

在过去的半个世纪里，全世界的城市正处在史无前例的快速发展进程中。大量的城市化进程集中在大城市及超大城市周围，并且形成大都市圈。大都市圈的形成对城市的经济发展至关重要，而与此同时也产生了很多的社会和环境问题。城市下垫面的变化会对城市生态系统和城市生态环境产生不同程度的影响。城市热环境的变化是城市生态系统和城市环境变化的重要指标，对城市热环境的时空变化进行研究能有效揭示城市生态系统和城市生态环境随着建设用地扩展的变化规律。我国有关城市热环境变化的遥感应用研究较多，但从研究区域上看，相关研究主要集中于东部和沿海城市，对西部城市的研究较少。

本文以重庆主城区为研究区（见图 1），采用 1988a，2000a，2002a，2007a 和 2010a 的 Landsat TM 遥感数据作为数据源，在 ArcGIS 10. 2 和 Erdas 2010 等软

① 本文系国家自然基金项目“三峡库区屏障带土地利用生态风险数值模拟（项目编号：41101503）”和国家社科基金重大项目“三峡库区独特地理单元‘环境—经济—社会’发展变化研究（项目编号：11&ZD161）”的阶段性成果。

② 重庆工商大学融智学院教师，主要研究方向为 3S 理论与应用。

件的支持下，利用定量遥感等研究手段和方法，从时间、空间、数量以及结构上对研究区域热环境进行了全面系统的分析研究。

一、研究区概况

重庆位于四川盆地的东南部，长江上游，与湖北、湖南、贵州、四川、陕西等省接壤，辖区总面积为 8.24 万平方千米，属于中国面积最大的内陆城市。有长江和嘉陵江两江流经区内，气候湿润温和。其主城区包括渝中区、大渡口区、江北区、南岸区、沙坪坝区、九龙坡区、北碚区、渝北区和巴南区；主要分布在长江沿线，四面环山，以丘陵、低山为主，地形起伏较大，平均高程为 400 米。研究区总面积为 5465 平方千米，占全市总面积的 6.63%。研究区从南北面向长江嘉陵江河谷倾斜，起伏较大，呈现“一山一槽二岭”的自然景观，是典型的特大山地城市。

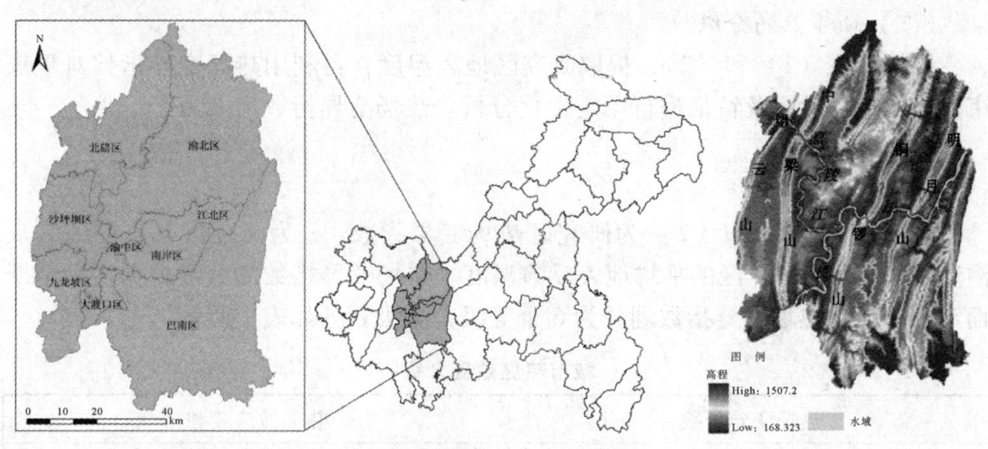

图 1　重庆主城区区位图

二、研究方法

（一）亮度温度反演

对于 TM 数据的热红外波段来说，通常像元的亮度值越大，陆面温度越高。研究采用单窗算法计算像元亮度温度值，从而获取重庆主城区温度分布专题图和相关统计数据。利用 TM6 计算亮度温度的过程就是把图像灰度值先转化为相应的热辐射强度值，然后再利用热辐射强度值推算出所对应的亮度温度值。

$$L_{(\lambda)} = L_{mim} + \frac{L_{\max} - L_{\min}}{255} DN \quad \text{公式（1）}$$

公式（1）中：$L_{\max}$ 和 $L_{\min}$ 分别是该波段探测器可探测的最高辐射值和最低辐射值，对 Landsat 5 号卫星来说，$L_{\max} = 1.56 mv \cdot cm^{-2} \cdot sr^{-1} \cdot \mu m^{-1}$，$L_{\min} = 0.1238$。

$$T_6 = \frac{k_2}{\ln[1 + \frac{k_2}{L_{(\lambda)}}]} \quad \text{公式（2）}$$

公式（2）中：T_6 是 TM_6 的像元亮度温度 K；

K_1, K_2 是常量：$K_1 = 60.776mw \cdot cm^{-2} \cdot sr^{-1} \cdot \mu m^{-1}$，$K_2 = 1\,260.56mw \cdot cm^{-2} \cdot sr^{-1} \cdot \mu m^{-1} K_2 = 1\,260.56$。

（二）归一化建筑指数反演

NDBI 可以较为准确地反映建筑用地信息，数值越大表明建筑用地比例越高，建筑密度越高。计算公式如下：

$$NDBI = \frac{MIR - NIR}{MIR + NIR} \quad \text{公式（3）}$$

公式（3）中：NIR 表示近红外波段的反射率，MIR 表示中红外波段的反射率。

（三）城市热岛分级

根据公式（1）和（2），提取研究区地表温度，再利用热场变异指数对重庆市 5 年的热岛效应及特征进行了定量化分析。热场变异指数定义为：

$$HI(T) = \frac{(T - T_{mean})}{T_{mean}} \quad \text{公式（4）}$$

公式（4）中，$HI(T)$ 为研究区热场变异指数，T 为研究区某点的地表反演温度，T_{mean} 为研究区的平均地表反演温度。热场变异指数的分级根据实际情况而定，本文将热场变异指数划分为 6 个等级，等级划分如表 1 所示。

表 1　城市热岛效应分级

热场变异指数	热岛效应现象
≤0.000	无热岛
0.000~0.005	弱热岛
0.005~0.010	中等热岛
0.010~0.015	较强热岛
0.015~0.020	强热岛
≥0.020	极强热岛

三、结果分析

（一）地表温度的反演与验证

利用公式（1）和（2），对重庆主城区 1988a、2000a、2002a、2007a 和 2011a 地表温度进行反演，获得 5 期地表温度分布图，如图 2 所示。

由于 MODIS 卫星自 2000 年 4 月开始正式发布数据，所以只利用 2000a、2002a、2007a 和 2010a 四期 TM 地表温度反演数据与同一时点 MODIS 地表温度产

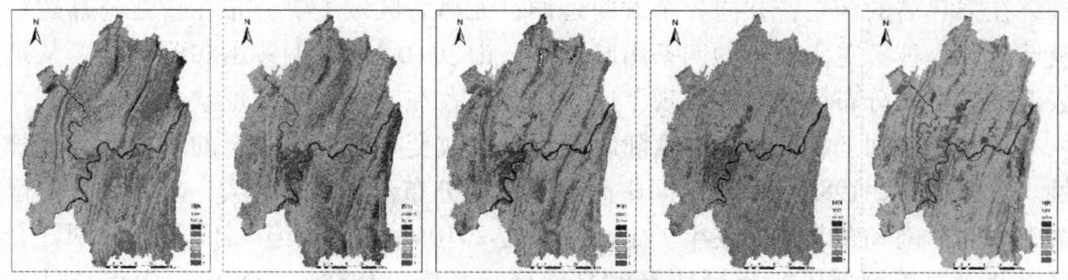

图 2　1988a—2010a 地表温度分布

品进行对比，每期影像在地表类型分布基本均匀型区各取 30 个点的温度数据，利用 OriginPro 8 进行相关性分析，结果如图 3 所示。由图 3 可见，TM 地表温度反演数据与 MODIS 地表温度产品在 2000a、2002a、2007a 和 2010a 的相关系数 R^2分别为 0. 801 26、0. 831 28、0. 857 72 和 0. 842 44，都非常接近 1，说明两者关系显著，所以利用 TM 影像反演地表温度具有一定的实际意义。

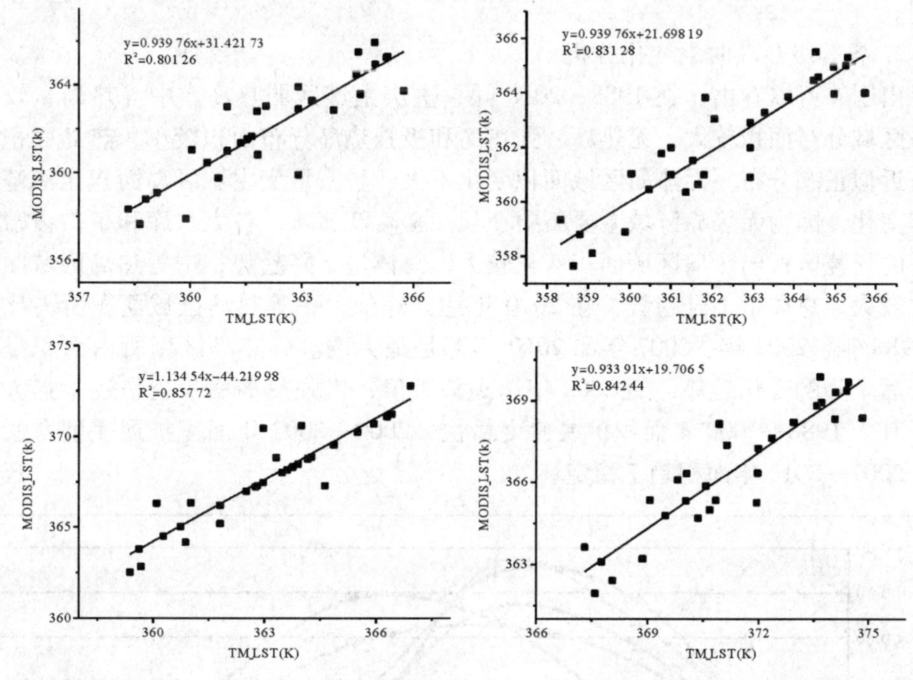

图 3　2000a、2002a、2007a 和 2010aTM 地表反演温度与 MODIS 数据相关性

（二）重庆主城区热环境变化分析

1. 地表热环境时空分布变化分析

利用公式（4），将重庆主城区热环境分为无热岛、弱热岛、中等热岛、较强热岛、强热岛和极强热岛 6 个等级，如图 2 所示。从图 2 中可以看出，重庆主城区地表温度不同时间的空间分布呈现出明显的差异性，这种差异随时间而改变并呈现出一定规律性。

从空间分布来看，重庆主城区的较强热岛和强热岛分布范围逐年扩大。强热岛的分布较为集中，主要分布在各区的建成区；较强热岛区域类似同心圆分布，围绕在强热岛的四周，并向各个方向延伸；无热岛区域主要分布在长江与嘉陵江流域以及森林覆盖率较高的四条山脉：缙云山、中梁山、铜锣山和明月山。从地表温度的空间分布结构能够发现重庆主城区内存在明显的热岛现象。

从时间序列上看，地表温度随时间而发生改变，呈现出一定的阶段性与规律性。总体而言，1988a—2010a 间中高温区空间分布范围逐年扩大，主要以渝中区为中心向西南和东北方向逐年扩张，特别是 2010a 在城市新扩展的区域（两江新区以及南岸茶园新区）出现明显的高温区。其中，1988a—2000a 高温区空间分布主要集中在嘉陵江和长江交汇地带，在此期间，重庆主城区的高温区域面积呈减少趋势，但渝北区西南部和沙坪坝北部出现了较为明显的新热中心；2000a—2010a 间，高温区面积明显增加。从中温区分布看，1988a—2000a 间，中温区处于缓慢减少阶段，特别是沙坪坝区与大渡口区；2000a—2010a 期间处于快速发展阶段。低温区分布范围呈波动式变化，1988a—2000a 期间，低温区分布范围减少；2000a—2010a 期间，低温区分布范围增加，主要分布在较大型山脉及水域的两侧。

2. 各等级热岛时空变化分析

由图 4 可以看出，在 1988—2010 间，重庆主城区弱热岛、中等热岛、较强热岛区域分布面积较大，无热岛、强热岛和极强热岛分布面积较小，热岛面积分布呈近似正态分布。无热岛区域面积变化不大，且占重庆主城区总面积比例基本没有变化，因为无热岛区域主要集中在长江嘉陵江流域、各大水库和植被覆盖度较高的丘陵区；弱热岛区域面积变化较大，总体呈下降趋势；中等热岛区域面积变化较大，总体呈上升趋势，在 2010 年达到峰值；中等热岛区域面积所占比例在 1988 年、2002 年、2007 年和 2010 年都是最大的。强热岛区域所占面积呈先上升后下降的变化趋势，到 2002 年达到最大值；极强热岛面积也呈逐年扩大趋势，其中 1988—2000 年面积扩展速度最快，2000—2002 年面积扩展速度有所下降，2007—2010 年面积趋于稳定。

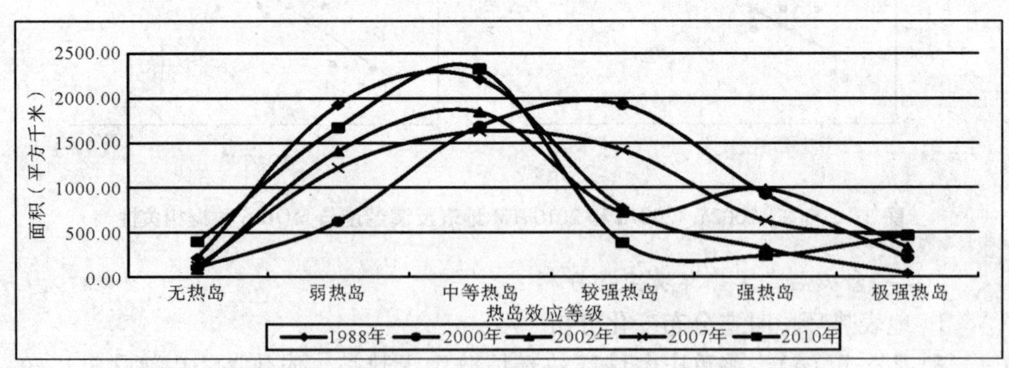

图 4 1988—2010a 各等级热岛面积分布图

3. 各行政区热环境时空变化分析

由图 5 可以看出，1988—2010 年，重庆主城区各区极强热岛面积在逐年扩大，只有少数区存在波动。巴南区、北碚区和渝中区极强热岛面积是逐年扩大的，大渡口区极强热岛面积变化不大，江北区、九龙坡区、南岸区和沙坪坝区极强热岛面积波动比较大，其中波动最大的是沙坪坝区。极强热岛的分布较为集中，主要以渝中区为分布中心以及各区县的建成区所在区域；较强热岛区域类似同心圆分布，围绕在极强热岛的四周，并向各个方向延伸；无热岛区域主要分布在北碚区、巴南区、九龙坡区和渝北区的水域以及森林覆盖率较高的山脉。

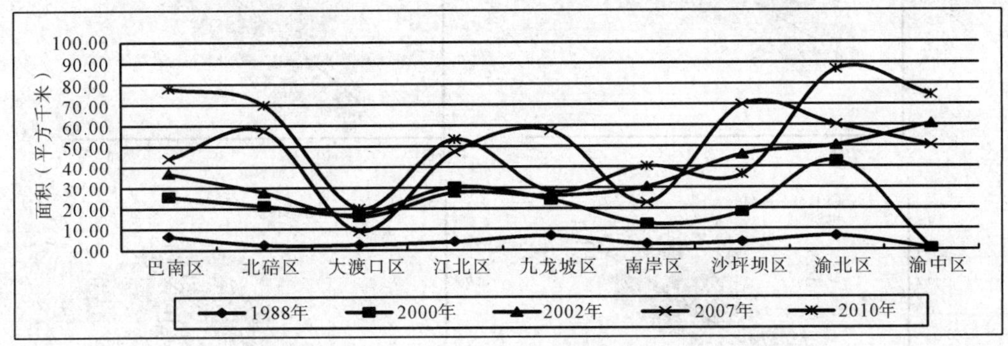

图5　重庆主城区各区极强热岛分布图

（三）热岛效应与NDBI的关系

利用公式（3）计算出1988a、2000a、2002a、2007a和2010a的NDBI数据，再在研究区随机采样2 000个点，记录同一像元的地表温度值和NDBI值，在OriginPro 8进行线性拟合分析。拟合结果如图6所示：1988a、2000a、2002a、2007a和2010aR^2分别为0.754 1、0.742 02、0.735 17、0.707 34和0.595 65，非常接近1，说明温度与NDBI呈明显的正相关。NDBI越高，温度越高，且温度多维持于360K-380K，说明建设用地扩展对城市热岛效应起积极的作用，这是由于建设用地下垫面多为金属和混凝土等不透水结构，比热容小，太阳照射后升温较快。以上对热环境与NDBI相关因素的分析充分说明建设用地的扩展对城市热环境起积极作用。

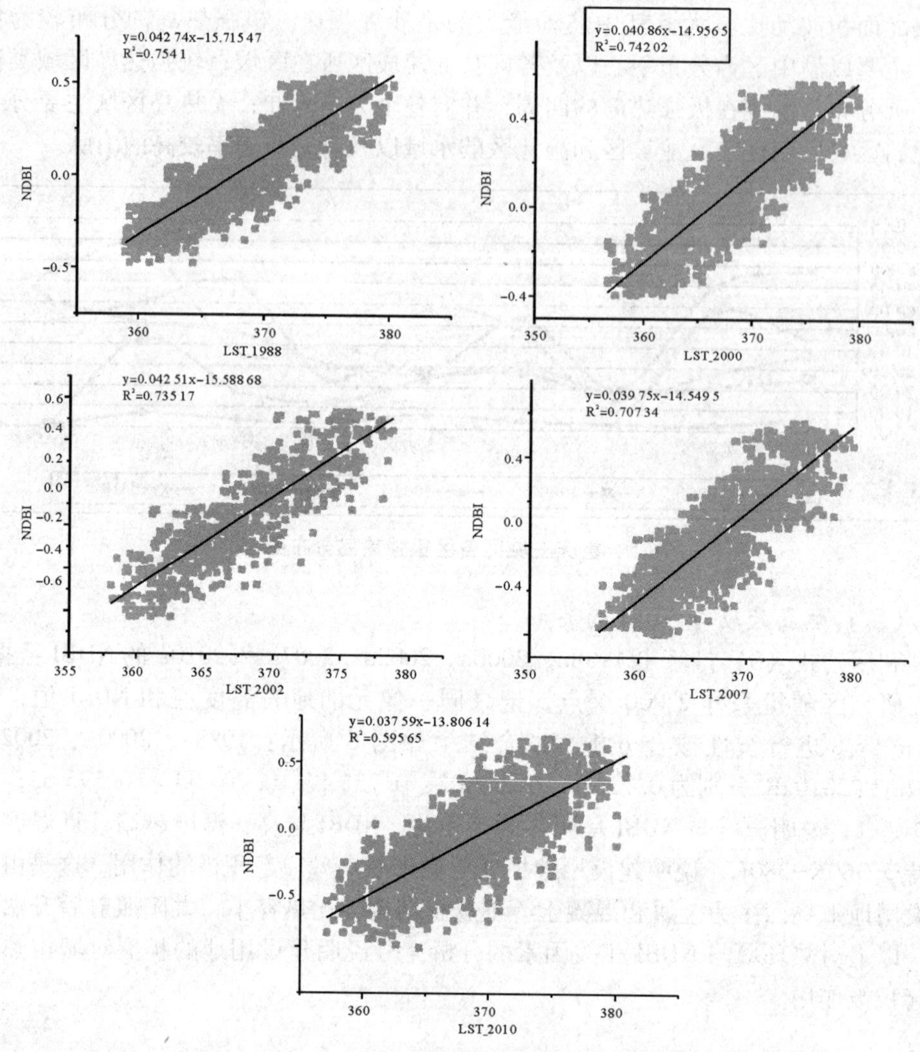

图 6　地表温度与 NDBI 的关系

四、结论

通过以上分析可知，在时间和空间上，研究区的城市热环境都随建设用地的扩展发生了十分显著的变化，且这种变化呈现出一定的规律性。

（1）1988a—2010a，重庆主城区的地表温度整体呈上升趋势、热岛问题日益严重。

（2）1988a—2010a，重庆主城区各等级热岛面积随时间的迁移都在发生变化，其中弱热岛、中等热岛和强热岛变化的趋势最明显，较强热岛次之，极强热岛和无热岛区域面积变化不大。

（3）热岛效应在城市建成区是普遍存在的，但真正构成环境问题的是具有较高强度和一定规模的高等级热岛。

（4）随着建设用地扩展，特别是新增的建设用地，最容易产生新兴的高等级热岛。

（5）对重庆主城区地表温度与 NDBI 的相关性进行分析表明，重庆主城区地表温度与 NDBI 呈现明显的正相关关系，即建筑指数越高，温度越高，建筑对温度起积极作用。因此可以通过合理规划城市建筑物密度来改善日益严重的城市热岛问题。

由于遥感影像的获取受天气条件的影响较大，影像获取时的天气条件可能会给模型的精度带来一定的影响；同时本文只对重庆主城区进行了研究。因此，本文研究的城市热岛与 NDBI 之间的关系是否适用于其他区域需要通过更多数据加以验证。

参考文献

[1] 张道卫，郭华东，孙中昶. 超大城市地表特征参数估算及其对城市热环境的影响研究 [J]. 遥感技术与应用，2012，27（1）：51-57.

[2] 马泽忠，周万村，江晓波，等. 巫山县近三十年来土地利用动态变化及过程 [J]. 山地学报，2002（20）：105-111.

[3] 任霞，高超，张洁. 城市热岛效应与地表特征参数的定量研究 [J]. 科技信息，2011（12）：440-441.

[4] 马耀明，刘东升，王介民，等. 卫星遥感敦煌地区地表特征参数研究 [J]. 高原气象，2003（6）：531-536.

[5] 郭建茂，于强，王连喜，等. 宁南地区地表特征参数及辐射平衡区域分布 [J]. 地理研究，2007（6）：1127-1136.

[6] 钱乐祥，丁圣彦. 珠江三角洲土地覆盖变化对地表温度的影响 [J]. 地理学报，2005，60（5）：761-770.

[7] 李一静，曾辉，魏建兵. 基于归一化植被指数变化分级的深圳市植被变化 [J]. 应用生态学报，2008，19（5）：1064-1070.

[8] 田野，徐恒力，刘双，等. 基于归一化植被指数变化分级的千山植被变化 [J]. 中国水土保持，2010（1）：25-28，60.

[9] 覃志豪，Minghua Z，KarnieliA，等. 用陆地卫星 TM6 数据演算地表温度的单窗算法 [J]. 地理学报，2001，56（4）：456-467.

[10] 武鹏飞，王茂军，张学霞. 基于归一化建筑指数的北京市城市热岛效应分布特征 [J]. 生态环境学报，2009，18（4）：1325-1331.

[11] 薛晓娟，孟庆岩，王春梅，等. 北京市热岛效应时空变化的 HJ-1B 监测分析 [J]. 地球信息科学学报，2012，14（4）：474-480.

[12] 李京忠，殷学勇，蔡清华，等. 基于 TM 影像的地表温度遥感反演研究：以兰州市区为例 [J]. 安徽农业科学，2008，36（18）：7805-7807.

[13] 李建辉，周启刚，陈倩，等. 基于 RS 和 GIS 的建设用地变化研究：以重庆市主城九区为例 [J]. 重庆工商大学学报：自然科学版，2012（1）：76-81，90.

[14] 王福海，周启刚，杨霏，等. 三峡库区 2010 年度土地利用现状分析 [J]. 水土保持研究，2013，20（5）：221-225，231.

创业板上市公司高管薪酬与公司绩效相关性研究[①]

——基于2011—2013年的数据

王欢欢[②]

［摘要］本文基于2010年12月31日前在创业板上市的153家上市公司2011—2013年的数据，以每股收益为因变量，高管年薪和高管持股比例为自变量，资产负债率为控制变量，实证研究创业板上市公司高管薪酬与公司绩效之间的关系。实证结果显示高管年薪与公司绩效呈正相关关系，高管持股比例与公司绩效既不线性相关又不曲线相关。

［关键词］创业板上市公司　高管薪酬　公司绩效　相关性

一、引言

上市公司高管薪酬问题是社会关注的焦点问题。高管薪酬激励历来被认为是解决代理问题和将管理者的目标与股东目标保持一致的重要手段。目前国内外学者对上市公司高管薪酬激励与公司绩效之间关系的研究多集中于主板市场或者中小板市场，鲜有针对创业板上市公司高管薪酬激励与公司绩效的研究。本文选择创业板上市公司作为研究对象，研究高管薪酬激励与公司绩效之间的相关性，为优化高管薪酬激励机制及方式提供措施及建议。

二、文献综述

有关高管薪酬与公司绩效相关性的研究文献中，多数学者既考虑到了公司规模、行业、地区的差异对高管货币薪酬与公司绩效相关性的影响，也从会计绩效指标、市场指标等方面对货币性薪酬激励的效果进行了研究，将高管薪酬激励与公司绩效相关性联系起来以减少委托代理成本。由于国内外法律、经济环境及制

① 来源于重庆工商大学融智学院人文社会科学研究项目（一般项目）。项目名称：上市公司高管薪酬激励与公司绩效的相关性研究，项目编号：20147001，已结项。立项时间：2014. 6. 30；结项时间：2015. 6. 30。

② 重庆工商大学融智学院教师，主要研究方向为财务会计。

度的不同，研究选择的数据、变量、研究方法及模型等的不同导致研究结论不一致。主要有两种结论：一是高管薪酬与公司绩效仅存在微弱的相关性或不相关，二是高管薪酬与公司绩效存在显著的正相关性。

国外学者从20世纪20年代起，便着眼于公司经理人薪酬和企业绩效的研究。最早研究高管货币薪酬与公司绩效关系的是Taussings and Baker（1925），研究结果表明高管货币薪酬与公司绩效的相关性较弱。Tosi H，Werner S，Katz J，Gomez-Mwjia L（2000）采用逐步假设的方法来分析公司规模、公司业绩对公司高管薪酬的影响，最终结论显示，高管薪酬与公司绩效存在弱相关性。但是Giorgio and Arman（2008）研究发现高管货币薪酬对公司绩效有显著的正影响。

我国政府1998年开始要求上市公司披露高管薪酬的信息。根据国内文献的研究，一部分学者认为高管年薪和企业绩效之间并不存在相关关系，程隆云、岳春苗（2008）将2000—2005年我国已实施股权激励的A股上市公司作为样本，结论是上市公司高管薪酬与公司绩效几乎不相关，支持这一观点的还有李增泉（2000）、魏刚（2000）、俞鸿琳（2006）等。另一些学者的研究结论是高管年薪和公司绩效存在相关性，吴育辉、吴世农（2010）利用我国上市公司2004—2008年上市公司的数据研究了高管货币薪酬与公司绩效的相关性，研究证明高管货币薪酬与资产净利率之间存在显著的正相关关系。周仁俊、杨战兵、李礼（2010）按照国有控股权的不同，分组比较了高管货币薪酬、持股比例和在职消费与公司绩效的相关性，发现高管货币薪酬和持股比例均与公司绩效呈正相关关系。支持这一观点的学者还有李燕萍和孙红（2008）、郭昱和顾海英（2008）、刘烨、李凯和高菲（2009）等。

三、理论分析与研究假设

（一）假设一：高管年薪与公司绩效呈正相关性

根据委托代理理论，现代公司制度下由于委托人自身能力有限，委托代理人管理公司并给予一定的报酬，导致所有权与经营权的分离，这在一定程度上会引起双方信息不对称。在委托与代理的关系中，双方的目标并不完全一致，所有者追求的是公司业绩的最大化，而经营者更多追求的是个人效用的最大化。所有者与经营者信息不对称与二者目标的不一致，引起了逆向选择和道德风险，导致委托代理问题的出现。

为了有效解决委托代理问题，股东会与高管签订“薪酬—绩效”契约，使高管的货币薪酬直接与公司绩效挂钩，高管获得报酬是由公司绩效决定的，提升公司绩效是高管获得高报酬的重要手段，较高的薪酬又能够激励高管更加努力地工作以提升公司绩效。因此，本文提出假设一：高管年薪与公司绩效呈正相关性。

（二）假设二：高管持股比例与公司绩效呈正相关性

激励理论是业绩评价理论的重要依据。根据股权激励理论，股权激励是对高管进行长期激励的一种重要手段，能够使高管通过持股比例获得对公司的收益所拥有的剩余索取权，使高管将自身利益与公司的长远发展联系起来，以追求公司利益最大化为己任。高管持股比例越高，高管对公司绩效的关注就更强，因此提升高管持股比例能激励高管努力提升公司绩效。当高管对公司未来的盈利能力看好时，他们就更愿意接受股票薪酬，选择与公司共同发展。因此，本文提出假设二：高管持股比例与公司绩效呈正相关性。

四、研究设计

（一）数据来源与样本选取

为了保证样本数据在时间上的连续性，本文以国泰安数据库（CSMAR）公布的截至2010年12月31日在深圳证券交易所上市的153家创业板上市公司2011—2013年的数据为研究对象，样本涉及8个行业。本文的数据大多数为直接获得，少部分是经计算取得，使用的数据均为合并财务报表中的数据，降低集团内部交易的影响。

（二）研究变量

1. 因变量

每股收益（EPS）是度量上市公司盈利能力最重要的财务指标，是计算公司某一时期税后净利润与股份数的比值，能够有效地体现公司获利能力和股票投资价值，反映普通股的获利水平，直接表现出公司经营业绩。EPS既有会计利润类指标的优点，又有市场价值类指标的优势，是表现公司经营效益较为理想的指标。因此，本文选用EPS作为衡量公司业绩的变量。

2. 自变量

本文研究的高管薪酬分为高管年薪和高管持股两部分。由于国泰安数据库中有关高管年薪为前三名高管的薪酬总额，每位高管薪酬资料获取有一定的限制性，同时由于各个公司对高管的理解不同，各公司的高管人数也不相同，所以本文选取上市公司前三名高管的薪酬总额作为高管年薪。鉴于高管年薪总额比较大，为了避免回归样本差距过大，提高高管年薪数据的精确度，参照付增贵（2012）、刘长才（2009）和傅颀（2013）的相关研究，在本文的实证研究中采用前三名高管薪酬总额的自然对数作为衡量高管年薪的指标，简记为LnPAY。

另一个自变量是高管持股比例，作为高管股权激励的代表，是指高管持有本公司的股份数占公司总股份的比重，该指标可以反映股权激励对于公司绩效的影响，简记为MSR。

3. 控制变量

资产负债率是公司一定时期公司债务的账面价值除以总资产的账面值，表示上市公司总资产中有多少是通过负债筹集而来的，是衡量上市公司负债水平的重要判断标准，在一定程度上影响着公司的业绩水平，因此本文将其作为控制变量加入模型进行研究，该指标简记为ALR。具体变量说明详见表1。

表1　　变量设计表

变量类型	变量名称	变量符号	变量说明
因变量	企业业绩	EPS	每股收益=净利润/总股数
自变量	高管年薪	LnPAY	报表中披露的创业板上市公司前三名高管薪酬总额取对数
	高管持股比例	MSR	高管持股比例=高管持股总数/公司总股本数
控制变量	资产负债率	ALR	资产负债率=企业负债总额/资产总额

（三）研究模型

基于研究假设及变量设计，本文构建了以公司绩效为因变量，以高管年薪和高管持股比例为自变量，以资产负债率为控制变量的多元线性回归模型，以检验创业板上市公司高管薪酬与公司业绩的相关关系。具体模型如下：

（1）以公司绩效为因变量，高管年薪为自变量分析公司绩效对高管年薪的敏感性，基于假设一构建如下模型1：

$$EPS = \alpha_1 + \beta_1 \times \text{Ln}PAY + \chi_1 \times ALR + \varepsilon$$

（2）以公司绩效作为因变量，高管持股比例为自变量，基于假设二构建如下模型2：

$$EPS = \alpha_2 + \beta_2 \times MSR + \chi_2 \times ALR + \varepsilon$$

五、实证研究结果分析

运用Excel2010和SPSS22.0软件对研究数据进行描述性统计分析、相关性分析和多元线性回归分析。

（一）研究变量描述性统计

本文对研究变量进行的描述性统计主要从以下五个方面即平均值、中位数、最大值、最小值和标准差描述统计数据分布的特征，具体结果如表2所示。

表2　　研究变量描述性统计分析

变量名称	样本数	平均值	中位数	最大值	最小值	标准差
年薪（PAY）	459	1 267 984.981 1	1 028 800.000 0	7 759 700.000 0	260 000.000 0	917 365.786 2
年薪自然对数（LnPAY）	459	13.878 1	13.843 9	15.864 5	12.468 4	0.567 7
高管持股比例（MSR）	459	0.177 9	0.113 2	0.843 3	0.000 0	0.187 5
每股收益（EPS）	459	0.360 0	0.330 0	2.820 0	−2.557 0	0.371 7
资产负债率（ALR）	459	0.215 2	0.181 0	0.826 3	0.014 0	0.149 5

从上表可以看出，各变量均值与中位数相差不大，说明数据分布较均匀，比较适合回归分析。经过取对数的处理，高管年薪变动浮动缩小，但变动差距依然

存在。处理后的高管年薪变量与公司绩效变量的数量级及变动状况相匹配。

1. 公司绩效指标描述性分析

创业板上市公司绩效存在很大的差异性，每股收益最大值达到 2.82 元，而最小值为-2.557 元，均值为 0.36 元，标准差为 0.371 7，总体样本绩效的波动较大。

2. 薪酬变量指标描述性分析

创业板上市公司高管薪酬最高值为 775.97 万元，最小值为 26 万元，均值为 126.8 万元，标准差达 91.74 万元。因此，高管薪酬存在很大的差异性，这与公司所处行业及地域有很大的关系。

高管持股比例最高达 84.33%，最低为 0 即零持股，说明不同公司有着不同的股权激励政策，但高管持股比例的均值为 17.79%，说明创业板公司有一定的股权激励措施。

3. 控制变量指标描述性分析

主要对资产负债率进行分析，平均资产负债率只有 21.52%，这是由于创业公司在上市前主要依靠股权融资，较少依靠债权融资。

（二）研究变量的相关性分析

变量之间的相关关系通常会影响模型的回归效果。因此，在进行回归分析之前，应当首先进行相关性检验，分析各变量之间是否存在多重共线性。一般而言，变量之间的相关系数小于 0.95 的话，各变量之间就不存在多重共线性。各变量的相关性分析结果如表 3 所示。

表 3　　各变量之间的 Pearson 相关系数

	高管年薪	高管持股比例	每股收益	资产负债率
高管年薪	1	-0.084	0.220**	-0.035
高管持股比例		1	0.040	-0.096*
每股收益			1	-0.214**
资产负债率				1

注：** 在置信度（双侧）为 0.01 时，相关性是显著的；* 在置信度（双侧）为 0.05 时，相关性是显著的。

表中的数据显示各变量的相关系数都远远小于 0.95，因此变量之间不存在多重共线性。表中每股收益和高管年薪存在正相关关系，并通过了 0.01 的显著性检验，支持了前文的假设一。说明公司对高管实施有效的薪酬激励，可以在一定程度上促进公司绩效的提高。但每股收益和高管持股比例没有表现出一定的相关性，也没有通过显著性检验，这与前文的假设二不符合，说明我国创业板上市公司通过高管持股的激励措施并没有显著地影响公司绩效，股权激励政策有待进一步改进。

（三）多元线性统计回归结果分析

对样本数据进行描述性统计和相关性分析之后，相关系数矩阵仅仅解释了变量之间大致的方向关系。因此，必须通过回归模型的建立才能验证变量之间具体的关系。本文对公司绩效与高管年薪、高管持股比例进行进一步的回归分析，结果见表4。

表4　模型1和模型2的线性多元回归结果

变量	模型1		模型2	
	回归系数	T值	回归系数	T值
Constant	-1.466*	-3.594	0.467*	13.298
LnPAY	0.140*	4.771	—	—
ALR	-0.514*	-4.631	-0.528*	-4.623
MSR			0.039	0.431
R	0.302		0.215	
R^2	0.091		0.046	
Adj-R^2	0.087		0.042	
Durbin-Watson	1.842		1.829	
F	22.900*		11.070*	
VIF均小于2				

注：*表示 $p<0.01$，因变量为EPS。

1. 公司绩效和高管年薪的回归分析

相关系数 $R=0.302$，判定系数 $R^2=0.091$，调整的判定系数 $R^2=0.087$，说明被解释变量（公司绩效）8.7%由解释变量（高管年薪）解释，模型的拟合度不是很好。但由于高管年薪和公司绩效之间的关系非常复杂，而且很多都是定性的因素难以量化，因此回归结果具有统计学意义。Durbin-Watson值为1.842接近于2，说明方程不存在自相关。

统计量 $F=22.9$，相伴概率值 $p=0.000<0.01$，说明高管薪酬和公司绩效之间确有线性回归关系，从而验证了假设一。

回归系数和T值显示自变量高管薪酬和控制变量资产负债率明显通过t检验，Sig. 值均为0.000，小于0.01。说明公司绩效与高管薪酬存在显著的正相关关系，和前述的相关性检验相吻合，表明高管薪酬水平能在一定程度上促进公司绩效的提高，支持假设一。该回归方程有意义，回归方程为 $EPS=0.14\times PAY-0.514\times ALR-1.466$。

2. 公司绩效和高管持股的回归分析

表4显示，控制变量资产负债率（ALR）明显通过t检验（Sig. =0.000<0.01），但自变量高管持股比例（MSR）和公司绩效并没有通过t检验，Sig. 值为0.667。在统计学上没有意义，所以假设二不成立。

经计算，创业板上市公司高管持股比例均值为17.79%，而且大多数公司在上市前就已实施了股权激励，说明我国创业板上市公司注重对高管持股的激励。股权激励作为一种管理创新，在高新技术占主导地位的创业板上市公司应该有很好的发展，理论上说二者应该具有一定的相关性，而现在得出二者并未呈现显著线性相关性，本文通过曲线回归分析进一步研究二者关系。在曲线回归分析中，由于因变量每股收益（EPS）包含了非正值，高管持股比例中最小值为零，包含非正数值，因此首先排除了倒数模型、对数模型、复合、幂模型、S 模型、增长、指数分布和 Logistic 模型。最后，选取了剩余的三种模型即线性、二次项和立方模型。曲线回归结果如表 5 所示。

表 5　　曲线回归结果

方程式	模型摘要					参数估计值			
	R^2	F	df1	df2	显著性	常量	b1	b2	b3
线性（L）	0.002	0.737	1	457	0.391	0.346	0.080	—	—
二次项（Q）	0.006	1.304	2	456	0.273	0.328	0.432	-0.670	—
立方（U）	0.025	3.859	3	455	0.010	0.293	1.808	-6.560	6.031

表 5 中给出了所选三种曲线函数相对应的输出值，三种模型的 R^2 均很小，最大的为立方模型，$R^2=0.025$，这三种曲线无一适合，模型拟合优度差。从图 1 的函数模型条件预测值的对比也可以看出，各个值只是无规律地分布在各个区域，没有表现出明显的趋势关系。

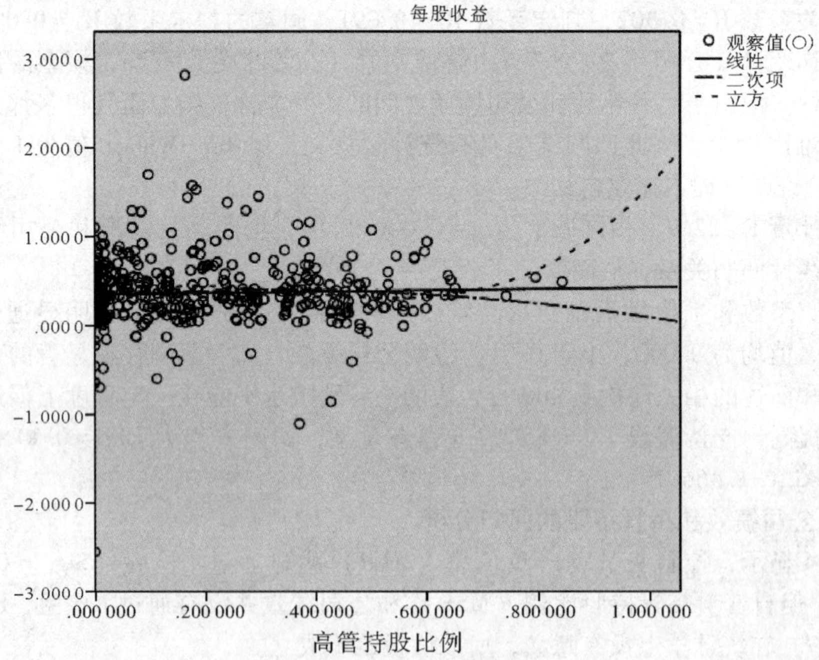

图 1　三种模型曲线趋势图

（四）稳健性检验

将零持股的样本公司剔除之后，剩余397个样本公司的数据，再对模型1和模型2进行多元回归分析，结果保持不变，说明所设计的模型通过稳定性检验，具体检验过程不再重复。

六、研究结论及建议

（一）研究结论

1. 高管年薪和公司绩效呈正相关关系

高管年薪在1%的显著性水平下显著，则以每股收益反映的公司绩效和高管年薪呈现正相关关系，假设一成立，但高管货币薪酬的回归系数为0.14，相关程度不高。研究结论说明我国创业板上市公司与高管的“报酬—绩效”契约显示出有效性，高管货币薪酬这种短期激励方式是有效的，提高公司高管的货币薪酬，能够提高公司绩效。

2. 高管持股比例和公司绩效不相关性

实证结果显示，创业板上市公司高管持股比例和公司绩效没有表现出显著的相关性，假设二不成立。通过进一步曲线回归，也没有发现二者有其他非线性相关关系，与理论预期完全相反。我国的创业板上市公司在股权激励方面还有待进一步完善和提高。

（二）相关建议

一是丰富考核标准，完善考核内容，推进高管薪酬激励与公司绩效的关联度。建立一套能够有效反映企业成长性和价值创造的绩效评价指标体系，将有助于明确薪酬激励的方向，促使高管努力推动公司的成长与发展，把企业做强做大。二是长期激励与短期激励相结合，健全并合理利用高管持股政策。高管的货币性薪酬属于公司的短期激励，在实际情况中，公司往往重视对高管的短期激励而忽视了长期激励。高管持股作为高管激励的一种重要的长期激励方式，将公司利益与高管利益连为一体，对公司发展有着深远的意义。三是尽快完善信息披露制度，增加高管薪酬、在职消费等的透明度。要对在职消费和高管薪酬进行合理的利用，使得双方产生一定的平衡，才能真正起到对高管激励的作用，对公司发展产生重要的影响。四是建立和完善高管人员薪酬激励机制。五是完善高管薪酬激励的监督、约束机制。

参考文献

[1] 程隆云，岳春苗. 上市公司高管层股权激励绩效的实证分析［J］. 经济与管理研究，2008（6）：17-22.

[2] 李增泉. 激励机制与企业绩效——一项基于上市公司的实证研究［J］. 会计研究，2000，8（1）：24-30.

[3] 魏刚. 高级管理层激励与上市公司经营绩效［J］. 经济研究，2000，13（3）：32-39.

[4] 俞鸿琳. 国有上市公司管理者股权激励效应的实证检验［J］. 经济科学，2006，

(1)：108-116.

[5] 吴育辉，吴世农. 高管薪酬：激励还是自利？——来自中国上市公司的证据［J］. 会计研究，2010，(11)：40-48.

[6] 周仁俊，杨战兵，李礼. 管理层激励与企业经营业绩的相关性——国有与非国有控股上市公司的比较［J］. 会计研究，2010，(12)：69-75.

[7] 李燕萍，孙红. 不同高管报酬方式对公司绩效的影响研究——基于中国上市公司的经验检验［J］. 经济管理，2008，30（18）：42-49.

[8] 郭昱，顾海英. 高管薪酬结构对经营绩效的影响［J］. 华东经济管理，2008（4）：100-103.

[9] 刘烨，李凯，高菲. 高科技公司的治理特征与绩效的实证研究［J］. 科学学研究，2009（1）：87-92.

[10] 付增贵. 董事会治理、高管薪酬对内部控制有效性的影响——来自沪、深两市采掘业上市公司2008—2010年经验数据［J］. 企业经济，2012，385（9）：166-168.

[11] 刘长才. 盈余管理与高管薪酬——基于中国上市公司面板数据的实证分析［J］. 求索，2009（8）：26-27.

[12] 傅颀，邓川. 高管控制权、薪酬与盈余管理［J］. 财经论丛，2013，173（4）：66-72.

[13] TAUSSINGS FW，BAKER WS. American Corporations and Their Executives：A Statistical Inquiry［J］. Quarterly Journal of Economics，1925：43-47.

[14] TOSI H，WERNER S，KATZ J，et al. How Much Does Performance Matter？A Meta-Analysis of CEO Pay Studies［J］. Journal of Management，2000（4）：301-339.

农民信息使用能力影响因素实证分析[①]

李红平[②]

[摘要] 以信息化为核心的"新四化"是我们党提出的重大战略决策，是实现我国现代化的必然途径。作为一个传统农业大国，包括农民在内的"三农"信息化在某种程度上决定着信息化和农业现代化的实现。农民作为具有主观能动性的主体，其信息使用能力在实现"三农"信息化中起着极其重要的作用。本文通过问卷、实地调查以及采用 SPSS 软件对数据进行统计分析，从农民自身因素和以政府为主的信息供给主体两个方面，实证性地揭示了影响农民信息使用能力的影响因素及其原因，进而就存在的问题提出了对策建议。

[关键词] 农民　信息使用　影响因素

党的十八大报告明确提出，坚持走中国特色新型工业化、信息化、城镇化、农业现代化道路，推动信息化和工业化深度融合、工业化和城镇化良性互动、城镇化和农业现代化相互协调，促进工业化、信息化、城镇化、农业现代化同步发展。同步发展的"新四化"中，信息化是新增的内容，这表明信息化已被提升至国家发展战略的高度，且位居"新四化"的核心地位。2015 年 7 月 4 日，国务院发布了《关于积极推进"互联网+"行动的指导意见》，文件中提到"互联网+"现代农业，对农村信息化提出了新的任务。根据《中国统计年鉴（2014）》，截至 2013 年，我国有乡村人口 6.296 1 亿，占全国总人口的 46.27%。根据 CNNIC2015 年 7 月发布的第 36 次《中国互联网络发展状况统计报告》，截至 2015 年 6 月，我国农村网民规模达 1.86 亿，农村地区的互联网普及率为 30.1%。农村网民占农村人口不到 30%。农村信息化的主体是农民，农民的信息使用能力起着至关重要的作用。本文在这样的背景下，探讨农民信息使用能力的影响因素，以期为提升农民信息使用能力提供有益参考。

为了获取第一手材料，课题组 2015 年 2 月在重庆发放 260 份问卷，回收有效问卷 245 份。问卷设计了 30 个相关问题，全面了解农民信息使用状况和主观感受，获取农民信息使用能力的影响因素。以大数据为主线，结合农村实际情况，本文把农民信息使用能力界定为 5 个因素，分别为：拨打农业咨询热线、使用农村农业信息平台、建立农产品信息网站、农产品宣传方式以及网络平台售卖农产品意愿。采用 SPSS 软件进行相关性分析，得出农民受教育程度、个人收入

---

① 本文系重庆市教委人文社科研究项目（2014SKS02）、重庆市社科规划培育项目（2014PY57）阶段性成果。

② 重庆工商大学融智学院讲师，主要研究方向为农村信息管理。

和当地信息平台、信息服务站的建立，以及政府信息发布渠道对其有积极影响。文中所用数据均采用四舍五入法取整数，另外，所用数据均来源于本次调查统计。

一、农民自身因素对信息使用能力的影响

（一）受教育程度的影响

调查结果显示，受教育程度与农民对信息的使用能力呈正相关关系。首先，受过小学、初中、高中和大学及以上教育的被调查者拨打过农业咨询热线的比例依次是0%、4%、15%和37%；使用过农村农业信息平台的比例依次是10%、15%、24%和46%；建立产品信息网站的比例依次是0%、1%、1%和22%；愿意通过网络售卖农产品的比例依次是0%、9%、23%和30%。再次，在农产品宣传方面，农民最信任的是朋友和政府帮其宣传，总体趋势是受教育程度越高的更会利用网络平台和当地信息服务站宣传农产品。（见图1）

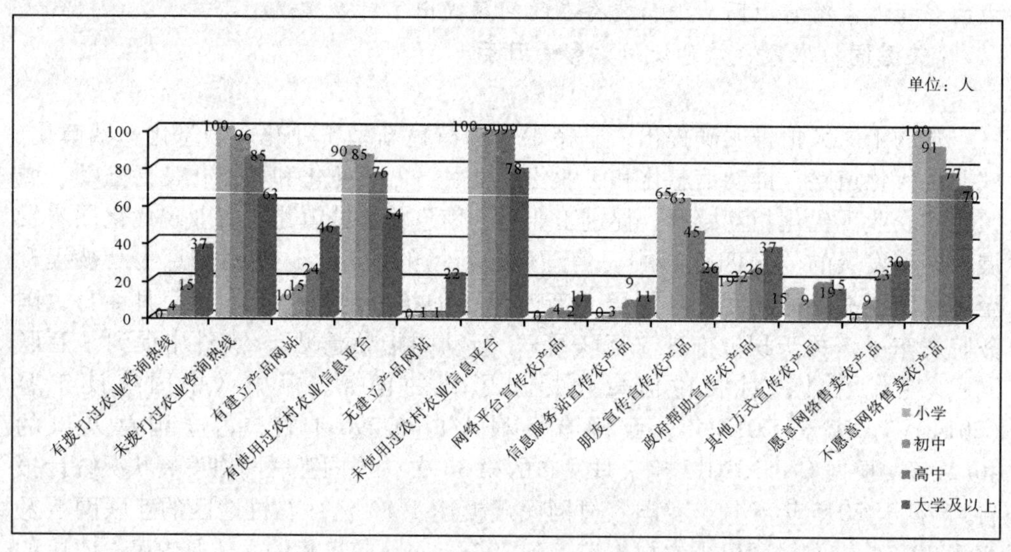

图1　受教育程度对农民信息使用的影响

（二）个人收入的影响

调查表明，个人收入与拨打农业咨询热线呈负相关关系，低收入被调查者拨打农业咨询热线占到25%，而最高收入被调查者仅占10%。结合现场调查分析，其原因在于中、高等收入被调查者长期外出务工，只有逢年过节才回农村老家，极少务农，同时因较长时间生活在城市或城郊，对网络信息平台的使用更熟悉和熟练，所以基本上没必要拨打农业咨询热线；反之，低收入群体除了可以接受乡邻和政府的帮助外，拨打农业咨询热线是其最便捷的方式。很奇怪的现象是，最低收入者和最高收入者都有很强的网络售卖农产品的意愿，分别为25%和26%。通过访谈，好几位农民大叔一再强调，辛苦不怕，就怕一年的辛苦换不了钱，没有人买，所以，对网络售卖意愿增强。而最高收入者在城郊或城市受到网络大环

境影响，对网络售卖不陌生，信息使用意识更强。调查显示，在农产品宣传方面，各收入层次的农民依然都以朋友和政府帮助宣传为主。值得一提的是，低收入者利用信息服务站帮其宣传的占17%，相比其他收入者比例最高，而几乎没有人利用网络平台宣传农产品。这是因为他们长期待在农村，从事传统务农工作，信息服务站就在身边，能“看得见、摸得着”，而网络平台的使用对于他们来说非常陌生且完全无法信任。调查数据结果显示，个人收入高低对农村农业信息平台的使用、产品信息网站的建立、网络宣传农产品呈正相关关系。（见图2）

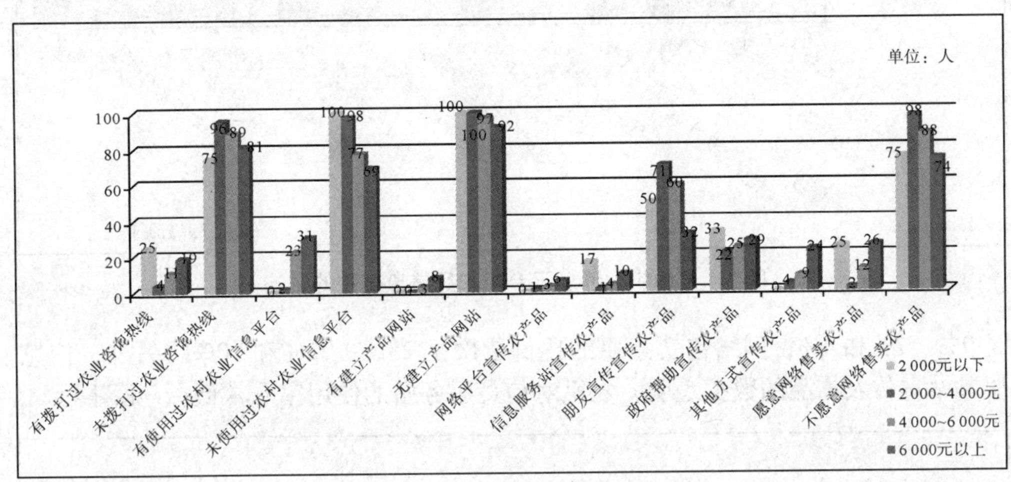

图2　个人年收入对信息使用的影响

二、供给主体对农民信息使用能力的影响

（一）农业信息平台的影响

调查表明当地农业信息平台对农民信息使用能力呈正相关关系。数据显示，当地有农业信息平台的被调查者拨打过农业咨询热线、使用过农村农业信息平台、建立产品信息网站、网络平台和信息服务站宣传农产品以及网络售卖意愿的比例依次为43%、51%、14%、10%和12%、45%；相应的没有农业信息平台而拨打热线、使用过农村农业信息平台、建立产品信息网站、网络平台和信息服务站宣传农产品以及网络售卖意愿农产品的比例要低很多，依次为2%、10%、1%、1%和4%、7%。当地有农业信息平台对农民拨打农业咨询热线、使用其他农村农业信息平台及网络售卖意愿影响非常大，尤其是使用农村农业信息平台，比例超过了50%。（见图3）

（二）信息服务站的影响

数据显示，当地信息服务站建设与农民信息使用的能力呈正相关关系。当地有信息服务站、正在建设中和没有信息服务站的被调查者拨打过农业咨询热线的比例依次是25%、19%和4%；使用过农村农业信息平台的比例依次是38%、28%和10%；建立产品信息网站的比例依次是16%、1%和0%；利用网络平台宣传农产品的比例依次是10%、4%和1%；利用信息服务站宣传农产品的比例依次

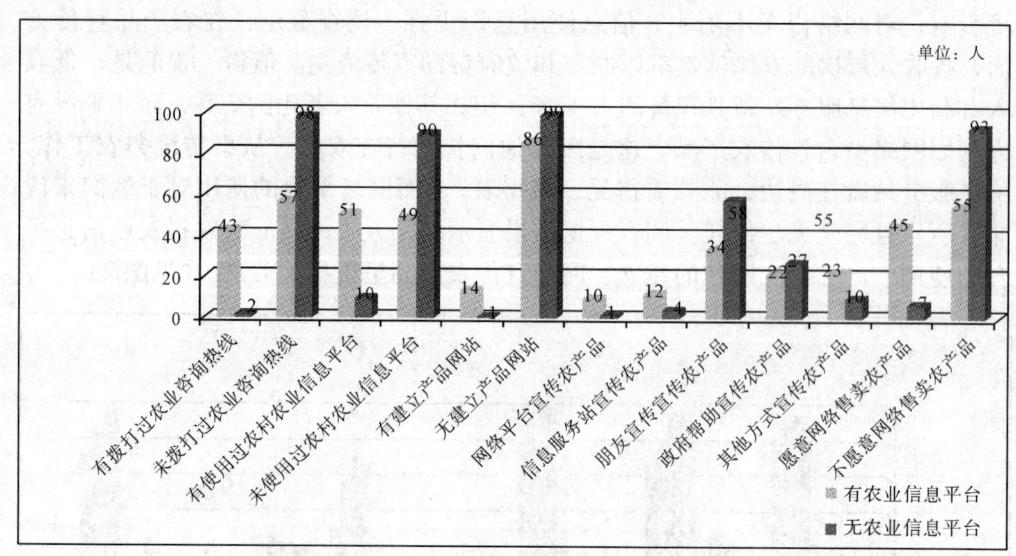

图3 当地农业信息平台对农民信息使用的影响

是9%、7%和4%；网络售卖意愿的比例依次是25%、22%和10%。另外，信息服务站宣传农产品的数据表明，农民对信息服务站的使用率非常低。（见图4）

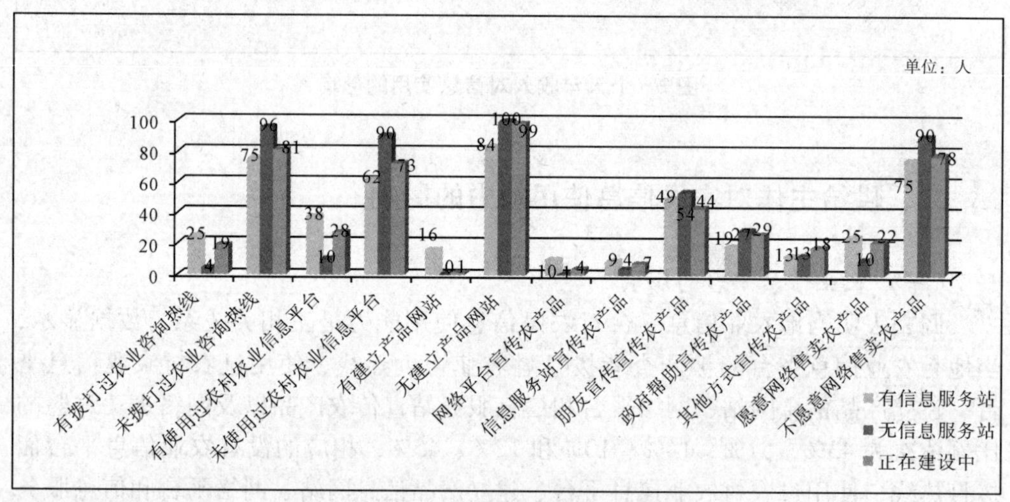

图4 当地信息服务站对农民信息使用的影响

（三）农业信息发布渠道的影响

农村农业信息发布的方式通常有广播、网络平台、现场开会及公告栏等。数据显示，广播和现场开会对农民信息使用能力的影响不明显。网络平台和公告栏对其影响显著增加，尤其是网络平台，其次是公告栏，都呈正相关关系。网络平台对拨打农业咨询热线、使用过农村农业信息平台、建立产品信息网站、网络平台和信息服务站宣传农产品的比例依次为：64%、64%、55%、19%和19%，公告栏对其影响的比例为：38%、43%、14%、9%和12%。数据还表明，农民网络售卖意愿受公告栏的影响最大，占34%，超过网络平台对其的影响。最后，利用

网络平台发布农业信息对拨打咨询热线、使用其他农村农业网络平台和建立产品网站的影响非常深远。（见图5）

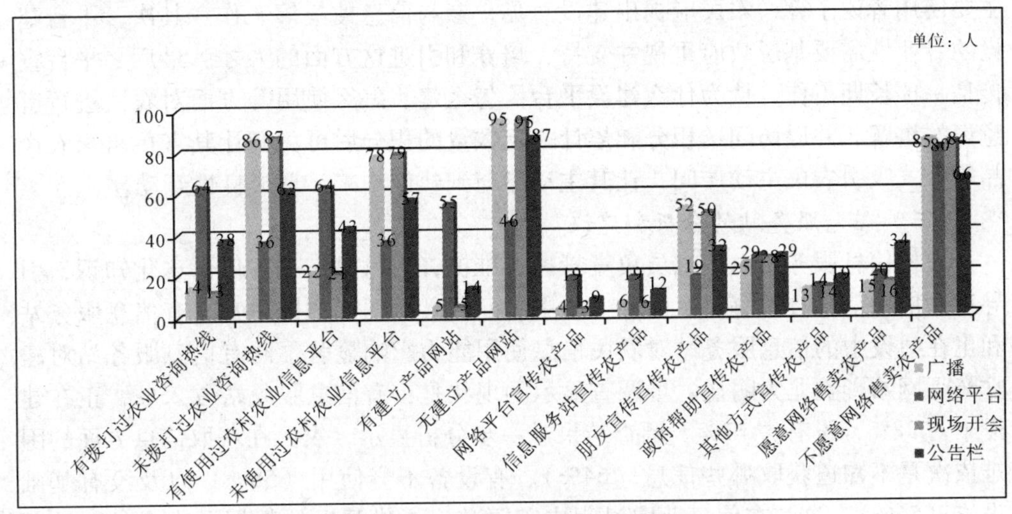

图5　农业信息发布渠道对农民信息使用的影响

三、结论分析和建议

（一）农民自身因素的分析和建议

对调查数据进一步分析显示，农民受教育程度集中在初中（38%）和高中（37%）。图1数据显示，受过高中和大学及以上教育者对信息的使用能力显著提高；从建立产品信息网站的能力来看，受过大学及以上教育显得尤为重要。其次，受过高中以上教育的农民个人收入主要集中4 000~6 000元和6 000元以上，而受过大学及以上教育的收入最高，显然，受教育程度与个人收入呈正相关关系，学界也早就证实了这一点。最后，图1和图2的数据结果还表明，即使受过最高层次教育和处于最高收入的农民，不使用平台（54%、69%）、没有建立网站（78%、92%）、不用网络宣传（89%、94%）以及不愿意网络售卖农产品（70%、74%）的比例非常高。总体超过50%，大部分集中在70%以上。这说明农民对网络信息的使用意识不足，使用能力不够。要改变这一现状，提高农民受教育程度是关键，让多数农民达到高中及以上教育至关重要。其次，信息意识培育不可或缺且是一项长期工程，环境对其影响效果明显。所以，需要加大宣传力度和施以正确引导，只有这样才能总体提升农民的信息使用能力，让其享受信息给生产、生活带来的便捷。

（二）农业信息平台的分析和建议

数据显示，71%的被调查者对“你村有发布农业信息平台吗?”持否定回答。结合现场调查和资料搜集发现，发放问卷的村几乎都依托区（县）农村、农业网建立了相应的某村农业信息平台，旨在建设电子村务，发布农业信息，可建设不容乐观。主要是信息未更新、信息完全不适用、甚至有些模块完全没有内容以及平台宣传力度不够，导致农民不知道和不使用。而当地农业信息平台对农民信息使用能力有着积极的引导作用，所以，平台建设刻不容缓。平台怎么建应该由主要使用者说了算，农民应提出建设意见，参与信息搜集等工作。其次，平台建设的专业性需要基层政府重视并支持，培养和引进这方面的人才。最后，平台宣传是一项长期工作，从为什么建设平台、怎么建、怎么使用等方面对农民进行有意识的讲解，并以访问送积分和累计一定数量的积分后可免费让其宣传自家农产品等方式吸引农民主动访问，让其主动参与到建设中来，形成良性互动。

（三）信息服务站的分析和建议

农村信息服务站由信息员负责管理、维护，为村民义务宣传信息化知识，引导村民应用信息技术解决生产和生活中的问题。从图4数据得知，有信息服务站和正在建设中的信息服务站对农民信息使用能力影响显著，而有信息服务站对建立产品网站影响尤为明显。可调查显示的现状是：有信息服务站占25%，正在建设中占28%，没有占47%。调查结果进一步分析显示，农民在获取信息方面的困难依次是不知道获取哪些信息（64%）、有设备不会使用（58%）以及没有基础设施（56%）。这与在信息获取过程中需要政府提供帮助的数据是吻合的。被调查者在获取农业信息过程中，需要政府提供的帮助依次为：对获取信息的方式、方法进行培训占59%；建好基础设施占58%；政策支持占48%；宣传信息占26%。既然如此，就应该大力建设信息服务站，充分发挥信息服务站功能。这需要政府给予高度重视，筹集足够资金，可以采取政府出一点、社会资金筹一些，保证信息服务站顺利建设。其次，对信息员的筛选非常重要。选择当地对农村、农事最了解并有一定权威的“老农民”作为基层信息采集员最合适。同时，加大对他们的培训力度，让其意识到信息采集的重要性，保证信息的准确性。再次，信息服务站要发挥对农民信息搜集、使用、引导和信息宣传功能。所以，信息服务站应该配备信息管理专业性人员，承担起对信息员专业性提升的培训、对农民获取信息困难的帮助以及通过多种方式宣传信息使用的重要性，提高信息服务站利用率。最后，让信息服务站成为连接政府和农民的桥梁。信息服务站点通常选在农民集聚的小卖店、营业厅等地方，加之“老农民”信息员的关系，信息服务站是最方便获取和搜集农事的场所，不仅能上传农民遇到的困难和下达最新相关政策，还能为农业信息平台建设提供有益信息。

（四）农业信息发布方式的分析和建议

调查数据显示，目前村委农业信息发布渠道主要是广播和现场开会，分别占91%和87%，其次是公告栏和网络平台，分别占15%和4%。有10%的被调查者居然对“你村村委有网络电脑吗?”持否定回答，这足以说明村委办公还没完全电子化。除此以外，农民家庭还没完全达到通过网络信息平台接收信息的设施设备要求。在调查中发现，被调查者普遍有电视机（89%）和移动电话（89%），而网络电脑比较欠缺（30%）。基层政府提供的公共信息化设施中，农家书屋占31%，而电子阅览室仅占3%。数据还显示，82%的农民选择用移动电话接收信息。在这样的现况下，提升村委办公电子化的能力是第一步，让“引进来”和“走出去”两条腿并行。所谓“引进来”指吸收受过高等教育的当代优秀大学生，他们有强烈的信息意识和信息使用能力；“走出去”指鼓励并支持工作人员外出学习、参加相关培训。通过两条腿齐步走，逐渐提升村委工作班子成员的信息使用能力。其次，成立专项资金，对移动电话的购买和使用产生的费用进行相应补贴，这样才能免去农民使用时的后顾之忧，保证其及时接收信息。再次，公告栏是农民了解相关信息非常便捷的一个地方，他对农民信息使用能力起着重要作用，尤其是网络售卖意愿。所以，要想有效使用公告栏，对所张贴内容要有所选择，达到既能让农民愿意来，又能从上面看到“外面的世界”，同时，还能对生产和生活有所帮助。最后，加大对农家书屋的建设和管理，让其发挥更大作用，成为农民继续学习、了解现代信息社会的重要场地。并且重视电子阅览室在农村信息化中的作用，让其成为农民信息培训、交流、平台访问等信息查找和使用的场所。

参考文献

［1］王伟然. 农民获取和使用科技影响因素实证分析［J］. 山东社会科学，2011（12）.

［2］周广竹. 大数据视角下对我国农村信息化建设的思考——以重庆为例［J］. 人民论坛，2015（6）.

互联网专柜代购下实体店商品订货策略研究

冯　晖

[摘要] 近年来，“专柜代购”成为网购的一个热门词汇，其价格比商场标价便宜，这种模式的出现使实体经营店的生意受到严重冲击。本文考虑互联网快速发展下专柜代购对实体店商品销售的影响，建立了相应的经济订货批量模型，分析了优化模型唯一最优解存在的条件和相关的管理启示，采用数值仿真计算了互联网专柜代购影响因子、短缺量部分滞后供给率等对销售商订货策略和平均利润的影响。

[关键词] 互联网　专柜代购　订货策略

一、研究背景

随着互联网的普及，网络购物的优点更加突出，成为消费者一种重要的购物形式。2014 年，网络购物整体市场的用户规模保持千万级别的增长，普及率达到 55. 7%。与此同时，手机网络购物市场发展迅猛，用户年度增长率为 63. 5%；手机购物市场用户规模增速是整体网络购物市场的 3. 2 倍。电商市场的持续繁荣，促使企业加速战略布局。阿里巴巴通过资产重组和产业链整合构筑电商服务生态；京东战略布局 O2O 和金融领域，尝试“空中购”等新业务架构；唯品会寻求新的利润增长点，开启跨境电商和互联网金融业务。在网络购物交易金额方面，我国网络零售市场继续保持高速发展的态势，全年网络零售额为 27 898 亿元，同比增长 49. 7%。在网络购物交易次数方面，全年交易总次数 173 亿次，年度人均交易次数 48 次。在网络购物消费占比方面，网络购物金额占日常消费采购支出比例的平均值为 14. 2%。“2015 年全球跨境 B2C 电子商务”显示了全球跨境在线商务的最新趋势，预计未来五年全球跨境电子商务市场将保持两位数的增长率。全球跨境 B2C 电子商务正在蓬勃发展，预计到 2017 年都将加速增长，之后增速稍有放缓，但仍然保持两位数字增长率。网上购物的魅力在于用户可以足不出户就买到价格便宜的东西。“专柜代购”是网购的一个中高级的词汇，指从专卖店里直接拿货，然后再卖给买家，价格一般要比商场标价便宜，比如，某品牌新款上市，商场里和其天猫旗舰店上标价一般都是原价，但代购价则是7~8 折，主要是因为进货渠道、员工购买有折扣等原因。随着专柜代购这种模式的出现并开始普及，实体店的生意必定会受到冲击。

有关网络代购问题，近年来不少学者对其进行了研究，刘洁分析了代购热潮下品牌厂商的对策，陈建梅发现看上去很美的微信海代，其实都存在严重问题。虽然研究了专柜代购问题，但大多数研究局限于商品质量和消费者保护方面，考虑专柜代购影响销售商订货的研究较少。少数研究如 Reza Maihami 等提出了需求指数增长下短缺量部分拖后的非立即变质产品联合定价和订货策略，Ata Allah Taleizadeh 等建立了订货数量影响商品折扣，缺货期间短缺量部分和完全滞后供给两种情况下的经济批量订货模型，罗兵等研究了商品价格和顾客等待时间影响短缺量滞后供给和销售商定价和订货，但目前尚未见到有关互联网专柜代购影响销售商订货策略的研究报道。

基于上述背景，本文考虑专柜代购对实体店商品销售的影响，商品允许缺货，缺货期间一部分顾客愿意等待购买，建立一个互联网专柜代购影响下实体店商品的经济订货批量模型，采用数值仿真分析互联网专柜代购影响因子、短缺量部分滞后供给率和商品价格等参数对销售商订货策略和平均利润的影响，为销售商的经营决策提供理论依据。

二、符号与假设条件

$D(p_s)$ 为商品需求率，$D(p_s)=a-bp_s$，其中 $a>0$，$b>0$，p_s 为商品价格；λ 为互联网专柜代购影响因子；$I(t)$ 为商品 t 时刻的库存水平；I_0 为商品期初库存水平；允许缺货，ρ 为短缺量部分滞后供给率；t_1 和 t_2 分别为商品有现货和缺货时间；Q 为商品一个周期订货量；A 为商品一次订货成本；p_b 为商品采购价；c_h 为商品单位保管成本；c_s 和 c_l 分别为商品单位滞后供给和丢单成本；π 为商品一个周期的平均利润。

三、建立数学模型

一个周期内商品 t 时刻的库存水平需满足以下等式：

$$\frac{dI(t)}{dt}=-D(p_s)+\lambda I(t),\quad t\in[0,\ t_1)\qquad \text{式（1）}$$

$$\frac{dI(t)}{dt}=-\rho D(p_s),\quad t\in[t_1,\ t_1+t_2]\qquad \text{式（2）}$$

由边界条件：$I(0)=I_0$，$I(t_1)=0$，可得：

$$I(t)=I_0e^{\lambda t}+\frac{D(p_s)}{\lambda}(1-e^{\lambda t}),\quad t\in[0,\ t_1)\qquad \text{式（3）}$$

$$I(t)=\rho D(p_s)(t_1-t),\quad t\in[t_1,\ t_1+t_2]\qquad \text{式（4）}$$

由式（4）可得最大滞后供给量为：$B=\rho D(p_s)t_2$。联立式（3）和式（4）可得：$I_0=\frac{D(p_s)}{\lambda}(1-e^{-\lambda t_1})$。将 I_0 代入式（3），则有：

$$I(t)=\frac{D(p_s)}{\lambda}(1-e^{\lambda(t-t_1)}), \quad t\in[0,\ t_1)$$ 式（5）

商品一个周期内订货量为：

$$Q=I_0+B=\frac{D(p_s)}{\lambda}(1-e^{-\lambda t_1})+\rho D(p_s)\,t_2$$ 式（6）

一个周期内商品的销售收入和各项成本如下：

销售收入 $TR=p_sD(p_s)\left(\frac{1-e^{-\lambda t_1}}{\lambda}+\rho t_2\right)$

采购成本 $C_b=p_bQ=p_bD(p_s)\left(\frac{1-e^{-\lambda t_1}}{\lambda}+\rho t_2\right)$

订货成本 A

保管成本 $C_h=c_h\int_0^{t_1}I(t)\,dt=c_h\frac{D(p_s)}{\lambda}\left(t_1-\frac{1-e^{-\lambda t_1}}{\lambda}\right)$

滞后供给成本 $C_s=c_s\int_{t_1}^{t_1+t_2}|I(t)|dt=\frac{1}{2}\rho c_sD(p_s)\,t_2^2$

丢单成本 $C_l=c_l\int_{t_1}^{t_1+t_2}(1-\rho)\,D(p_s)\,dt=c_l(1-\rho)\,D(p_s)\,t_2$

由此可得一个周期内商品的平均总利润如下：

$$\pi(p_s,\ t_1,\ t_2)=\frac{1}{t_1+t_2}(TR-C_b-C_h-C_l-C_s-A)$$

$$=\frac{1}{t_1+t_2}\left((p_s-p_b)\,D(p_s)\left(\frac{1-e^{-\lambda t_1}}{\lambda}+\rho t_2\right)-\frac{D(p_s)}{\lambda}c_h\left(t_1-\frac{1-e^{-\lambda t_1}}{\lambda}\right)\right.$$
$$\left.-\frac{1}{2}\rho c_sD(p_s)\,t_2^2-c_l(1-\rho)\,D(p_s)\,t_2-A\right)$$ 式（7）

根据式（7），建立库存系统优化模型如下：

$$\underset{t_1,\ t_2}{\mathrm{Max}}\,\pi(p_s,\ t_1,\ t_2)$$
$$s.\ t.\begin{cases}p_s>0\\t_1>0\\t_2\geq 0\end{cases}$$ 式（8）

四、模型最优解分析及管理启示

（一）p_s 已知，t_1 和 t_2 未知

当 p_s 已知时，对式（8）关于 t_1 和 t_2 求偏导数并令其等于零，即：$\frac{\partial\ \pi(t_1,\ t_2|p_s)}{\partial\ t_1}=0$，$\frac{\partial\ \pi(t_1,\ t_2|p_s)}{\partial\ t_2}=0$，可得：

$$\left(p_s-p_b+\frac{c_h}{\lambda}\right)D(p_s)\,e^{-\lambda t_1}-\frac{c_h}{\lambda}D(p_s)-\pi(p_s,\ t_1,\ t_2)=0$$ 式（9）

$$\rho(p_s-p_b)\,D(p_s)-\rho c_lD(p_s)\,t_2-c_l(1-\rho)\,D(p_s)-\pi(p_s,\ t_1,\ t_2)=0$$ 式（10）

联立式（9）和（10）可得：$t_2 = \dfrac{\rho(p_s - p_b + c_l) - \left(p_s - p_b + \dfrac{c_h}{\lambda}\right) e^{-\lambda t_1} + \dfrac{c_h}{\lambda} - c_l}{\rho c_s}$

式（11）

对式（11）关于 t_1 求导数，可得：$\dfrac{dt_2(t_1)}{dt_1} = \dfrac{\lambda\left(p_s - p_b + \dfrac{c_h}{\lambda}\right) e^{-\lambda t_1}}{\rho p_s}$ 式（12）

联立式（10）和式（8）可得式（13）：

$$\rho(p_s - p_b - c_s t_2 + c_l) D(p_s)\, t_1 + \left(\frac{c_h}{\lambda} - c_l\right) D(p_s)\, t_1 - \left(p_s - p_b + \frac{c_h}{\lambda}\right) D(p_s) \frac{1 - e^{-\lambda t_1}}{\lambda} + A = 0 \quad \text{式（13）}$$

令式（13）左边为 $F(t_1)$ ，即：

$$F(t_1) = \rho(p_s - p_b - c_s t_2 + c_l) D(p_s)\, t_1 + \left(\frac{c_h}{\lambda} - c_l\right) D(p_s)\, t_1 - \left(p_s - p_b + \frac{c_h}{\lambda}\right) D(p_s) \frac{1 - e^{-\lambda t_1}}{\lambda} + A \quad \text{式（14）}$$

讨论 $F(t_1)$ 的性质，可得以下结论。

定理 1：当 $\rho(p_s - p_b + c_l) \leqslant c_l - \dfrac{c_h}{\lambda}$ 时，如 $F(0) > 0$，则存在唯一的 t_1^* 和 t_2^*，使得 $\dfrac{\partial\ \pi(t_1,\ t_2 | p_s)}{\partial\ t_1} = 0$ 和 $\dfrac{\partial\ \pi(t_1,\ t_2 | p_s)}{\partial\ t_2} = 0$ 成立。

证明：对式（14）关于 t_1 求导数，将式（12）代入，可得：

$$\frac{dF(t_1)}{dt_1} = \left(p_s - p_b + \frac{c_h}{\lambda}\right) D(p_s)\, e^{-\lambda t_1}(1 - \lambda t_1) - \rho c_s t_2 D(p_s)$$

$$\left(\rho(p_s - p_b + c_l) + \frac{c_h}{\lambda} - c_l\right) D(p_s)$$

令 $1 - \lambda t_1 < 0, p_s - p_b + \dfrac{c_h}{\lambda} > 0$，则有：$\left(p_s - p_b + \dfrac{c_h}{\lambda}\right) D(p_s)\, e^{\lambda t_1}(1 - \lambda t_1) < 0$。

则 $\dfrac{dF(t_1)}{dt_1} < 0$ 恒成立，即 $F(t_1)$ 在 $t_1 \in (0,\ +\infty)$ 内为严格单调递减函数。

因此，当 $\rho(p_s - p_b + c_l) \leqslant c_l - \dfrac{c_h}{\lambda}$ 时，如 $F(0) > 0$，$\lim\limits_{t_1 \to +\infty} F(t_1) = -\infty$，则存在唯一的 t_1^*，使得 $F(t_1^*) = 0$ 成立，将 t_1^* 代入式（11），可求得唯一的 t_2^*，于是定理 1 得证。

定理 2：当 $\rho(p_s - p_b + c_l) \leqslant c_l - \dfrac{c_h}{\lambda}$ 时，如 $F(0) > 0$，平均利润函数 $\pi(t_1,\ t_2 | p_s)$ 在点（t_1^*，t_2^*）处取得唯一最优解。

证明：由定理1可知，当$\rho(p_s - p_b + c_l) \leqslant c_l - \frac{c_h}{\lambda}$时，如$F(0) > 0$，则存在唯一的$t_1^*$和$t_2^*$，使得$\frac{\partial\ \pi(t_1,\ t_2|p_s)}{\partial\ t_1} = 0$和$\frac{\partial\ \pi(t_1,\ t_2|p_s)}{\partial\ t_2} = 0$成立。对$\pi(t_1,\ t_2|p_s)$关于$t_1$和$t_2$分别求二阶偏导数，可得：

$$\left.\frac{\partial\ \pi^2(t_1,\ t_2|p_s)}{\partial\ t_1^2}\right|_{t_1=t_1^*,\ t_2=t_2^*} = -\frac{1}{t_1^* + t_2^*}\lambda\left(p_s - p_b + \frac{c_h}{\lambda}\right)D(p_s)\,e^{-\lambda t_1}$$

$$\left.\frac{\partial\ \pi^2(t_1,\ t_2|p_s)}{\partial\ t_1\partial\ t_2}\right|_{t_1=t_1^*,\ t_2=t_2^*} = \left.\frac{\partial\ \pi^2(t_1,\ t_2|p_s)}{\partial\ t_2\partial\ t_1}\right|_{t_1=t_1^*,\ t_2=t_2^*} = 0$$

$$\left.\frac{\partial\ \pi^2(t_1,\ t_2|p_s)}{\partial\ t_2^2}\right|_{t_1=t_1^*,\ t_2=t_2^*} = -\frac{\rho c_s}{t_1^* + t_2^*}D(p_s)$$

由此可得海塞矩阵如下：

$$W(t_1^*,\ t_2^*) = \begin{bmatrix} -\frac{1}{t_1^* + t_2^*}\lambda\left(p_s - p_b + \frac{c_h}{\lambda}\right)D(p_s)\,e^{-\lambda t_1},\ 0 \\ 0,\quad -\frac{\rho c_s}{t_1^* + t_2^*}D(p_s) \end{bmatrix}$$

其中$|W_{11}| = -\frac{1}{t_1^* + t_2^*}i(p_s - g_1)\,D(p_s)\,e^{it_1} < 0$。

$Det[W(t_1^*,\ t_2^*)]$为海塞矩阵$W(t_1^*,\ t_2^*)$的行列式之值，则有：

$$Det[W(t_1^*,\ t_2^*)] = \frac{1}{(t_1^* + t_2^*)^2}\lambda\rho c_s\left(p_s - p_b + \frac{c_h}{\lambda}\right)e^{-\lambda t_1}D(p_s)^2 > 0$$

因此海塞矩阵负定，即$\pi(t_1,\ t_2|p_s)$在点$(t_1^*,\ t_2^*)$处取得唯一最大值，于是定理2得证。

由$p_s - p_b + \frac{c_h}{\lambda} > 0$和定理1条件$\rho(p_s - p_b + c_l) \leqslant c_l - \frac{c_h}{\lambda}$，可得品牌商品价格条件：

$$p_b - \frac{c_h}{\lambda} < p_s < p_b - \frac{c_h}{\lambda\rho} + \left(\frac{1}{\rho} - 1\right)c_l \qquad \text{式（15）}$$

由式（6）可知：

$$Q = I_0 + B = \frac{D(p_s)}{\lambda}(1 - e^{-\lambda t_1}) + \rho D(p_s)\,t_2$$

由式（15）可知，品牌商品价格范围需要满足一定条件，在其他因素不变时，品牌商品采购价、互联网专柜代购影响因子λ和短缺量部分滞后供给率ρ较大时，销售商应适当减少品牌商品的订货量。

定理3：当$\rho(p_s - p_b + c_l) \leqslant c_l - \frac{c_h}{\lambda}$时，如$F(0) > 0$，则有品牌商品有现货时间$t_1 \in \left(\frac{1}{\lambda},\ T\right]$，缺货时间$t_2 \in \left[0,\ \frac{\rho(p_s - p_b + c_l) + \frac{c_h}{\lambda} - c_l}{\rho c_s}\right)$。

证明：由定理1可知，当$\rho(p_s - p_b + c_l) \leqslant c_l - \frac{c_h}{\lambda}$时，如$F(0) > 0$，平均利润函数有唯一最大值。由定理1的证明$1 - \lambda t_1 < 0$可得有现货时间$t_1$的范围：$\frac{1}{\lambda} < t_1 \leqslant T$。

由式（11）可知：$t_2 = \frac{\rho(p_s - p_b + c_l) - \left(p_s - p_b + \frac{c_h}{\lambda}\right)e^{-\lambda t_1} + \frac{c_h}{\lambda} - c_l}{\rho c_s}$，由$\left(p_s - p_b + \frac{c_h}{\lambda}\right)e^{-\lambda t_1} > 0$得到缺货时间$t_2$的范围：$0 < t_2 < \frac{\rho(p_s - p_b + c_l) + \frac{c_h}{\lambda} - c_l}{\rho c_s}$。于是定理3得证。

定理3表明，为使平均利润取得最大值，销售商应控制品牌商品有现货和缺货时间。当互联网专柜代购影响因子λ较大时，销售商应缩短品牌商品有现货时间；当品牌商品单位保管成本较大时，销售商应延长品牌商品缺货时间；当品牌商品短缺量部分滞后供给率ρ、采购成本、互联网专柜代购影响因子λ、单位丢单成本和单位滞后供给成本较大时，销售商应缩短品牌商品缺货时间。

（二）$t_1 = t_1^*$，$t_2 = t_2^*$ 已知，p_s 未知

为使平均利润函数取得最大值，对式（7）关于p_s求一阶导数，可得：

$$\frac{\partial\ \pi(p_s | t_1,\ t_2)}{\partial\ p_s} = \frac{1}{t_1^* + t_2^*}\left(\left(a - 2bp_s + bp_b + \frac{b}{\lambda}c_h\right)\frac{1 - e^{-\lambda t_1}}{\lambda} + \frac{bc_h}{\lambda}t_1 + bc_l t_2 + \frac{1}{2}\rho bc_s t_2 + (a - 2bp_s + bp_b - bc_l)\rho t_2\right)$$

对式（7）关于p_s求二阶导数，可得：

$$\frac{\partial\ \pi^2(p_s | t_1,\ t_2)}{\partial\ p_s^2} = \frac{1}{t_1^* + t_2^*}\left(-2b\frac{1 - e^{-\lambda t_1}}{\lambda} - 2b\rho t_2\right) \quad \text{式（16）}$$

定理4：当$a + bp_b > bc_l$时，则存在唯一的p_s^*，使得$\frac{\partial\ \pi(p_s | t_1,\ t_2)}{\partial\ p_s} = 0$成立，即平均利润函数$\pi(p_s | t_1,\ t_2)$在$p_s^*$处取得唯一最优解。

证明：由式（16）可知，$\frac{\partial\ \pi^2(p_s | t_1,\ t_2)}{\partial\ p_s^2} < 0$恒成立，因此$\frac{\partial\ \pi(p_s | t_1,\ t_2)}{\partial\ p_s}$在$p_s \in (0,\ +\infty)$内是$p_s$的单调递减函数。当$a + bp_b > bc_l$时，则$\left.\frac{\partial\ \pi(p_s | t_1,\ t_2)}{\partial\ p_s}\right|_{p_s = 0} > 0$恒成立，又有$\lim\limits_{p_s \to +\infty}\frac{\partial\ \pi(p_s | t_1,\ t_2)}{\partial\ p_s} = -\infty$，则存在唯一的$p_s^*$，使得$\left.\frac{\partial\ \pi(p_s | t_1,\ t_2)}{\partial\ p_s}\right|_{p_s = p_s^*} = 0$成立。

因此，当$a + bp_b > bc_l$时，$\left.\frac{\partial\ \pi(p_s | t_1,\ t_2)}{\partial\ p_s}\right|_{p_s = 0} > 0$，则$\pi(p_s | t_1,\ t_2)$是关于

p_s 的凹函数，即平均利润函数在 p_s^* 处取得唯一最大值，于是定理 4 得证。

由一阶条件：$\frac{\partial\ \pi(p_s|t_1,\ t_2)}{\partial\ p_s}=0$，可得：

$$\left(a-2bp_s+bp_b+\frac{b}{\lambda}c_h\right)\frac{1-e^{-\lambda t_1}}{\lambda}+\frac{bc_h}{\lambda}t_1+bc_lt_2+\frac{1}{2}\rho bc_st_2+(a-2bp_s+bp_b-bc_l)\rho t_2=0$$

则有：

$$p_s=\frac{\left(a+bp_b+\frac{b}{\lambda}c_h\right)\frac{1-e^{-\lambda t_1^*}}{\lambda}+\frac{bc_h}{\lambda}t_1^*+bc_lt_2^*+\frac{1}{2}\rho bc_st_2^*+(a+bp_b-bc_l)\rho t_2^*}{2b\left(\frac{1-e^{-\lambda t_1^*}}{\lambda}+\rho t_2^*\right)}$$

式（17）

在 $t_1=t_1^*$，$t_2=t_2^*$ 的条件下，由定理 4 可知，当 $a+bp_b>bc_l$ 时，平均利润函数 $\pi(p_s|t_1,\ t_2)$ 在 p_s^* 处取得唯一最优解。由式（17）可知，品牌商品的最优定价与其采购价、单位保管成本、互联网专柜代购影响因子、单位丢单成本、单位滞后供给成本、滞后供给分数等因素有关。当品牌商品采购价、单位保管成本、单位滞后供给成本和短缺量部分滞后供给率 ρ 较大时，品牌商品价格 p_s^* 可以定高一些；当互联网专柜代购影响因子 λ 和单位保管成本较大时，品牌商品的价格 p_s^* 可以定低一些。

五、数值分析

参考罗兵、冯晖等中的数据，设定库存系统基本参数如下：$a=38$，$b=1.30$，$p_b=3$，$\lambda=0.60$，$c_h=1.20$，$c_s=0.70$，$c_l=1$，$\rho=0.60$，$A=90$。取 $p_0=15.500$，采用 Mathematica8.0 仿真软件进行迭代计算，如表 1 所示，计算结果如下：$p_s^*=16.283$，$t_1^*=1.028$，$t_2^*=3.158$，$Q^*=44.824$，$\pi^*=105.084$。

表 1　　算例最优解计算表

j	p_j	t_1	t_2	Q	π
0	15.500	1.029	3.051	46.384	103.382
1	16.273	1.028	3.157	44.843	105.075
2	16.283	1.028	3.158	44.824	105.084
3	16.283	1.028	3.158	44.824	105.084

以下对互联网专柜代购影响因子 λ、短缺量部分滞后供给率等参数进行灵敏度分析，参数取值同以上算例。

表 2　　互联网专柜代购影响因子 λ 的灵敏度分析

λ	p_s	ρ	ρ	ρ	ρ
0.30	16.429	1.563	1.803	39.216	114.668
0.40	16.374	1.335	2.438	42.032	110.181
0.50	16.318	1.162	2.858	43.703	107.211
0.60	16.283	1.028	3.158	44.824	105.084
0.70	15.775	0.922	3.385	45.634	103.480
0.80	14.860	0.836	3.563	46.248	102.225

由表 2 可知，随着互联网专柜代购影响因子增大，商品价格降低，有现货时间缩短，缺货时间延长，订货量增加，平均总利润减少。这是因为，当互联网专柜代购影响因子增大时，原有的实体经营店的销售价对顾客的吸引力降低，商品需求量减少，缺货时间延长，销售利润降低。因此，当互联网专柜代购影响因子增大时，应降低商品价格，缩短有现货时间，增加缺货时间。

表 3　　短缺量部分滞后供给率 ρ 的灵敏度分析

ρ	p_s	c_h	c_h	c_h	c_h
0.50	16.177	1.232	2.419	35.029	89.118
0.55	16.250	1.130	2.855	40.254	96.889
0.60	16.283	1.028	3.158	44.824	105.084
0.65	16.295	0.929	3.374	48.912	113.594
0.70	16.297	0.833	3.527	52.605	122.360
0.75	16.303	0.734	3.635	55.950	131.352

由表 3 可知，随着短缺量部分滞后供给率增大，商品价格提高，有现货时间缩短，缺货时间延长，订货量增加，平均总利润增加。这是因为，当短缺量部分滞后供给率增大时，顾客愿意等待实体经营店下次补货时购买，避免由于质量未知和尺码不合适等造成的网上退货和换货等问题，此时，应适当缩短商品有现货时间，减少保管成本。因此，当短缺量部分滞后供给率增大时，应提高商品价格，缩短有现货时间，增加缺货时间。

表 4　　单位保管成本 c_h 的灵敏度分析

c_h	p_s	t_1	t_2	Q	π
1.0	16.244	1.056	3.108	44.559	105.444
1.1	16.256	1.042	3.133	44.693	105.262
1.2	16.283	1.028	3.158	44.824	105.084
1.3	16.291	1.015	3.183	44.950	104.912

表4(续)

c_h	p_s	t_1	t_2	Q	π
1.4	16.297	1.002	3.207	45.072	104.743
1.5	16.311	0.990	3.230	45.189	104.579

由表4可知，随着单位保管成本增大，商品价格提高，有现货时间缩短，缺货时间延长，订货量增加，平均总利润降低。这是因为，当商品单位保管成本增大时，有现货时间较长增加的成本大于销售商品获得的利润，此外，商品价格较低会造成更多的亏损。因此，当单位保管成本增加时，销售商应提高商品价格，缩短有现货时间，增加缺货时间。

六、结论

本文考虑专柜代购对实体经营店商品销售的影响，建立了一个互联网专柜代购影响下实体店商品的经济订货批量模型，通过数值仿真分析了互联网专柜代购影响因子、短缺量部分滞后供给率以及商品价格等因素对销售商订货策略和平均利润的影响。研究结果表明：在其他因素不变的条件下，品牌商品采购价、互联网专柜代购影响因子和短缺量部分滞后供给率较大时，销售商应适当减少品牌商品的订货量；当互联网专柜代购影响因子较大时，销售商应缩短品牌商品有现货时间；当品牌商品单位保管成本较大时，销售商应延长品牌商品缺货时间；当品牌商品短缺量部分滞后供给率、采购成本、互联网专柜代购影响因子、单位丢单成本和滞后供给成本较大时，销售商应缩短品牌商品缺货时间；当品牌商品采购价、单位保管成本、单位滞后供给成本和短缺量部分滞后供给率较大时，品牌商品价格可以定高一些；当互联网专柜代购影响因子和单位保管成本较大时，品牌商品的价格可以定低一些；当互联网专柜代购影响因子增大时，销售商应降低商品价格，缩短有现货时间，增加缺货时间；当短缺量部分滞后供给率和单位保管成本增大时，销售商应提高商品价格，缩短有现货时间，增加缺货时间。

参考文献

[1] 今日头条. CNNIC 发布《2014 年中国网络购物市场研究报告》[EB/OL].（2015-09-09）http：//toutiao. com/a6192072728808980737/.

[2] 中文互联网数据资讯中心. yStats：2016 年亚太地区将在全球跨境在线零售销售额中占 40%［EB/OL].（2015-08-31）http：//www. 199it. com/archives/379961. html.

[3] 业内新闻. 专柜代购对实体店的影响［EB/OL].（2013-01-03）http：//www. aojgame. com/news/3770. html.

[4] 刘洁. 代购热潮下品牌厂商的对策［J]. 管理前沿，2009（9）：33-35.

[5] 陈建梅. 微信代购“混搭风”［J]. 专题报道，2015（4）：40-41.

[6] 罗兵，王晶晶，常旭华. 存货影响销售和顾客等待的特价商品 EOQ 模型［J]. 系统工程学报，2013，28（3）：362-369.

[7] 罗兵，冯璐，陈星岐. 交叉销售下价格和存货影响需求的特价商品经济订货批量模型

[J]. 系统工程理论与实践，2014，34（4）：826-835.

[8] 罗兵，冯晖，李淑梅. 需求相关下顾客等待意愿不相同的特价商品 EOQ 模型 [J]. 系统工程理论与实践，2016，36（4）：884-896.

[9] MAIHAMI R, KAMALABADI I N. Joint Pricing and Inventory Control for Non-instantaneous Deteriorating Items with Partial Backlogging and Time and Price Dependent Demand [J]. International Journal of Production Economics, 2012 (136): 116-122.

[10] ATA ALLAH TALEIZADEH, DAVID W PENTICO. An Economic Order Quantity Model with Partial Backordering and all-units Discount [J]. Int. J. Production Economics, 2014, 16 (1): 1-13.

中小板上市公司内部控制和财务风险的关系研究

许 爽①

[摘要] 随着经济全球化的加强，我国中小板上市公司在迅速发展的同时，也面临着巨大的风险，尤其是受2008年以来的全球金融危机以及欧债危机的影响，中小板上市公司更是举步维艰。安然事件后，美国颁布了萨班斯法案，随后各国都颁布了类似的法令来加强企业的内部控制。同样，我国也颁布了一系列类似法令，大多数上市公司也已经按照相关规定建立了各自的内部控制体系。但由于我国对内部控制的研究起步较晚，因此我国内部控制体系的构建和完善需要一个长期的过程。对我国来说，上市公司特别是中小板上市公司的内部控制体系的构建是否合理，存在哪些薄弱环节，以及内部控制能否降低这些公司的财务风险，是当前学术界的研究热点，亦是本文研究的主要内容。

本文在分析内部控制的五要素对财务风险影响的基础上，提出本文的五个基本假设和一个总体假设。实证结果显示，内部控制的综合评价指标、风险评估、控制活动、内部监督和财务风险存在显著的负相关关系，即完善的内部控制能有效地抑制企业的财务风险。

[关键词] 内部控制 财务风险 中小板上市公司

近年来，尤其是金融危机爆发后，理论界的许多学者将研究的重点转向内部控制领域。目前，我国关于内部控制的研究主要集中在沪深主板市场，主板市场的上市公司都建立了一系列的内部控制体系，并且内部控制也起到了一定的作用。但是，中小板上市公司的内部控制问题并没用受到足够的关注，相关的理论研究也比较缺乏，即使有些公司建立了内部控制制度，但内部控制的效果并不理想。从中小板第一家被戴帽ST张铜，到江苏三友、联信永益、华英农业和绿大地等一系列欺诈上市的丑闻被曝光，说明我国中小板上市公司应对财务风险的能力还比较弱。

一、相关概念的界定

（一）内部控制

为了加强和规范企业内部控制，提高企业经营管理水平和风险防范能力，促

① 重庆工商大学融智学院教师，主要研究方向为财务管控。

进企业可持续发展，维护社会主义市场经济秩序和社会公众利益，根据国家有关法律法规，财政部会同证监会、审计署、银监会、保监会制定了《企业内部控制基本规范》，文中明确指出内部控制是指一个单位为了实现其经营目标，保护资产的安全完整，保证会计信息资料的正确可靠，确保经营方针的贯彻执行，保证经营活动的经济性、效率性和效果性而在单位内部采取的自我调整、约束、规划、评价和控制的一系列方法、手段与措施的总称。根据《企业内部控制基本规范》，内部控制包括五要素：自控制环境、风险评估、内控活动、信息与沟通、内部监督。

（二）财务风险

早期对风险的研究主要集中在对风险的概念判断上，而直到今天，在对风险概念这个问题的讨论上，仍旧没有形成一个统一的说法。一般来说，有以下两种观点：第一种观点是狭义说，“风险是损失的可能性”。这种观点强调了风险的两个特征，即风险的结果是负面的、损失发生只是一种可能性。第二种观点是广义说，“风险是结果的潜在变化，是人们预期结果和实际结果的差异”。风险的广义观点认为风险是实际结果和预期结果的偏差，这种偏差可能给企业带来损失也可能给企业带来收益。而本文对风险的界定上，借鉴的是狭义说，即风险是损失的可能性。

二、内部控制与财务风险的关系

（一）控制环境与财务风险的关系

控制环境是指影响、制约企业内部控制建立与执行的各种内部因素的总称。控制环境是内部控制的第一大要素，对内部控制的建立和完善起到了基础性的作用，依据《企业内部控制基本规范》，控制环境主要包括：“组织架构、发展战略、企业文化、权责分配、人力资源政策和社会责任”等。公司的治理结构对内部控制的建立与执行至关重要，有效的公司治理结构可以优化企业的内部控制，进而对股东和高层管理人员的权利义务形成制衡，有利于避免管理者以权谋私、徇私舞弊行为的发生。同时，企业文化在控制环境中也处于重要位置，企业文化是企业长期形成的具有自身特色的核心价值体系。良好的企业文化能够引导和规范员工的行为，形成整体团队的向心力，促进企业长远发展。

因此，提出本文的假设一：中小板上市公司控制环境与财务风险是负相关关系。

（二）风险评估与财务风险的关系

风险评估是对企业在运行过程中可能产生的风险进行定性或者定量的估量，并针对这些风险采取相应的策略进行补救的过程。风险评估主要包括：企业管理层的目标设定、对企业的风险进行定性和定量的分析和评价、采取相应措施降低潜在风险的发生和减少已经发生风险所造成的损失。风险评估是进行风险管理的关键环节，其主要的程序为：首先，企业的管理者要进行目标的设定，包括企业经营活动层面的目标和风险层面的目标，即管理者要达到什么利润水平，把风险控制在什么等级才是企业可以承受的范围之内。其次，判别风险的种类，也即是进行风险识别，是对企业自身所处的境况的定位和评估，以便找出产生风险的关键环节，分析风险的产生因素，再对各种风险进行定量判断，便于按程度进行分级；最后，针对所面临风险的具体情况，制定相应的止损机制和危机处理机制。按照上述的程序逐步进行风险评估与测试，可以尽量回避潜在的风险，降低或者转移已经存在的风险，可以对风险进行事前预测和事中控制，最终使企业的整体风险控制在一个企业能够接受的范围，不至于使企业因为某次的风险而遭受灭顶之灾。

因此，提出本文的假设二：中小板上市公司风险评估与财务风险是负相关关系。

（三）控制活动对财务风险的影响

《企业内部控制基本规范》规定控制活动主要包括“职责分工控制、授权审批控制、预算控制、内部报告控制”等。

职责分工控制是根据管理者制定的目标和各部门员工的职责任务，按照科学、精简、高效的原则设置相关的职能部门和工作岗位，使各个部门之间形成一个相互沟通和相关制约的工作机制。实施职责分工控制主要包括两个方面的内容：设立专门的管理控制机构和实行不相容的职务相分离。目前，内部控制较好的上市公司根据自己公司的实际业务范围和经营特点设置有专门的机构如价格委员会，薪酬管理委员会，内部审计委员会等。不相容的职务相分离主要包括会计与出纳相互分离及公司的监事不能兼任董事会成员等。会计和出纳不能兼任是实际管理工作中最基础的一项原则，在 1985 年《中华人民共和国会计法》将该原则以法律的形式规定下来。公司的监事会和董事会成员互不兼任，可以避免企业的控制权、执行权和监督权集中于一个人身上，从而降低了权责不清和权利失控而引起的风险。授权审批控制是建立在合理高效的职责分工基础上的，是指企业的管理部门根据业务范围，明确各个部门或者各个岗位的权限和责任。授权审批是职责分工在实施过程中的一个细化和强化，更加明确了各个部门及各个人员的权利和责任。通过职责分工和授权审批等控制措施的实施，可以减少超越职责和越权审批等舞弊行为，为企业提供真实准确的会计信息和财务报告奠定了制度基础，从而减少财务报告重述的发生。总之，科学高效的职责分工、合理严格的审批制度、完整系统的全面预算等一系列控制活动有效实施，对企业财务风险的降低也起到了积极作用。

因此，提出本文的假设三：中小板上市公司控制活动与财务风险是负相关关系。

（四）信息与沟通对财务风险的影响

信息与沟通是与企业生产、管理等一系列活动相关的各种资料、文件、报告在企业内部各个部门之间进行传递的过程，也包括把这些资料、文件、报告传递给供应商、监督机构或者投资者的相关程序等。企业作为单个的经济实体，不仅需要内部各个部门之间进行信息的传递，更需要和外部不同机构进行及时的沟通和交流，这就需要企业建立完整的信息系统和高效快捷的沟通系统。信息质量、沟通制度、管理信息系统、反舞弊机制等这些都包含在信息与沟通当中，对建立起完整顺畅的信息与沟通机制起着决定性的作用。因此，信息与沟通有利于提高公司的经营业绩，同时可以提高公司抵御风险的能力。

因此，提出本文的假设四：中小板上市公司信息与沟通与财务风险是负相关关系。

（五）内部监督对财务风险的影响

内部监督包括企业内部审计机构的监督，也包括社会专业机构和相关职能部门的监督，监督的主要对象是企业内部控制是否规范，财务报告是否真实、信息披露是否及时等。企业内部审计部门的监督是指企业专门的审计机构对经营活动和内部控制的合理合法及有效性进行独立、客观、系统地监督和评价。企业内部监督部门是企业整体的有机组成部分，对企业的内部流程和业务范围非常了解，可以清楚地找到容易出现错误和舞弊的关键环节，这样可以大大地提高效率。

专业机构和相关职能部门的外部监督，主要是通过加强和完善内部控制来防止和消除信息虚假披露行为和欺诈行为，从而达到保护投资者等利益相关者合法利益的目的。总之，通过内部监督机构的内部审计监督和外部专业机构和相关职能部门等的社会监督，可以预防并发现错误和舞弊行为，确保各种会计信息真实、客观，在内外部监督的共同作用下，有利于企业完善内部控制体系，从而减少财务风险。

因此，提出本文的假设五：中小板上市公司内部监督与财务风险是负相关关系。

在分别分析了内部控制五要素对财务风险影响的基础上，可以整体推测，内部控制的主要作用就是为了避免企业运营过程产生的合规性风险、运营风险以及财务风险。从理论角度出发，内部控制建设得越好，其内部控制质量也越高，财务风险就越小，建立有效的内部控制是企业减小财务风险的根本途径。所以根据上述内容，提出本文的总假设：内部控制越好，财务风险越小，即内部控制与财务风险呈现负相关关系。

三、实证分析

（一）样本的选取

本文选取中小板上市公司为样本，选取样本时遵循以下原则：首先，选取了2011年12月31号之前上市的公司，以2013年和2014年的数据作为研究的对象。原因是考虑到公司在上市前存在粉饰财务报表的动机，财务数据存在一定的虚假性。因此，本文选择样本的上市时间比研究数据提前2年，以此来减弱这一因素带来的偏差。其次，剔除了金融类上市公司和被ST的公司。2004—2011年中小板上市公司共564家，剔除金融类公司2家和被ST的公司5家以及数据不全的公司105家，最后得到2013年和2014年共452家中小板上市公司的904个数据。

（二）变量的选取

1. 因变量

财务风险的分析方法主要有定量分析和定性分析，定性分析法主要有资产负债表透视法、经理直接观察法、事件推测法、企业股市跟踪法、“A 记分”法等。定量分析的方法主要有变异系数法、β系数法、财务报表分析法等。

本文的财务风险是利用 Altman 的 Z-score 模型进行度量的，即本文的解释变量 FR 是 Z-score 模型的 Z 值，Z=1.2X1+1.4X2+3.3X3+0.6X4+1.0X5。

X1=流动资产-流动负债/总资产

X2=盈余公司+未分配利润/总资产

X3=利润总额+财务费用/总资产

X4=（每股净资产×限售股股数+每股市价×流通股数）/总负债

X5=营业收入/总资产

Altman 根据对过去经营失败企业的统计分析，得出了一个临界值为 3.0，即当 Z>3.0 时企业较为安全，这只是从财务数据进行判断的运营安全，当然企业也可能由于管理失误等其他因素而陷入危机；当 Z<1.8 时企业出现破产清算的概率较大；当 1.8<Z<2.7 时，企业可能在两年内破产，处于灰色区域，如果想继续存续下去必须立即采取行之有效的改革措施；当 1.8<Z<2.7 时，企业仍处于灰色区域，但近期破产的概率较小。

2. 自变量

国内关于内部控制的研究中，对内有控制的有效性的衡量的方法较多，归纳起来大概有三类：第一，“缺陷法”。即如果内部控制存在缺陷就认为内部控制是无效的；反之，则认为内部控制是良好的，这种缺陷的表现是会计师事务所出具非标准意见的审计报告、内部控制鉴证报告被会计师事务所认为是无效的、发生财务报表重述、被证监会或者交易所处罚或者通报批评等；第二，“要素法”。即以内部控制的五要素为基础，选取具有代表性的指标，并按照指标的重要程度进行排序赋权重，最后对内部控制进行打分；第三，“目标法”。即按照内部控制的定义中的内部控制要达到的五个目标为基础，在每个目标下选取对应的指标，总体上分析企业的内部控制是否达到了预期目标。本文选用第二种，即以内部控制五要素为变量，来研究内部控制五要素及内部控制综合评价对财务风险的影响。

为了更全面地反映财务风险，除了自变量外，本文分别从公司的营运能力、偿债能力、盈利能力等方面选取替代变量作为本文的控制变量。具体的变量定义和名称见表 1。

表 1　　变量说明表

变量分类	变量	变量代码	变量定义
被解释变量	财务风险	FR	Z-score 值

表1（续）

变量分类	变量	变量代码	变量定义
解释变量	内部控制效力	ICI	内部控制综合评价的指数的值
	控制环境	CE	控制环境评价指数的值
	风险评估	RA	风险评估评价指数
	控制活动	CA	控制活动评价指数
	信息与沟通	IC	信息与沟通评价指数的值
	内部监督	IM	内部监督评价指数的值
控制变量	资产负债率	LEV	负债总额/资产总额
	存货周转率	STR	销货成本/平均存货余额
	总资产收益率	ROA	净利润/平均资产总额

3. 指标的选取

本文在指标设计时，参考了大量关于内部控制的相关文献，仔细甄别了不同文献关于内部控制进行定量分析所选的指标，最后选取了多数学者都公认的有代表性的指标 16 个，其中控制环境 5 个指标、风险评估 3 个指标、控制活动 2 个指标、信息与沟通 3 个指标、内部监督 3 个指标，具体指标选取依据见表 2。

表 2　　内部控制的各个指标

控制环境	两职兼任状况 A1	董事长是否兼任总经理，若兼任取 1，否则取 0
	高管持股情况 C1	高管是否持有本公司的股票，若持有则取 1，否则取 0
	实际控制人性质 A2	若是属于国有性质取 1，否则取 0
	第一大股东持股比例 C2	小于 50%取 1，大于等于 50%取 0
	企业文化建设 B1	公司是否有强调诚信、道德价值观念和人本的思想的企业文化，是取 1，否则取 0
风险评估	是否建立风险预警系统及应急机制 B2	是取 1，否则取 0
	风险提示和对策 A3	内部控制自我评估报告中披露对风险识别、评估和处理的规范程度，有具体描述则取 1，否则取 0
	管理者的风险偏好 C3	财务杠杆大于平均值 1.7 取 0，小于取 1
控制活动	是否实行全面预算管理 B3	是取 1，否则取 0
	是否发生财务重述 A4	是取 0，否则取 1
信息与沟通	是否建立信息沟通系统 A5	是取 1，否则取 0
	信息披露等级 C4	披露等级为合格取 1，不合格取 0
	是否建立反舞弊制度 B4	是取 1，否则取 0

表2（续）

内部监督	是否设立独立的审计委员会或类似机构 C5	是取 1，否则取 0
	财务报表审计报告类型 A6	标准的无保留意见取 1，带强调事项段的无保留意见、保留意见、否定意见和无法表示意见均取 0
	是否违规受谴责等情况 B5	是取 0，否则取 1

本文对内部控制各个指数的计算主要采用层次法，即对本文所选择的 16 个指标按照一定的标准进行分层，同时赋予不同的权重。本文对指标的分层主要参考林钟高（2007）、金烨（2012）等的方法，同时也设计了一份问卷调查，调查的对象包括财务专业的老师和学生、会计师事务所的工作人员、公司的财务总监及财务主管等，调查的内容是笔者参考了大量关于内部控制的文献后，综合文献中所涉及的指标共 28 个，调查表主要是针对这些指标的重要性进行排序，最后本文在参考调查表和相关文献的基础上选择了 16 个相对重要的指标，并对这些指标按照客观性、重要性等原则分成三层。

第一层，两职兼任情况（A1）、实际控制人性质（A2）、风险提示和对策（A3）、是否发生财务重述（A4）、是否建立信息沟通系统（A5）、财务报表的审计报告类型（A6）。

第二层，企业文化建设（B1）、是否建立风险预警系统及应急机制（B2）、是否实行全面预算管理（B3）、是否设立反舞弊机制（B4）、是否违规受谴责等情况（B5）。

第三层，高管持股（C1）、第一大股东持股比例（C2）、管理者的风险偏好（C3）、信息披露等级（C4）、是否设立独立的审计委员会或类似机构（C5）。

本文在参考现有文献的基础上，结合了搜集数据的具体情况和中小板上市公司的自身特点，将公司内部控制的各个指标分为上文的三层，分别赋权重 5、3、2 自变量的计算公式如下：

$$ICI=(A1+A2+A3+A4+A5+A6)\times5+(B1+B2+B3+B4+B5)\times3+(C1+C2+C3+C4+C5)\times2$$

$$CE=(A1+A2)\times5+B1\times3+(C1+C2)\times2$$

$$RA=A3\times5+B2\times3+C3\times2$$

$$CA=A4\times5+B3\times3$$

$$IC=A5\times5+B4\times3+C4\times2$$

$$IM=A6\times5+B5\times3+C5\times2$$

在前文对因变量、自变量和控制变量说明的基础上，结合前文提出研究假设，构建模型如下：

$$FR=\alpha0+\alpha1ICI+\alpha2ROA+\alpha3STR+\alpha4LEV \quad (1)$$

$$FR=\alpha0+\alpha1CE+\alpha2RA+\alpha3CA+\alpha4IC+\alpha5IM+\alpha6ROA+\alpha7STR+\alpha8LEV \quad (2)$$

（三）实证结果分析

1. 描述性统计

在进行回归分析之前，首先对各个变量进行描述性统计，以便直观地了解各个变量的数据分布情况（见表3）。

表3　解释变量、被解释变量、控制变量的描述性统计分析

	N	最小值	最大值	均值	标准差
财务风险（FR）	904	0.525 6	10.987 6	3.646 4	2.255 7
综合评价指数（ICI）	904	18	55	32.41	5.932
控制环境指数（CE）	904	0	17	9.5	3.482
风险评估指数（RA）	904	0	10	6.52	2.95
控制活动指数（CA）	904	3	8	7.82	0.925
信息与沟通指数（IC）	904	7	10	9.2	1.326
内部监督指数（IM）	904	2	10	9.35	1.328
存货周转率（STR）	904	0.558	9.946 9	3.726 7	2.119 2
总资产收益率（ROA）	904	-0.106 2	0.389 2	0.048 5	0.104 6
资产负债率（LEA）	904	0.05	0.854	0.355 2	0.180 6

从表3可以看出，除了总资产收益率和资产负债率标准差较小之外，其他各个指标的标准差都很大，可能是和本文的指标计量有关，但对本文接下来的实证研究影响不大。因变量财务风险（FR）最小值为0.526，最大值为29.988 0，最大值接近最小值的60倍，说明不同的企业财务风险大小不同，且这种差异是巨大的。财务风险的平均值为3.646 4，大于Z-score模型的临界值3.0，说明我国大部分中小企业的财务状况较好，从宏观经济层面分析，国家近年来的经济刺激政策和税改政策，对中小企业的发展起到了一定的促进作用。内部控制综合评价指数ICI的均值为32.41，最大值为55，最小值为18，标准差为5.932，离散程度较大，中小企业内部控制效力存在较大差别。虽然近年来，国家出台了各项政策，强制要求企业完善内部控制，各个公司也建立起了内部控制体系，并取得了一定成就，但部分公司的内部控制的控制效力还不理想，拉低了整个样本的平均值。

2. 相关性分析

在对自变量和因变量进行回归前，首先要对自变量和因变量以及自变量和变量之间的相关性进行分析，观察它们之间是不是有相关性，以及相关程度如何，为下文的回归模型提供检验依据。本文运用Pesrson相关性检验，主要分析财务风险Z值和内部控制效力以及内部控制的五要素之间的相关性（见表4）。

表 4　　　　　　　　　　　　　变量之间相关性分析

		FR	ICI	CE	RA	CA	IC	IM	STR	ROA	LEA
FR	Pearson	1									
	显著性										
ICI	Pearson	. 392 ***	1								
	显著性	0. 002									
CE	Pearson	. 063 *	. 683 ***	1							
	显著性	0. 083	0. 000								
RA	Pearson	. 101 **	. 612 ***	0. 012	1						
	显著性	0. 031	0. 000	0. 803							
CA	Pearson	. 078 *	. 186 ***	0. 035	−0. 035	1					
	显著性	0. 089	0. 000	0. 462	0. 458						
IC	Pearson	0. 047	. 217 ***	−. 099 **	0. 053	0. 023	1				
	显著性	0. 316	0. 000	0. 036	0. 265	0. 665					
IM	Pearson	. 193 **	. 215 ***	−0. 036	−0. 007	−0. 039	−0. 063	1			
	显著性	0. 048	0. 000	0. 444	0. 882	0. 403	0. 178				
STR	Pearson	. 339 ***	. 103 **	. 107 **	−0. 028	0. 086 *	−0. 021	. 126 ***	1		
	显著性	0. 000	0. 028	0. 023	0. 549	0. 067	0. 651	0. 007			
ROA	Pearson	. 458 ***	. 185 ***	0. 01	. 198 **	0. 027	0. 073 *	. 129 **	0. 011	1	
	显著性	0. 000	0. 000	0. 826	0. 000	0. 562	0. 102	0. 006	0. 817		
LEA	Pearson	−. 743 ***	−0. 066	. 100 **	−. 170 **	0. 079 *	−0. 049	−. 135 ***	0. 06	−. 332 ***	1
	显著性	0. 000	0. 162	0. 034	0. 000	0. 094	0. 299	0. 004	0. 201	0. 000	

注：*、**、*** 表示在 10%、5%、1%水平显著相关（双尾检验）

从表 4 可以看出内部控制综合评价指标与财务风险之间的相关性较高，在 1%水平上显著相关，并且相关系数达到 0. 392，说明内部控制综合效果和财务风险存在显著的相关关系，这也初步验证了本文所提出的总体假设。从表 1 ~ 表 4 中得出以下结论：五要素中除了信息与沟通外，其他四个要素都和财务风险存在显著的相关关系。这和前文的假设一、假设二、假设三和假设五是一致的。但是，信息与沟通与财务风险的相关性关系没有通过显著性的检验，但两者的系数为 0. 047，说明信息沟通与财务风险存在一定的相关关系，但这种相关关系并不显著，因此，信息与沟通与财务风险的关系有待于做进一步的检验。总之，被解释变量和解释变量之间存在一定的相关性，与前文的总体假设和基本假设相符合。

3. 回归结果分析

通过上文相关性的分析，明确确定了内部控制五要素与财务风险存在一定的相关关系，在同时考虑企业营运能力、偿债能力和盈利能力等因素的基础上，进行实证分析内部控制和财务风险之间的关系分别建立回归模型，对应前文的模型（1）和模型（2）。

（1）内部控制综合评价指数与财务风险的回归分析。

在进行回归分析时，要对方程的整体回归效果（F 检验）、拟合优度（R 平方）以及自变量系数的显著水平进行检验。最后，根据回归的结果对前面的假设进行检验，并尝试着分析原因。见表5。

表5　　模型（1）回归结果

变量	Unstandardized Coefficients		Standardized Coefficients	t	Sig.	Collinearity Statistics	
	B	Std. Error	Beta			Tolerance	VIF
(Constant)	13.863***	0.996		13.925	0.000		
综合评价指数（ICI）	0.056**	0.023	0.053	2.491	0.013	0.965	1.037
存货周转率（STR）	0.207***	0.052	0.084	4.011	0.000	0.994	1.006
总资产收益率（ROA）	0.273***	0.025	0.244	10.898	0.000	0.863	1.159
资产负债率（LEA）	−0.195***	0.006	−0.671	−30.406	0.000	0.886	1.129
D-W	1.965						
R Square	0.612						
Adjusted R Square	0.609						
F	176.335***						
N	904						

注：*、**、*** 表示在10%、5%、1%水平显著相关（双尾检验）

a. Predictors：(Constant)，资产负债率（LEA），存货周转率（STR），综合评价指数（ICI），总资产收益率（ROA）

b. Dependent Variable：财务风险（FR）

从表5可以看出，回归结果的可决系数R^2是0.612，调整后的R^2是0.61，说明该模型的内部控制综合评价指数对因变量财务风险的解释程度为61.2%，回归方程的拟合优度较好。内部控制的综合评价指数ICI的系数是0.056，且在5%的显著水平下是显著的，因此，论证了本文的总体假设，企业内部控制的效力与财务风险呈现负相关关系，即提高内部控制效率能够减少企业的财务风险，由于财务风险指标FR越大，财务风险越小，所以内部控制综合评价指数变量前面符号为正。

（2）各个要素评价指数与财务风险的回归分析。

前面分析了内部控制综合评价指数与财务风险的关系，为了研究内部控制每个要素与财务风险的关系，下面把五要素作为自变量与财务风险做回归，结果如表6所示。

表 6　　模型（2）回归结果

变量	Unstandardized Coefficients		Standardized Coefficients	t	Sig.	Collinearity Statistics	
	B	Std. Error	Beta			Tolerance	VIF
(Constant)	15.527***	1.556		9.977	0.000		
控制环境指数（CE）	0.007	0.032	0.005	0.236	0.514	0.975	1.025
风险评估指数（RA）	0.121***	0.038	0.068	3.191	0.001	0.942	1.061
控制活动指数（CA）	0.227**	0.119	0.04	1.918	0.055	0.984	1.016
信息与沟通指数（IC）	0.016	0.083	0.004	0.188	0.351	0.976	1.025
内部监督指数（IM）	0.149**	0.084	0.038	1.787	0.074	0.96	1.041
存货周转率（STR）	0.225***	0.052	0.089	4.257	0.000	0.986	1.014
总资产收益率（ROA）	0.281***	2.515	0.251	11.178	0.000	0.852	1.173
资产负债率（LEA）	-0.198***	0.654	-0.68	-30.233	0.000	0.848	1.179
D-W	1.954						
R Square	0.616						
Adjusted R Square	0.613						
F	88.936***						
N	904						

注：*、**、*** 表示在 10%、5%、1%水平显著相关（双尾检验）

a. Predictors:（Constant）控制环境指数（CE），风险评估指数（RA）控制活动指数（RA），信息与沟通指数（IC），内部监督指数（IM），存货周转率（STR），总资产收益率（ROA），资产负债率（LEA）

b. Dependent Variable：财务风险（FR）

一般认为，模型的方差膨胀因子 VIF 不超过 10 ，变量之间就不存在多重共线性。从表 6 可以看出，模型（2）的方差膨胀因子 VIF 都与 10 相差很远，说明解释变量之间不存在多重共线性，这和前文相关性分析得出的结论是相同的，所以，可以将内部控制五要素放在一个方程中做回归。模型（2）回归结果的 R^2 为 0.616，调整后的 R^2 为 0.613，拟合优度较好，模型的效果比较理性。F 值为 88.936，并且 F 值的显著性在 1%的水平下通过了检验，说明总体回归效果是显著的。内部控制五要素中，风险评估指数、控制活动指数、内部监督指数分别在 1%、5%、5%的水平下通过了显著性检验，说明，风险评估、控制活动、内部监督与财务风险存在负相关关系，假设二、假设三和假设五都得到了论证。但是，控制环境和信息与沟通指数在10%的显著性水平下没有通过相关性检验，因此推断出：控制环境和信息与沟通者两个因素和财务风险之间没有明显的关系。

四、研究结论及相关建议

（一）研究结论

本文选取452家中小板上市公司作为研究样本，对内部控制和财务风险的关系进行实证检验，尝试着探究内部控制通过哪些要素影响财务风险，以便于为公司的风险管理研究提供一种新的思路，即通过完善公司的内部控制体系来降低财务风险。通过前文的实证分析和检验，我们可以得出以下结论：

首先，从本文的描述性统计来看，我国中小板上市公司的财务状况整体情况较好，相比于2008年金融危机时期，财务状况有了较大的改善，但不同企业的财务风险的差别较大。

其次，从回归的结果可以看出，总体来说，内部控制效力对财务风险呈现负相关关系，即加强和完善企业的内部控制，可以明显降低企业的财务风险。分别从内部控制五要素来看，各个要素的发展不均衡，对财务风险的影响程度也不同。

（二）相关建议

通过前文的分析结论，公司的内部控制对改善财务状况，降低财务风险具有重要的作用，就我国公司的发展阶段，只有加强内部控制建设才能从根本上降低财务风险。针对本文的研究结果，结合我国中小板上市公司的现状，提出以下几点建议来加强企业的内部控制，降低财务风险。

1. 建立良好的控制环境

第一，合理设置股权比例，规范大股东的行为。《中小板公司控股股东实际控制人行为指引》的颁布，对控股股东、实际控制人的权利和义务做了更详细的规定。中小板上市公司监督机构要督促控股股东，使其要严格贯彻和执行该法则。当控股股东的行为侵占到小股东利益时，小股东可以联合起来，积小流成江河，提高在股东会上的表决权。

第二，完善高管激励与考核机制。就中小板上市公司的实际情况来看，目前的主要激励方式还是薪酬激励，薪酬激励能给公司高管人员带来短期的直接利益，可能会导致短期行为，不利于公司的长远发展；股权激励能使公司的长期利益与高管的自身利益相一致，促使高管在做出各项决策时站在战略的高度，有利于公司的长远发展。采用薪酬激励和股权激励相结合的方式，确保激励的短期效果和长效机制，有利于公司持续健康发展。

第三，倡导社会主义核心价值体系，加强企业文化建设。要把企业的文化建设工作落到实处，从精神层面、制度层面、物质层面来构建符合本企业的特有的文化体系。具体来说：精神层面上，根据企业发展历史、经营理念及行为风格、企业的发展目标，有意识地去提炼培育企业的理念系统，如“企业精神、核心价值观、经营理念、管理方针、企业愿景、企业使命”等，将抽象的理念系统形成书面化的文字，并作详细的诠释。制度层面上，建立、完善公司的各项管理制度，将抽象的企业文化制度化，如厂规厂纪、行为规范及人力资源的招聘、培训、薪资、考核奖惩等各项制度，以此真正引导、激励、约束员工行为。物质层面上，根据企业实际，搭建员工文体活动平台，同时经常组织开展一些企业文体活动，如员工各项技能竞赛、员工运动会，文艺晚会、拓展旅游活动，在企业营造一种活跃的、积极向上的、和谐的企业文化氛围，增强员工的凝聚力、向心力。

2. 建立完善的风险评估机制

首先提高管理者整体素质，强化管理者的风险意识。建立风险管理专业人才培养体系，明确风险管理岗位的专业能力要求，建立持续教育和业务考核机制，打造专业化风险管理团队。要进一步健全以风险管理为导向的内部控制系统，营造良好内部控制氛围，通过强化制度建设，规范业务流程，确保内部控制的有效性，切实发挥内部控制对防范风险的重要基础作用。

其次，建立财务风险预警机制，强化财务活动事前预测。首先对潜在的重大风险进行一个定性和定量的分析，并在此基础上按照一定的原则进行归类，对于发生概率大、造成损失大的风险应该放在首要位置，及时进行跟踪和分析，并同时确定相应的应急机制和控制措施，建立完整的风险预警机制和应急机制。

3. 强化控制活动的力度

首先，实施全面预算制度，设立一个系统的全面预算体系。首先，在明确预算编制内容的基础上，成立专门的预算委员会，负责制定明晰的业务流程和完善的控制措施，把工作具体落实到各个部门及部门负责人。另外，预算委员会对各部门执行预算的情况除进行跟踪监控，要求职能管理部门报告专项预算执行情况，还要定期或者不定期的检查预算的执行情况。

其次，加强日常各个环节的控制，严格遵守不相容职务分离、授权审批等内部控制制度。在财政部颁布的《内部会计控制规范》中，明确提出了内部会计控制的方法包括不相容职务分离、授权审批等。在货币资金业务中分管钱账的出纳和会计要分开设置；在购货和付款业务中，采购、收货、结算应该分属不同的部门进行管理。在销售与收款业务中，销售人员不得兼管应收账款、发票等；在筹资和投资业务中，投、筹资的业务经办、授权审批和会计记录要分离。

4. 加强企业内外部信息与沟通

首先，强化内部审计的作用，建立反舞弊制度。可以建立匿名举报制度，成立专门机构针对举报的情况进行调查核实，对于存在舞弊事实的情况要严肃处理，这样可以对舞弊行为起到威慑作用。

其次，完善信息管理和沟通体系的建立。构建以会计信息系统为核心的 ERP 信息系统，并且培养一定数量的信息系统方面的专业人才，定期对信息沟通平台进行维护更新。信息的沟通包括内部沟通和外部沟通，建立网络化的沟通渠道能同时满足内外沟通的需要。

5. 严格内部监督制度

首先，设立独立的审计委员会，代表董事会对经理层进行监督，并对董事会负责。审计委员会人员要全面了解公司的运作流程和各个部门的设置和权限，对容易产生错误或者舞弊的环节要重点关注。同时，审计委员会人员要不断更新专业知识，善于利用计算机软件、现代通信等提高其工作效率。

其次，强化信息披露的力度，利用外部的力量来约束企业行为。企业应该主动披露以下三方面的信息：一是相关的财务信息，包括财务状况、经营成果、现金流量、所有者权益变动等在年度财务报表中要详细披露。二是包括战略目标董事会、监事会变动、高管薪酬及重要的风险提示等非财务信息。三是关于外部专业机构的审计报告、内部控制自我评价报告等。加强信息披露的力度，能够吸引潜在的投资者，而且，可以借助外部审计机构和相关专家的力量来完善企业内部控制体系。

参考文献

[1] 张颖，郑洪涛. 我国企业内部控制有效性及其影响因素的调查与分析［J］. 审计研究，2010（1）：75-81.

[2]《企业内部控制基本规范》编写组. 企业内部控制基本规范［M］. 上海：立信会计出版社，2010.

[3] 张先治，戴文涛. 中国企业内部控制评价系统研究［J］. 审计研究，2011（1）：69-78.

[4] 袁敏. 财务报表重述与财务报告内部控制评价——基于戴尔公司案例的分析［J］. 会计研究，2012（4）：28-35.

[5] 张艳秋. 企业财务危机研究［M］. 北京：经济管理出版社，2012.

[6] 方红星，戴敏捷. 公司动机、审计师声誉和自愿性内部控制鉴证报告——基于 A 股公司 2008—2009 年年报的经验研究［J］. 会计研究，2012（2）：87-95.

[7] 陈可喜. 财务风险与内部控制［M］. 上海：立信会计出版社，2012.

[8] 林钟高，徐虹，张力. 企业内部控制研究—— 理论框架与实现路径［M］. 北京：中国教育文化出版社，2006.

[9] 陈汉文，张宜霞. 企业内部控制的有效性及其评价方法［J］. 审计研究，2008（3）：48-54.

基于C/S结构的中小企业人事管理系统设计与开发

张　梦①

[摘要] 随着我国企业信息管理逐步向现代化和高效化的转变，自动化的办公流程已成为必然，一个现代化的企业人事管理系统有助于企业提高竞争力。本文根据中小企业人力资源特点，给出一个基于C/S结构的中小企业人事管理系统，通过本系统在人事管理中的应用，能规范人事制度、节约人力资源成本、提高企业办公效率。

[关键词] C/S结构　中小企业人事管理系统

一、引言

中小企业一般是指规模较小的或处于创业阶段和成长阶段的企业，包括规模在规定标准以下的法人企业和自然人企业。中小企业在我国经济中占有重要的地位，据统计，目前在我国工商注册的中小企业已超过万家，在我国中小企业数占全国企业总数的比例高达99%。我国中小企业主要是一些乡镇企业、民营企业、大企业集团下属的子公司、一些科技含量较高的新型企业。企业的发展壮大必须依靠人才，人才之争已经成为市场竞争中的核心内容，以人为本成为企业立足和发展的根本。科学的人事管理系统，使新的人事资源协作管理模式成为可能。通过科学的管理系统，专门的人事管理人员可以提高自身的工作效率，做好人事管理的协调工作，提高人事资源利用率；员工可以直接管理自己的技能，有效地发现和挖掘自身的潜能，及时与自己的上级、下属、同事进行沟通与交流，同心协作；企业可以提高运营效率，大大提高企业的核心竞争力。

在企业运营成本上，中小企业普遍注重及时营利，短期利润最大化，导致在人力资源管理上投入的资金不够，与大型企业相比有较大差距。中小企业员工流动性大，职责分工不明。这些问题导致中小企业人力资源管理低效、混乱，严重阻碍了企业发展。因此本文提出基于Client/Server（客户/服务器模式）结构的适用于中小企业人事特点的人力资源管理系统设计与开发方案。

① 重庆工商大学融智学院教师，主要研究方向为信息安全、信息系统开发。

二、系统需求分析

（一）系统目标

通过本系统，中小企业人事管理人员可以实现员工档案管理，员工离职管理，员工薪资的录入、发放和查询管理，员工考勤信息的添加、查询等操作。由于公司管理人员需要对企业人事信息进行系统的了解，本系统采用了模糊查询的功能，企业管理人员可以清晰地了解部门人员分配、员工年龄、文化程度、婚姻状况等信息。同时，人事管理人员还可以将相应的数据通过 Excel 等形式予以打印，最终实现办公流程的系统化。为满足不同员工对本系统的特殊要求，系统添加了权限设置的功能，针对不同的企业员工，分配了不同的权限，以更有利于企业的规范化管理。

根据企业对人事管理的要求，制定企业人力资源理系统具体目标如下：

（1）员工基本档案、员工简历、员工家庭成员信息等相关界面的添加、修改、删除操作。

（2）全方位的模糊查询功能的实现。

（3）按相应条件对员工的考勤、工资等进行统计。

（4）针对不同用户的权限管理。

（5）员工考勤信息的数字化显示，以方便企业对员工进行年终考核。

（6）系统运行良好，兼容性强。

（二）可行性分析

1. 经济可行性分析

本系统主要面向的用户群体是中小企业，中小企业由于资金链的紧张，对经济成本有着严格的控制和管理。因此，在考虑设计系统时，需在保障技术先进的同时，控制好经济成本。本文所设计的管理信息系统属于小型软件管理信息系统，完成本系统需要硬件和软件两方面的支持。硬件方面需要开发服务器一台，个人电脑在此可作为服务器使用；软件方面，由于本系统属于小型管理系统，利用 Visual Studio 2010 和 SQL Server 2008 数据库开发工具即可实现，经济成本低，不会给流动资金较少的中小企业造成过多的经济负担。

2. 技术可行性分析

本系统采用 C/S 结构即客户机和服务器结构，是一种分布式处理模式，通过充分利用两端硬件环境的优势，将任务合理分配到 Client 端和 Server 端来实现，降低了系统的通信开销。本系统选用了 C/S 结构，能让客户机完成针对特定用户的事务处理、尽量减少数据在网上的传送。采用 C#开发技术、SQL Server 2008 数据库技术和 Windows Server 2007 操作系统进行开发设计。C#是微软为. NET 量身定做的开发语言，集合了 C/C++和 VB 的双重优点，具有简易性、灵活性、移植性强等特点，同时使用 Visual Studio 2010 作为开发平台，SQL Server 2008 数据库，以及 Windows Server 2007 操作系统。硬件方面，采用标准的服务器硬件配置，能满足本系统的要求。

3. 管理可行性分析

本系统的主要应用对象为中小企业的人事管理人员和企业的高层管理者，本系统不需要下载专门的软件也不需要在特定的计算机上操作，界面简洁、结构清晰、操作简单。所以对相应使用人员进行简单培训便可以使其顺利使用本系统。

（三）用户需求

本系统将企业用户根据对系统功能权限需求的不同分为三类人员，分别为公司人力资源负责人、系统管理员、普通员工。并对这三类人员对于系统功能进行需求分析，分析结果分别为表 1 至表 3。

表 1　　普通用户功能性需求表

功能需求			
需求编号	HR1.0	需求分类	基本信息管理
需求名称	普通用户事务		
需求说明	建立普通用户事务		
优先级	低		
约束条件	无		
功能定义	1. 系统操作模块 实现：允许重新登录，退出登录及退出系统 2. 人事档案模块 实现：档案检索，合同列表，调动记录，应聘档案及应聘考核记录 3. 人事管理模块 实现：职务列表，申请列表，业绩列表，教育培训列表 4. 日常管理模块 实现：考勤列表，请假列表		
用户界面	用户登录界面以及普通用户界面		
相关查询	查询员工的信息及公告类信息		

表 2　　人力资源负责人功能性需求表

功能需求			
需求编号	HR1.1	需求分类	基本信息管理
需求名称	人力资源负责人管理事务		
需求说明	建立人力资源经理管理事务		
优先级	中		
约束条件	无		

表2(续)

功能需求	
功能定义	1. 系统操作模块 实现：用户注册，密码修改，重新登录，退出登录，退出系统 2. 人事档案模块 实现：档案录入，档案检索，合同列表，调动记录，应聘登记，应聘档案，应聘考核，应聘考核记录 3. 人事管理模块 实现：添加部门，职务列表，用人申请，申请列表，业务考核，业绩列表，教育培训列表 4. 日常管理模块 实现：考勤录入，考勤列表，请假条，请假列表 5. 帮助
用户界面	用户登录以及人力资源负责人用户界面
相关查询	员工档案信息，人事管理信息，员工日常管理信息

表3　　系统管理员功能性需求表

功能需求			
需求编号	HR1. 2	需求分类	基本信息管理
需求名称	系统管理员管理事务		
需求说明	建立系统管理员的所有管理事务		
优先级	高		
约束条件	无		
功能定义	1. 系统操作模块 实现：用户注册，密码修改，重新登录，退出登录，退出系统 2. 人事档案模块 实现：档案录入，档案检索，合同列表，调动记录，应聘登记，应聘档案，应聘考核，应聘考核记录 3. 人事管理模块 实现：添加部门，职务列表，用人申请，申请列表，业务考核，业绩列表，教育培训列表 4. 日常管理模块 实现：考勤录入，考勤列表，请假条，请假列表 5. 帮助		
用户界面	用户登录界面以及管理员用户界面		
相关查询	员工档案信息，人事管理信息，员工日常管理信息		

三、系统设计

（一）功能模块设计

由系统管理员注册人力资源负责人，设置初始密码。人力资源负责人为公司现有部门进行更新，并为正式员工注册，填写部门信息及个人信息，设置初始化密码。系统管理员具有人力资源管理负责人的所有权限。普通员工无须登录，直接进行相关信息查询。工作需要时，人力资源负责人及系统管理员可以赋予普通员工信息管理的权限。

人事管理系统采用面向对象的设计思想，直接利用 C#生成对话框结构，对应添加不同的代码，并连接 sql 2008 数据库实现整个程序的功能。按照程序要实现的不同功能，把程序分成了不同的功能模块，分别对各个功能模块进行设计，编码系统主要由五个功能模块组成，分别为：系统管理模块、人事档案管理模块、人事管理模块、日常管理模块、帮助模块。其模块具体功能设计如下：

系统管理模块主要实现对用户登入登出管理，具体分为：用户注册、密码修改、退出登录、重新登录。

人事档案管理模块主要实现对用户档案资料管理，具体分为：档案检索、档案录入、调动记录、合同列表、应聘档案、应聘考核记录。

人事管理模块主要实现对用户业绩考核、业务培训管理，具体分为：用人申请列表、调动申请列表、业务考核列表、教育培训列表。

日常管理模块主要实现对用户出勤管理，具体分为：考勤录入、请假列表、外出列表。

帮助模块主要给用户在使用过程中出现疑问的地方给予解答，具体分为：关于、帮助。

（二）数据库设计

需求分析阶段描述的用户应用需求是现实世界的具体需求，将需求分析得到的用户需求抽象为信息结构即概念模型的过程就是概念结构设计。概念设计的任务是在需求分析阶段产生的需求说明书的基础上，按照特定的方法把它们抽象为一个不依赖于任何具体数据的模型，即概念模型，通常用 E-R 图表示。本系统的具体 E-R 图如图 1 所示。

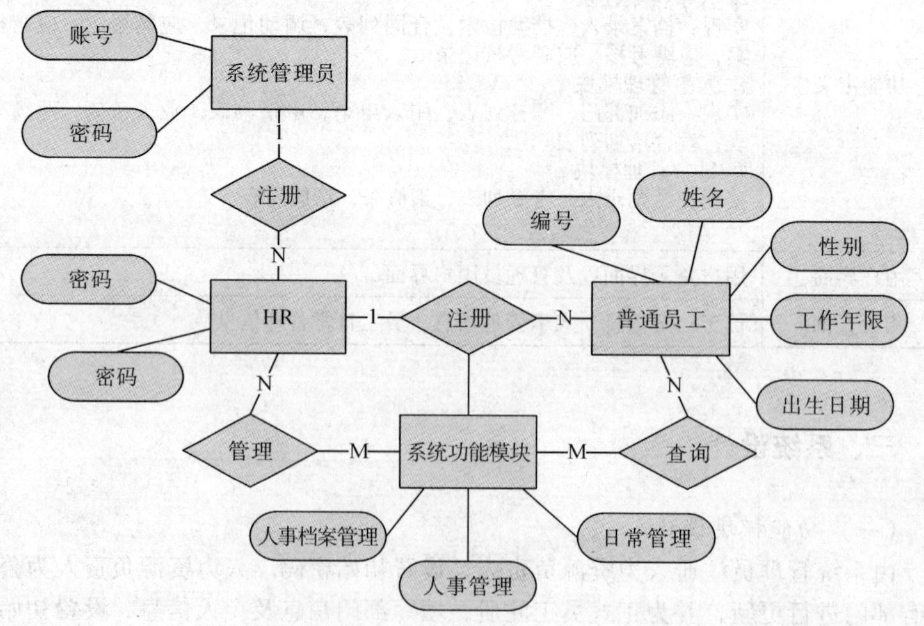

图 1　系统整体 E-R 图

（三）数据库表

根据系统的功能需求，数据库采用 SQL 2008 建立，SQL 2008 简单易用，功能强大。支持的数据类型较为丰富，操作简单，维护费用较低。

图 1 对系统各模块的概念设计进行了详细的介绍，通过 E-R 图较清晰地描绘出了数据库的关系模型。数据库的逻辑设计阶段任务是把概念结构转换为 DBMS（数据库管理系统）所支持的模式。根据模块的设计，以及规范化的设计要求，进行数据库表设计。

依据系统各模块的详细设计，设计出数据表有：应聘者信息登记表（见表 4），业务考核登记表（见表 5），员工雇佣协议登记表（见表 6），记载合同模板，部门信息表，人事调动表，部门职务信息表，员工信息表，应聘考核表，请假条表，考勤表及部门用人申请表。下面给出部分数据库表设计模式。

表 4　　应聘者信息登记表

表 dbo. tb_ applicant					
字段名称	数据类型	大小	描述	必填	主键
applicant_ id	char	10	编号	是	是
applicant_ name	varchar	50	姓名	是	否
applicant_ sex	char	3	性别	是	否
applicant_ birthday	smalldatetime	4	出生	是	否
applicant_ eduoflev	varchar	50	学历	否	否
applicant_ specialty	varchar	50	专业	否	否
applicant_ dept	bigint	8	部门	是	否
applicant_ duty	bigint	8	职位	是	否
applicant_ nativeplace	varchar	50	籍贯	否	否
applicant_ address	varchar	50	住址	否	否
applicant_ phone	char	20	电话	否	否
applicant_ ICQ	char	20	ICQ	否	否
applicant_ resume	text	16	说明	否	否

表 5　　业务考核登记表

表 dbo. tb_ assess					
字段名称	数据类型	大小	描述	必填	主键
assess_ dateyear	int	4	考核年	是	是
assess_ datemonth	int	10	考核月	是	否
employee_ id	char	10	员工编号	是	否
assess_ mannerofwork	float	8	态度考核	否	否

表5（续）

表 dbo. tb_ assess					
assess_ ability	float	8	能力考核	否	否
assess_ efficiency	float	8	能力评价	否	否

表 6　　员工雇佣协议登记表

表 dbo_ tb_ bargain					
字段名称	数据类型	大小	描述	必填	主键
bargain_ id	char	10	编号	是	是
bargain_ state	int	4	状态	否	否
bargain_ type	varchar	20	类型	否	否
bargain_ item	text	16	条款	否	否
bargain_ employee	varchar	20	签约人	否	否
bargain_ useful_ life	int	4	有效期	否	否
bargain_ timeofbeceff	smalldatetime	4	生效日	否	否

四、系统实现

本系统采用 C#作为开发语言，数据库采用 SQL Server 2008 数据库，应用 Visual Studio 2010 开发环境，实现对中小企业人事信息的管理，其部分功能实现如下：

（一）企业人事管理系统登录

当用户输入用户名和密码时，在登录的 click 事件中，通过“Select COUNT（＊）From 操作用户 Where 用户名称=@用户名称 AND 用户密码=@用户密码”语句来判断用户输入的用户名和密码是否正确。若不正确，则将定义的 MyTryCount 变量（用于记录登录的次数）自动加 1，并提示“用户名称或用户密码有误，您还有＊次机会。”当 MyTryCount 变量大于 3 的时候，执行连接断开语句，系统退出，不能登录；若密码正确，则根据“Select＊From 操作用户 Where 用户名称='" + this. MyOpertor + "'”语句，在操作用户表中找到相应的用户名和密码对应的权限，进入系统。并通过 this. MyOpertor 所连接到的不同字符串来进行用户的分权限进入系统。

当输入的用户名和密码均正确的时候，执行选择用户权限的操作。具体实现代码如下：

String MySQLConnectionString = globl: : MyPersonnel. Properties. Settings. Defult. MyPersonnelConnectionString;

string MySQL = " Select　＊　From 操作用户 Where 用户名称 = ´" +this. MyOpertor+"´";

```
SqlConnection MyConnection = new SqlConnection(MySQLConnectionString);
MyConnection.Open();
DtTble MyTble = new DtTble();
SqlDtdpter Mydpter = new SqlDtdpter(MySQL,MyConnection);
Mydpter.Fill(MyTble);
if ((int)MyTble.Rows[0]["人事管理之基本档案"] == 0)
{this.基本档案ToolStripMenuItem.Visible = false;
this.基本档案ToolStripSeprtor.Visible = false;}
```

（二）系统考勤管理窗体的实现

本窗体实现的功能包括：查询每一部门所有员工在某一个月份的考勤记录，由于这里的查询连接的是基本档案的数据库，所以可以查询出该部门的所有员工。在此情况下，便设计了员工考勤信息按部门的添加功能的实现。为了方便用户的使用，本窗体还设计了个人考勤信息的年度查询功能并且能够统计出某一名员工某年的考勤情况，以方便对其进行年中考核。另外，考虑到领导审阅的问题，本窗体添加了数据导出按钮，用户可将相关的信息进行 Excel 导出，进而进行打印。

首先，说明查询功能的实现。因为本查询采用的是混合查询的方式，所以需要先用 if 语句判断年份、月份和部门的 Text 是否为空。以年份为例，执行“this.考勤年份 ToolStripComboBox. Text. Length < 1”语句。若为空，则退出。三者均不为空的时候，执行数据库查询操作，此操作方法与基本档案查询类似。所不同的是，本次查询执行的是视图操作，执行语句为“string MySQL =" Select * From 在职员工视图 WHERE 部门=′" +this. 部门 ToolStripComboBox. Text+" ′"”若能够查询出相应员工信息，则在 DtGridView 中进行显示。其次，是统计考勤天数功能的实现。实现该功能要先设置一个变量 dt，将数据库读取出来象征考勤情况的图形信息存放在 dt 中。因为，数据库中一共定义了 8 种表示出勤情况的图标，所以定义了一个 int［8］数组，用以存放 8 种图标，利用 dt. Rows［j］［i］的 for 循环来记录数据库中相应图表出现的次数，并将 count 值加 1。通过“考勤统计 dtGridView. Rows［0］. Cells［0］. Vlue = clerpercent（）”语句将统计出的语句添加到数据库的行中，以完成数据的显示。再次，打印功能的实现窗体是通过导出 Excel 表的形式实现的。实现的具体方法是，通过实例化一个 Myexcel 对 pplictionClss MyExcel，通过此对象来操作相应的方法。定义一个二维数组 MyDt，用来存放导出的 excel 数据。通过 MyWorkSheet =（Worksheet）MyWorkBook. Worksheets［1］方法在 Excel 中建立一个表，用来存放数据，通过 MyRnge = MyWork Sheet. get_ Rnge（"5"，"C5"）语句建立相应的行和列。在 dtgridview 中显示相应数据。当系统中不存在 excel 程序的时候，弹出界面提示 MessgeBox. Show（"Excel 程序无法启动"，"信息提示"，MessgeBoxButtons. OK，MessgeBoxIcon. Informtion）

（三）系统工资管理窗体的实现

在本窗体中，最重要的是工资发放和工资录入两个模块的实现。工资组成部分主要包括基本工资、浮动工资、工龄工资、职务工资、各类补贴以及五险一金等部分，发放的工资是扣除各类税金、保险之后的结果。工资发放的实现是一个将查询出来的数据添加到工资数据库的过程；工资录入的实现也是一个员工工资数据库添加的操作。具体实现过程为：员工输入相应的部门信息和查询年月，点击查询之后搜索出相应的部门工资信息，再通过发工资按钮将工资添加到数据库。工资录入界面实现起来比较简单，输入工资数据化，单击添加，数据便录入相应数据库。

首先，说明工资录入功能的实现。在工资录入窗体中，设置了两个Groupbox，一个应增工资项Groupbox，一个应减工资项Groupbox，分别用来提供输入数据的text。调用添加Button的Click（）事件，通过if判断来判断员工姓名或者员工编号是否为空：if（姓名TextBox. Text = = "" | | 员工编号TextBox. Text = = ""）若有一个为空，则messgebox语句输出“员工姓名或编号没有填写”。当二者均不为空的时候，要先通过查询字符串“Select COUNT（*）From 基本档案 Where 姓名=姓名 AND 员工编号=员工编号 AND（员工编号 NOT IN（SELECT 员工编号 FROM 离职管理））”，来确定确实存在相应的员工信息。然后定义一个MyCount变量，执行int MyCount =（int）MyCommnd. ExecuteSclr（）语句后，若员工相关信息存在，则MyCount返回为1，if（MyCount == 1），则执行UPDATE语句更新数据库，将相应数据添加到数据库中。其次是工资核算和发放窗体功能的实现，在这个窗体中调用查询的click（）事件将部门信息通过“this. 工资核算表Tbledpter. FillBy（this. myPersonnelDtSet. 工资核算表，部门ToolStripComboBox. Text）”语句显示出来。工资发放是以部门为单位实现的，在调用发工资Button的click事件后，要先做一个将年、月转换成整型的操作，其语句为int My年份=Convert. ToInt16（this. 年份ToolStripComboBox. Text），目的是方便以后的转换运算。在工资核算表中存储着员工的工资信息，因此需要将其搜索出来，按照部门和时间的方式添加到工资发放表之中，第一步是将工资核算表中的相应数据连接上年份和月语句为Select COUNT（*）From 工资核算表 Where 发放年份=" +this. 年份ToolStripComboBox. Text+" AND 发放月份=" +this. 月份ToolStripComboBox. Text+" AND 员工编号='" +My员工编号+" '"。第二步是从员工基本档案中搜索出相应的银行账号、住房基金账号等信息。第三步是调用INSERT INTO的SQL语句，因为在工资发放之后，数据就不能够在前台界面进行删除操作了，所以需要在发工资的click事件中添加一个messgebox. show（“请确认是否发放*年*月的工资”，工资一旦发放将不能恢复）的弹出窗口。

五、总结

中小企业人力资源管理信息化的实现，可以在很大程度上解决困扰中小企业人力资源管理方面的各种问题，以提高企业管理工作效率，增强企业在市场中的竞争力。本文首先介绍了中小企业人力资源管理的背景和现状，根据中小企业人事特点，结合现有先进而成熟的系统开发技术和方法，给出了一种基于C/S结构的中小企业人事管理系统设计与开发方案。

参考文献

［1］田兴兰. 人力资源开发与管理［M］. 北京：中信出版社，2004.

［2］纪红. 人事管理信息系统的设计与实施［J］. 计算机与现代化，2010（3）：89.

［3］赖茂生. 信息资源管理教程［M］. 北京：清华大学出版社，2006.

［4］王小铭. 管理信息系统及其开发技术［M］. 北京：电子工业出版社，2003.

［5］虞青. 中小企业人力资源管理问题及对策研究［J］. 中小企业管理与科技，2014（32）：37-38.

基于模糊贝叶斯的信用卡信用风险的定量分析

赵礼玲[①]

[摘要] 从信用发生过程、人因错误的角度出发，分析信用风险的致因关系，构建信用卡信用风险的贝叶斯网络。利用业务专家知识建立贝叶斯基本事件等级评判表，使之能够方便细微地获取风险概率语义判断。然后将模糊性风险概率语义转化为三角模糊数或梯形模糊数，并利用积分值法和λ-截集方法将模糊概念和随机概念转化为最能代表该模糊集合的准确单值。从而依据贝叶斯网络推理反映出该银行信用卡的信用风险状况。通过实例分析，表明持卡人客观上丧失还款能力是引起信用风险的关键事件，而这一关键事件中，经济状况恶化更为重要。本研究为银行信用卡风险管理及其信息化提供了有效的量化评估方法。

[关键词] 信用卡　信用风险　贝叶斯网络　模糊集理论

信用卡业务作为净资产回报率比传统的信贷业务可高出一倍以上的业务，已经在我国银行经历了两年的疯狂“扩军”。截至 2012 年 5 月，国内信用卡累计发卡量已达 2.85 亿张，是最初发行信用卡的 2003 年发行量的 80 倍。然而，作为高风险、高回报的信用卡业务产品，随着其发卡量的高速增长，我国信用卡产业的风险隐患日益增大。为此，各银行已将未使用的信用卡授信额度按 50%的系数计入风险资产，将信用卡风险管理作为最重要的风险管理工作。

在信用卡风险管理中，信用风险是最主要的风险形式。通过对信用风险的有效分析与计量评估，将风险控制在合理范围内，从而获得最大化的利润是银行发卡机构追求的永恒不变的主题。

银行信用卡系统的各种事件和信息具有很强的模糊性、不确定性，然而过去的基于信用卡风险成本数理模型、信用评分模型等模型的信用风险研究，以及所采用的数据，都是基于精确数据的概念之上，许多基本事件的发生概率也是采用确定值表示的，因此很难确切地表达事件发生概率和不确定事件。

贝叶斯网络为具有不确定领域的建模提供了非常有效的不确定性概率推理与决策方法。为此，我们根据信用风险的致因关系，建立了信用卡信用风险的贝叶斯网络。为了更细微、更直观地表示多种层次模糊判断结果，我们利用业务专家知识，建立了贝叶斯基本事件等级评判表，使之能够方便地获取风险概率语义判

① 重庆市工商大学融智学院讲师，主要研究方向为决策支持。

断。然后将模糊性风险概率语义转化为三角模糊数或梯形模糊数，并利用积分值法和λ-截集来解模糊，从而将模糊概念和随机概念转化为最能代表这个模糊集合的准确单值。这样我们就可以运用贝叶斯网络推理技术，实现对信用风险的有效分析、量化评估和风险概率预测。

一、构建信用卡信用风险的贝叶斯网络

信用卡信用风险是指信用卡持卡人没有能力或不愿按照信贷协议的约定偿还其透支额的本息，从而给发卡机构带来本金和利息损失的可能性。

首先是持卡人客观上丧失还款能力而导致的信用风险。包括以下两种情况：

一种情况是由于持卡人职业发生变故、个人收入下降乃至破产以及健康、家庭等原因导致经济状况恶化而造成的无法还款。另一种情况就是持卡人过度超前消费但没有考虑自己的实际支付能力，而丧失了还款能力，沦为“卡奴”。

其次是持卡人主观上不愿意归还欠款而导致的信用风险。我国银行发放信用卡时考虑较多的是个人还款能力，而一般忽略其还款意愿。特别是在我国征信体系不发达、国民信用意识淡薄、惩罚机制缺失以及债权保护制度不完善的情况下，还款意愿对持卡人的行为具有较大影响，而信用卡业务中的道德风险尤为严峻，通常表现为：信用卡恶意透支、恶意套现、多行授信。

本文从以上所述的信用发生过程、人因错误的角度出发，分析信用风险的致因关系，构建了以下信用卡信用风险的贝叶斯网络。（见图 1）

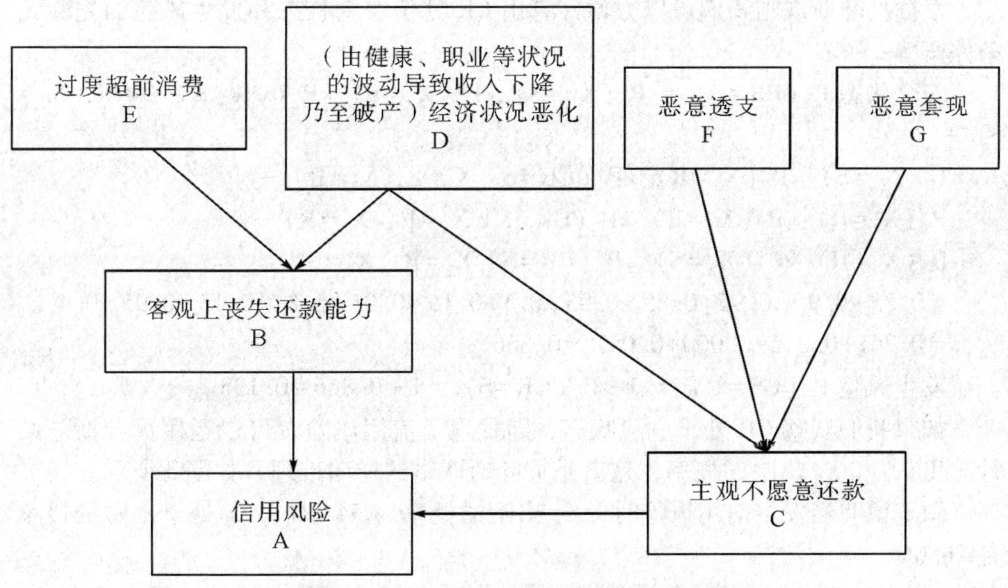

图 1　信用卡信用风险的贝叶斯网络

（一）基于贝叶斯网络的信用卡信用风险算例

为说明贝叶斯网络的信用卡信用风险的计算方法，我们根据信用风险（Credit Risk 记为 CR）最主要来自丧失还款能力（记为 X1）和主观不愿还款

（记为 X2）两因素，简化贝叶斯网络图来说明（见图 2）。

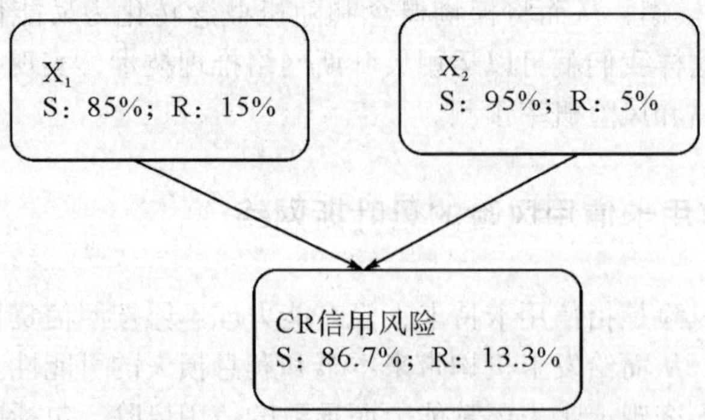

图 2　一个简单的信用风险贝叶斯网络图

我们用 "S" 表示安全，即不发生该项风险，"R" 表示发生风险。假设由 X_1 和 X_2 共同作用导致信用风险 CR 的先验概率如表 1 所示。

表 1　X_1 和 X_2 共同作用下的 CR 的先验概率

	X_1 = "S"		X_1 = "R"	
	X_2 = "S"	X_2 = "R"	X_2 = "S"	X_2 = "R"
CR = "S"	0.95	0.1	0.4	0.01
CR = "R"	0.05	0.9	0.6	0.99

根据贝叶斯规则我们可以方便计算出 CR 处于安全状态和发生风险的先验无条件概率：

安全状态 $P(CR=S) = P(X_1=S) \times P(X_2=S) \times P(CR=S \mid X_1=S, X_2=S) +$

$P(X_1=S) \times P(X_2=R) \times P(CR=S \mid X_1=S, X_2=R) +$

$P(X_1=R) \times P(X_2=R) \times P(CR=S \mid X_1=R, X_2=R) +$

$P(X_1=R) \times P(X_2=S) \times P(CR=S \mid X_1=R, X_2=S)$

$= 0.85 \times 0.95 \times 0.95 + 0.85 \times 0.05 \times 0.1 + 0.15 \times 0.05 \times 0.01 + 0.15 \times 0.95 \times 0.4$

$= 0.767 + 0.042 + 0.000 + 0.057 = 0.866$

发生风险 $P(CR=R) = 1 - P(CR=S) = 1 - 0.866 = 0.133$

如果我们观察 CR 处于危险状态，即发现了信用风险，可以运用贝叶斯规则计算出 X_1 和 X_2 出险的概率，这就是贝叶斯网络的逆向推理，如图 3 所示。

图 3 说明当发生信用风险时，X_1 出险的概率为 54.2%；X_2 处于出险的概率是 26.6%。

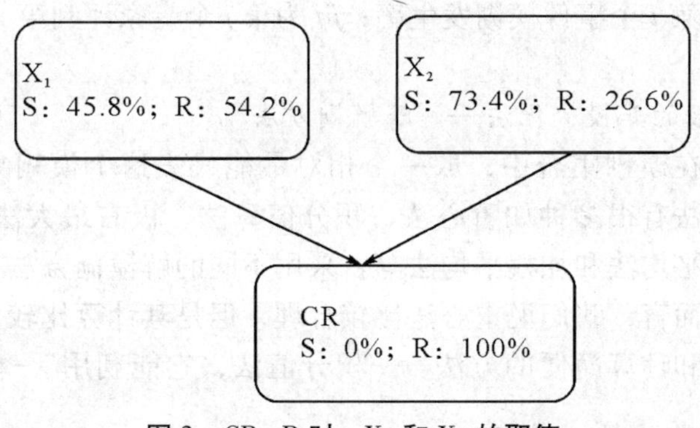

图 3　CR=R 时，X_1 和 X_2 的取值

二、基于模糊贝叶斯网络的信用卡信用风险分析

（一）多层次事件模糊集描述及多个专家的综合模糊概率值计算

模糊集理论能将现实生活中的模糊现象定量地表示出来，为描述和处理具有模糊性的现象提供了一种有效的数学手段。专家判断过程中常采用“非常低（VL）、低（L）、偏低（FL）、中等（M）、偏高（FH）、高（H）和非常高（VH）”等自然语言描述多种层次事件发生概率。

本文用三角形和梯形模糊数代替这些自然语言。采用此方法的优势在于可以引入语言变量更细微更直观地表示专家的多种层次模糊判断结果，从而将模糊概念和随机概念转化为准确值。上述专家判断的多层次表达可以用三角模糊数，梯形模糊数表示，其 λ-截集见表 2。

表 2　多层次判断事件三角模糊数和梯形模糊数形式和相应 λ-截集

模糊数形式	λ-截集
f_{VL}=（0.0，0.1.0.2）	f^{λ}_{VL}=［0.1λ+0，-0.1λ+0.2］
f_{L}=（0.1，0.2.0.3）	f^{λ}_{L}=［0.1λ+0.1，-0.1λ+0.3］
f_{FL}=（0.2，0.3，0.4，0.5）	f^{λ}_{FL}=［0.1λ+0.2，-0.1λ+0.4］
f_{M}=（0.4，0.5.0.6）	f^{λ}_{M}=［0.1λ+0.4，-0.1λ+0.6］
f_{FH}=（0.5，0.6，0.7，0.8）	f^{λ}_{FH}=［0.1λ+0.5，-0.1λ+0.8］
f_{H}=（0.7，0.8.0.9）	f^{λ}_{H}=［0.1λ+0.7，-0.1λ+0.9］
f_{VH}=（0.8，0.9，1.0）	f^{λ}_{VH}=［0.1λ+0.8，-0.1λ+1］

为了能够利用模糊数来更准确地量化事件的发生概率，我们需要综合多个专家的评判结果。本文采用算术平均法来综合多个专家的评判结果，n 个专家评判的综合模糊概率值可表示为：

$$Pi = \frac{fi1 \oplus fi2 \oplus \cdots \oplus fin}{n} \quad i=1,2,\cdots,m \tag{1}$$

其中，Pi 为第 i 个事件模糊发生率；fij 为第 j 个专家评判第 i 个事件模糊值；m 为事件数目。

（二）模糊数的非模糊化法——解模糊方法

解模糊是指在模糊集合中，取一个相对最能代表这个模糊集合的单值的过程。解模糊的方法有很多种如重心法、积分值算法、极右最大法、极左最大法、隶属度限幅元素平均法和加权平均法等。采用不同的解模糊方法得到的结果也是不同的。就理论而言，我们说重心法比较合理，但是其计算比较复杂。而我们采用更为容易理解和计算简便的方法——积分值法，它能利用 λ-截集的运算来处理模糊数。

在积分值方法中，优化指标乐观系数 δ 反映决策人员的意见。假设 M 是L-R型模糊数（左右型模糊数），模糊数 M 的解模糊值为：

$$P(M) = (1-\delta) * P_R(M) + \delta * P_L(M) \quad (2)$$

式中，$\delta \in [0, 1]$，当 $\delta=0$ 和 $\delta=1$ 时，$P(M)$ 分别对应模糊数 M 解模糊化值的上下界，当 $\delta=0.5$ 时 $P(M)$ 为模糊数 M 解模糊化值的代表值；$P_R(M)$ 和 $PL(M)$ 分别为模糊数左右隶属反函数的积分值。对于三角模糊数，$PR(M)$ 和 $PL(M)$ 可用 λ-截集表示，即

$$P_R^{\beta}(M) = [\frac{1}{2}\sum_{\beta=0.1}^{1}\beta_R(M)\Delta\beta + \sum_{\beta=0}^{0.9}\beta_R(M)\Delta\beta] \quad (3)$$

$$P_L^{\beta}(M) = [\frac{1}{2}\sum_{\beta=0.1}^{1}\beta_L(M)\Delta\beta + \sum_{\beta=0}^{0.9}\beta_L(M)\Delta\beta] \quad (4)$$

式中：$\beta_R(M)$ 和 $\beta_L(M)$ 分别为模糊数 M 的 λ 截集的上界 b^{β} 和下界 a^{β}；$\beta=0, 0.1, \cdots, 1$；$\Delta\beta=0.1$.

（三）基于模糊贝叶斯网络的信用卡信用风险方案分析

以某商业银行的信用卡客户信用信息为例，进行实例研究，并在已构建的信用风险贝叶斯网络模型的基础上进行深入分析。

1. 信息来源与转换标准的确定

$P_R(M)$ 和 $P_L(M)$ 如何将信用卡客户信用信息转换为模糊贝叶斯网络基本事件的数据（先验概率），是信用风险定量分析的重要实践环节。

表 3　基本事件等级评判参考标准

基本事件	评判标准	说明
经济状况差D	非常严重 VL	失业、无收入、无财产
	严重 L	失业、无收入、有少量财产
	偏严重 FL	企业将破产、有少量财产
	趋重 M	可能被解雇、有一定财产
	偏低 FH	长期不稳定收入、有一定财产
	低 VH	长期临时工、有一定财产
	一般 H	一般、有一定财产

表3(续)

基本事件	评判标准	说明
过度消费情况 E	非常严重 VL	月均交易金额超过额度 5 倍以上，且连续 3 月以上，无逾期付款记录
	严重 L	月均交易金额超过额度 3 倍以上，且连续 2 月以上，无逾期付款记录
	偏严重 FL	月均交易金额超过额度 2 倍以上，且连续 2 月以上，无逾期付款记录
	趋重 M	月均交易金额超过额度 1 倍以上，且连续 2 月以上，无逾期付款记录
	偏低 FH	曾经有月交易总金额超过额度 80% 以上记录，无逾期付款记录
	低 VH	曾经有月交易总金额超过额度 60% 以上记录，无逾期付款记录
	一般 H	曾经有月交易总金额超过额度 30% 以上记录，无逾期付款记录
透支情况 F	非常严重 VL	年均透支逾期付款记录 10 次以上
	严重 L	年均透支逾期付款记录 6 次以上
	偏严重 FL	年均透支逾期付款记录 5 次以上
	趋重 M	年均透支逾期付款记录 3 次
	偏低 FH	年均透支逾期付款记录 2 次
	低 VH	年均透支逾期付款记录 1 次
	一般 H	年均透支逾期付款记录 1 次，但逾期时间短
信用卡套现 G	非常严重 VL	月均套现金额 5 000 元以上或者 5 次以上
	严重 L	月均套现金额 3 000~5 000 元或者 4 次
	偏严重 FL	套现金额 500~1 000 元或者 3 次
	趋重 M	套现金额 200~500 元，2 次
	偏低 FH	套现金额 200~500 元，只有 1 次
	低 VH	套现金额 200 元以下，只有 1 次
	一般 H	套现金额 100 元以下，只有 1 次

根据商业银行提供的客户信用卡基本信息和历史交易数据，具体包括性别、年龄、职业、文化程度、月均收入、住房性质、拥有信用卡张数、持卡交易频率、持卡交易金额、月还款情况、透支逾期次数、透支金额等。我们用职业、收入、住房来表示模糊贝叶斯网络的基本事件 D 经济状况，用月均持卡交易次数和金额来表示基本事件 E 过度超前消费状况，用透支逾期次数和透支金额来表示基本事件 F 恶意透支，用信用卡张数来表示基本事件 G 多行授信情况，用套现金额来表示基本事件 H 信用卡套现情况。

因为信用卡信用风险的不确定性和持卡人的经济状况变动的不确定性，我们需要利用其领域专家的知识对基本事件发生情况做等级评判，其评判的参考标准见表3。

2. 根据信用卡信息确定等级并转换为模糊先验概率数据

运用专家评判法，针对以上基本事件等级评判参考标准和银行提供的客户信用卡信息，邀请4位专家分别给出客户信用卡信息的基本事件D、E、F、G、H的等级判断（见表3）。在这些专家中，专家2和专家3是信用卡客户中心的经理，专家1和专家4是风险管理领域的学者。假设专家权重一致，采用算术平均法得到综合的模糊概率值。以下表4是4位专家给某客户信用卡信息的基本事件发生概率的评判。

表4　　4位专家给某客户信用卡信息基本事件发生概率的评判

专家	基本事件D	基本事件E	基本事件F	基本事件G
1	偏低FH	偏严重FL	严重L	偏严重FL
2	趋重M	严重L	偏严重FL	严重L
3	偏严重FL	趋重M	严重L	偏严重FL
4	严重L	偏严重FL	偏严重FL	严重L

在λ-截集中，根据（1）式可知，专家意见的平均模糊数为：

$P_D=\frac{f_{FH}+f_M+f_{FL}+f_L}{4}$ =（1/4）*［（0.1λ+0.5）+（0.1λ+0.4）+（0.1λ+o.2）+（0.1λ+0.1）+（−0.1λ+0.8）+（−0.1λ+0.6）+（−0.1λ+0.5）+（−0.1λ+0.3）］

=［0.1λ+0.3−0.1λ+0.55］

同理，P_E=［0.1λ+0.25−0.1λ+0.35］，PF=［0.1λ+0.15−0.1λ+0.4］

P_G=［0.1λ+0.15−0.1λ+0.4］

下面采用解模糊法求出先验概率的代表值．当$\beta=0.5$时，根据（2）－（4），可得节点D的先验概率为P（D=true）=0.425，P（D=flase）=0.575；同理，节点E、F、G的先验概率如表5所示；

表5　　基本事件D、E、F、G的先验概率

基本事件	P（true）	P（false）
D	0.425	0.575
E	0.3	0.7
F	0.275	0.725
G	0.275	0.725

（1）确定各节点的条件概率。

采用以上类似的等级评判方法，我们邀请专家对信用卡模糊贝叶斯网络各节点进行条件概率确定。表6~表8分别是B、C、A获得的关于上级节点的条件概

率情况

表 6　　节点 B 关于 D、E 的条件概率

D	E	P（B=ture丨D；E）	P（B=false丨D；E）
true	True	0.925	0.075
true	False	0.725	0.275
false	True	0.425	0.575
false	False	0.075	0.925

表 7　　节点 C 关于 D、F、G 的条件概率

D	F	G	P（C=ture丨D；F；G）	P（C=false丨D；F；G）
true	true	true	0.850	0.150
true	false	false	0.262	0.738
true	true	false	0.575	0.425
true	false	true	0.575	0.425
false	true	true	0.5	0.5
false	false	true	0.250	0.750
false	true	false	0.275	0.725
false	false	false	0.2	0.8

表 8　　节点 A 关于 B、C 的条件概率

B	C	P（A=ture丨B；C）	P（A=false丨B；C）
true	true	0.975	0.025
true	false	0.625	0.375
false	true	0.425	0.575
false	false	0.075	0.925

（2）模糊贝叶斯网络的推理。

对于贝叶斯网络，目前已经有成熟的算法来计算各节点的联合概率，因此，构建系统的模糊贝叶斯网络后，便可方便地进行信用风险分析计算（包括计算后果事件发生的概率、各顶事件重要度及其他信息）。利用联合概率分布，可以直接计算出基本事件 B 的发生概率，即：

$$P(B=true) = \sum P(D; E; B = true)$$

$$= P(D=true, E=true, B=true) + P(D=true, E=false, B=true) + P(D=false, E=true, B=true) + P(D=false, E=false, B=true) \quad (5)$$

在已构建的贝叶斯网络中，由于节点 D 和 E 相互独立，因此节点 D，E，B 的联合概率可通过条件独立公式进行计算，即：

$$P(D; E; B) = P(D)\,P(E)\,P(B; D; E) \quad (6)$$

将式（6）代入式（5）中可得：

P（B=true）=P（D=true）P（E=true）P（B=true | D=true；E=true）+
P（D=true）P（E=false）P（B=true | D=true；E=false）+
P（D=false）P（E=true）P（B=true | D=false；E=true）+
P（D=false）P（E=false）P（B=true | D=false；E=false）　　(7)

将D，E的先验概率和表4中B的条件概率代入式（7），可知基本事件B发生的概率为：

P（B =true）

= 0.425×0.3×0.925+0.425×0.7×0.725+0.575×0.3×0.425+0.575×0.7×0.075=0.437

同理，B不发生的概率为P（ B =false）= 0.563。

对于节点C，影响其发生的基本事件有D、F、G根据D、F、G。的先验概率和表5中C的条件概率，可得到基本事件C发生的概率为0.326，同理C不发生的概率P（C = false）= 0.674。

对于节点A，其父节点为B和C。根据已计算的基本事件B和C的概率，结合表8中A关于B、C的条件概率及节点B、C、A的联合概率分布，可得后果事件A发生的概率为：

P（A=true）= $\sum p(B;\ C \mid A = true)$ = P（B=true）P（C=true）P（A=true）| B=true；C=true）+P（B=true）P（C=false）P（A=true | B=true；C=false）+P（B=false）P（C=true）P（A=true | B=false；C=true）+P（B=false）P（C=false）P（A=true | B=false；C=false）

= 0.437×0.326×0.975+0.437×0.674×0.625+0.563×0.326×0.425+0.563×0.674×0.075

=0.429

事件A不发生的概率P（A = false）= 0.571。

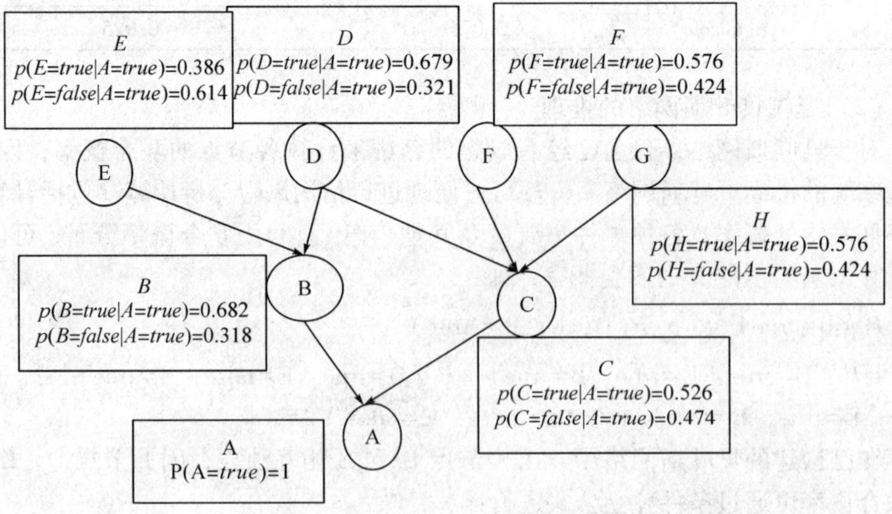

图4　贝叶斯网络后验概率分布图

另外，假设已经出现后果事件 A，可以计算出其他各事件发生的后验概率。利用贝叶斯规则，一方面可根据先验概率及条件概率，计算出各事件的风险概率；另一方面当 A = true 时，可得出基本事件 B、C、D、E、F、G 发生的后验概率（见图 4）。当 A =true 时，B = true 的后验概率为 0.682，且概率最大，即后果事件 A 的发生很有可能是由基本事件 B 的发生而引起的。

四、基于模糊贝叶斯网络的敏感性分析

对贝叶斯网络中的基本事件进行敏感性分析，能够计算每个变量对其他变量分布的影响程度，以确定对后果事件概率发生概率贡献较大的基本事件，以便帮助决策者采取针对性的积极主动的措施来应对敏感性风险因素，尽量减小这些敏感性基本事件的发生概率，从而减小后果事件发生的概率。根据本文所定义的模糊数类型，可以定义第 i 个基本事件不发生时后果事件概率的相对值为：

$$\gamma_i = (P_T - P_{Ti})/P_T \tag{8}$$

式中，P_T 为后果事件发生概率，i 为第 i 个基本事件不发生时的后果事件概率。

则第 i 个基本事件的敏感性因子（ sensitivity index ）为：

$$\alpha_{SIi} = \gamma_i/\gamma_{\max} \quad i=1,\ 2,\ \cdots,\ m \tag{9}$$

式中，$\gamma_{\max} = \max\langle \gamma_i \rangle$，$\gamma_{\max}$ 为向量 $y = \{\lambda_1,\ \lambda_2,\ \cdots,\ \lambda_m\}^T$ 中最大的元素。

显然，$\alpha_{SImax} = 1.0$，利用采集的数据和公式（9），利用 Hugin Developer 开发的程序，可计算出基本事件的敏感性因子，结果见表 9。

表 9　基本事件的模糊敏感性因子

基本事件	D	E	F	G	B	C
	0.785	0.546	0.706	0.706	1	0.685

由表 9 可知，本研究案例中基本事件 B 的敏感因子最大，说明在所有的基本事件中，信用卡持卡人客观上丧失还款能力是造成信用风险的最关键的基本事件。这就要求我们信用卡监管部门需要不断完善个人征信体制，及时准确地监督持卡人的经济状况和消费状况，在可能出现信用风险之前给予提醒。然而信用卡客户客观上丧失还款能力要受很多因素影响，从已构建的贝叶斯网络图可知，顶事件 D 和 E 是引起信用卡持卡人丧失还款能力的 2 个重要因素，经敏感性分析得出，D 的敏感性因子为 0.785，而 E 的敏感性因子为 0.546，说明在这两个因素中，信用卡持卡人由于职业、家庭等变动或健康状况不佳、个人收入下降乃至破产等原因导致经济状况恶化而造成的无法还款更易引起信用风险的发生。

五、总结

本文通过建立贝叶斯网络方法，结合模糊集理论进行银行信用卡信用风险评价，通过实例分析可以得出以下结论：

第一，如何将信用卡客户信用信息转换为模糊贝叶斯网络基本事件的数据（先验概率），是信用风险定量分析的重要实践环节。

第二，通过一个实例应用，包括条件概率、先验概率和贝叶斯推理，我们可以看出，将模糊数引入贝叶斯网络计算方案，不仅可以较准确地获取专家意见，而且能够使专家意见较准确地反映被测的信用卡的实际，较准确地反映被测的信用风险各因子之间的关系。

第三，通过敏感性分析，可判断出关键事件，并预防信用风险事件的发生。在信用卡业务系统中，引起信用风险的基本事件 B 的敏感性因子最大，即持卡人客观上丧失还款能力是关键事件。这一结论与前面得出的后验概率最大一致。在引起这一关键事件的顶事件中，持卡人经济状况恶化更为重要。

第四，对于银行成千上万的客户信用卡，我们都可以在不同时期，通过计算机系统，应用以上方法，计算出其信用风险发生的概率，从而对客户进行分类风险管理。

参考文献

［1］弋涛. 信用卡风险管理研究［M］. 成都：西南财经大学出版社，2006.

［2］陈建. 现代信用卡管理［M］. 北京：中国财政经济出版社，2005.

［3］陈建. 信用评分模型技术与应用［M］. 北京：中国财政经济出版社，2005.

［4］朱云斌，黄晓明，常青. 模糊故障树分析方法在机场环境安全中的应用［J］. 国防科技大学学报，2009，31（6）：126-131.

［5］李娜，赵然杭，付海军. 基于模糊数的事件树法在大坝风险分析中的应用研究［J］. 中国农村水利水电，2009（10）：135-139.

［6］金朝光，林焰，纪卓尚. 基于模糊集理论事件树分析方法在风险分析中应用［J］. 大连理工大学学报，2003，43（1）：97-100.

［7］史志富，郭曜华. 机载光电系统目标威胁估计的模糊贝叶斯网络方法［J］. 传感技术学报，2011，24（11）：1584-1589.

［8］沈全华，陈力生. 模糊事件树在船用堆事故分析中的应用研究［J］. 中国修船，2006，19（6）：43-45.

权变共享云下的民营企业运营资金链内审实施路径研究

王婧婧①

[摘要] 基于权变态势，在深入分析现行民营企业资金链内审的工作瓶颈后，构建出权变共享云下民营企业针对运营资金链的内部审计框架。通过详细阐述我国民营企业运营资金链内审的设计思路和实施路径，构建权变共享云下民营企业运营资金链内审实施路径的系统框架，希望对共享经济模式下的民营企业在新的权变环境下，历经前车之鉴，避免重蹈覆辙，实现群居合一，提高民营企业运营资金链的使用效益有所裨益。

[关键词] 权变共享云　民营企业　资金链内审

一、引言

近些年，互联网云端这只大机器将浩如烟海的“线人”遍布到市场链条的各个企业中。为乘时乘势，少部分企业利用“线人”做得风起云涌，而大部分企业却因为“线人”遍体鳞伤，这一时态堪称“2015年倒闭潮”。“线人”本是互联网云端意图帮助市场链条中各个企业之间、各个企业内部之间，利用更便捷、更有效的工具配合得更相得益彰的调解员，但众多企业断章取义，未能真正利用好“线人”所带来的便利，才导致遍体鳞伤，以致最终的破产倒闭。历经前车之鉴，避免重蹈覆辙，内部审计职能部门被赋予重任，依覆舟之戒，兴群居合一。云审计主要是指在互联网环境下基于“云计算”而产生的第三方审计平台，它通过提供服务于审计工作的相关硬件和程序，实现审计数据的云储存和审计资源的协同共享。面临新环境，对于大多数企业来讲，可行性较强的做法是结合基础设施，将适用于网络计算的业务外包，将适合于本地使用的，选择在自己可控范围内的计算资源自用，即第四空间混合云。混合云内审是在云审计背景下产生的，它是为提升企业内部审计价值而采取的一种新型监督手段，它的存在价值反映在信息化下合理保证企业无脱节地顺畅运行和实现对企业信息无漏网地全面监督上。权变共享云是继云内审和混合云内审下结合变化莫测的环境所提出的共享经济模式下的云内审，即内部审计是基于“云计算”的技术和混合云的实

① 重庆工商大学融智学院教师，主要研究方向为云审计。

际操作之上，多维度地、权益应变地共享传统技术与新兴技术、成熟经验与合理创新，现代管理与智能管理的权变共享云内审。资金链是企业的命脉，特别是运营资金链是民营企业的命根子，对运营资金链的有效监管是发挥企业特别是民营企业内部审计价值的关键所在。但是，目前，我国民营企业在运营资金方面的内部审计工作较多地停留在摸索层次的观望纠结阶段，鉴于人财物力有限，对于如何发挥内部审计这位“门客”的作用还无从下手。再加上新势力来势凶猛，使得众多民营企业的管理层在权变动态的势力下无的放矢，组织出“最贵的企业”，却弄巧成拙。所以，在民营企业经营管理中，如何借助“线人”之力，诠释趋利避害“混合云”之策，实现权益应变“权变共享云”之术，成了民营企业管理层关注的重点。

吴霁虹教授于2015年12月13日做题为“2015没赶上，2016如何顺大势引爆”的分享中提出：“只有了解商业的大趋势，顺势而为才是王道。不是找个团队开始做APP，就懂共享经济模式了。”郎咸平于2016年在《展望未来——不要与趋势为敌》一文中提出“一根针捅破天”的理念，他指出“从解决身边最针尖问题出发，通过共创共享，在万物链接的新世界摸出来的一把利剑，最终能形成经济。这是一个过程，需要打磨、养护，而不是急功近利的爆点或风口什么的。”王晓江发表的《大数据“云审计”为审计全覆盖推开一扇窗》一文中提出四点“云审计”实现审计全覆盖策略，即重视信息资源，优化审计资源配置；整合审计信息，加强平台建设；革新审计理念，实现系统审计和多维分析；借助“互联网+”与电子政务、电子商务接轨。谢华，朱丽萍发表的《云审计为内部审计带来的机遇、挑战与应对之策》一文中提出内审部门应对云审计挑战的策略有五点：一是明确与云计算服务供应商的合同内容；二是建立相应的风险防范措施；三是提高网络宽带传输速度；四是加强对内部审计人员的培训；五是与被审计部门保持经常性的沟通。

纵观上述文献的研究，学者们就内部审计适应新形势提出了诸多的应对策略，得出云审计在民营企业中的拟成功运行的可能性非常大。学者们就企业内审的研究较多侧重在审计策略上的广泛研究，涉及权变共享云下针对民营企业来讲的运营资金链内部审计方面的研究文献还较少。实际上，民企改革的重点就是找到对民企资本的一种合适的管控方法和疏通手段。鉴于此，本文首先分析现行我国民营企业运营资金链内审工作的进展瓶颈，然后提出民营企业运营资金链内审实施路径的设计思路和具体的实施路径，并在此基础上构建了一个较现实的框架，即权变共享云下民营企业运营资金链内审实施路径的系统框架，以期为民营企业高度可信的内部审计的建设提供理论依据和策略指导。

二、民营企业运营资金链内审实施路径设计思路

我国大多数民营企业在对运营资金链的监控方面面临的工作瓶颈主要体现在：其一，内部审计目标与企业发展需求的步调不一致；其二，运营资金风险识别预警能力不完善；其三，内部审计工作权限不明确，内审结构不完善；其四，

运营资金链跟踪问效不及时全面。本文设计的实施路径是针对上述瓶颈所设计的，设计思路如下：

（一）计划阶段，革新信息不对称，优化内审各目标

计划阶段是一项审计工作的开始，也是决定审计工作质量的关键。内部审计工作力不从心的根本原因在于取得的信息不及时、不对称。所以，计划阶段的审计工作的核心在于“内审的工作步调要与企业的发展进展相一致”，甚至超越于企业的发展进展，才能及时地对症企业发展存在的问题予以解决，目的在于实现“预防为首、防治结合、避免积羽沉舟”的审计目标。为了实现这一总目标，建设内审云端平台，对运营资金链上各路径组织进行主动了解、主动熟悉、主动预算，分析出各个路径组织工作进展与企业发展方向的偏离程度，做出资金风险预警级别卡。基于以上工作后，对所做的重大偏离及关键过错项目的审计目标进行明确优化。在计划阶段，革新信息不对称，主动多维度地了解信息，优化内审的各目标，为解决内审的目标与企业发展需求步调不一致提供参考。

（二）实施阶段，追踪运营资金流，设卡盘查需到位

众所周知，舞弊的发生不是一时的，更多的是蓄谋已久的，然而蓄谋已久所引起的舞弊为企业带来的损失是巨大的。其根本原因在于企业在日常工作中设卡盘查不够到位，以致舞弊者才有空子可钻。企业管理者与其事后追踪问责，不如在日常的工作中设卡盘查到位，减少企业因重大舞弊所带来的损失。特别是大数据云平台共享经济的出现，使得在资金各个流转环节设卡盘查可以成为现实。实施阶段的审计工作的核心在于“追踪运营资金流，设卡盘查需到位”，并根据工作进展动向，恰当运行审计程序，合理添加现场审计，多元多位多面进行比较，使运营资金链按照既定的目标在正确的路径中及时有效地进行明确的分类和规范顺畅的运转。

（三）报告阶段，审计范围全覆盖，审计报告规范化

内部审计人员要一心拥护所效忠的企业，负责任地从全局上为企业着想，全面统筹、预防与监管企业多维度的发展状况，及时地向企业汇报发展进展，依法惩治一切损害企业利益的人。所以，在报告阶段，首先要明确内审人员工作的具体内容及权限，并对所审事项与既定目标的偏离程度、与企业总发展的偏离程度进行清晰地鉴定，合理保证审计报告的真实完整性、及时性、有据性、明确性、规范性。

（四）跟进阶段，管理要有章可依，责任明确具体化

跟进阶段审计出来的问题落实不到位的原因在于企业相关的责任规章制度不够明确和清晰，使得许多审计出来的问题在最终执行的时候信服度不高，最后不了了之，没有解决实质的问题。针对这一瓶颈问题，跟进阶段工作的核心在于加大跟踪问效的频率，确定责任人之间的互相监督连带制，将审计出来的具体问题清晰地以公示文件的形式进行传达。运营资金链的内审工作实施路径设计思路图如图 1 所示。

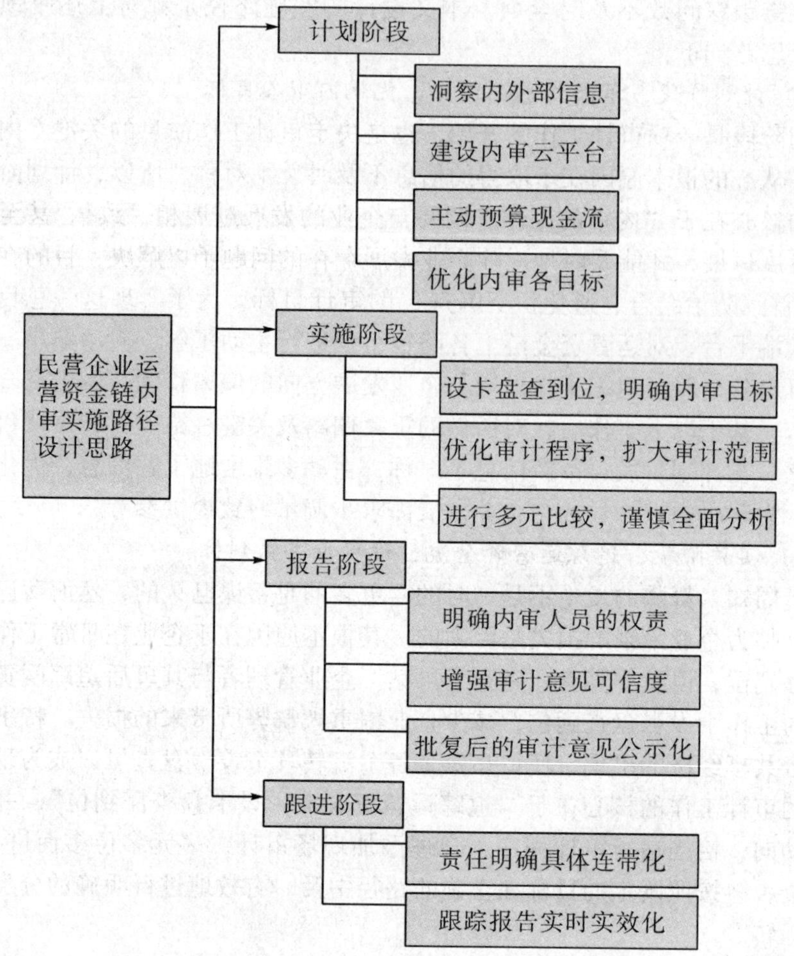

图 1　运营资金链的内审工作实施路径设计思路图

三、民营企业运营资金链内审的实施路径

（一）计划阶段

计划阶段的工作重点主要是六个，一是明确企业的总目标与阶段目标，并与高级管理层沟通确定所理解的目标的准确性，保证审计总目标与企业发展目标相一致。二是基于以上的具体目标，与运营资金链路径组织管理者进行沟通，确定阶段审计目标与各路径组织发展目标相一致。三是建立权变共享云内审平台，利用新兴技术，确保信息的对称性和统筹的一致性。四是结合内外部政策与环境，优化审计总目标和阶段目标，其他路径组织管理层需予以关注并实时沟通。五是制作运营资金链风险预警级别卡，根据经验和专业性对可能的风险点进行预警。六是根据上述内容，主动预算出资金规划计划的资金量。

操作中需要注意的事项是：首先，在与各级管理层沟通确定精准的审计目标和企业发展目标时，主要参照的因素是：①企业所处的发展阶段与所立审计目标的匹配程度；②企业自上而下的发展目标的协调程度；③关于掌握目标信息的对称程度。其次，在制定审计目标时，主要参照的因素是：①所设目标出现可能的管控漏洞；②重点单位、重点项目、重点资金、重点事项；③领导、群众关心的热点问题；④企业生产经营管理中的难点、薄弱环节；⑤实际所耗与预算上报差额较大的项目；⑥一直没有彻底解决的问题。最后，根据上述的评估与计算，优化所制定的审计目标。

（二）实施阶段

实施阶段的工作重点主要是六个：一是设立项目资金启动卡，锁定资金来源，确定目标资金；二是设立项目资金流转卡，确定目标资金；三是设立项目资金终结卡，确定目标资金；四是追踪目标资金的流转路线并记录目标资金的流转路线；五是审查目标资金在各流转环节的细节；六是分析资金在各流转环节的细节。运营资金链内审下的审计工作流程如图 2 所示。

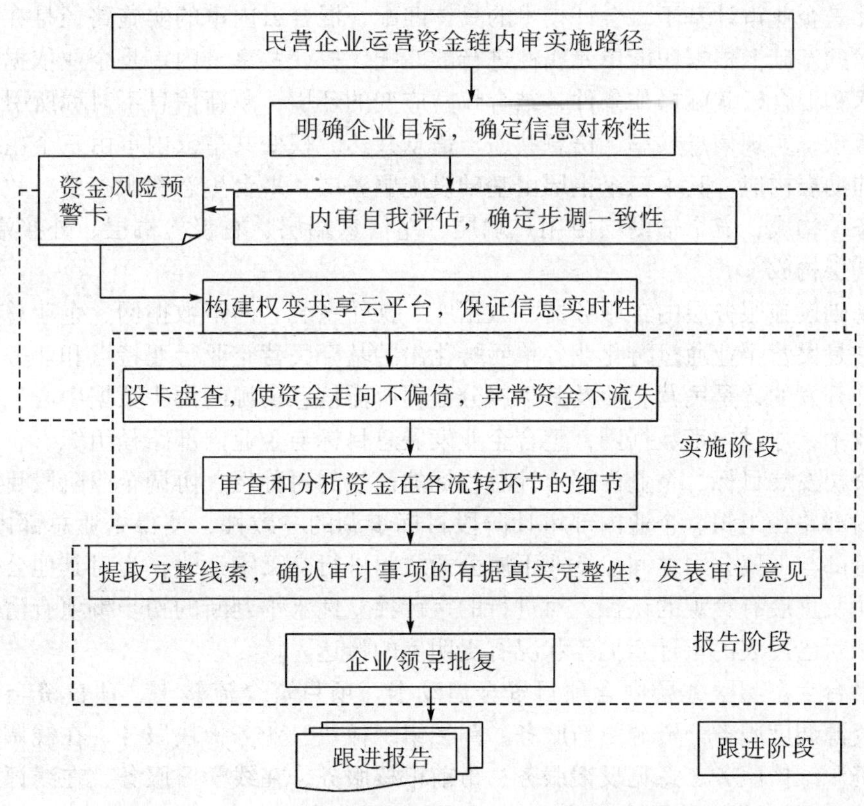

图 2　运营资金链的内审工作实施路径图

操作中需要注意的事项是在设立关卡落实到位时要注意主要参照以下因素：①项目所涉及的路径组织、路径组织的阶段目标、路径组织的行径与阶段目标的匹配程度和询问解释的合理性；②目标资金异常走向所涉及路径组织的理解偏差或舞弊动机；③扩大审计范围，对异常目标进行全覆盖推敲，并多元比较。

（三）报告阶段

报告阶段的工作主要有四个：一是提取实施阶段的线索，确认内审事项的有据性和真实完整性；二是发表审计意见；三是将审计意见报企业总经理和企业总部审计处批复；四是将批复后的审计意见公之于众，并汇报企业资金状况。

（四）跟进阶段

跟进阶段的工作主要有四个：一是整理出所涉的问题部门；二是问题部门所做的整改方案是否有效；三是分季度、半年度、年度对问题部门的整改情况做出跟踪报告；四是根据跟踪报告丰富企业章程制度。

四、权变共享云下民营企业运营资金链内审实施路径

云会计是企业财务基于云计算技术的具体匹配，云计算技术的基础设施即服务 laaS（Infrastructure as a Service），平台即服务 PaaS（Platform as a Service）和软件即服务 SaaS（Software as a Service）匹配至云会计技术的财务处理分析模块。云审计是企业审计基于云会计技术的具体匹配，混合云内审的实施路径是在云计算技术的基础上根据职能单元属性进行的匹配。权变共享云内审是企业依据云会计技术和混合云实际操作条件，结合权益应变的环境，革新信息不对称所引起的工作瓶颈，实现信息共享、信息共通、信息共达。权变共享云内审由三个主层和五个辅助层构成。其中三个主层由基础设施服务层、平台生态圈服务层、软件应用服务层构成；五个辅助层由用户端层、左信息端层、右督检端层、外接端层、反馈端层构成。

基础设施服务层内含服务器、数据库、操作系统、内审数据网、企业总目标等，它是民营企业通过孵化业务单元孵化出的基于民营企业行业特点和业务类型所设计开发的，是民营企业及其下属分公司所需信息资源的源头数据中心。依托基础技术，通过内审数据网，整合企业发展总目标与企业内部路径组织、企业下属分公司发展目标、企业内部审计总目标的信息的对称性，协调企业阶段目标与企业内部路径组织、企业内部审计阶段目标步调的一致性，使得企业总部内部、企业总部与下属公司之间、企业下属公司之间进行交叉审计时，为对其他公司运营方向及进展有直观的认识，对进行的审计独立性水平判断的初步事项有清晰的了解，对已发表的审计意见等状况有更明确的传达。

平台生态圈服务层内含项目资金启动卡、项目资金流转卡、项目资金终结卡、资源调度服务、资源更新服务、路径组织板块、业务板块服务、在线调研服务、资源维护服务、意见反馈服务、事前审核服务、在线学习服务、在线评审服务、过往表现情况、在线公示服务、专项资金动向、日常资金动向、非日常资金动向、其他资金动向。平台生态圈服务层秉承着共同的价值观，建立健康、安全、开放、动态的平台。

软件应用服务层内含内审应用系统、内审管理系统、内审安全维护系统。用户端层内含用户管理、用户身份认证、用户权限管理；左信息端层内含举证服务、异常公示服务、责任连带服务；右督检端层内含督检审核服务、督检跟进服务、督检公示服务；外接端层内含政府平台接口、金融平台接口、税务平台接口、会计师事务所平台接口、法务平台接口、其他；反馈端层。权变共享云下的

民营企业运营资金链内审实施路径，如图 3 所示。

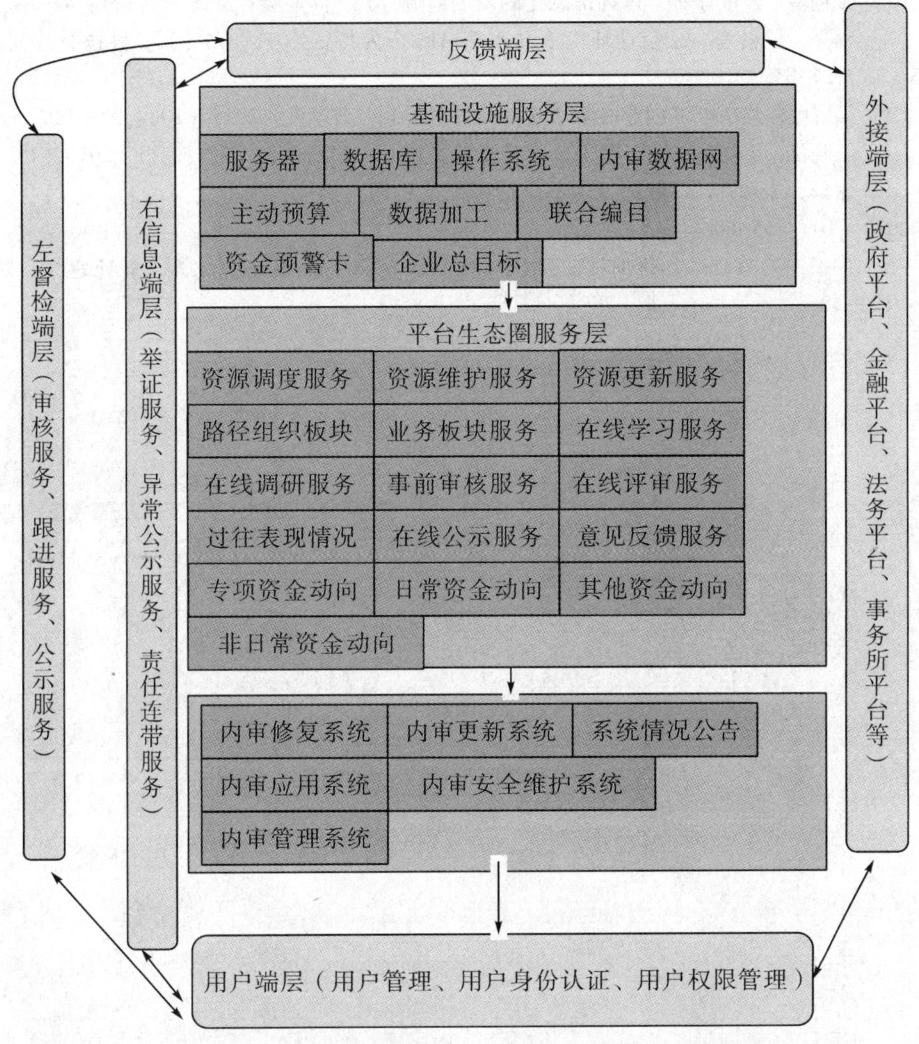

图 3　权变共享云下的民营企业运营资金链内审实施路径

五、结束语

构建基于权变共享云下的民营企业的运营资金链内部审计的实施路径是一个系统工程，除了架构外，还有诸多如云责任、云安全、云标准等方面建设的完善。展望未来，有理由相信大数据、智能化、移动物联网和云计算这四大当今最热的技术将继续引领服务组织从服务导向型组织向下一代的权变共享匹配型的服务组织转化。因此，对云会计环境下民营企业实施权变共享云策略，设计具体单元的内部审计模型的深入理解与把握，是提高内审质量和工作效率的关键。

参考文献

[1] 张艳玲. 云审计——审计信息化的发展趋势［J］. 商业会计，2013（10）：47-49.

[2] 程平，段莹莹. 云会计环境下高可信 AIS 行为特征影响研究［J］. 科技管理研究，2015（4）：24-31.

[3] 吴霁虹. 共享经济创业必须了解的几件事［J］. 商学院，2015（10）：97-100.

[4] 王晓江. 大数据“云审计”为审计全覆盖推开一扇窗［J］. 财会信报，2016（1）.

[5] 谢华，朱丽萍. 云审计为内部审计带来的机遇、挑战与应对之策［J］. 中国内部审计，2014（10）：55-60.

[6] 程平，王晓江. 大数据、云会计时代的企业财务决策研究［J］. 会计之友，2015（2）：123-126.

文化产业上市公司应收账款与公司绩效实证分析

王 燕①

[摘要] 应收账款是企业资本循环中的重要一环，其规模大小和回收情况直接影响到企业资金的流动性和风险大小，进而影响到企业的绩效。本文选取2009—2014年传播与文化产业145家上市公司的面板数据为样本，考察了公司资产中的应收账款的规模、机会成本、周转速度与公司绩效的关系。分别用应收账款的数额、与货币资金的比值和周转率作为自变量，以净资产收益率为因变量进行回归分析发现：应收账款的规模及其周转率与公司绩效显著负相关，应收账款在货币资金中占比与公司绩效负相关但不显著，结合传播与文化产业的特殊性对回归结果进行分析，提出对策。

[关键词] 文化产业上市公司　应收账款　公司绩效

一、引言

21世纪以来，文化产业以“高效益、高创新、低能耗”的特点成为推动经济发展的主要动力之一。党的十七届五中全会明确提出，要推动文化产业成为我国国民经济发展的支柱性产业。文化产业上市公司作为我国文化产业内重要的组成部分发挥着举足轻重的作用，其经营、治理的好坏关系着整个行业的发展。文化产业上市公司的应收账款是企业资本循环中的重要一环，其回收情况直接影响到企业资金的周转速度和流动性，甚至影响到企业的安全。随着商业信用的推行，企业应收账款数额普遍提高，股票市场中全部A股（非ST，且剔除了数据不全存在异常值的公司）共2 387家。股票应收账款2013年第一季度环比增长9.4%，同比增长18.9%；其中传播与文化产业上市公司34家（剔除异常值的万鸿集团）应收账款环比增长32.94%，同比增长49.7%。随着上市公司融资渠道的增多和经营业务的增加，应收账款对上市公司合理利用这一信用方式，控制风险提出了更高的要求。学术界关于运营资本与公司绩效关系的研究由来已久，但专门就应收账款与公司绩效关系进行研究的甚少，并且就我国文化产业上市公司作为样本单位进行的实证研究也很少见。本文从财务治理的视角来研究文化产业

① 重庆工商大学融智学院教师，主要研究方向为流动资产。

上市公司应收账款与绩效之间的相关性，运用多元线性回归模型，选取时间序列横截面数据进行实证检验，对促进中国传播与文化产业的振兴与发展，有效地控制现金流量，提高文化产业上市公司绩效提供有力的决策依据。

二、文献综述

国内在应收账款管理的研究上，多集中于施工企业和制造业的应收账款的信用风险、监控和催收拖欠等管理上。在持有应收账款的额度上，柴仓敬（2006）根据发电企业的生产经营特点，测定在最优信用条件下，从信用政策、信用期间、现金折扣、应收账款的账龄及回收等方面进行监控，进行应收账款投资。王爬（2007）结合新会计准则，认为应收账款等流动资产的质量决定了企业的流动资产质量的高低，影响企业的经营业绩。钱爱民，张新民（2008）从考察流动资产自身结构和短期流动性方面，结合行业经营特点，从营销和采购模式、产品盈利能力以及现金流量等方面，在传统财务比率分析基础上研究了流动资产的整体质量。王竹泉、孙莹（2011）提出了“将企业营运资金管理的重心转移到渠道控制上”的新思路，倡导将营运资金管理研究与供应链管理、渠道管理和客户关系管理等研究有机结合起来。郑瑜（2008）指出图书出版单位的图书一般采用先发书后付款的交易方式，发行网点广泛，图书款形成大量应收账款，数额越大，出版公司主动权越小，越易受销售机构的控制，有时甚至影响到公司的正常经营活动。

在运营管理上，王怀明（2007），周彤欣（2009），徐文学、姚听（2010），李梅（2011）等在农业上市公司、钢铁行业上市公司、制造行业、汽车行业中认为应收账款周转率越快，其创造的利润越高。张信平（2001）指出应收账款周转率对企业长期利润质量有着重要的影响，并说明如果经营者盲目地扩大信用政策，会导致应收账款周转率指标的下降，进而会加大风险损失，降低长期利润质量。郭世辉、崔文姣（2009）指出应收账款周转率与利润质量正相关，并构建了一个基于应收账款视角的利润质量评价模型，包含应收账款规模、应收账款周转率和主营业务收入增长率与应收账款增长率的差额三个变量。

在营运资金管理方面，陈菊等（2008）发现我国家电行业上市公司应收账款等流动资产与长期资产的比值与公司绩效有正相关关系；流动负债比例与公司绩效有负相关关系，但都不太显著。郑晨（2012）运用多元回归方法，在对应收账款周转率、存货周转率与营运资金的逻辑关系进行分析说明后，得出应收账款周转率和存货周转率均与营运资金呈正相关的关系，应收账款周转率和存货周转率越高，企业的营运资金管理效果越好。高晓娟（2013）指出在营运资金管理效率与企业经营绩效之间，食品饮料业上市公司应收账款周转天数与现金周转期之间存在显著正相关关系，应收账款周转天数与企业绩效之间存在显著负相关关系。

从目前学术界的研究文献可以看出，研究应收账款的很多，但基于文化产业上市公司的研究甚少；研究文化产业上市公司的很多，但基于应收账款的实证研究甚少；另外应收账款属于流动资产的一部分，国内外对于营运资本研究甚多，但是把资产的营运性作为流动资产的一个特性来分析的甚少。Marc Deloof（2003）和 Fyofonidis（2006）将现金周期作为衡量营运资本管理效率的指标，分别利用比利时和雅典市场的股票进行分析，得出现金周期与公司绩效存在一定的负相关关系。Jhon. C. Roth（1992）将营运资本看成企业的一项投资，所以公司在日常的经营管理中，认为应该力求所用的资本成本最低，同时收益最大。本文基于此，以文化产业的应收账款的风险收益性为切入点，从不同方面选取不同的指标来进行实证研究，得出应收账款管理与公司绩效的关系。

三、研究设计

（一）研究假设

1. 数据来源

本文研究的数据主要来自同花顺 iFinD 金融数据终端数据库、巨潮资讯网数据，研究期限为 2008 年至 2014 年。根据证监会行业分类，本文选取文化与传播产业，包括出版业、声像业、广播电影电视业、艺术业、信息传播服务业、其他传播文化产业共 35 家上市公司作为研究对象，再剔除异常数据后，共有 245 个样本。

2. 指标的选取

（1）自变量的选取。

应收账款作为企业流动资产的一个重要组成部分，随着市场经济商业信用的扩展，其数额明显增多。本文主要考察应收账款的持有额度与公司绩效的相关性，由于回归分析主要是检验数据在经济意义上的合理性，而应收账款参数过大，故对其取对数，并以此作为应收账款的规模衡量指标。

应收账款与货币资金比率。应收账款会引起货币资金的垫支，根据应收账款的信用风险和带来的成本费用，用该比率来衡量应收账款的机会成本情况。

应收账款周转率。本文选取应收账款周转率反映应收账款的周转速度。

（2）因变量的选取。

净资产收益率（ROE）作为杜邦分析的核心指标，反映企业所有者权益的投资报酬率，通过对该指标的综合对比分析，可以看出企业获利能力和公司的运营情况。用 ROE 作为公司绩效的衡量指标。

（3）控制变量的选取。

流动比率，即流动资产在流动负债中的比重，用来衡量短期负债能力。

资产负债率。财务杠杆（LEV）指企业在制定资本结构决策时对债务融资的利用，反映了企业偿付债务本息和的能力，本文选取资产负债率作为反映企业财务杠杆作用的指标。

（4）虚拟变量的选取。

《文化产业振兴规划》中着重强调培育一批有实力、有竞争力的骨干文化企业，坚持政府引导，加大政策扶持力度，中央和地方各级人民政府要加大对文化产业的投入。大幅增加中央财政扶持文化产业发展专项资金和文化体制改革专项资金规模，不断加大对文化产业发展和文化体制改革的支持力度。因此本文加入“企业是否国有化性质”这一指标，以衡量国有企业和非国有企业在应收账款风险与公司绩效方面的差异性。

变量说明如表1所示。

表1　变量说明

变量类型	变量名称		代码	含义
自变量	应收账款规模	应收账款数额	X1	应收账款取对数，表示应收账款自身对公司绩效的影响大小
	应收账款机会成本	应收账款与货币资金比率	X2	应收账款/货币资金
	应收账款周转速度	应收账款周转率	X3	赊销收入净额（销售收入）/平均应收账款余额
因变量	公司绩效	净资产收益率ROE	Y	净利润/净资产×100%
控制变量	短期负债能力	流动比率	X4	流动资产/流动负债
	财务杠杆	资产负债率	X5	（负债总额/资产总额）×100%。
虚拟变量	公司性质	国有非国有	X6	X6=0国有，X6=1非国有

3. 假设的提出

假设1：应收账款的规模与公司绩效呈负相关。

赊销在文化产业行业中是重要手段之一。在产品、质量、价格、售后服务完全相同的条件下，赊销更有利于增加销售额。文化产业行业的应收账款在流动资产中占较大比例，但是过多的应收账款意味着更大风险、坏账的可能、管理费用和资金用于其他投资的机会成本等，这些会阻碍企业的正常经营，加速资产质量恶化，影响企业财务状况。鉴于此，上市公司的应收账款的大幅增加可以使“流动资产”大幅度增加，从而使公司的总资产相应增加，但是由于风险的存在，应收账款规模应加以控制，据此提出假设1。

假设2：应收账款的机会成本与公司绩效呈负相关。

应收账款是企业的一项资金投放，是为了扩大销售和盈利而进行的投资，投资要发生成本。同时，营业收入的增加会使股东权益即净资产增加以及每股净资产上升。而事实上，每股净资产的增量里面有不良资产“水分”（可能存在巨额无法收回的应收账款）。另外，应收账款的存在会增加公司的管理费用、坏账风险，应收账款的存在相应地减少了公司的投资机会。这就需要在应收账款信用政策所增加的盈利和这种政策的成本、费用、风险之间做出权衡，因此用应收账款在货币资金中的占比来反映应收账款的机会成本与公司绩效关系。据此提出假设2。

假设3：应收账款周转速度与公司绩效呈负相关。

应收账款周转期反映企业年度内应收账款转为现金和偿还短期债务的能力，衡量应收账款水平的高低。一般来说，应收账款周转率越高越好，表明公司收账速度快，平均收账期短，坏账损失少，资产流动快，偿债能力强。否则发生坏账损失风险加大。但是，应收账款周转率过高，往往表明公司执行较紧的信用政策，付款信用条件过于苛刻。这样会限制企业销量的扩大从而影响企业的盈利水平。与国外企业相比，我国企业的应收账款周转期过长，放宽应收账款信用期所带来的边际销售增量将会递减，而相应的边际成本费用则会上升，最终会导致企业经营绩效的下降。DavidM. Mathuva（2009）和逢咏梅（2009）等已验证这个假设。因此针对文化与传媒上市公司，提出假设3。

假设4：文化产业上市公司短期偿债能力与公司绩效呈正相关。

流动比率的大小决定了企业的短期偿债能力，同时也影响了企业的盈利能力。该比例越高，说明流动资产很大程度上能覆盖短期内到期的债务，确保企业经营安全性。据此提出假设4。

假设5：文化产业上市公司财务杠杆与公司经营绩效呈正相关。

资产负债率反映在企业的全部资金中有多大的比例是通过借债筹集起来的，能反映资产对负债的保障程度，资产负债率过低往往也是没有利用好财务杠杆的表现，反映了一个公司的风险程度和资本成本，这就需要在收益和风险之间权衡利弊，据此提出假设5。

假设6：相对于非国有控股上市公司来说，国有控股上市公司的经营业绩好。

受产业政策、政府投入、作品内容审查方面的因素影响，国有企业和非国有企业在信息获取、政策支持、地区优势方面存在差别，对公司经营绩效产生一定影响，比如广播电影电视行业作为具有意识形态特殊属性的重要产业，受到国家有关法律、法规及政策的严格监督、管理。Hu 等（2010）通过对国内沪深两市304家上市公司在2003—2005年的实证检验，表明公司绩效与控股股东的性质关系从高到低依次排列为法人股、国有法人股、国家股，即在法人股控股的公司要比国家或者国家股的公司业绩表现优良。在管理层激励理论中，Stulz（1988）、Morch Shleifer and Vishny（1988）、Shivdasani（1993）等的研究发现当管理层持股达到某一范围时，管理层持股比例与公司绩效呈负相关。文化产业属于意识形态范畴，和非国有控股股东相比，国有控股股东更容易获得政策空间和政府部门的支持，国有股东的政治导向为文化产业的发展带来优势和机遇，从而提升公司绩效，据此提出假设6。

（二）回归分析

1. 序列的平稳性检验

在用面板数据做回归分析前，为了防止出现伪回归，需要进行平稳性检验，下面采用单位根检验：包括相同根情形下的单位根检验和不同根情况下的单位根检验。运用 eviews 软件对各变量进行了单位根检验，结果如表2所示。

表 2　　　　单位根检验

pool unit root test: Summary				
Sample: 2008 2014				
Series: X1, X2, X3, X4, X5, X6, Y				
Exogenous variables: Individual effects, individual linear trends				
Automatic selection of maximum lags				
Automatic selection of lags based on SIC: 0 to 13				
Newey-West bandwidth selection usingBartlett kernel Balanced observations for each test				
			Cross-	
Method	Statistic	Prob. ***	sections	Obs
Null: Unit root (assumes common unit root process)				
Levin, Lin & Chu t *	-49. 126 5	0. 000 0	19	2 764
Breitung t-stat	-6. 934 2	0. 000 0	19	2 744
Null: Unit root (assumes individual unit root process)				
Im, Pesaran and Shin W-stat	-46. 955 3	0. 000 0	19	2 764
ADF - Fisher Chi-square	1 103. 26	0. 000 0	19	2 764
PP - Fisher Chi-square	1 193. 56	0. 000 0	19	2 780
Null: No unit root (assumes common unit root process)				
Hadri Z-stat	-1. 692 5	0. 941 0	19	2 800

** Probabilities for Fisher tests are computed using an asympotic Chi-square distribution. All other tests assume asymptotic normality.

通过单位根 ADF 检验结果可看出，LLC 检验得到的检验统计量结果等于-49. 126 5，相应的概率值 P 等于 0，因此拒绝“各截面序列具有相同单位根的过程”的假设，Breitung 检验也表明不存在单位根，拒绝原假设。IPS 检验，Fisher-ADF 检验，Fisher-PP 检验这三种方法假设各截面序列具有不同的单位根假设，IPS 检验统计量等于-46. 955 3，相应的概率值 P 等于 0，因此拒绝原假设，两种 Fisher 检验方法也表明拒绝原假设。因此这些序列的平稳性很好，所构建的模型不会出现因序列非平稳而出现伪回归。

2. 模型结果输出

以公司绩效（ROE）为解释变量，得到回归结果如表 3 所示。

表 3　　　　回归结果

变量	模型一	模型二	模型三	模型四
应收账款 lnr	−2.689 181 (−2.276 759)**	−2.691 069 (−2.303 887)**		
应收账款比 货币资金 RC	−0.016 481 (−0.013 075)		−0.367 403 (−0.289 370)	−0.200 425 (−0.162 557)
应收账款周转率 RTR	−0.032 387 (−1.739 665)*	−0.032 357 (−1.757 583)*	−0.009 058 (−0.574 185)	
流动比率 CR	−0.608 363 (−2.091 288)**	−0.608 034 (−2.105 620)**	−0.517 331 (−1.768 974)*	−0.498 384 (−1.719 260)*
资产负债率 DA	−0.406 686 (−4.229 768)***	−0.406 874 (−4.281 976)***	−0.385 982 (−3.973 162)***	−0.387 643 (−4.001 620)***
国有性质 P	−7.030 909 (−2.138 122)**	−7.017 776 (−2.249 340)**	−8.632 103 (−2.647 676)***	−8.313 366 (−2.593 914)***
R−squared	0.875 943	0.875 942	0.944 989	0.842 961
Adjusted R−squared	0.140 115	0.146 3	0.114 234	0.118 475
F−statistic	4.910 694	5.935 493	4.714 218	5.838 304
Prob（F−statistic）	0.000 14	0.000 053	0.000 523	0.000 225
变量	模型五	模型六	模型七	模型八
应收账款 lnr		−3.181 804 (−2.733 465)***	−1.826 607 (−1.919 766)*	−1.758 054 (−1.764 24)*
应收账款比 货币资金 RC				
应收账款周转率 RTR	−0.008 012 (−0.523 493)*	−0.033 069 (−1.771 054)*		
流动比率 CR	−0.508 431 (−1.753 986)*	−0.491 991 (−1.707 051)*		
资产负债率 DA	−0.389 295 (−4.048 665)***	−0.399 118 (−4.143 733)***	−0.318 341 (−3.860 967)***	
国有控股 P	−8.360 335 (−2.686 637)***			
R−squared	0.794 474	0.845 947	0.814 284	0.821 302
Adjusted R−squared	0.820 531	0.826 545	0.801 209	0.812 458
F−statistic	5.910 522	5.981 054	9.161 156	3.112 544
Prob（F−statistic）	0.000 201	0.000 179	0.000 181	0.079 827

注：*** 表示在 1%的显著水平下，各影响因素通过了 T 检验；** 表示在 5%的显著水平下，各影响因素通过了 T 检验；* 表示在 10%的显著水平下，各影响因素通过了 T 检验。

相关性分析是研究变量间线性关系的程度。相关系数是描述这种线性关系程度和方向的统计量。由回归方程结果来看，表示拟合优度的 R^2 和修正后的 R^2

值，说明模型总体拟合度好。以上每个模型的 F 值均在 1%的水平上显著，说明文化产业上市公司的规模、机会成本、运转速度影响着其盈利能力。下面从统计学意义和经济学意义上分别对回归结果加以分析。

假设 1，从模型 6 可看出，应收账款规模与总资产收益率负相关，相关系数 -2.73，模型的 R^2 值 0.85，模型拟合度好，应收账款规模每增加 1 个百分点，总资产收益率减少 2.73 单位，说明在规模—周转速度模型中，文化产业上市公司应减少应收账款的持有量，来提高总资产收益。模型一、二、七、八中也分别呈现了应收账款与公司绩效负相关，假设 1 成立。

假设 2，从以上几个模型的应收账款的机会成本与公司绩效相关性检验中，应收账款与货币资金的占比与总资产收益率没有通过显著性检验，系统均为负，即应收账款在货币资金中占比与公司绩效负相关，比例越小，公司绩效越好，但不显著。这也许与传播与文化产业本身的特点有关。此行业的产品多为影视广告、IT 媒体及无形资产等，产品销售取得的利益收入多数具有滞后性，并且前期投入大，资金回收和后期收益有不确定性，及其价值发挥的不定期性、受众群体的广泛性多变性，因此应收账款在货币资金中占比与公司绩效不显著。

假设 3，在应收账款周转速度和公司绩效方面，应收账款周转率与总资产收益率呈现负相关关系，分别在 10%的水平通过了检验。与其他行业的应收账款周转率越高，公司绩效越好不同，较紧的信用政策不适用于文化产业上市公司，应放宽文化产业市场主体的应收账款信用期。

控制变量流动比率、资产负债率在各个模型中均通过了检验。其中反映财务杠杆的资产负债率在各个模型中均通过了 1%的显著性检验，系数为负，表明资产负债率越低，公司绩效越好，负债所带来的代理成本和破产风险增加等负面效应超过正面效应，我国文化产业类上市公司存在资产负债率低、流动资产负债率高的特点。这与 Titman 和 Wessels（1985）以 1972—1982 年间美国制造业中的 469 家上市公司为研究对象，得出获利能力与负债比率间具有显著的负相关关系相同。该指标越高，一定程度上可以说明偿债保障程度较高，但同时企业的盈利能力降低。因此假设 4 和假设 5 成立。

而国有控股上市与公司绩效呈显著性负相关，即国有控股的上市公司经营业绩并非比非国有控股的上市公司业绩好。这与股权激励理论的假说相同，与非国有控股上市公司相比，国有控股上市公司不仅仅追逐“经济人”单一的经济利益目标，而是综合追求政治、经济和军事等社会目标。这将导致国有上市公司管理层追求的激励目标发生偏移，政治意图等也成为他们考虑的重要因素。这就使得经济目标的激励效应降低，假设 6 不成立。

四、研究结论及对策建议

（一）研究结论

本文对文化产业上市公司应收账款的分析，分别从应收账款的规模、机会成本、运转速度几个角度来说明，分别选取相应指标进行回归分析，检验结果为：

以净资产收益率作为公司经营绩效衡量指标，文化产业上市公司的应收账款的规模、机会成本和周转速度与净资产收益率呈负相关，验证了假设1、假设2和假设3。在八个模型中，控制变量资产负债率、流动比率与公司绩效呈负相关，虚拟变量企业的国有性质与公司绩效呈负相关，与假设不符。

（二）研究建议

应收账款的盈利性是应收账款存在的根本保证，只有稳定的收益才能确保文化产业上市公司的资产升值。作为微观实体的文化产业上市公司，应加强对应收账款的管理，减少应收账款规模，在流动资产中合理控制应收账款与货币资金的比例。随着市场经济的发展和商业信用的推行，企业应从管理的角度出发，真正做到应收账款事前评估分析、事中制定控制策略、事后回收的政策，适当放慢合理控制应收账款周转速度。一方面满足企业的流动性，另一方面降低短期财务风险。

保持合理的资本结构和发挥财务杠杆作用。文化产业上市公司的资产负债率高，公司管理者应充分重视资本结构与公司盈利能力两者间的相关性，并应结合本行业及企业的具体情况，实现企业效益最大化。

关注行业偿债能力，加强应收账款的安全性，减少其坏账风险。文化产业上市公司的偿债能力不稳定，总体偿债能力不太理想，各公司之间的偿债能力差距大。因此各公司应该建立债务危机预警，防范偿债风险发生。根据自身情况建立有效的信息系统，规范和完善企业的信息披露制度，以形成正常的债务危机预警机制，尽可能把债务危机消灭在萌芽状态中。除了应该加强政府对文化产业上市公司的财政监督、税务监督和审计监督之外，还应该建立起规范的民间监督机制，有效防止会计信息的失真，真实披露出文化产业上市公司的短期偿债能力强弱，从而有针对性地提出增强行业短期偿债能力的措施。

同时各企业应该抓住机遇，进行创新。在国家制定相关经济政策，振兴文化产业的基础上，在各地政府发挥文化产业上市公司兼并重组、资源整合等方面的政策引导下，调动一切可利用的社会资源使文化产业发展为我国国民经济的支柱产业，成为民族产业的自豪。

参考文献

［1］郑瑜．出版流动资产控制策略研究——以图书出版上市公司为例［D］．成都：西南交通大学，2008.

［2］柴仓敬．发电企业流动资产管理理论与方法研究［D］．北京：华北电力大学，2006.

［3］钱爱民，张新民．流动资产整体质量评价方法探析［J］．财会通讯，2008（9）：112-116.

［4］郭世辉，崔文姣．我国上市公司应收账款与利润质量相关性的实证研究［J］．统计与决策，2009（13）：131-134.

［5］王竹泉，孙莹．中国上市公司营运资金管理调查：2010［J］．会计研究，2011（12）：15-18.

［6］逄咏梅，宋艳．营运资金管理效率与公司经营绩效分析［J］．财会通讯，2009（5）：47-49.

［7］周彤欣．对钢铁行业上市公司流动资产营运能力与盈利性关系的实证分析［J］．中国

管理信息化，2009（12）：24.

［8］李梅. 流动资产质量分析——以我国汽车行业整车上市公司为例［D］. 苏州：江苏大学，2011.

［9］郑晨. 基于应收账款周转率和存货周转率的营运资金风险管理研究［D］. 天津：天津财经大学，2012 .

［10］高晓娟. 上市公司营运资金管理效率与绩效的相关性研究［D］. 北京：北京邮电大学，2013 .

［11］王怀明. 流动资产营运与盈利性、成长性关系分析——对中国农业上市公司的实证研究［J］. 中国农学通报，2007（9）：672-676.

［12］JOHN C GROTH. The Operating Cycle：Risk，Return and Opportunities［J］. ManagementDecision，1992：3-11.

［13］MARC DELOOF. Does Working Capital Management Affect Profitability of Belgian Firms［J］. Journal of Business Finance Accounting，2003：573-587.

［14］IOANNIS LAZARIDIS，PH D，DIMITRIOS TRYOFONIDIS，et al. Relationship between Working Capital Management and Profitability of Listed Companies in the Athens Stock Exchange［J］. 2006，19（1）：26-35.

第四篇　教育教改

新时期应用型民办本科高校思政课教学改革探究

——以重庆工商大学融智学院为例①

常晓薇②

[摘要] 本文结合教学改革，就应用型民办本科高校当前思想政治理论（简称思政）课教学状况；民办高校在思政课教学建设方面重视不够；民办高校在人才培养方面对思政课投入不均衡；教师队伍建设滞后成为制约民办本科高校发展的瓶颈等问题，提出民办高校思政课教学建设的对策和具体的教学教改模式。

[关键词] 应用型民办本科高校　思政课教学状况　思政课教学改革

一、引言

民办高校为我国的改革开放事业培养了大批优秀人才，办学经验不断成熟，育人质量也不断提高。随着社会的转型，经济的发展，改革力度的不断加大，民办高校通过不断的教学改革探索，取得了明显成效。基于所处的地位、办学理念和培养目标等因素，面对新局势和新要求，以及党的十八大提出的要全面实施素质教育和深化教育领域综合改革的要求，应用型民办本科高校仍有许多问题亟待解决。根据2005年《<中共中央宣传部 教育部关于进一步加强和改进高等学校思想政治理论课的意见>实施方案》《国家中长期教育改革和发展规划纲要（2010—2020年）》《国家中长期人才发展规划纲要（2010—2020年）》，要求着力提高教学质量，培养学生的社会责任感、创新精神和实践能力。在此背景下高校思政课建设要想适应新时期的跨越式发展，仍有诸多方面需要改进。

应用型本科培养的宗旨不同于学术型本科。第一，其培养目标是以培养各行各业中应用科学理论从事高技术专业工作的应用型专门人才为主要任务，属于"理论应用型"人才；第二，培养规格的知识结构以行业需求为本位，能力结构以面向行业培养学生综合运用理论知识和方法解决实际问题的综合能力和实践能

① 本文系重庆市教育科学"十二五"规划2014年课题"生态文明建设视域下高校思想政治理论课程教学改革研究"（项目编号：2014-GX-120）阶段性成果；重庆市高等教育教学改革研究项目"'三个课堂联动'的应用型本科思政课教学模式创新与实践"（项目编号：143118）的阶段性成果。

② 重庆工商大学融智学院讲师，主要研究方向为思想政治教育。

力为主，同时培养学生较强的技术创新能力和素质结构（主要指的是个性素质），以具备更强的社会能力，如语言表达能力、自我表现力、团队精神、协调能力、交际能力以及考虑问题的周密性等；第三，教学体系以适应行业需要为目标来组织教学，以“理论应用”为主旨来构建课程和教学内容体系，培养学生应用科学理论解决实际问题的综合能力和实践能力。

本文基于应用型民办本科高校的这些特征及当前思政课教学状况、存在问题及原因分析，以重庆工商大学融智学院思政课教学改革为例提出应用型民办本科高校思政课教学建设的一些探索。

二、应用型民办本科高校当前思政课教学状况及问题

（一）民办本科高校当前思政课教学状况

由于民办本科高校多数以应用型专业为主，以就业为导向，受市场需求的控制，因此很少开设思政类方向的专业，这就导致思政课在这类高校中被冷落和边缘化。但作为本科类院校又必须要开设此类课程，尤其是党的十八大以来更加重视高校思政课教学的建设。为了适应新时期的发展变化，民办本科高校思政课一直在不断进行着教学改革。目前为止，许多民办高校在思政课教学改革方面已探索出一些适合此类学校的思政课教学模式。

（二）民办本科高校当前思政课教学存在问题

第一，民办高校对思政教学建设不够重视。随着高校竞争不断加剧，生源减少导致许多民办本科高校的生存压力骤增。对绝大多数民办本科高校而言，学费收入是办学经费的主要或全部来源，充足的生源是其生存的基础。21 世纪初，我国高中毕业生人数出现下降趋势，高校之间的生源竞争日趋激烈，民办本科高校生源减少的问题已显现，为其生存带来了巨大压力。在这种大的背景趋势下，民办本科高校为了迎合社会人才的需求，在人才培养上呈现不平衡发展的模式：只注重专业课的建设，而忽略思想道德等综合素质上的教育。

第二，民办高校在人才培养方面对思政课投入不均衡。人才培养是高等学校的根本任务和中心工作，但由于种种原因，民办高校在教学经费上投入不均衡。不少民办本科高校的办学条件及教学实训条件急需补充和更新，在专业课建设经费投资没有充分保障的情况下，对思政课教学的投资更是相当匮乏。同时，投资集团领导及管理阶层在思政教学上投入的精力和重视程度也远不及公办高校。

第三，教师队伍建设滞后制约着民办本科高校发展。目前，多数民办本科高校为了节约成本，无视高校教育教学规律，师资结构严重失衡，专职教师少、兼职教师比例过高，高职称的更是稀缺，多数依托公办高校。少数民办本科高校虽已逐步建立起自有的师资队伍，但是受多种因素影响，教师在民办高校就职没有安全感、归属感，专职教师稳定性很差，致使民办高校成为公办院校的优秀教师培养基地。加之学校在职业教育理念的导向下不断调整发展目标和人才培养方案，使教师对新环境、新文化的适应融合，对学校新的办学目标和办学要求的适应融合，对教师之间人际关系的适应融合等长期处于不断更新的环节。另外，不

少民办本科院校为了节约成本，增加收益而大量扩招，增加教学班级，这就使得数量原本就相对较少的思政课教师要承担更多的教学工作量。大量的教学工作使得思政课教师没有足够的精力去做科研，却要承担同样的科研工作量，致使思政课教师难有时间和精力去组织教学和进行教学改革。另外，现有的思政课教师本身也缺乏教学实践经验，由他们来指导学生的校内外理论教学和实践活动也难以取得良好的效果。因此，大多数民办高校仍实行专兼结合，兼职为主的教师聘用制度。

三、思想政治理论课教学的保障及措施

（一）政府及职能部门监管力度需加强，给予公平对待

民办高校虽然有其特殊性，但与公办学校有着共同的使命、宗旨。对国家而言，同样担负着培养中国特色的社会主义事业可靠接班人和合格建设者的重要职责，不仅能通过向大学生系统传授思想政治理论知识来增强大学生综合素质，更有利于学校良好发展。因此，各级政府及相关职能部门应当同等对待民办与公办高校，同时重视民办高校的思想政治理论课教育教学，要求和约束民办高校全面贯彻国家的教育方针。从实际工作情况来看，应对民办高校医疗、养老、失业保险等制度落实到位；对民办高校思想政治理论课教师的业务进修、职称评定等制定有效的监督机制；对民办高校思想政治理论课教师展示才能、实现自身价值给予良好的环境保证。

（二）高校内部要建立健全各项规章制度，实现科学管理

对民办高校的管理，学校内部应重视各项规章制度的制定和实施，关于思想政治理论课的教育教学和队伍建设，同样需要规章制度的保障。就思想政治理论课教师队伍建设而言，应完善选聘用人制度，可参照公办高校标准，但还要结合学校自身的综合特征，对知识结构、工作能力及语言文字表达能力要有明确的要求，管理人才要从中共党员、责任心强、具有丰富的教学经验和较强的科研创新力及组织管理能力的高素质、高学历人群中选拔；还应建立培训进修机制，不断提高教师的素质和能力。在建立健全考核激励制度方面，除学校考核外，还可以发挥思政课教学部门和学生在考核中的作用，做到奖罚分明。

（三）切实加强对思政课教师的素质培训，提高教师能力

思政课教师的水平和能力直接决定了思政课理论和实践教学的教学效果。教学能力和水平的提高只能来源于教师不断自主学习，积极参加教学实践和社会实践。一方面，要注意系统地提高思政课教师思想品德、职业道德、理论素养和社会实践能力，才能真正使思政课教学取得预期的效果。另一方面，要加强同其他院校，特别是有相同专业背景并有成功经验的院校探讨学习，以摸索出适合本校发展的教学模式。思政课的终极目的是德育，这就决定了思政课教师不仅要具有较高的业务水平，个人素养也不容忽视。如此，学生的人文素质和科学素质才能和谐发展，育人工作才有望落到实处。

（四）落实经费投入，建立稳定的思政课实践基地

“巧妇难为无米之炊 ”，经费不足、教学安排困难一直以来是广大师生在组

织社会实践时所面临的首要难题。为此，学校应重视思政课实践教学，协调各部门的工作，设立实践教学多项经费，用于支付专家指导、专题报告、爱国主义教育参观、社会调研等项目的有关费用。实践教学基地是实施思政课教学的一个重要的场所，我们应充分利用学校原有的教学实习和社会实践基地进行思政课社会实践，同时，也应充分利用学校所在地及周边城市改革开放和现代化建设以及革命历史时期遗留的相对丰富的教学资源；联系企业，建立长期的校企实践基地，使与学校培养专业相关的企业单位成为思政课校外实践基地，让学生有机会真正接触实际的岗位工作，有利于促进他们的理论知识转化为实际体验，为思政课实践教学开展提供更便利的平台。

（五）思政部门对实践教学加强制度建设，规范教学环节

思政课实践教学是思政课教学的一个重要环节，因此要同理论教学一样制订教学计划和具体的实践规划，这样才可以克服实践教学的盲目性，保证实践教学的有序进行，确保实践教学的质量。因此，作为实践教学的直接监管部门，思政部必须提出实践教学环节的具体要求，拟订关于实践教学的规章制度，对实践教学环节的工作量核算、成果评价标准、成绩的考核办法、经费来源、人员安排、部门协调以及教学目的都要做出明确规定，制定教学大纲和实践教学指南，使之制度化、规范化。

四、建立相对较完善的思政课教学模式体系

从社会和企业对应用型人才的需求出发，重庆工商大学融智学院作为经管类民办高校，充分依托学院在应用型学科的办学优势和特色，思政课教学通过理论、实践、网络等一系列立体化教学活动，形成思政课以“一中心（马克思主义中国化的三大理论成果）”“三开展（开展马克思主义人生观、价值观、道德观和法制观教育，开展中国近现代史的教育，开展党的路线、方针和政策的教育）”的主导体系。通过多年的探索实践，思政课教学模式已形成比较成熟的“2+1”教学体系，教学模式探索中思政课并非是孤立的实施，课堂教学形成内在的统一联系，实践课充分与学团办、学工部、各专业系部和社会实践基地紧密结合，理论课程内容根据专业微调，实践任务根据专业下达，形成具有民办高校特色的“三个课堂”（见图1：第一课堂，以理论为主，注重基础知识讲授；第二课堂，以校内实践为平台，注重素质养成；第三课堂，与学工部结合校外实践基地为依托，注重内力提升。二、三课堂与学工部结合形成联动模式）联动教学模式。课程教学实现“四双”（“双堂”：理论课堂和实践课堂；“双标”：理论课程标准和实践课程标准；“双师”：校内理论老师和校外实践指导老师；“双考核”：理论考核和实践考核）模式。为贯彻实施寓教于“行”的教学过程和教学方法，笔者多年来对实践教学模式做了一些探索与尝试，具体方式有以下四点。

（一）理论体系的建设

主要以《马克思主义基本原理概论》作为哲学理论指导；以《中国近现代史纲要》为历史支撑（以强有力的中国近现代史为理论史实证明中国为什么走

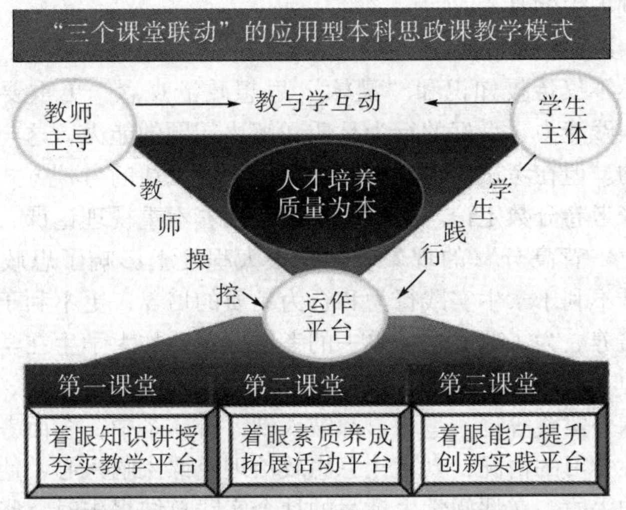

图1 "三个课堂"联动教学模式研究

社会主义道路，为何以中国共产党为领导）；以《思想品德修养与法律基础》和《毛泽东思想和中国特色社会主义理论体系概论》传承、发扬和创新中国传统美德；以爱国主义为核心弘扬民族精神和时代精神的健康、积极、向上的中国特色社会主义核心价值观；以《形势与政策》解析当前热点问题；通过党课、团课对综合理论问题进行深层次探讨；通过思政讲座、报告会使学生得到更深层次的亲身感受。

（二）校内外多维实践教学体系建设

一方面为校内实践体系，主要有以下具体内容：一是校内实践教学体系，"青年马克思主义者培养工程"活动、思想政治理论课课程实践、"七一建党"晚会、感动校园人物评选、学生家长两地书、"改革开放"成果摄影展、与专业相结合的社会实践调查报告、"新生杯"辩论赛、"青春与爱同行"活动、模拟法庭等；二是校外实践平台，校外校企结合实践基地、"义工·青年志愿者"服务、大学生素质拓展社会实践等。

（三）运用多媒体教学，充分利用优秀的影视资源

现代教育技术的发展，也为思政课教学提供了更现代的教学技术和方法。这在很大程度上改变了过去思政课教学"一支笔、一张嘴、一本书"的课堂灌输式的教学模式，其最大的特点就是具有综合性和交互性，将文字、图片、声音、视频等多种素材进行"有机"集成，可以形象而生动地展现教学内容，全方位刺激学生的视听感官，变抽象为形象，静态为动态，使学生对知识的掌握更加直观、更加透彻。思政课在多媒体教学中，不能忽视的是优秀影视资源的作用，如《走进毛泽东》《永远的邓小平》《激荡（1978—2008）》《正道沧桑——社会主义500年》等。影片拍摄得既具有历史感，以史实说话，又气势宏伟，使学生直观而系统地了解社会主义社会发展的历程以及中国如何将马克思主义中国化并取得伟大的理论和实践成果。实践证明，多媒体教学手段加之优秀的影视作品在思政课教学方面起到了很好的效果和强烈的教育启迪作用，使大学生有所感，有所

思，从中领悟到人生的真谛。

（四）建立多元考核制度

思政课教学不仅传授知识和“灌输”思想政治观念，更重要的是培养学生的思辨能力、实践能力、良好的行为品质和解决问题的能力，这与素质教育的内在要求是一致的。但在考试的形式和评估手段上，以往的考核方式过于单一，仅仅以最后的一张考卷分数定论。学生中普遍存在着不重视理论课，实践课趋于形式，考试前临时“背高分”的现象。这在很大程度上影响了思政课的教学宗旨和教学效果，既不利于学生实践行为和行为品质的培养，更不利于整个学校大学生综合素质的培养。为了改变这种单一的考试方式，加大学生在学习过程中总体情况和学习能力在成绩中的权重，把学生平时的出勤、课堂表现、读书笔记、社会调查报告、课外实践等逐一量化，都纳入到评价体系中，全面考核学生的自主性学习、研究性学习的情况，真正让思想政治理论课入脑入心，使考试真正成为激励学生学习的手段。在评阅学生撰写的社会实践总结报告时，坚决防止拼凑抄袭现象，问题一经发现，严肃处理，对不合格者要求在下一年重新参加思政课社会实践。总之，增强思想政治理论课教学的有效性，是思想政治理论课教师一项长期的工作，也是民办高校长存发展的决定因素之一，既需要政府职能部门强有力的保证，更需要学校和教师的重视，无论学校还是思政教师都应一直努力，力争使这门课程在新时期、新时代背景下成为大学生终身受益的科学“三观”价值导向和人生指南，为社会输送真正的高品质的综合应用型人才。

参考文献

[1] 潘懋元，吴玫. 高等学校分类与定位问题 [J]. 复旦教育论坛，2003（3）：5-9.

[2] 靳辉明. 关于开设“马克思主义基本原理”课的几点思考 [J]. 思想理论教育导刊，2005（8）：15-16.

[3] 沙健孙. 关于开设“中国近现代史纲要”课程的若干思考 [J]. 思想理论教育导刊，2005（6）：12.

[4] 徐理勤，顾建民. 应用型本科人才培养模式及其运行条件探讨 [J]. 高教探索，2007（2）.

[5] 张泳. 应用型本科院校师资队伍建设的回溯、反思与展望 [J]. 黑龙江高教研究，2014（2）：75-78.

[6] 王利军. 关于思想政治理论课教学的几点反思 [J]. 黑龙江高教研究，2014（3）：131-133.

[7] 加快建设人才强国 [N]. 人民日报，2010-5-27（1）.

[8] 秦红霞. 论新建本科院校的青年教师师资建设 [J]. 湖北经济学院学报：人文社会科学版，2011（11）：127-128.

校企合作加强国际经贸专业建设的实践与探索

——以重庆工商大学融智学院为例①

张　灿②

［摘要］校企合作旨在培养应用型专业人才，是推动应用型本科高等院校人才培养和专业建设的重要途径之一。本文以重庆工商大学融智学院国际经贸专业建设为例，对其在开展校企合作过程中的人才培养方案修订、专业课程改革、职业资格认证及双师型队伍建设等实践举措进行了总结，对其在专业建设过程中存在的问题进行了分析，并从积极探索多样化校企合作模式、明确人才培养目标、建立保障机制等角度对国际经贸专业进一步开展校企合作提出了几点建议。

［关键词］校企合作　国际经贸专业　人才培养

一、国际经贸专业校企合作的必要性

着力培养高素质技能型人才是应用型本科高等院校的重任之一，是否能培养适应社会需求的人才已直接影响到应用型本科院校的生存与长远发展。国际经贸专业作为普通高等院校经济类的大众专业具有很强的专业性和实践性。随着经济全球化和区域经济一体化的进一步发展，贸易行业对高素质的外贸人才需求进一步提升，然而就业市场呈现的是国际经贸专业的毕业生很少从事国际贸易工作，没有真正地实现学以致用。究其原因，高校在培养国际经贸专业人才的过程中普遍存在重理论轻实践、与社会和生产环节严重脱节的现象。因此，进一步改革国际经贸专业建设和人才培养模式成为高等院校教学改革的主要内容之一。

（一）校企合作有助于推动国际经贸专业建设

校企合作是学校与企业建立一种合作模式，有针对性地为企业培养应用型和实用型人才，在培养的过程中注重在校学习和企业实践，实现让学生理论学习与实践锻炼有机结合，是一种学校和企业“双赢”的模式。国际经贸专业本身是一门实践性和应用性很强的专业，学生若脱离了实际技能环节的培养和训练，所

---

① 本文系重庆工商大学融智学院教育教学改革研究项目“应用型本科高校国际经贸专业校企合作模式探讨及改革研究”（项目编号：20150015G）的阶段性成果。

② 重庆工商大学融智学院教师，主要研究方向为国际贸易。

学的知识将成为纸上谈兵。通过校企合作模式，一方面，学生能将所学的基础理论知识运用到真实的环境中，提升岗位技能和职业技能，增加就业机会。另一方面，通过校企合作，企业积极参与到学校专业建设中，能有效地推动专业课程的建设，学校能根据社会和企业的要求改善和设置专业课程、教学评价机制等，企业也能将其所需的人才培养要求通过实习考核、课程植入等方式反馈至学校，从而推动专业建设，培养出社会所需的技能人才。

（二）校企合作有效弥补校内实训和校外实训的局限性

多数高校目前采用在校内建立实训室，通过购买和安装实训软件实现对学生技能知识的训练，实训软件以模拟场景为主。一定程度上能提升学生对所学基础理论知识的应用，但是缺乏与真实客户及交易环节的接触，学生无法体验国际贸易交易环节的真实操作性和风险性。单一的校外实训以安排学生到企业观摩学习、顶岗实习为主。对企业而言，由于外贸业务具有私密性和风险性，一般不会让实习人员接触到客户资料和交易的核心环节。同时，学生的实习时间较短，就业意向不确定，企业无法在对其进行培训和指导中受益，从而使得校外实训流于形式，双方不能实现共赢。校企合作通过订单式培养、设立企业分支机构等模式可以有效弥补单一的校内和校外实训的局限性，让学生和企业双方都受益。

二、我院校企合作加强国际经贸专业建设的实践

我院国际经贸专业开设于 2011 年，立足于重庆及西部地区国际经济与贸易发展的需要，培养目标以理论教学为主，注重实践教学，着重加大实践性教学力度，提高学生的实务操作能力。在加强专业建设的过程中不断借助社会资源开展教学工作，先后与重庆市外商投资促进中心、重庆苏摩进出口贸易公司、重庆双从商贸有限责任公司、重庆艾铭玛机械制造有限公司等多家外贸企业建立了校企合作关系，并取得初步成效。

（一）校企合作制定科学合理的人才培养方案

国际经济与贸易专业在人才定位上要求学生具有较强的国际贸易实务操作能力，能在外资外贸企业、涉外经济贸易部门、涉外运输企业、进出口商检部门以及相关科研教育咨询部门等就业服务。这就要求人才培养方案的确定和专业建设必须跟上社会发展的步伐，学校的基础教育为学生提供思想政治素质和专业技能素质的理论储备，即培养良好的政治素质、社会道德和职业道德，并了解国家的经济政策、法律法规，掌握国际经贸的实务知识和操作技能。校企合作的开展让学校更加了解企业和社会需要具备的应用型人才标准，从而在人才培养方案的制定上更加贴合实际需要。

我院国际经贸专业在每年的人才培养方案探索和制定的过程中，相关教研室一方面走访企业资深业务人员探讨人才培养的方向、重点和难点，另一方面不断探索将校企合作项目纳入四年学制中，贯穿于整个教学过程，形成“五实工程”人才培养流程，即“实验”“实训”“实践”“实习”和“实创”。在“实验”和“实训”环节以校内理论教学和模拟实验实训为主，在“实践”环节带领学生到

企业进行现场参观；“实习”环节推荐本专业学生到合作企业进行顶岗实习，企业根据既定的考核方式对学生顶岗实习表现进行评估，并对优秀者提供最终的就业机会；“实创”环节由企业和学校合作举办创新、创业类学生竞赛活动，如我院学生参与阿里巴巴重庆地区举办的跨境电商人才挑战赛，一方面积累学生的实践和实创经验，另一方面企业通过优胜劣汰获得优秀的人才储备。

（二）校企合作进行专业课程改革

专业课程的深化和改革是加强专业建设的重要途径，而广泛、深入的校企合作能为专业课程的改革提供指导，学校通过校企合作更深入地了解合作企业对人才的需求标准，从而不断优化和改善专业课程体系。我院在推进国际经贸专业建设的过程中，积极与企业进行对接，根据企业对专业人才的定位加强专业课程的改革，形成通识教育类模块、学科专业类模块、人文素养与第二课堂模块以及应用创新类模块课程体系。

通识教育类模块课程主要包括通识必修课和通识选修课，如大学英语、高等数学、政治理论、大学计算机、经济与管理思维、自我完善与发展等基础课程，旨在加强学生的基础理论知识和自学能力的培养；学科专业类模块主要包括学科基础课程如西方经济学、统计学等，专业主干课和专业选修课构成国际经贸专业的核心课程，如国际贸易实务、国际结算、国际货运代理实务等课程，旨在让学生系统地掌握本专业所应具备的实务操作理论知识；人文素养与第二课堂模块包含一些经济学、管理学的基础课程，如经济法、会计学等，学生能通过对这些课程的学习拓宽知识，提高分析、解决问题的能力；专业课程建设中着重改革应用创新类模块，除了已有的国贸专业实验课程，通过与阿里巴巴重庆地区跨境电商人才孵化项目合作改革原有的“3+1”实训课程，由阿里巴巴提供课程方案，涉及跨境电商通用技能培训、外贸流程培训、电商专项能力培训等，以培养学生的实际动手能力，提升其职业技能。

（三）校企合作进行职业资格认证，拓宽学生就业空间

随着就业市场竞争的加剧，在校学生获得的职业资格证书越来越成为劳动力市场的“通行证”，企业雇主也将部分职业资格证书作为员工招聘、录用、定薪的重要依据。职业技能证书一般由人力资源与社会保障部及各行业协会颁发与认定，由于证书门类繁多，不同行业的企业对证书的认定标准也有所不同，因此学生在选择职业技能资格认证时应符合行业和企业的需求。通过校企合作，充分发挥企业的资源优势，对学生进行专业的业务知识培训，并从企业了解到具有针对性的职业资格认证标准，我院国际经贸专业通过与阿里巴巴“百城千校、百万跨境电商人才培养”项目展开合作，学生通过对其提供的“3+1”综合实训课程和利用校外实践对阿里巴巴在线“跨境电商初级人才认证”课程进行学习，学生完成所有课程学习和实训任务之后在规定时间内进行考试认证，获得“初级电商人才证书”，作为阿里巴巴合作平台下外贸、电商类企业招聘的职业资格证书之一，学生也能在这个过程中提前了解企业，所获得的专业技能更加符合企业的需要，增大就业机会。

（四）校企合作加强双师型队伍建设

应用型、技术型人才的培养既离不开扎实的专业理论知识，也离不开熟练掌

握相关专业实践、操作技能的教师。因此，加强“双师型”教师队伍的建设是提高实践教学质量的关键因素之一，已成为各应用型高等院校改革的重要任务之一。高等院校的大部分青年教师毕业后直接回归讲台，缺乏实践技能的操作经验，仅仅成为书本理论知识的传导者，这将不利于学校人才培养目标的实现和长远发展。采取校企合作的方式，教师可以通过在企业观摩学习、挂职锻炼、顶岗操作等方式获得实践操作技能，及时更新自身知识结构，提升综合素质，理论与实践的结合又能丰富教学内容，进而增强教师的教学设计能力和知识技能的传授能力，让学生接受的知识更加具有实用性。我院国际经贸专业积极探索双师型教师认定的保障机制，鼓励专业教师利用假期时间到相关企业进行挂职锻炼，缓解教师本身实践操作技能的不足，同时将具备高素质和丰富实践经验的企业人员选聘为兼职教师，对学生开展讲座或直接授课，充实专业的教师队伍。

三、我院国际经贸专业建设中校企合作存在的问题

（一）校企合作模式单一

随着应用型高校在人才培养方式上的不断改革和发展，校企合作模式也出现了多样化的现象。如订单培养模式，企业积极参与学校的人才培养方案，学校根据企业对人才的基础知识、职业技能、职业素质等要求来组织教学和实训，通过这种为企业量身定制的模式为企业提供符合标准的人才储备。此外还有校企共建实训基地、校企共建产业园区、企业在校设置分支机构等模式，通过学校提供实验、实训基地，企业提供项目、设备和资金等，让学生、教师参与实训操作。多样化模式的出现为校企合作方式提供了选择，学校可以根据自身的需求和实际情况与企业进行合作。目前我院国际经贸专业的校企合作方式主要以校企共建实训基地为主，校企合作模式单一，一般由双方签订实习基地协议，学生可以利用业余时间到相关企业进行参观学习、实习顶岗，企业可以择优录取优秀毕业学生。这种校企合作模式可以给学生提供学习、实习和就业的机会，但企业的规模较小，能吸纳的就业人数有限，对学生提供的实习和就业机会没有强制性的约束，不利于校企合作的长远发展。

（二）校企合作不稳定

校企合作是学校和企业双方共同实施的一项复杂的系统工程，双方受益需要长期的广度和深度的合作。在合作的过程中，高校严重依赖企业和社会资源试图解决自身教学改革和学生就业问题，而忽略了自身能为企业创造的价值。然而对企业而言，人才的选择具有广泛性，在供求市场上他们占有优势，可以自主选择符合条件的求职人员，与高校的人才培养机制不能在短期内实现利益效应，若缺乏政府政策支持或社会责任感，企业参与的积极性不高，在校企合作的过程中企业可以随进随退，影响校企合作的成效。另外，与我院国际经贸专业参与合作的企业大部分以中小企业为主，虽形式上可以更加灵活、有效，但合作的内容仅仅限于通常意义上的学生参观、顶岗实习、教师挂职锻炼，教学过程中的课程体系设置、教材建设、教学方法丰富、教学环节创新等与生产过程的对接性不强，使

得合作方式流于形式。此外，校企合作的时间易受企业效益、制度变化的影响而缺乏稳定性。

（三）校企合作保障机制不健全

校企合作的健康、长远发展离不开强有力的保障机制，从当前大部分应用型高等院校的校企合作来看，还未形成完善的保障运行机制，我院国际经贸专业在校企合作的过程中也存在保障机制不健全的问题。一是政府未能在校企合作中发挥其资源调控和组织优势，相关鼓励政策、规章制度、协调机制的缺乏使得校企合作仅仅是企业和学校两个主体的合作，双方在合作过程中由于利益驱动所产生的矛盾无法解决，从而造成校企合作的不稳定性。二是学校缺乏校企合作的专门管理机构来对校企合作相关事宜进行指导和协调，由于教务管理部门、就业指导部门等有各自的分工和任务，工作内容和管理权限的局限性使得校企合作处于浅层次的水平，大多只停留在参观实习、建立校外实习基地等层面，各专业分散地寻求校企合作单位，并自行签订校企合作协议，在人才培养方案制订、课程开发、实践教学改革等环节缺乏建设性的意见和建议，对教师参与挂职锻炼后如何获得双师型资格的认定和考核也缺乏制度保障，极大影响了教师主动参与校企合作的积极性。

四、国际经贸专业建设中进一步加强校企合作的探索

（一）积极探索多样化的校企合作模式

校企合作模式具有多样性和创造性，在推进校企合作的进程中需要积极探索适合学校和企业共同发展的方式。目前各应用型高校实践比较成熟的有订单式培养、建立校外实习基地、学生顶岗实习、教师挂职锻炼、企业参与专业课程设置等模式。对于国际经贸专业而言，对口的校企合作单位一般为外贸企业，而外贸企业岗位有限，容量较小，不能满足大量学生的实习实训要求，因此可以通过吸引企业在学校内部设立分支机构的模式进行校企合作，学校为企业提供进出口经营的场地和人才储备，企业为进出口活动提供经营管理费用、技能培训，学生可以通过真实的交易平台提升外贸操作技能，在自行开拓市场、寻求客户、承担风险的过程中还能实现创新、创业。此外，还可以通过学校和企业共同设立奖学金的制度来鼓励学生积极参与校企合作项目，为企业吸引优秀的人才；通过与企业合作设立大学生创新基金，举办创新、创业大赛，提升学生的创新意识和创业能力，企业也能受益于创新创业成果。

（二）明确人才培养目标，围绕企业需求开展校企合作

相比侧重于科学研究的学术型大学和侧重于职前职后技术型人才培养的高职高专院校而言，应用型本科高等院校在高等教育的人才培养目标中有其特殊性，它既要求注重理论、咨询等应用型研究成果的转换，又要求理论知识的实践应用。因此应用型本科高等院校的培养重点应该是知识的应用。学校和企业在校企合作的过程中目标是一致的，即培养企业和社会需要的应用型人才，由于双方在价值观认识方面的不统一性，容易造成各方利益的失衡，学校应在解决这个问题

的过程中更加主动和积极。一方面通过拜访高层、举行座谈会等方式加强企业参与合作的动机，积极为校企合作创造条件，让企业意识到其与学校的合作实际上也是人力资本和生产性的投资，长远来看，企业是真正的受益者；另一方面，学校应主动发挥理论知识、科技创新、教学实训基地、人才储备等优势为企业提供有效的帮助，根据企业对核心人才的需求标准改革课程体系，提升教师教学水平，并积极扩大校企合作的范围，推进产教融合，帮助提升企业的核心竞争力。

（三）政府、企业、学校三方共同努力推进校企合作

当前在高等院校中参与校企合作的主体是学校和企业，这种单一的、一对一的合作关系缺乏强有力的制度和措施，容易在双方出现利益不均的情况下破裂。政府从宏观层面的参与可以实现学校和企业的充分联系与交流。政府在校企合作过程中主要起引导服务作用，一方面给予校企合作一定的资金支持，号召行业、企业主动承担人才培养的重任，并积极参与到校企合作项目中；另一方面，通过一定的运行机制创造有利于校企合作开展的政策法规环境，为校企合作搭建具有充分保障机制的交流平台。企业作为校企合作的直接主体之一，应提高认识，明确其在推进校企合作过程中的责任与权利，参与高校实践教学改革，积极为学生提供实习岗位、技能训练，从长远出发减少企业本身的人才培养成本，提升企业整体效益。高校作为人才培养的主体，应在政府的宏观指导下，明确人才培养目标，建立健全校企合作内部保障机制，创新校企合作模式，积极促成与企业的合作，培养适应社会的高技术应用型人才。

参考文献

［1］王亚新. 国际经济与贸易专业实践教学改革综述［J］. 管理学刊，2010，6（3）：93-95.

［2］曹照洁. 校企合作培养应用型本科人才的探索与实践［J］. 重庆文理学院学报，2010，10（5）：69-73.

［3］俞学伟. 国际贸易专业“全程校企合作”模式下的师资问题探讨［J］. 2015（22）：209-210.

［4］毕诗琪. 应用型本科高校校企合作模式研究［J］. 江苏科技信息，2015，1（3）：42-43.

"慕课"视野下的独立学院大学英语课程建设

罗南英①

[摘要] 本文在分析独立学院大学英语课程改革的必要性基础上，探讨了慕课对独立学院大学英语课程改革的影响，并提出独立学院大学英语课程建设的方案和独立学院英语教师专业发展途径。在慕课背景下通过教师个人追求、群体合作、专家指导等方法全面提高英语教师的职业能力和综合素养，建立并完善符合社会需求的大学英语课程体系，完成大学英语教育社会化和信息化的转变，最终实现培养独立学院应用型人才的目标。

[关键词] 教育信息化　大学英语课程建设　慕课

一、独立学院大学英语课程改革的必要性

随着世界经济交互发展格局的稳固及国际交流、地区合作的频繁，社会对人才的外语知识与能力的要求趋向多元化、专业化，对厚基础、强能力、高素质人才的需求量更大。这就呼吁高校要顺应社会发展需求，培养更多应用型的人才。独立学院作为中国高等教育办学模式的新生力量，经过十几年的探索与实践，已经成为民办高等教育事业的重要组成部分，独立学院的办学定位就是以培养应用型人才为目标的普通本科院校。具体到大学英语教学改革上，教学就要突破狭窄语言文化知识层面的教学，致力于培养具备实践能力、职业素养和跨文化交流能力，能够将学校所学知识直接、综合运用到社会实践中的应用型人才。

在独立学院逐渐被社会认可的今天，如何进一步提高独立学院的办学水平和教育质量成为其能否不断发展壮大的关键。在独立学院成立之初，大部分学院沿用母体院校的课程设置模式，尤其是大学英语教学，然而独立学院的学生主体及办学定位与其母体院校存在诸多差异，因而也产生了不少矛盾。为了解决这些矛盾，独立学院的大学英语教学必须探索真正符合自己特色的发展道路，课程设置是否科学合理，事关独立学院大学英语教学的兴衰成败与可持续发展。在此背景下，必须对独立学院现行大学英语课程体系进行改革。"慕课"的兴起是美国高校对教育信息化的一个重要发明与探索，也为独立学院大学英语的教学改革提供

① 重庆工商大学融智学院副教授，主要研究方向为英语语言学、英美文学。

了一个参考模式。

二、“慕课”对大学英语课程改革的影响

（一）“慕课”的特点

所谓“慕课”（MOOC），顾名思义，“M”代表 Massive（大规模），与传统课程只有几十个或几百个学生不同，一门 MOOC 课程动辄上万人，最多达 16 万人；第二个字母“O”代表 Open（开放），以兴趣为导向，凡是想学习的都可以进来学，不分国籍，只需一个邮箱就可注册参与；第三个字母“O”代表 Online（在线），学习在网上完成，无须旅行，不受时空限制；第四个字母“C”代表 Course，就是课程的意思。“慕课”作为现代教育理念与教育技术发展融合的产物，一方面是认知科学、脑科学、学习科学、思维科学等领域的最新成果，另一方面也是教育技术迅猛发展的最新阶段。慕课完全不同于传统的通过邮电、广播电视、互联网等形式的函授教育、远程教育和网络教育，也不同于近十年兴起的教学视频和网络共享公开课，慕课实质上是一个远程教育开发系统，通过流媒体技术实现对相关教育视频的网上播放，用户不需要下载客户端，只需要网页即可观看视频，因此慕课也被称为“云端的学校”。

慕课一般是由国际名校向全球学习者免费开放的课程，其授课形式和班级授课制相似，不过班级被拓展到网络空间，整个地球就是一间巨型教室。其主要特点如下：课程具有时效性，一般开课 2~12 周，许多慕课结束后，未注册者不能访问该课程；每周均有作业，学习者需要在规定的时间内完成，且实施同伴互评；课程具有强交互性，教师与学习者之间互动、视频与学习者之间互动、学习者之间互动；提供学员学习档案；完成课程且成绩达到一定要求者授予“课程完成证书”。此外，慕课关键特性还有三点：微视频；自动评分系统，可以将教授参与作业评价的工作量降到最低；学习者相互回答问题的论坛，发挥集体智慧的优势。微视频一般控制在 15 分钟之内，且视频播放过程中会插入问题供学习者回答，有点像闯关游戏，学习者可以多次尝试作答，直至回答正确，一般系统都会给出相应的解释。该功能一方面防止学生思想开小差，另一方面帮助学习者消化教学内容。此外，视频的语速是可以调节的，语速一般在 1 与 2 之间选择。所有慕课视频均配有英文字幕，部分课程配有多语种字幕。

（二）慕课对独立学院大学英语课程改革的影响

“慕课”风靡全球，最主要的原因在于慕课符合全球教育信息化的趋势，是一种全新的教育理念。“慕课”教育模式不仅是对传统大学英语教学的一种挑战，更为以后大学英语的发展提供了一个全新的视角，成为撬动大学英语课程教学改革的一个新支点。

（1）强化大学英语的社会化功能。传统的大学英语课堂主要面向本校的大学生，人数有限；而“慕课”是一种网络课程，学习者来自世界各地，各行各业，学生注册数经常都是成千上万。因此，“慕课”模式必将打破大学英语的围墙限制，扩展大学英语课程的教育对象，使得大学英语教育无处不在，充分发挥

其社会化功能。

(2) 增强英语教学研究的系统性和科学性。大学英语是一种人文教育，对于英语教学的研究基本上都是定性为主，定量为辅。慕课在教学过程中会自动生成许多大数据，教学者可通过海量数据分析，跟踪学习者历程，例如每个知识点的学习时间、学习频率，在线提问与讨论的次数和内容，作业完成情况，练习测试情况等，分析获取教育的聚集规律，改进教学内容和方式。

(3) 注重大学英语教育的价值。由于慕课模式扩大了教育对象，大学英语教学计划将不再是传统的以满足某专业的培养方案为目的的自上而下开发资源的格局，而是更加重视"增加教学的价值"，满足社会化与个性化的需求，采取线上线下相结合的设计模式。慕课模式下，学习者可以根据需求免费学习课程，但若需获得"证书"（可以是学位证书也可以是岗位证书、课程证书等）就需付费，这就是"慕课"模式下教育的增值部分。

(4) 推进网络平台的构建和网络教学的普及。首先，"慕课"将改变传统的课堂教学。"慕课"是一种网络教学，学习者不受时间地点的限制，只要能够上网，并具备上网设备，随时随地都可以进行学习，即移动学习。其次，慕课也不同于网络视频公开课教学。作为一种在线课程，可以说"慕课"是网络视频公开课的升级版，它集成了大量的互联网工具（如 YouTube），而且与最常见的社交网络平台 Face book、Twitter 等相结合，更符合 21 世纪人际交流习惯。学习者每一次学习完一个讲座视频后可以通过慕课平台与教师及其他学习者进行互动讨论，促进学习。

(5) 促进新型教学模式下对等师生关系的构建。传统的英语教学虽然在课堂过程中提出了以学生为中心的教学口号，但是，教师在教学内容、教学方法、考核成绩等方面还是居于主导地位。在慕课模式下，师生关系更加对等。学生可以根据自己的学习目标和"证书"要求，自主选择几门课程学习，大学教师也将更加注重学习后的知识反馈，更多地与学生在线交流讨论，并根据反馈改善课程教学。

三、独立学院大学英语"慕课"课程改革设置方案

（一）基础英语必修课程模块

学生入学第一年实施基础英语模块，为了突出"分类指导、因材施教"的原则，根据独立学院新生入学的水平，将学生分为 A、B 班，进行两个学期的基础英语教学，每周 6 课时（包括 4 节综合课和 2 节听说课），要求学生在大学一年级每学期修满 5 个学分。

A 班使用的教材为《全新版大学英语综合教程》2~4 册和《全新版大学英语视听说教程》2~4 册。B 班使用的教材为《全新版大学英语综合教程》1~3 册和《全新版大学英语视听说教程》1~3 册。各个级别的学生只要按照要求修满每个级别相应规定的修课总计学分，即认定为修完了大学英语基础课程，获得 10 个学分。授课过程中教师在注重训练读写能力的同时，应加强对学生听说能

力的训练，此阶段的重点是让学生能够通过大学英语四、六级考试。

当然，教师可以根据学生的专业特色设置课堂活动，如让新闻系学生模仿《鲁豫有约》的形式用英语对学生嘉宾进行访谈；让法律系学生用英语进行案例分析，扩展专业词汇；让艺术系学生用英语发表获奖感言；让贸易专业的学生用英语进行商务谈判等。让学生用英语进行课堂交流既能加强对学生听说能力的培养，又能营造良好的课堂语言环境。

（二）人文英语提高课程必须选修课程模块

学生入学第三学期实施人文英语课程模块。根据学生的需求为其开设四、六级英语辅导课程、英语演讲课程、跨文化交际、电影赏析、高级视听说、英语口语、英美文学、英语写作、翻译等选修必修课程。以此加强学生的跨文化交际能力和对外交流的能力，加强人文素养。学生可选修各类英语提高课程，每门课程2学分。学生修完课程，通过统一组织的测试后方可获得学分。

（三）初级职业英语实训必须选修课程模块

学生入学第四学期，在修完基础英语课程和人文英语提高课程后学生已经为进入下一阶段职业英语课程的学习打下了基础。本阶段是职业英语初级专业课程的学习，其教学内容专业性不宜太强，语言需有代表性，具备英语常用词汇、句法结构和表达方式。职业英语初级又可分为两大类：通用人文类（Arts）和通用科学类（Sciences），职业英语实训课程为学生必须选修课程，教师可以由现有的大学外语教师和有专业知识的专业课教师及有实践经验的企业家同步开设。学生可选修各类职业英语课程，每门课程2学分，学生修完课程，并参加实训后，通过统一组织的测试后方可获得学分。

（四）高级职业英语慕课必须选修课程模块

在第五学期，根据学生的兴趣、爱好及专业发展方向而开设众多的职业英语慕课任意选修课程，独立学院可以利用本院的大学英语教师、专业教师和具有多年实践经验的双师型教师共同组建应用型课程大学英语教师团队。团队结合慕课的特点进行有自身特色的大学英语应用型教学资源平台的开发与建设，并选择性地引进部分高校现成的专业英语慕课和职业英语慕课，利用慕课直接实施高级职业英语翻转课堂教学。学生可选修各类职业英语课程，每门课程2学分，学生修完课程，通过统一组织的测试后方可获得学分。

（五）国际慕课任意选修课程模块

在学生毕业前夕，根据学生个性化发展和进一步出国深造及报考硕士研究生的需求，学生可以通过网络选修国际慕课任意课程以巩固、强化和提高自身的英语综合能力，也为学生参加雅思和全国硕士研究生入学考试夯实基础，此阶段为不给学生任何学分的任意选修课程。

四、慕课视野下的大学英语教师专业发展方案

“慕课”是继个别教学、班级授课制以来教育界最大的一次革命。这场革命将影响到高校的教育生态体系，给教师传统的课堂教学带来了不少冲击，使教师

面临重大危机感，然而它也为教师发展提供了良好的契机，督促教师不断学习，提高认知水平。“慕课”是一种“破坏性创新”，善于利用它的“破坏性”推动教师健康全面发展，为高等教育注入新的生机和活力，这才是建设中国“慕课”的目标。

“慕课”为教师发展提供良好契机并给予学习者较大的学习自由度，这不仅指慕课使教师突破了时空限制，还可以自由选择学习内容。而拥有自由的前提便是教师要清楚了解自己的知识结构，恰如其分地做出课程修读选择。此外，“慕课”支持终身学习，把学习的中心从教室转移至网络虚拟世界，为实现终身学习提供了有效途径，践行了“人人皆可学、处处都能学”的公平教育观。慕课时代教师发展途径主要有以下三个方面：

（一）教师个人追求

个人追求是指教师在内需动力的驱使下，通过“慕课”学习、建设，从专业知识、教学能力等维度，完成吸收、消化、领悟，并提升自己。随着时代的进步，科学知识日新月异，作为知识的传授者，教师不能闭门造车、故步自封，要以积极的态度接受新事物、吸收新观点，与时俱进。教师借助“慕课”平台，补充和更新专业知识。网络教学平台具有开放性功能设置，欢迎广大学习者提出意见反馈。教师如果遇到专业技术问题，可以通过平台，与“慕课”教师、技术人员等联系。通过与他们的交流互动，分享国内外研究动态，从中获得宝贵的专业知识，为专业发展提供实质性帮助。

“慕课”颠覆了原来的课堂授课模式，对教师教学提出了新的要求，除了有关教态、肢体语言、课堂组织能力等外显因素外，教师需要深刻认识整个课程体系，既能对各知识点进行完美切割，又要保证各知识点的延续性。国际“慕课”开展时间较早，教师有一定的授课经验，参与他们的课程，学习他们对教学内容的整体把控、对各知识点的分解，以及教学目标的设计和在每一段小视频中如何突出知识点的重点、难点，能帮助教师快速入门。而且教授国际“慕课”的教师一般是经验丰富、逻辑性强、教学风格突出、语言生动幽默的专家。加入他们的课堂，如同参加模范观摩课，从中参透教学方法、手段、形式等内容，促进教师提高自身教学水平。

在“慕课”学习中，教师不再是教师，而是学习者，以学习者的身份对课程进行评价，以学的角度换位思考，能促使教师加深理解现在学生的学习需求、学习状态，以学的维度自我反思、调整教学，尽可能周全顾及学生感受。

（二）群体协作

个人职业能力提升是与自己形成对话，教师的发展还需要与他人展开对话。在和他人合作交流中进行批判性互动，教师能够从中获得功能互补。一方面，通过群体协作，教师突破自身局限，吸取集体智慧。另一方面，与其他成员交流，相互交换意见，思维产生碰撞，迸发出火花，能点燃教师持续学习的热情，避免职业倦怠。

网络学习采取了群体协作的模式，是教师合作方式的延伸，是有共同学习理念和目标的学习者所组成的学习共同体（learning community）间的合作互动。

“慕课”包含任务型教学（task- based learning）的环节，“慕课”教师会安排适当难度的学习任务，要求学习者以团队合作的方式完成。学习者可以不受地域限制，自由形成学习小组。各组员往往具有不一样的文化背景，接受各种文化氛围的教育。组员相互间的合作能激发出多元化思想。他们在沟通交流中逐渐找到契合点，共同推进任务开展。最终，意识形态层面得到了全面提升，收获的不仅是知识，还有丰富的情感。

（三）专家指导

无论是个人努力还是群体合作，教师发展还需专家指导，免走弯路、胡同。除了通过网络学习，个人与“慕课”教师、幕后工作者取得联系互动外，学校层面也应提供相应的支持与援助。例如学校可以组织“慕课”研讨会。国内“慕课”建设也逐渐分批开展，邀请有一定探索经验的建设者出席研讨会，分享他们的实践成果，并组织广大教师参与学习，能促进教师更加深入了解“慕课”及其制作过程，带动教师积极投身“慕课”建设中，更有效地推动国内“慕课”全面渗透性发展。

此外，学校也可以组织教师团队到“慕课”示范中心，现场观摩“慕课”制作。正所谓“认识源于实践”，现场观摩感受有利于获取直接经验，获得更震撼的效果，也使理解变得更加深刻。

五、结语

当前，“慕课”虽然存在一些不足和质疑，但是它与IT技术的紧密结合符合时代潮流。“慕课”不仅可以全面提高英语教师的职业能力和综合素养，扩大学校的影响力，促进文化的传播，更是扩大生源，占领高等教育市场，建设世界一流大学的重要战略举措，在未确定“慕课”对高等教育是否具备颠覆性影响的前提下，参与其中是最好的选择。因此，在“慕课”视野下，独立学院应打破传统思维定式，突破传统意义上的“校园围墙”，建立并完善符合社会需求的大学英语课程体系，完成大学英语教育社会化和信息化的转变，并最终实现独立学院培养社会应用型人才的办学目标。

参考文献

[1] 李萁，蔡基刚. 转型时期的大学英语教学改革——蔡基刚教授访谈录［J］. 山东外语教学，2013，156（5）：4.

[2] 苗逢春. 发挥信息技术潜能，推动教育变革——联合国教科文组织推进教育信息化的理念与行动［J］. 北京广播电视大学学报，2012，81（6）：13.

[3] 夏菊萍. 关于大规模网络开放课程MOOC“慕课”的思考［J］. 理论研究，2013，121（25）：166.

[4] 袁莉. MOOC对高等教育的影响：破坏性创新理论视角［J］. 现代远程教育研究，2014（2）：3-7.

[5] 老松杨，江小平，老明瑞. 后IT时代MOOC对高等教育的影响［J］. 高等教育研究学报，2013，36（3）：7.

［6］邓宏钟．“慕课”时代的课程知识体系构建［J］．课程教育研究，2013（7）：5-7.

［7］饶从满，张贵新．教师合作：教师发展的一个重要路径［J］．教师教育研究，2007，19（1）：12-16.

［8］陈文静，闫丹阳，王轩．慕课时代，你准备好了吗？［J］．湖南教育，2013（9）：23.

［9］连小英．“慕课”影响下的后大学英语课程改革探讨［J］．福建医科大学学报，2014（9）：57.

民办高校大学生生命教育对策浅析

崔文卿①

[摘要] 本文立足民办高校这个角度，对实现生命教育的方式进行有益探索。生命教育作为一种教育理念，是一切与教育有关的个体和组织都应该具备的。本文按照民办高校及其学生的特点，从珍惜生命教育课程建设、营造良好环境、加强心理辅导、增强生命意识、强化生命教育师资建设这些问题提出开展生命教育的具体途径。本文提出生命课程体系、课堂教学的构建以及师资队伍的建设是民办高校学校教育改革开展的要点，社会、家庭以及学校全方位的支持才能使生命教育更好的实施，而且学校教育统领各方教育资源实施生命教育，起着核心环节的作用。

[关键词] 民办高校　大学生　生命教育　对策

近些年来，民办高校大学生自杀事件、伤害他人生命事件、危害社会公共安全事件偶有发生，这些不断出现的对生命不够尊重的事件表明对于民办高校大学生实施生命教育已经迫在眉睫。同时由于民办高校大学生和一本院校学生相比略显基础差、底子薄，使得个别民办高校大学生挫折感较强，在遇到其他棘手问题时，往往应对能力差，悲观情绪较突出，个别人甚至产生轻生的意愿。因此当前针对民办高校大学生开展生命教育已经成为一项重要课题。本文主要针对民办高校大学生生命教育的对策进行了浅析。

一、增强生命意识

生命意识是指每一个现存的生命个体对自己生命的自觉认识，其中包括生存意识、安全意识和死亡意识等。要不断向学生灌输生存意识、安全意识和死亡意识教育，使其懂得珍惜自己的宝贵生命，为父母、社会、国家做出自己应有的贡献。民办高校要以“以人为本”为基础，体现对生命的关怀。

（一）民办高校要树立正确的生命教育理念

民办高校开展生命教育要贯彻以人为核心的生命教育理念，教育学生珍惜生命。教会学生学会学习、学会工作、学会生活，同时在“三个学会”过程中感受生命的意义和价值是民办高校的重要使命。因此民办高校要积极实行“以人为本”的教育理念，教育管理工作更加突出以学生为中心。让学生体会到教育对自

① 重庆工商大学融智学院讲师，主要研究方向为思想政治教育。

己生命的关怀，学校对自己生命的尊重。从而也使学生学会热爱生命、敬畏生命。学校要将学生对生命教育的理解与敬畏作为生命教育的基础，特别是包容和保护每个学生的多样性和独特性，发挥他们的创造性，密切关注学生的生存与发展，真正做到关心他们、爱护他们、尊重他们。

（二）民办高校领导层要积极推动生命教育的开展

为了生命教育活动的顺利开展，民办高校在改变教育理念的同时，学校领导管理层还要注意从学校顶层设计上进行具体政策支持。第一，民办高校学生中存在着不珍惜生命、甚至不尊重他人生命的现象。学校领导层关心和重视生命教育，才能有利于生命教育工作的进一步推进，生命教育获得强有力的支撑才能真正开展下去。第二，健全民办高校管理制度。学校管理制度是学校教育理念实施的具体载体，要将生命教育教育理念渗透到具体制度中，真正做到生命教育的制度化、成文化。学校管理制度也是教育理念能够得到实施的有效保障。在学校管理制度中各个活动主体如教师、学生、行政的地位是平等的，约束力和引导作用明显，能够把分散的目标、理念变得统一、高效。能够进一步体现学校对生命的关怀，对生命教育的重视。第三，设立相关的机构，比如“危机干预室”“心理咨询中心”“快乐聊吧”等。这些机构的设立不仅能引起师生对生命教育的充分重视，还能帮助顺利开展生命教育咨询和生命关怀引导工作。第四，制定政策鼓励生命教育研究。和民办高校有关的生命教育研究以及实践的成果并不多，甚至可以说成果比较匮乏，所以鼓励民办高校内部进行理论和实践相结合的生命教育的研究，能够探索出更加适合本校的生命教育，将生命教育进一步深入化。在具体做法上，关于生命教育的教材、教学大纲的编写、生命教育的课题材料申报等活动，学校都应该大力鼓励和支持，并对生命教育活动投入相应的配套活动经费，只有这样才能保障生命教育活动在本校的持续健康发展。

二、对学生加强心理辅导

为了真正体现对民办高校学生生命的关怀，让学生在成长过程中能够正确面对自己的心理问题，从而做到能够分析问题、解决问题，形成一个健康的人格，需要加强对学生的心理辅导。个别民办高校学生存在着自卑、孤独、焦虑、困惑等心理问题，自我调适能力较弱，容易形成逆反心理，甚至是边缘性格，形成心理健康问题；还有个别学生因为高考成绩不理想不得已进入民办高校就读，入学之时便带着沉重的心理压力和负担。原来存在的问题比如家庭问题就极有可能在大学阶段变得更加突出，变得不可调和，导致漠视生命现象发生。如果此时在学习生活中再进一步出现恋爱问题、同学相处交往问题等则会更加容易导致心理健康问题的产生，极端情况下导致放弃生命、不珍惜他人生命的现象发生。为了帮助学生正确面对、解决自己的心理问题，在大学阶段对民办高校学生进行适时的心理健康教育，让学生能够保持一个健康的心理，激发其对生命的热爱，就变得尤其重要。所以说，对民办高校学生进行心理健康教育和辅导是进行生命教育的一个重要的途径。

（一）建立全面的心理危机预警和干预机制

构建具有可操作性、系统性、科学性和实效性的心理危机预警机制，为存在心理危机问题的大学生提供专业且及时的心理援助，有效预防并化解心理危机发生，增强大学生的心理适应能力，减少突发事件造成的危害和损失，是当前高校心理健康教育工作的当务之急。作为心理危机预警和干预机制构建的龙头，民办高校应该重点做好心理危机全面预警体系的建设工作，关注民办高校学生，通过对学生全方位的心理测评，尽早发现有心理危机现象的高危人群。同时对于校园内的学生也要定期进行普查，以便能够及时掌握学生的心理变化。民办高校辅导员队伍和班干部是构建学生心理危机预警体系的主要力量，辅导员与学生的交流机会较多，同时发现心理危机预兆的班干部会把情况向辅导员老师报告，因而辅导员可以在第一时间发现可能出现心理危机的学生，从而尽早使学生的心理危机问题得到关注和解决。

（二）不断完善心理咨询模式

民办高校需要一批具有全面素质的心理咨询师，这是进行心理咨询工作的前提条件。在目前民办高校心理咨询工作的模式中，朋辈咨询模式是比较常见的一种方式，咨询师和其他同学、朋友的年龄相差不多，更加方便同学们对于产生的心理问题进行咨询，咨询师也了解其他同学的生活经历和环境，在咨询的时候，会更加容易沟通和交流，有利于更好地进行心理开导、安慰和支持。朋辈咨询模式的建立，改变了之前必须由专业心理咨询师完成的工作，而由部分学生来完成，这种方式虽没有心理辅导的专业性，但往往能产生专业心理辅导所达不到的良好效果。实践证明这种方式虽然资金投入不多，但易于在校园开展工作，实践效果好。

三、营造生命教育所需要的良好环境

（一）营造良好的校园环境

学校作为开展生命教育的重要场所。校园文化环境对一个学生健康的人格的形成产生着潜移默化的影响。加强校园文化的建设，开展人性化的生命教育，有助于陶冶学生的情操和促进身心健康。

学生在优良的校园文化环境中受到教育，可以受到健康的正面信息的影响，并由此去感知生命的美好。从而树立正确的世界观、人生观和价值观。

首先，重视校园的自然环境和人文环境的建设。校园优美的自然环境，能够给人一种身心愉悦的享受，学生徜徉在景色怡人的校园，对于体会生命的意义、人生的价值等可以起到正面的引导作用。在校园的建设过程中，可以融入人性化的设计，比如一些具有丰富艺术内涵的雕塑品，一些特有的校园建筑风格设计，形成校园优良环境的文化底蕴，使人文环境与自然环境得到完美的统一。

其次，学校要创建优良的班风、学风、校风。引导学生树立正确的生命观，让学生领悟到人生的快乐和热爱生命的重要意义。这种优良的教育环境，能更好地让学生学会尊重他人，尊重生命，更懂得珍惜所处的环境。

（二）创造美满的家庭氛围

（1）家长要积极与孩子交流，及早发现孩子的心理危机问题。父母平时只要对孩子多一些关爱，多一些交流，孩子也会乐于把内心的小秘密与父母分享，从而让孩子体会到来自父母的爱和温暖，尽快解决难题。特别是在单亲家庭长大的孩子，因为种种原因，个别孩子有些畏惧与人交流，有些孩子觉得父母不够爱他、理解他，就需要更多地关注孩子的心理变化，给他们爱的温暖和来自家庭的安全感。从而也让单亲家庭的孩子产生出生命健康的正能量，体会到生活的快乐和珍贵。另外在家庭中，父母与子女之间注重平等也很关键，特别是注重父母与子女在心灵上的平等，在这样的家庭氛围里，子女往往更加懂得生命的平等。

（2）家长要身体力行，充分发挥榜样的力量。父母通过以自身为榜样的方式，来给孩子建立一个健康发展的成长模式，告诉孩子对于生命要持有什么样的态度，要如何面对生命中遇到的困难。在竞争激烈的社会中，家长要以身作则，坦然面对，给孩子做出表率作用，以便使孩子能够适应时代的变化，面对更加严酷的优胜劣汰的生存竞争。从家长的角度来看，不能过于心切地在成绩上要求孩子，达不到要求就责备埋怨孩了，而忽视了孩子心理道德水平的提高。因此，重视孩子的心理道德水平也是教会孩子珍惜生命的重要因素。

四、加强生命教育课程建设

民办高校的大学生获得知识的途径主要是通过课堂来获取，设置课程对于生命教育的传播就成了一项具有重要意义的事情。在民办高校开设专门的生命教育课程就成了引导学生珍惜生命的重要一环。

（一）思想政治理论课中突出生命教育的元素

由于目前我国与生命教育有关的课堂教学内容还没有体系化，也没有成为公共必修课，因此只能暂时通过思想政治理论课来对民办高校学生进行生命意识的培养。学生在课堂学习思想政治理论的时候，同时接受生命教育的内容。思想政治理论课是我国民办高校中长期开设的公共基础课，是培养学生世界观、人生观和价值观的一门课程，因为思想政治理论课在高等教育中所处的位置较为重要，民办高校教师把生命教育融入思想政治理论课的教学当中，着力突出生命教育的内容。比如“思想道德修养与法律基础”这门课程里，出现了相关的生命教育内容，教师在讲授时着力突出生命教育，能够使学生收获到生命的价值，并感受到生命的宝贵。这样可以让学生在学习思想政治理论课的同时，正面地看待生命价值的体现。

（二）设置专门的生命教育课程

目前，大多数民办高校都没有设置生命教育课程，未来针对民办高校学生对于生命教育的紧迫需求，可以在民办高校开设生命教育课。目前，学术界也编写了关于生命教育内容的教材，民办高校可以利用这些专门的教材编写符合本校实际的教学大纲来为学生授课，引导学生重点掌握生命的意义，带领他们实现生命价值的目标，树立正确的人生观。由于各民办高校的具体情况不同，关于生命教育的课程可以根据本校学生的特点灵活进行教学。比如以专题讲座的形式，每周开设一节课，也可以把生命教育课程设置成公共必修课或必选课。

（三）在其他专业课程与实训过程中渗透生命教育

目前民办高校学校开设的专业课程很多，如果生命教育课程课时、学分过高，这样可能会影响其专业课授课计划的完成，而生命教育又不仅仅是通过单单一门课程就能完成的教育，也可以根据本校、本专业的实际，从不同方面渗透生命教育的内容，在课堂教学中，找到生命教育和学科教学之间的结合点。生命教育是每个学科都能够融入的课程，每个领域的学者都可以也应该尽量带出关于生命教育的教学，从而达到生命教育的目的，令自己的教学成为能够积极影响学生生命观的具有生命力和活力的完美教学过程。

五、加强教师队伍建设

教师在学生学习和成长的过程中发挥着重要的主导作用，因此生命教育的实施需要以高素质的教师队伍作为依托。“教育改革都取决于从事教师职业者的素质与性格的改革”，这是美国著名哲学家、教育学家杜威提出的。民办高校要进行生命教育，就要不断地提升教师自身素质，让教师懂得生命意识和关爱情怀，有必要的话还需对教师进行生命教育的培训。

（一）培养教师的生命意识和关爱情怀

生命教育要求教师既要关爱学生，又要关爱生命。爱是人的一种能力，教师既要学会爱自己也要学会爱学生，爱也是人的一种品质，在教育事业中教师爱的品质与专业知识相比更为重要。教师只有内心饱含着对生命的关怀与热爱，才能通过外在的人格魅力潜移默化地影响学生，让学生知道生命的美好，激发其对生命的热爱，从而增加每一个学生的生命活力，开拓每一个学生的生命潜能，提高每一个学生的生命境界，使每一个学生都可以自由、充分、最大限度地实现自己的价值。生命教育的实施主体是教师，因此民办高校要开展生命教育，首先要提升教师自身的生命意识，使其做到热爱学生、关怀学生、欣赏学生，给学生创造一个快乐、和谐、充满生命活力的生活学习环境，鼓励学生张扬个性和发挥创造性，促使学生能够提高生命意识、实现人生价值。这就要求教师不断完善自己对生命教育的掌控能力，关注自身的幸福体验及生命价值的实现，把完整的、愉悦的、健康的生命带入教学过程中。用自己的激情与活力唤醒每一个学生，让他们充分感受到生命的意义与生活的无限美好。在课堂上教师要起到示范作用，把自己的生命体验与生命实践和学生进行分享；在日常生活中教师要以良好的精神面貌感染学生，以真挚的爱心感化学生，让学生怀着积极、乐观、快乐的心态去生活。此外，思想政治课教师、心理健康教师、辅导员及生命教育专职教师对于生命教育要相互配合并各有侧重点，比如心理健康教师要能够理解学生，教会学生懂得自我心理调适，在学生有心理障碍时能积极引导与疏通，知道危机干预的方法及措施，为学生的身心健康保驾护航；再比如生命教育教师要对生命教育有更深入的了解和研究，应对生命教育研究积极进行专业探索与实践。

（二）加强教师生命教育专业培训

教师生命教育专业培训可以采纳专家讲座、课题研习、专题讨论等形式。当然，这种专业培训是在不会影响正常的教学活动的情况下进行的，培训也要联系本校实际情况来进行。首先，教师在生命教育中要转变思想观念，树立生命教育理念。从我国教育改革近十年来的实践可以发现，在教育改革和发展中起着关键性作用的是教师思想观念的改变，因此生命教育理念的培养是生命教育培训的良好开端。其次，生命教育理念的落实是教师生命教育培训应该抓的要点。生命教育需要加强实践内容，让教育更加贴近学校实际情况，让理论更好地结合实际。对相关教师开展必要的培训。可以增强其生命意识及掌控生命教育的能力，保证其能将已有知识经验及有利资源进行整合，更好地推进生命教育开展。最后，生命教育理念与实践不是生命教育中教师培训的全部。教师是一个有机体，需要整体性，教师只接受单方面的培训可能使整体性失衡，对正常的教学造成影响。教师生命教育的整体性不仅要在专业知识和教学能力方面不断地增强，还要在工作动机、心理品质及心理健康状况等多方面都有所提高，才能达到更好的效果。

参考文献

[1] 王明旭. 大学生自杀与干预 [M]. 北京：人民卫生出版社，2012.

[2] 路晓军. 大学生生命教育的价值探索 [J]. 黑龙江高教研究，2005（5）.

[3] 吴增强，张声远. 生命教育解读 [J]. 思想理论教育，2005（3）.

[4] 李涛. 构建大学生心理危机干预机制 [N]. 光明日报，2014-9-28（7）.

基于非智力因素的英语教学有效备课研究

李兴玲[①]

［摘要］备课是教学过程的重要环节。备课不仅会使教师的教学过程更加严密、规范和有序，而且有效的备课还能使教学起到事半功倍的效果。英语教师在备课时需要考虑到诸多因素，如课标、教材、教具、教法、学生、课后作业等。在笔者看来，在这诸多因素中，关键因素是学生。因为学生是一个个鲜活的个体，不同的英语学习个体有不同的特征，来自不同地区的英语学习个体拥有不同的方言背景，拥有不同的学习风格、认知风格等。因此，本文主要基于非智力因素理论，讨论英语教师怎样基于学生的非智力因素差异进行有效备课。

［关键词］非智力因素　有效备课　学习风格　认知风格　方言背景

我们要备好一堂英语课，首先要把握好本单元的教学目标，然后需要仔细地理解和深入研究教材，同时还需要查阅相关资料，以作教材内容的补充；其次，在确定教学目标和教学内容的基础上，研究恰当的教学方法也是必要的步骤。这些步骤我们可以简单地概括为“备课标，备教材，备教法”。在笔者看来，课标、教材、教法等都是“死”的因素，那是在备课过程中相对比较容易准备和操作的。还有一个关键的“活”的因素——学生。“备学生”在备课过程中可能会花费英语老师更多的时间和精力，因为学生是一个个鲜活的个体，不同的英语学习个体有不同的特征，来自不同地区的英语学习个体拥有不同的方言背景，根据 Ellis 所建构的个体差异研究框架，学生的个体差异主要包含年龄、性别、性格、学习态度、学习风格、认知风格、学习动机、学习策略等方面的差异。这里，笔者主要就以下几种主要的非智力因素对教师备课的影响展开论述。

一、学生的非智力因素差异

（一）学习风格的差异

由于不同的英语学习者具有不同的生理及心理特征，他们在英语学习过程中也会表现出不同的学习风格，当然也包括课堂学习。学习风格是学习者持续一贯的带有个性特征的学习方式，是学习策略和学习倾向的总和。学习策略是指学习

① 重庆工商大学融智学院讲师，主要研究方向为外语教学理论与实践。

者为完成学习任务或实现学习目标而采取的一系列步骤，其中某一特定步骤成为学习方法。学习倾向是每一个体在学习过程中会表现出的不同偏好，包括学习情绪、态度、动机、坚持性以及对学习环境、学习内容等方面的偏爱。有些学习策略和学习倾向可随学习环境、学习内容的变化而变化，而有些则表现出持续一贯性。那些持续一贯地表现出来的学习策略和学习倾向，就构成了学习者通常所采用的学习方式，即学习风格。在英语学习过程中，学习风格的差异可以体现在不同阶段、不同年级、不同班级甚至同一班级不同英语学习个体上。

从20世纪50年代以来，研究者们依据不同的标准，从不同的角度，对学习风格进行了不同的划分。从感知的角度，学习风格可划分为视觉型（visual）学习风格、听觉型（auditory）学习风格及动作型（hands-on）学习风格。视觉型的英语学习者喜欢通过视觉信息来感知所接收的学习内容。这类英语学习者一般效率都不会低，但也不会特别高。实际上，大多数的中国英语学习者都是视觉型的。听觉型的英语学习者喜欢通过听觉信息来感知所接收的学习内容。他们的学习效率比较高。动作型的学习者往往学习效率低，对于英语这门学科，他们发现要从教材上吸收知识相当吃力，或根本不感兴趣，他们喜欢实践操作。

（二）认知风格的差异

根据学习者对外部环境的依赖程度，认知风格可被划分为场独立型（field-independent）认知风格和场依赖型（field-dependent）认知风格。在心理学上，“场”就是指“环境”。这一概念及界定首先是由美国心理学家维特金（Herman A. Witkin）于二战期间通过对空军飞行员进行座舱实验研究后提出的。场依赖型的学习者通常依赖外部信息，倾向于从整体上认识事物，场独立型的学习者则通常依靠自己内部已有的知识框架，倾向于独立分析问题，他们在外界和自身之间显示出更为明显的界限，对于接受外部的信息，他们有很大的自主性，而正是这种自主性使得他们形成了一种不善于与外界接触的倾向。

维特金还发现，其实大多数人处于场独立型与场依赖型之间。在英语学习过程中，有的学习者偏向场独立型，有的学习者偏向场依赖型，有的学习者是明显的场独立型学习者，有的是明显的场依赖型学习者。在英语学习过程中，我们会发现，在同一班上，不同学习个体有不同的认知风格，不同性别有不同的认知风格，不同班级有不同的认知风格。

（三）学习动机的差异

动机是影响语言学习是否成功的重要的非智力因素之一。从20世纪50年代末开始，Lambert 和 Gardner 首次从社会心理学的角度对外语学习动机进行研究，随后，在半个世纪里，有无数语言学家、心理学家等从心理学、认知等不同角度对此进行了研究和发展。不同的学者给了“动机”不同的定义。Williams. M 和 R. L. Burden 认为动机是认知和情感的激发，此激发促使人们为了某个特定的目的有意识地采取一定的措施，并在一段时间内从脑力和体力上不断地付出努力。关于外语习得动机，Rod Ellis 也指出，动机是指外语学习者因为需求及欲望而为语言学习所付出的努力。动机分为两类：内部动机和外部动机。依据 Gardner 的动机理论，我们也可把外语学习动机分为融合型动机和工具型动机两类。融合型动机是指外语学习者对目的语真正地或特别地感兴趣，工具型动机指的是外语学习者仅仅是为了某种特殊的原因或目的而学习外语，如参加考试、到国外旅游、交际需要等功利性的目的。

在笔者看来，学习者的英语学习动机就是学习者愿意为学习英语、掌握这门语言付出努力的强烈的需求和愿望。对于中国的英语学习者而言，不同的学习者有不同的英语学习动机。比如，同是学中学英语，有的同学的学习动机可能是为了应试、为了高考，而有的同学可能是为了出国使用这门语言、为了交际，具有较强的工具型动机。处于不同学习阶段，同一学习者的英语学习动机也可能不同。比如，同一学习者在幼儿园阶段学习英语可能是因为兴趣与好奇，在中学阶段可能是为了真正掌握这门语言，具有较强的融合型动机。

（四）方言背景的差异

众所周知，中国是一个多民族、多语言的国家，就语言种类而言，我国有80多种语言，仅汉语方言就有七大种类（闽方言、粤方言、客家方言、赣方言、湘方言、吴方言、官话方言），在34个省级行政区域内还有各个地区、各个县市自己的次方言及种土语。例如，西南官话就是官话方言的一个次方言，在西南官话里还包含各个地区的种土语。所以，我们不难看出，中国的英语学习者具有多方言的英语学习背景。方言背景对英语学习的影响是不容忽视的。

二、基于学生非智力因素差异有效备课

鉴于上述英语学习者主要的非智力因素差异，针对这些差异对英语教学有效备课的影响，提出以下具体实施建议：

（一）基于学习风格差异有效备课

我们的课堂教学都是班级制的形式，上英语课亦是如此。所以英语教师在备课时应尽量考虑到大多数学生的学习风格，尽量照顾到少数学习者的学习风格，不必要也不可能照顾到班上每个同学的学习风格。例如，在一个班上，如果大多数同学都是视觉型的学习风格，由于这类英语学习者一般效率都不会低，所以教师在备课过程中应把他们的这种学习风格作为重要的参考因素。这类学生通常上课认真，遵守纪律，喜欢老师把教学的重点内容板书出来，他们喜欢记笔记，抄写老师所板书的内容。常言道："好记性不如烂笔头，"特别是对于英语这门学科，有太多的语法规则及单词用法等需要识记了，所以，在备课的过程中，在课时的安排及教学手段的选择上，教师应多计划板书及留给学生抄笔记的时间。在教学活动的设计上，可以设计多让学生通过一些视频材料来习得相关语言知识。听觉型学习风格的学生一般不喜欢记笔记，只要老师一讲解他们就能理解授课内容的大部分，所以，这类学生的学习效率比较高，针对这一类英语学习者为主的班级，老师在备课时，应减少板书的比例及所占课时的时间。如果在班上，还存在少数学生是动作型的学习风格的学生，那么对于这类英语学习者，老师在备课过程中，可以多考虑设计一些实践操作环节，多给他们亲身体验的机会。如角色表演等。总之，在备课过程中，教师应在充分尊重学生的学习风格的基础上来设

计教案。

当然，教学是需要效率的，课堂教学时间是有限的。而且学生的每种学习风格都有其利弊，所以教师在备课过程中，应尽量做到扬长避短，引导学生克服其弊端。例如，视觉型的学习风格通常会花费很多时间，那么对这类学习者，老师可以设计在讲课过程中通过放慢语速、重复诵读等方式充分利用听觉型学习风格的优势，也让学生上课更加集中注意力“听”，不对老师的板书等产生依赖，从而提高学习效率。总之，教师应根据学生学习风格的差异进行有效备课。

（二）基于认知风格差异有效备课

一个班上学生的认知风格差异及特点直接影响到老师在备课过程中课堂教学活动及教学方法的设计。所以，在外语教学的备课过程中，教师应充分考虑英语学习者在英语学习的认知风格方面的差异，并在了解这一差异的基础上，根据不同学生的认知风格特点，设计并制定相对应的教学方法及课堂教学活动，因材施教，才能真正做到有的放矢，真正提高课堂英语教学效果。例如，一个班上大多数学生都是场独立型的学生，那么老师可多设计一些“笔头”的练习活动，如限时的阅读、写作练习等。在教学方法上，可采用传统的“语法翻译法”（Grammar-translation Method）等。如果大多数学生都是场依赖型的学生，那么老师可试着多设计一些“听说”的练习活动，如情景再现、英语辩论等，在教学方法的设计上，“情景教学法”（Situational Teaching Method）及“交际教学法”（CLT=Communicative Language Teaching）都是不错的选择。

在英语学习过程中，不管是场独立型还是场依赖型的认知风格都有其利弊，所以老师在备课过程中，应考虑到这一因素，尽量设计一些环节帮助两类认知风格的学生发挥其各自风格的优势，克服其弊端。例如，老师可设计让两种认知风格的学生组成小组，在课堂上来共同完成一些学习任务，如角色表演、通过小组讨论来完成对一篇文章大意的复述等。这样，两种认知风格的学生在英语课堂学习的过程中就能起到优势互补的作用。在教学方法上，我们就可选取“以学生为中心”的各式各样的教学模式。总之，老师应针对学生的认知风格差异进行有效备课。

（三）基于学习动机差异有效备课

在英语教学的备课过程中，了解不同学生的英语学习动机及不同学生的认知风格特点，并根据其设计有针对性的课堂教学活动和教学方法是非常必要的。例如，在幼儿及小学英语课堂教学中，由于大多数孩子并没有明显的工具型动机，他们学习英语的内部动机就在于对一门不属于母语语系的语言感兴趣，并希望保持这种兴趣。所以，老师在备课时应尽量设计一些激发他们兴趣的课堂教学活动，如游戏、表演等。

当然，在实际的教学过程中，我们还会发现有的学习者根本没有明确的、较强的学习英语的动机，这需要老师在备课时考虑设计和采用能激发他们学习英语动机的教学方法，以增强他们学习英语的信心和兴趣，如“任务引导法”（Task-oriented Teaching Method）就是不错的选择。

所谓“任务引导法”，就是老师布置给学生一定的学习任务，并要求其在规定的时间内完成并展现完成情况。这种方法留给学生相对充足的自主学习的时间和空间，在完成任务的过程中，学生会逐渐感受到学习英语的成就感，从而增强其英语学习的动机。例如，如果英语教材是以主题为单元进行编排设计的，那么在开学时，老师可根据教学计划的单元数量和班上同学的数量，把班上同学分成若干小组，让每组同学根据教学计划定期轮流完成一个单元的讲解任务。每组同学课后去深研单元内容，查询课外资料，并做好讲解准备。关于小组成员准备和讲解的具体内容分配可由小组组长来完成，可根据每个成员的兴趣点进行相对公平的分配，如有的同学对背景知识感兴趣，有的同学对讲解重点句子比较擅长。每个同学都得参与任务单元的部分讲解。在讲解过程中，其他小组同学可向讲解者提问和参与讨论，老师只作答疑和补充讲解。总之，在这样的教学模式中，教师只充当组织者和监督者的角色，把课堂还给学生。所以，这要求老师在备课过程中，认真详尽地设计具体步骤及课时安排。这种教学模式不仅可以激发学生学习第二语言的动机，还可培养学生良好的集体学习氛围。总之，老师应根据学生的学习动机差异进行有效备课。

（四）基于方言背景差异有效备课

英语学习者所具有的方言背景会使其对这门语言的学习和掌握产生迁移作用。迁移是指把在一个情境中学到的东西迁移到新情景的能力。“迁移是目标语和其他任何已经习得或可能尚未完全习得的语言之间的共性或差异所造成的影响。”语言中的迁移包含相对的两方面：正迁移和负迁移。“正迁移”是指语言学习中学习一种内容对学习另一种内容起到积极作用的现象；“负迁移”是指语言学习中学习一种内容对学习另一种内容起到干扰或抑制的现象。方言背景对英语学习既可产生正迁移，也可产生负迁移。

根据学生的方言背景差异有针对性地设计课堂教学活动和方法有助于英语的有效教学，起到事半功倍的效果。在备课过程中，了解方言背景差异的关键在于有针对性地利用学生方言背景对英语学习带来的正迁移作用，并帮助其克服其负迁移影响。方言背景的迁移作用在语音教学中体现得尤为突出。例如，在重庆种土语中，在有的地方（如潼南等地），他们混淆了汉语拼音的 h，f 的发音，如“老虎”（lǎo hǔ）通常被他们发音为“lǎo fǔ”，“房子”（fáng zǐ）通常被他们发音为“huáng zǐ”，那么这就很容易对英语语音学习产生负迁移，可能会混淆英语音标的/h/、/f/。教师在语音教学的备课设计时，不妨多找一些关于这两个音的句子和段落的绕口令练习，通过反复实践以克服他们的方言背景在这方面给他们的英语学习带来的负迁移。又如，在四川一些地区，如成都、绵阳等地，他们发汉语拼音的 a 时口形通常很扁，几乎恰好与英语音标/æ/的发音吻合，如“蛋炒饭”（dàn chǎo fàn）通常被他们发音为“dæn chæo fæn”。所以教师在教授他们发此音时就没必要费心地教这类学习者如何做口形等，因为他们“天生就会”，只需告诉他们这两个音在两种语言里的吻合度就可以了。这就充分利用了来自这些地区的英语学习者的方言背景的正迁移作用。所以，在外语教学的备课过程中，特别是在准备语音教学的教案过程中，教师应充分了解英语学习者的方言背景差异，并在了解这一差异的基础上，根据不同学生方言背景进行有针对性的教学，充分利用学生的方言背景可能对英语学习带来的正迁移，尽量设计方法帮助学生克服其负迁移。在时间安排上，就要在了解学生方言背景差异的基础上进行设计。总之，老师应根据学生的方言背景差异进行有效备课。

三、结语

备课是教学过程的首要环节，也是非常重要的环节。授好一堂课的关键和前提在于备好课。备课会使教师的教学过程更加严密、规范和有序。英语教学是一个非常复杂的过程，教师在备课时，不仅要了解学习者的这些差异，还要能充分利用这些差异，并把其最终体现在课堂教学过程中。同时，要达到这一目标，教师还需要充实自己，使自己多了解和掌握一些语言教学的基本理论和方法，并把理论恰当地应用于实践。总之，学生才是学习活动的主体，我们提倡一切教学活动“以学生为中心”，那么备课也应“以学生为中心”。

参考文献

[1] 谭项良. 学习风格论 [M]. 南京：江苏教育出版社，1995.

[2] 张正东. 外语教育学 [M]. 北京：科学出版社，1999.

[3] ELLIS. ROD. The Study of Second Language Acquisition [M]. Oxford：Oxford University，1994.

[4] WITKIN，H A. Studies in Space Dvientation，IV. Furtherexperiments on Pevception of the Upright with Displaced Visual Fields [J]. Journal of Experimental Psychology，1948，38 (6)：762-782.

[5] WITKIN，H & D. Goodenough. Field -dependence and Interpersonal Behavior [J]. Psychological Bulletin，1977 (84)：661-689.

[6] GARDNER，R. C，W E. et al. Attitudes and Motivation in Second Language Learning [M]. Rowley，MA：Newbury House，1972.

[7] WILLIAMS，M，R L. Burden. Psychology for Language Teaching [M]. 北京：外语教学与研究出版社，2000.

[8] ELLIS. ROD. The Study of Second Language Acquisition [M]. Oxford：Oxford University. 1994.

[9] BYRNESS，J P. Cognitive development and Learning in Instructional Contexts [M]. Boston：Allyn and Bacon，1996.

[10] ODLIN，T. Language Transfer：Crosslinguistic Influence in Language Learning [M]. Cambridge：CPU，1989.

人力资源管理理论在独立学院团学管理中的实证研究

——以重庆工商大学融智学院为例

王玲艳①

[摘要] 随着社会经济的发展，科学系统的人力资源管理成为提升核心竞争力的关键。人力资源管理理论得到深入的研究，并广泛运用到社会各个领域。独立学院团学管理工作也可以借鉴人力资源管理理论，提高团学人员的管理水平，提升团学组织的基本功能。将人力资源管理理念引入到独立学院团学的活动开展和管理层面，是推动独立学院团学管理的有效途径，也是团学管理科学化的重要手段。本文对独立学院团学管理现状和原因进行了分析，在此基础上结合笔者的工作实践，探讨了人力资源管理理论在独立学院团学工作中的应用。

[关键词] 人力资源管理　团学管理　独立学院

随着教育体制改革的逐步深入推进，中国高等教育向大众化转型，高校扩招比例逐年加大，对着力培养研究性、复合型人才的综合性大学，带来了较大的培养压力。而近年来如春笋般涌现的独立学院，在一定程度上缓解了综合性大学对社会稀缺人才培养的压力。

独立学院，是指实施本科以上学历教育的普通高等学校与国家机构以外的社会组织或者个人合作，利用非国家财政经费举办的实施本科学历教育的高等学校，是民办高等教育的重要组成部分。但同时由于独立学院的建设尚处于边摸索边建设的初级阶段，其本身的发展也逐渐暴露出许多问题，其中独立学院团学管理工作就是不容忽视的一个方面。

团学，是共青团总支和学生会的简称，是促进校园和谐发展的主要力量。由此可见，独立学院共青团工作的内涵，既具有高校共青团工作内涵的“共性”，又具有独立学院的“个性”。一方面，独立学院共青团工作是高校共青团工作的一类，它既具有普通高校共青团工作的“共性”，中心任务和目标与公办普通高校共青团组织是高度一致的，即围绕思想引领、为广大团员青年成长成才服务两大中心任务，发挥育人职能、服务职能、组织管理职能、文化建设职能、构建和谐校园职能五大主要职能；另一方面，又具有独立学院共青团工作的“个性”，这种“个性”是基于独立学院的特殊性所产生的。

① 重庆工商大学融智学院教师，主要研究方向为高校团学发展建设。

在社会经济高速发展的大环境影响下，各企业团队的市场竞争就是人才的竞争，现代人力资源管理理论成为提升企业核心竞争力的有效途径，“以人为本”作为核心的现代人力资源管理理论渗透到了社会的各个领域。面对社会的需求，团学工作的开展也应该进行与时俱进的调整。鉴于此，笔者结合独立学院团学工作的特性，在独立学院团学管理工作中引入了人力资源管理理论。

一、融智学院团学管理工作现状

（一）团建模式滞后，创新意识不足

目前，融智学院共青团组织形式基本延续传统的校级团委—系团总支—班团支部三级组织模式。融智学院的团组织形式设置相对比较随意，不够规范，没有根据融智独立学院的青年团员群体特点设置团的组织，组织建设本身制约了工作的有效开展。部分独立学院的校一级共青团组织合并或归属到其他部门开展工作，团组织的运作机制、职能范围和经费体系显得含糊不清，无法得到切实的保障。而传统型的组织设置，对于学生社团、学生公寓等独立性强的阵地覆盖不足，无法完全适应融智独立学院的实际情况。团建模式的滞后无法适应当前价值取向多元化趋势日益显著的大学生团员群体，缺乏创新意识的团建模式一定程度上也束缚了共青团干部的工作思路，面对独立学院共青团基层组织建设存在的复杂多样的困难，部分团组织表现出的“患得患失，无所适从”或“安于现状，故步自封”，导致共青团组织对青年团员的引导作用日益弱化。同时，滞后的团建工作模式制约了团干部主观能动性的发挥，团干部无法全身心地投入工作，创造性地开展共青团工作只能流于形式，简单重复性的工作无法满足团干部的工作成就感和归属感。加之传统团建模式无法从根本上适应独立学院的实际情况，团干部的工作缺乏有力的激励机制作为保障，因而团干部培训不系统、输送不畅通、专职不专用、发展无保障等实际问题普遍存在，严重影响了独立学院共青团干部队伍的整体战斗力，也凸显出独立学院共青团工作的人才资源缺乏优势。

（二）团学管理原生态，工作定位模糊

在高校校园文化多元化发展趋势的影响下，共青团工作的内涵已不再是仅仅满足对青年学子的社会主义、爱国主义教育，更重要的是如何适应青年学生日益增长的多元精神文化需求，培养社会急需的创新型、高素质人才。团务工作者要认识到这一变化，及时地调整工作方法。如果团学工作中仅按照常规原有的团学工作模式开展工作，重活动、轻团学成员发展和团队协作意识培养，培养出来的大学生精英将严重与社会需求脱节。结合这个实际社会发展需求，团学工作者在工作中的反思和改进已经迫在眉睫。另外随着高校扩招，使得团员数量和团学骨干数量和质量也随之发生变化。加之独立学院的发展只有短短的十年时间，也就存在着团学工作指导经验不是很充足的问题，导致团员骨干基数的增加和教育培养力量不足的矛盾。这种结构性的矛盾也就失去了对团学骨干的质量保障，从而制约了独立学院团学工作的开展。

（三）学生素质参差不齐，缺乏团队协作意识

合作意识和团队精神是时代发展对人才提出的要求。一个人的工作、生活离

不开他人的合作、帮助。市场经济鼓励竞争，也需要合作，竞争愈激烈，愈需要合作。所以，在社会竞争日趋激烈的今天，培养学生的合作意识和团队精神已成了时代赋予学校教育的使命。独立学院教育应以服务为宗旨，以就业为导向。既然社会企业十分重视员工的团队精神，独立院校就要主动适应企业的需求，重视学生团队精神的培养。

独立学院的学生多为“90后”“00后”，综合素质总体不同于“二本”和“一本”的学生，都不同程度地存在着诸如以自我为中心、自私、独立性差、缺少勇气、不愿沟通等缺点，同时学生对社会的关注度较低，责任意识较为薄弱，而造成学生在这方面品质缺失的一个重要原因是教育者只重视了学生个体素质的发展，忽视了团队精神的培养。许多企业反映，现在许多大学毕业生很难适应企业的岗位要求，尤其是团队精神方面的要求，学生在应聘时虽然也能谈到团队精神，但在具体的工作中并不能体现出这种精神。

而团学是培养独立学院学生团队协作最好的平台。在这个组织里面，没有哪个人是全能的，也没有哪个学生能一个人撑起一个大型活动的方方面面，只有大家分工协作，才能确保活动在顺利开展的基础上，达到活动真正的宣传意义。实现团学团队在为学生服务的同时，也提升自己的综合素质和团队协作能力。

二、融智学院团学管理现状分析

融智学院对于团学管理和学生活动大多是经验模式，管理者未能将人力资源管理理论切实运用到实践管理工作中，而学生层面也大多是依赖于学生对团学组织的新鲜感和好奇心来维系工作激情。原因大致如下：

（一）管理过程缺乏科学性、指导性

由于管理过程缺乏理论支撑和指导，在工作开展过程中很少考虑可行性和前期调研，活动开展基本未做量化考虑和评价指标体系，其过程也较少考虑构建风险预警机制等。团学管理者对于学生活动的指导也不够到位，多停留在分配任务和安排工作层面。

（二）沟通和团队协作明显不足

在管理工作和活动开展过程中，团学成员沟通意识不强，更多偏向于直接向学团办老师反馈信息。且独立学院学生多强调自我意识和自我存在感，团队间的沟通、协作与自主管理明显不足，导致管理和活动开展过程中出现矛盾、互相推诿和越级上报等现象。

（三）活动设计和组织建设的关联性、目的性不强

融智学院的团学在活动设计过程中大多是为了活动而活动，缺乏针对性、创新性和系列性。活动定位大多是为了吸引学生的眼球、参与率和覆盖面，挖掘的空间过于狭窄，能持续的时间也很短暂。同时疲于应对常规的学院各项活动。

三、人力资源管理理论在融智学院团学管理中的应用

团队的重要特点就是要发挥人的主观能动性作用。团学团队是由一群人组成

的，一切管理目标都要依赖所有成员的共同参与来实现。所以，在独立学院团学管理过程中，要依据团学团队发展的过程，针对成员之间的差异，展开不同阶段的不同管理。

（一）团学换届中的招聘面试

团学团队成员的素质和行为方式决定了团学的执行力和凝聚力。招聘面试是人才选拔的有效途径。融智学院团学成员随着学生的更换每年 10 月进行换届，历来参与换届的对象主要是原来团学的成员和辅导员推荐的学生，且直接进入面试阶段。以这种方式组建的团队分享性能差，成员间的兼容性、互补性不强。因此笔者在换届中加入了简历筛选、笔试、面试。为了更全面了解个体的心智模型，在笔试环节增加了职业心理测试。面试阶段增加了无领导小组讨论环节，重点关注面试者的行为可塑造性，以及个体对自己情绪的把控和调整，为后面的冲突处理提供保障。文化和情绪智力高的团学成员在处理冲突的过程中会有效避免矛盾的激化，确保工作的顺利。力争在一个比较客观和全面的立体空间里对应聘者进行定位。

除了以上两个要素，在选拔过程必须考虑人职匹配。人力资源管理中强调人职匹配原则，在以责任为主要维系因素的团学管理中尤其如此。只有把合适的人放到合适的岗位，才能最大限度地激发和维系学生的工作激情，增加学生的创新激情，不断改变过时的活动模式和活动内容，使得活动的开展能贴近学生，提升活动在学生中的宣传度和参与度。

（二）团学换届后的培训和培育

新的团学成立后，按照惯例要进行培训。笔者带领的团学团队工作愿景是团学和团员双赢的结局，所以培训立足现在，着眼未来，从思想、行为全方位进行培训。笔者从破冰训练入手，让团队成员能在愉悦的环境中迅速熟悉彼此，为分享性能高的团队建设奠定沟通顺畅基础。破冰之后是素质培训，包括户外拓展、团学介绍、工作思路、工作流程和个体的自我规划。最后是硬件培训，内容有 OFFICE 的基本使用、常用应用文格式、基本礼仪着装等，从行为角度对大家进行规范并为工作的顺利开展提供可能。

对于部长和主席团的培育，除了常规的工作和活动逐步放权，还开展了交叉培训。交叉培训是指为了促进个体了解团队的运作方式及过程，体会彼此的任务及职责如何相互作用而实施的、以其他成员的任务和职责为培训内容的一种干预策略。借助交叉培训，个体了解和掌握其他团队成员所承担的角色等信息，从而能够体会成员之间的活动如何相互依赖、相互作用，进而能够准确地预测其他成员的需求。研究发现交叉培训能促进团队心智模型的建立和发展，与未接受交叉培训的团队相比，接受交叉培训的团队建立起了共享程度更高的团队心智模型。团学团队由各个不同职能的部门构成，部门内部的沟通和工作开展一般来说没有太大的问题，部门为了完成自己分内的工作，很容易形成一个小集体，很容易各自为政，在独立学院团学工作中，部门间的沟通和协作一直存在很大的断层，严重影响了活动的顺利开展。因此，在不同部门间开展交叉培训，一方面让大家学会换位思考，除了熟悉本部门的工作内容，还要了解其他部门的工作内容，这样能有效减少工作中的争执和推诿现象；另外一方面也让学生能得到更全面的锻炼和提升。

笔者在工作中还尝试了轮岗。让学生在不同的岗位工作有不一样的收获和体验，提升了团员工作中换位思考的可能性，也培养了学生一专多能的才能。

（三）团学管理工作中的激励和考核

激励是维系组织良好运行的方式。在培训过程中带领团员进行了个体的职业规划，就是引发个体的内驱力，凭借团学的平台锻炼并提升团员自我。团学团队相比较企业的团队，其特殊性在于没有经济利益挂钩，绩效考核仅仅是依靠制度来维系，并且对于团学流动性频繁的特点，仅仅依靠个体的责任心和激情来维系是远远不够的。学生在刚进入团学时的激情在第一学期的活动过程中就会被消磨殆尽，而第二学期团学成员普遍都出现了对团学工作的倦怠感。在这样的背景下，笔者发现团学的工作性质与组织公民行为很吻合，因此在管理工作中引入了组织公民行为概念，在工作中积极倡导个体对团学有益的行为发生频率。借助组织行为学中从个体到群体，再到结构系统的团队建设，有利于在团学的团队建设过程中，激发团学成员的归属感、成就感和使命感，从而提高团学成员对团学的认可度，形成分享性的团队心智模型，提高团学团队执行力的同时，也培养了团学成员工作中合作协助的团队精神。对于团队中的“搭便车”现象，笔者在第一学期团学成员互相磨合和了解的基础上，在第二学期推出了项目竞争法，即把大型的活动作为一个项目，团学成员自由组队申报，根据创新性、可操作性和活动效果等考核指标对申报材料进行考核，确定立项的团队对该大型活动有一定的人事权和经济权。这样一方面解决了“搭便车”现象，另一方面激发了成员的信任度和创新能力，同时还对学生第二学期的倦怠感有一定的刺激作用。

对于团学成员的考核，采用360度考核方式，学团办老师、主席团和部长层层互相打分，然后以不同的权重汇总，最后公示作为评优的主要依据。

（四）团学活动的设计

团学活动的开展是检验团学管理成果的方式之一。从教育的角度，活动是教育的有效载体；从管理的角度，活动是检验团队执行力的方式之一。从管理层面理解活动的设计如同企业的愿景，因此活动的设计必然是要系统的、全面的和可分解的。结合组织公民行为的含义和人力资源管理理论的运用，笔者从2010年致力于团学活动的系统化、规范化和规模化的研究与实践，经过努力，其设计已初步形成了以德育为中心，以公益和团队建设为载体的活动特色。以关注留守儿童为主题的大型社会公益活动——“青春与爱同行”已经开展了5年，活动对接了双碑小学，定点关注长寿玛瑙小学的留守儿童，去年该活动在巴南龙海社区建立了融智学院的第一个市民学校“向日葵之家”，暑期“三下乡”期间笔者带队把“向日葵之家”带到遵义落户，建立了重庆市第一个跨省的市民学校。以德育为主题的活动也成了学院思修课程改革后的实践平台。以班级为展示主体的班级风采大赛也得到了学院师生的认可。

通过以上活动的设计，一方面使得团学个体的职业规划自我提升有效地与团学组织的活动目标结合在一起，另一方面也把团学的目标逐层地分解到各个部门以及个人，做到点、面结合，在管理工作中确保工作以点带面地顺利铺开。

参考文献

[1] 杨德广. 独立学院的发展模式及未来走向 [J]. 教育发展研究，2010（15）：103-107.

[2] 刘毅君. 科学发展观下独立学院团学工作实践与思考 [J]. 民办高等教育研究，2009（6）：18-21.

[3] 团队成员管理方法研究组. 团队建设方法 [M]. 北京：中国经济出版社，2002.

[4] 王聪. 浅谈组织行为学在企业管理中提高绩效的作用 [J]. 中国外资，2011（22）：155-156.

[5] 王绪硕. 大学社团中人力资源管理的现状与建议 [J]. 中国证券期货，2013（2）：71.

应用型本科物流管理人才培养创新与实践

张 的[①]

[摘要] 当今物流业随着经济的发展迅速提升并竞争加剧，促进了对物流管理人才的高标准、高要求。作为应用型本科院校的物流管理专业人才培养，基于社会人才培养的调查收集，根据企业需求，采取有效的创新与实践，形成物流管理人才的培养特色，从而适应社会发展需求。

[关键词] 人才培养 创新 措施

一、人才培养改革的现状

（一）学生综合素质不可忽视

通过调查研究，目前高校在物流人才培养上均注重人才培养的应用与实践，为实现此目的，与相关企业建立了校企合作，甚至与企业建立订单式人才培养模式以促进学生的实践、实际操作能力。这在应用型人才培养上取得了跨越式进展。但从近几年毕业学生的调查反馈情况看（以 100 名毕业学生调查为例），学生普遍认为实践性课程应该增多，且 53. 85%的学生认为综合素质的提升有利于学生的就业与职场发展。学校教育教学各维度元素对学生工作的影响如表 1 所示。

表 1 学校教育教学对学生工作的影响

单位:%

教师教学	学生管理	素质培养	实训条件	社会实践	职业辅导
7. 69	7. 69	53. 85	38. 46	69. 24	61. 54

（二）实施“产、学、研”教学模式

目前高校为了有效促进物流管理专业实践教学及创新、与社会及企业接轨，提倡“产、学、研”教学模式，即充分利用学校、合作企业、合作科研单位等多种教学资源和教学环境以及学校自身人才培养的特色与优势，将课堂传授的理论知识与企业项目实践、经验交流、分析运用、科研实践有机结合。这在一定程度上促进了物流管理人才培养在实践及研究上的进步。但“产、学、研”模式

① 重庆工商大学信息工程系讲师，主要研究方向为物流管理理论与实务。

更多的是运用于研究生教育教学，基于应用型本科教学平台，仍然存在大量的学校其“产、学、研”仅是口号而已，缺乏应有的实施措施和师资力量。

（三）借鉴国外应用教学模式

目前应用型物流管理人才培养模式建设，通过不断创新，采取了“引进来，走出去”的策略，一些院校派遣领导、骨干教师赴国外及中国香港等地的院校交流学习，并借鉴这些院校物流管理应用型人才培养的相关策略，如英国推出了“资格证书体系推动型”实践教学模式；加拿大注重以能力为基础的特色教育，以完整的学科体系围绕所从事职业的知识、技能来考虑课程开发；香港理工大学推出了“工业训练中心型”实践教学特色模式，策划了一个近乎真实的工业环境，培养出大量工程技术人才。通过这些院校的人才培养模式，进而形成了应用型本科物流管理人才培养中的借鉴措施。如资质证书的考核体系：物流员、物流师、仓储管理员、叉车资质等；物流管理专业根据课程体系所设置的实验、实训课程及实践创新建设，根据学生就业、未来发展岗位设置相关课程体系等。资质证书在工作中的作用和专业课程的设置分别如表2、表3所示。尽管目前应用型本科教育教学多方面借鉴、运用国外及我国香港地区物流管理应用型人才的培养模式，并追求不断创新与实践，但培养出的人才与社会需求、毕业生就业需求、学生的职场发展仍存在一定的差距，需要在课程设置中加以调整与补充。当然，学生的反馈也存在一些自身的主观意向。

表2　　资质证书在工作中的作用

单位:%

很大作用	作用一般	没有作用
7.69	53.85	38.46

表3　　专业课程的设置

单位:%

调查项目	调查值	备注
理论课多、实训少	76.92	
课程开设缺乏顾及先后顺序	38.46	如：管理学或西方经济学提前学，学习没感觉、难度大
有没必要开的课程	30.77	如：马克思主义哲学、高数
有应该开而没开设的课程	7.69	如：叉车操作、堆垛机操作

二、当前应用型本科物流管理人才培养存在的问题

（一）理论课时额限制学生实践课时

作为应用型本科的物流管理人才培养，一定的理论课程设置是必需的、不可忽略的，是本科物流管理专业最基本、最重要的环节之一。理论知识的积淀促进

学生思维训练、知识理解、思德修养、自身综合能力的提升，是应用型本科学生必备的知识基础。但在总学分额限制的情况下，课程体系中必需的理论课程所占学分、课时量比值较重，会直接影响实践课程的设置数量，减少实践环节与时间，不可避免地出现理论重于实践，从而影响学生的知识应用型本领和综合能力提升，毕业后需花费一定时间去适应企业工作。

（二）“产、学、研”模式缺乏可行性

企业追求直接的效率、效果、成本。应用型物流管理专业本科教师多数属于研究生或博士，他们经历从学校到学校的过程，亲身的企业管理运作非常少。无法让以利润提升、成本降低、管理优化为目标的企业，放心地交出企业管理运作资料、改进需求项目供师生研究，“产、学、研”平台容易成为一种口号，无法充分调动师生积极性以及与企业的紧密合作。因此，通过校企合作来促进“产、学、研”的人才培养，不是一蹴而就的。

（三）缺乏特色人才培养的特色方式

借鉴西方有效的物流管理人才培养模式虽然在应用型本科物流人才建设中一再被提及、效仿，但很多方面流于形式。归根结底，一方面出于专业老师以在国内院校毕业居多，受中国传统人才培养的氛围较重，对西方国家高等院校物流管理人才培养模式了解较少，创新思维上还不能大跨步借鉴国外物流管理人才培养经验，例如很多教师开始尝试美国教学中的翻转课堂模式，但只注重了翻转课堂的趣味性、游戏性、吸引度，促使学生知识性的体验与美国教学模式相比不够，导致学生对课程感兴趣，对课程内容的掌握却不尽如人意；另一方面，国外的组织文化对西方人才培养有深远的影响，却不同于中国传统的儒家文化思想，现代的“95后”学生，是受中国传统文化、西方文化双重影响的有中国现代特色思想及价值观的群体，所以单方面引进西方国家高等院校的人才培养模式并不适用于对中国物流管理人才培养的途径。

三、创新人才培养模式措施

（一）通过明确人才培养目标细化课程体系

明确人才培养方向是对人才培养建设的前提。以物流管理人才培养目标为例，如果目标是为区域经济的发展培养中高端管理人才，根据该区域发展的主要领域——城市物流运作发展和国际物流的运作发展，必须积极探索“以社会需求为导向，以学生职业发展为目标，校企合作驱动”的应用型人才培养模式，并形成“物流职业理念、职业技能、职业发展”的完整职业培养体系和扎实的校企合作基础，从而形成城市配送、国际供应链（订单式人才培养）经营管理两大专业方向，两大方向培养目标如表4所示。

表 4　人才培养方向

城市配送方向	保税物流与国际供应链方向
旨在培养出能胜任各类生产企业、制造企业、国际国内物流企业、商贸配送中心、各类连锁企业、各类库场、站埠、运输站、货运中心、空港等领域从事城市配送及管理工作的毕业生。	旨在培养出能胜任从事国际物流的第三方物流企业、国际加工企业、国际商业贸易企业、保税物流企业、国际生产企业等相关物流管理工作领域的毕业生。

根据两个发展方向，对专业选修课程的改革如表 5 所示。

表 5　专业选修课程体系

课程名称	学分	学时数	理论数	实训数	备注
财务管理	2	32	32		两个选修方向必学课程
跨境电子商务	2	32		32	
国际物流（双语）	3	48	40	8	
ERP 沙盘实验	2	32		32	城市配送方向
物流项目管理	2	32	24	8	
连锁经营管理	2	32	32		
口岸物流	2	32	16	16	保税物流与国际供应链方向
保税物流实务	2	32	20	12	
保税物流信息系统	2	32	20	12	

在专业必修课、选修课的基础上，同时辅以网络课程，拓展学生的第二课堂，第二课堂的设置必须完全以实践、实训、实习为基础。这样设置课程体系，有利于学生根据自身的兴趣、特长及社会需求，有方向、有目标地选择学习的课程。

（二）多维度教育方式提升学生综合素养

调查显示，就业学生将个人综合素养作为在职场发展中极为重要的条件。由此，提升对学生的综合素养是培养应用型人才必要的推动器，如图 1 所示。

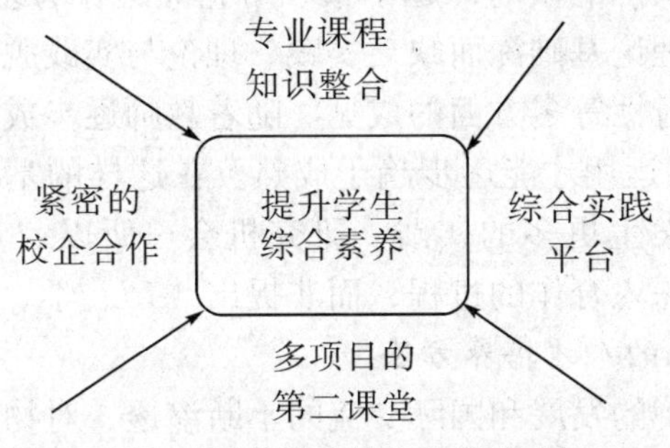

图 1　提升学生综合素养模式

（1）紧密的校企合作。可以通过校企合作模式，充分利用学生的假期实践、实训来提升学生的实际操作能力和职场体验，促进学生理论与实践的结合，并能明确学业发展、职场发展目标，从而促进学生的综合素质提升。

（2）专业课程知识整合。通过专业课程教师课程内容整合，精减教材重复知识点，根据教师教学特长，突出每门专业课程重要知识点的深度、广度，进行有重点性、有特色性的知识传授，并力求通过课程知识的优化对课程的学分量、课时量进行缩减，为实践、实训课程提供空间。

（3）运用综合实践平台。通过各门知识的整合，依靠学校的现有平台（包括学校实验平台、相关专业平台、企业平台）共同打造跨专业的模拟运作综合实践、实训平台，如物流管理专业与金融专业、外贸专业、会展专业、会计学专业、财务管理专业、资产评估专业等以组队方式，共同完成体系化的国际企业模拟运作流程。这有利用促进学生多方面知识的交流、尝试、体验，以及综合知识的整合运用。

（4）开展多项目的第二课堂。在专业课程内容精减、整合的基础上，可适当通过扩展素养课程，如商务礼仪、职场课程、客户心理学、创业模拟等课程，甚至通过第二课堂或者学团组织的一系列活动来提升人文素养、职场素养、道德素养，促进学生综合素养的打造。

（三）以交流、竞争方式培养师资

应用型人才的培养必须加强对外交流，包括与企业交流、与国外院校人才培养交流、借用他校优秀师资打造教育教学团队的交流。所以通过派送教师到企业工作体验、参与企业项目研究，以及与企业建立订单班人才培养模式、创建企业教学团队的方式，与具备物流特色专业培养模式的院校以及国际学校的交流与师资团队共同建设的方式，“走出去、引进来”，有利于充分挖掘不同于常规教学、教育知识的新资源。甚至将一些实践性强的课程体系通过专业教师、企业管理者、外教老师以分工、分阶段的方式共同完成，促进专职型、双师型、外教老师在教学优化下的相互竞争，充分发挥他们自已擅长的知识体系、教学方式。

（四）通过企业平台逐步启用“产、学、研”

“产、学、研”的运用，首先要建立在校企合作基础上。期初的合作，只能提供教师不定期在企业的锻炼、体验，在合作一定时期基础上，通过校企的不断沟通、协作，并通过教师的横向课题申报、对企业运作管理的不断熟悉与掌握，逐步消除企业对教师理论基础深而缺乏实践、理论与实践脱节、研究内容不适于实际应用、缺乏可执行性等多方面的成见。随着教师逐步成长为企业咨询顾问角色，“产、学、研”的运用才能逐步趋于成熟。在这样的基础上，教师才能通过企业课题研究，给予学生更多的实践、研究机会。所以“产、学、研”是一个持续不断与企业逐步深入合作的过程，而非提出“产、学、研”，就能立即实现。

（五）开创有特色的人才培养方法

随着现代社会经济的发展和国际交流的不断渗透，对物流人才的需求在不断提出新要求，由此人才培养模式的多样化、灵活化、应用性、国际化是必不可少的。因此，实践教学方面可以多方向地开发多种人才培养模式，如做一个试点班，通过课题的方式，借鉴国外的企业学校模式以及资质证书培养模式，其专业课程完全由相对应的职场界管理人士教学（即双师型教师），并要求双师型教师必须将本企业的经营目标、经营理念、经营特色、经营流程、具体实际操作等知识充分运用于试点班中，并充分与企业所需的职业资质考核相结合，不仅可以提高学生的兴趣度，使其充分体验实践、实训，还可以让本校专业教师参与辅导教学，促进学校教师的教学创新，和“产、学、研”逐步接轨。

此外，翻转课堂重在开课前对学生前期课程知识的自学与筹备，课程中通过一些讨论、案例分析、模拟、演示、答辩、学生的自主解析、游戏等模式提升学生主动学习、自我提升的能力，并使知识的考核不拘一格，如在限定时间内完成调查报告、答辩等任务，同时要体现学生对知识的整合性，包括专业相关知识、财务知识、管理知识等，由此来进一步提升学生的综合能力。

参考文献

[1] 王立人. 独立学院应用型人才培养模式的探索与实践 [EB/OL]. 百度文库. 2014.

[2] 林小芳. 基于核心竞争力培养的物流课程体系改革研究 [J]. 教育管理，2014 (9)：23-24.

[3] 刘慧怡. 基于职业导向完善高校物流课程体系开发 [J]. 物流科技，2015 (1)：52-53.

[4] 郑宁，汪沁. 国内外高校物流实践教学资源建设现状调研分析 [J]. 中国市场，2015 (2)：19-21.

[5] 吴义生. 国际比较视野下的应用型物流人才培养机制 [J]. 物流科技，2014 (11)：45-47.

[6] 蒋长兵. 值得借鉴的国外物流教育模式 [J]. 物流技术与应用，2014 (3)：32-45.

[7] 刘广海. 物流管理专业冷链物流特色人才培养研究与实践 [J]. 物流工程与管理，2013 (10)：27-28.

[8] 马翔，王旭. 基于冷链物流的民办高校物流特色专业建设研究 [J]. 长春理工大学学报，2013 (3)：31-33.

当代大学体育课程的改革与发展分析

牟炳楠①

[摘要] 随着社会大环境的不断变化，人们的应需求也在发生巨大的改变，大学体育课程的改革与发展也将成为一种必然趋势。应根据当代大学生的身心发展特点，设计相应的体育课程，着力解决体育课程改革与发展过程中遇到的难点和重点问题，进一步完善我国的教育体制。

[关键词] 大学体育课程　改革与发展　社会需求

一、前言

随着我国经济的快速发展，我国高校人数逐年增长的同时，教学结构也在发生改变。为了适应新环境的发展，高校体育教学也在发生巨大的变化：体育基础教学设施在不断改良和增加，体育课程设置方面也从以往单一的田径项目逐渐向多元化的方式转变。高校大学生体育课程的自主学习能力得到加强，传统的体育教学理念和教学模式已经完全不再适应当前高校大学生的实际情况。高校大学生应逐步提高对体育健身的意识，提出体现以人为本的教育理念，依据高校大学生发展需求为导向，构建新的高校大学体育教育模式和观念，得出大学体育课程改革发展趋势。大学体育课程将逐步取消强制性，大学体育俱乐部体育教育模式将是我国大学体育课程改革发展的可能趋势。当代大学体育课程应彻底转变观念，深入了解学生的本质需求，加强新课程的研发，不断地满足大学生的根本需求。[1]高速增长的大学生健身需求仍然未能充分解决，因此，新一轮体育课程的改革与发展迫在眉睫。

二、高校开展体育课程的现状

（一）国内高校体育课程的主要现状

我国自 1999 年实施高校扩招以来，十几年的时间里，人数从最初的 108 万人至 2015 年已高达 749 万人。同时，高校的体育课程在这十几年间也发生了巨大的变化。早期的体育课程大部分是以普遍的田径运动和基础的体育运动项目为主，体育设施和活动场馆严重不足，专业教师技术水平有限，学生思想上不够重

① 重庆工商大学融智学院教师，主要研究方向为大学体育教学与改革。

视，种种原因导致了以往的体育课程无论是从课程设计还是理念指导方面都不能满足当前高校大学生的需求。近年来，经济的飞速发展和国家政策的支持，各大高校对场馆建设和体育设施的投入也越来越大，很大程度上解决了器材和场地不足带来的不便，也促进了体育课程的多元化和新兴化。在教师队伍的招聘和培养上也越来越重视高素养、高知识、高技能的新型体育教师。但目前我国的高校在体育课程开展过程中仍有很多不足之处，体育课程仍然保留传统体育课程的影子，严重缺乏创新性和趣味性。部分院校高素质体育教师人才严重缺乏。同时，年轻教师比例严重不足。

（二）国外高校体育课程的现状

与国内体育课程相比，国外体育课程设计主要有以下几个优点：一是具有多方位的综合体育场馆和完善的基础设施；二是体育氛围强烈，赛事安排紧凑，能充分调动学生的积极性；三是教练员和体育教师队伍强大、专业技能水平较高；四是体育课程中注重创新性意识培养、注重个体感受。国内的体育课程在结构上虽然具备一定的优势，但同时也存在相应的弊端。

国外的高校体育课程有着浓厚的俱乐部体育的气息，越是发达国家越为明显，尤其是美国的高校体育模式更为突出。但这一独有的特征不利于当前我国的高校体制。俱乐部虽然能提供更好的服务与理念，但昂贵的消费是很多高校大学生及家庭无法承受的。在这一点上我们要有选择性的借鉴，绝不能全盘接受。在高校的体育课程改革上我们仍然要遵循我国现有的体制和发展状况，切莫操之过急而导致舍本逐末的结局。

三、我国高校体育课程的发展特点

目前，我国高校体育课程总体而言在南北方上差异不大，如：三大球（足球、篮球和排球）、体适能、健身操，但在某些课程的安排上还是有所区别。南方部分体育课程安排主要以室外、跳跃、攀岩、水上运动为主，北方则以室内、球类（大小球）、冰上运动为主。这一现象主要是由南北方地理环境、气候差异等因素导致的，总体上普遍缺乏创新性体育项目。自从 2002 年《全国普通高校体育课程教学指导纲要》颁布以来，在全国普通高校掀起了体育课程新一轮改革的热潮，出现了多种模式的大学体育教学形式。大学体育课程改革与发展趋势已成为高校体育领域最为关注的论题。

信息时代飞速发展的今天，大学生是网络的主力群体，长时间沉迷于网络与身体素质普遍下降具有一定关系，新的体育课程改革就是要进一步解决这一问题，争取通过良性的体育课程改革逐步解决部分青少年的身心健康发展问题。

四、体育课程改革的重点和难点

自 2007 年《国家学生体质健康标准》推行以来，我国大学生体质并未得到显著的改善，肥胖率、近视率仍然居高不下。体育课程改革的背后，一定要以能对学生的现状有所改善为前提，仅仅依靠每周几节的体育课程确实无法彻底改变当前的状况。

体育课程有着其他课程不能替代的独特作用。不对现行体育课程模式进行改革，就不能充分发挥体育的独特教育作用，就不能促进学生的全面发展。全民身体素质的提高绝不是阶段性的，而是逐步完善的。同理，高校的体育改革也需要在学生进入大学之前的每一阶段打好基础。如从小培养孩子的体育特长从而打好一些体育项目的基础，中学阶段注重体育锻炼与学习劳逸结合，这样一来，到大学阶段便有了一定的基础，改革相对而言就不会面临诸多阻力。体育课程本身缺乏趣味性，课程整体仍然枯燥乏味。课程的改革一定要兼顾趣味性和实践性，既要让课程生动有趣也要有实际的健身效果。

改革过程中教师的影响因素也是巨大的。首先教师对新课题的研究深度不够造成其对体育课程改革的思索不足。其次，部分教师专业能力水平还不达标，学历普遍偏低而且知识储备量严重不足。最后，教师方面还有一个最大的问题是综合性能力不足。体育课程的独特性要求体育教师既要有丰富的理论体系和知识背景，同时也要满足体育项目专业技能。如今的体育教师大多数在两个方面不能兼得，这也是严重制约着高校体育课程发展的重要原因。以上三点是改革的重点同时也是改革的难点。

五、体育课程改革的必要性

体育课程改革已经是一种必然，也是发展的必经之路。体育课程的改革不能千篇一律，也不能大刀阔斧，应该做到因时因地，量体裁衣。体育运动可以改善人体的生理机能，促进新陈代谢，增强生命体质和生命质量，增强人体免疫力。对于在校大学生而言，养成好的健身习惯和生活方式有利于毕业后承担更多的工作压力。

体育课本身并不存在转变和取消等问题，因为体育课程本身就是素质教育中的一部分。这种看法并不完全正确。一方面，现行体育课同样存在着“难、繁、偏、旧”的状况，同样需要减负，这包括适当减少学习内容和适当降低难度两个方面。另一方面，现行体育课程是建立在学科中心课程理论基础上的，知识和技能传授是课程学习的主要特征，学习经验、学习能力和行为习惯的改变等在素质教育中是十分重要的因素，但在现行体育课程中都未能得到很好的体现。因此，现行体育课程并不完全符合素质教育的要求。这是要求我们对现行体育课程进行改革的又一个重要原因。传统的体育课程仍然以完成教学目的为主，任务性、目的性过于强烈，大多数学生像机器一样重复地完成课程要求。这样的课程设置不但不能提高学生的身体素质，反而大大降低了学生对体育课程的积极性。从每年的大学生身体素质各项指标数据来看，目前我国高校大学生身体素质每年仍处于下降趋势。从课堂表现来看，越来越多的学生开始厌烦体育课程，认为体育课程是一种负担；体育教师也疲于授课，但体育教师本身也存在严重的问题，体育教师的综合素质、专业性不足等因素导致体育课程严重缺乏创新性和创造性。这样的恶性循环如果不能打破，势必会带来更加不良的后果。改革改的是思想，改的是观念，改革的最终结果是要事半功倍。

六、总结

综上所述，高校体育课程改革的道路必然要走，但其中的重点难点还有待解决。高校和学生都应该做好准备，凡是改革都不可能一帆风顺，针对这样庞大的改革体系而言更是难上加难，进行一次复杂、深刻的体育课程改革，出现问题是正常的。这些问题反映了广大教师在课程改革中的追求和困惑，它是新课程必然经历的一个阶段。对于出现的问题，我们不要害怕和逃避，而是要敢于正视，要用科学的态度和方法对问题进行实事求是的分析和诊断，唯有如此，才能有利于问题的解决，促进体育课程改革的持续、深入发展，才能真正地解决问题，从体制上完善体育课程。

参考文献

[1] 赖天德. 深化学校体育改革要注意防止虚无倾向［J］. 中国学校体育，2004（2）.

[2] 毛振明. 体育教学论［M］. 北京：高等教育出版社，2005.

[3] 王爱华. 我国普通高校公共体育课程的创新性分析［J］. 体育学刊，2004（5）.

[4] 蒋建华. 基础教育改革需要什么样的哲学头脑［N］. 中国教育报，2004-02-07.

第五篇　思政党建

自媒体时代高校思政工作隐性资源开发研究[①]

刘　心[②]

[摘要] 本文围绕高校思政隐性资源的开发展开论述，对自媒体隐性资源的特点、开发中存在的问题、未来开发的方向等进行了深入的阐述，力争找到一种更贴近大学生心理认知的思政工作模式，改变传统课堂灌输式教育的僵化方式，增强思政工作的实效性。

[关键词] 自媒体　思想政治　隐性资源教育　开发

伴随着各种自媒体平台的开发与运用，大学生的思想观念和学习习惯也发生了翻天覆地的变化。通过各种移动终端检索各类自媒体信息已成为当代大学生日常生活的一部分，自媒体信息中存在的隐性思政资源也越来越多，这种潜在的资源比显性资源更容易被大学生们接受和认可。在这样的大环境下，紧跟时代步伐，探索高校思政工作隐性资源的开发对改善高校思想政治工作的方式、方法，提高思政工作的实效性具有重要的意义和价值。

一、自媒体时代高校思政工作隐性资源概述

自媒体时代的到来，使网络信息的形成和传播机制发生了重大变化。受众参与程度高、传播及时的自媒体凭借着其强大的舆论环境，一方面为思想政治教育提供了难得的契机，另一方面也是严峻的考验。在这种情况下，仅靠传统课堂的显性教育，已经不能满足当代大学生的认知需要。因此，及时地开展高校思政工作自媒体隐性资源的开发研究，不但有助于完善高校思想政治教育的理论体系，拓宽思想政治教育的工作思路，而且可以赢得学生的广泛支持和认可，使思想政治教育的效果更为持久。

我国学者关于隐性思想政治教育的研究始于20世纪80年代，2000年以后相关研究取得了一定的进展。在一些思想政治教育专著中，已有阐述隐性思想政治教育的专门章节，如张耀灿的《现代思想政治教育学》、佘双好的《现代德育课

---

① 本文系重庆市教育科学“十二五”规划2015年度重点课题《自媒体时代下高校思想政治工作隐性资源的开发研究》（课题批准号：2015-GX-037）和重庆工商大学融智学院2015年度教育教学改革研究项目（项目编号：20150012G）阶段成果。

② 重庆工商大学融智学院讲师，主要研究方向为思想政治教育、马克思主义中国化。

程论》、王瑞荪的《比较思想政治教育学》、扶明福的《大学潜在课程与人才成长》、郑永廷的《思想政治教育方法论》等。2012 年以后，伴随着自媒体研究的热潮，开展自媒体影响下的高校隐性思想政治教育研究吸引了很多思政工作者的注意。然而，何谓自媒体时代下高校隐性思想政治教育，其具体的含义是什么，目前尚无明确的界定。在这种情况下，明晰自媒体时代下高校隐性思想政治教育的含义，就显得尤为必要。

在笔者看来，自媒体时代下高校隐性思想政治教育是指高校教育工作者按照预定教育内容和方案，通过在自媒体平台上创设教育情境、隐藏教育主题和教育目的的方式，使受教育者淡化其角色意识，在浏览、关注自媒体平台的过程中，把在线获得的思想政治教育信息消化吸收并内化为自身行动的一种教育方式，它是显性思想政治教育的有益补充。

在了解了自媒体时代高校隐性思想政治教育的基础上就要开展对隐性教育资源的深入挖掘工作。具体而言，自媒体时代下高校隐性思想政治教育资源是指在高校思想政治教育中借助各种自媒体平台，通过无意识的、间接的、内隐的方式使人们不知不觉地接受教育的各种物质、文化和信息的总和，它强调充分依托各种载体和平台，引导受教育者去感受和体会，使他们的认知、情感和行为等在潜移默化中受到感染和熏陶。

这就要求广大教育工作者能主动地把零散的、杂乱的、暗藏在思想政治教育方法中的各种隐性教育理念进行提炼、创新，并结合当代大学生的特点开展自媒体时代高校思想政治工作隐性资源的开发工作。

二、自媒体时代高校思政工作隐性资源的优越性

随着互联网技术的快速发展，高校思政工作也在不断地发生着变化，传统的显性教育已经不能完全实现高校人才培养的目标。在这种情况下，探索高校思政工作隐性资源的开发就成为传统思政工作的一种有效补充。隐性资源的开发与运用，不但打破了传统的以老师讲授为主、学生被动接受为辅的僵化模式，而且也使学生的自主能力得到提高，使学生在浏览自媒体信息的时候，不知不觉地接受思政教育，为高校思政工作提供了新的契机。

具体来说，自媒体时代高校思政工作隐性资源的优越性主要有以下几个方面：

第一，自媒体时代思政工作隐性资源具有隐蔽性。这种隐性资源往往灵活地蕴含在校园新闻、社会新闻、校园 BBS 等各种自媒体信息里，使高校学生在浏览各类自己感兴趣的信息时无形中接受了思政教育。这与传统的显性教育具有明确的目的性不同，它追求的是在学生感受自己乐趣的同时接受思政教育，达到思政工作的目的。

第二，自媒体思政工作隐性资源具有很强的渗透力。自媒体思政工作隐性资源的开发，使高校思政工作渗透到了学生学习生活的各个方面，这更好地解决了学生在接受显性教育时容易产生逆反心理的问题。

第三，自媒体思政工作隐性资源具有多元性。与传统的思政工作显性资源相比，隐性资源具有多元性和形式多样性的特点。自媒体思政工作隐性资源的开发不像传统教育那样受到时间和空间的限制，这使得思政教育变得活泼、新颖，能够赢得高校学生的喜爱。在多样化的自媒体信息中，高校学生具有多种选择余地，为思政教育提供了更大的空间。

第四，自媒体思政工作隐性资源具有便捷性。自媒体隐性资源具有更大的灵活性，极大地节约了思政教育的成本。高校学生可以不受时间和空间的限制，自由地获取思政教育资源，资源利用率获得了明显的提升。

第五，自媒体思政工作隐性资源具有持久性。与传统教育相比较，自媒体思政工作隐性资源教育虽然见效较慢，但影响却更持久。隐性的教育模式使学生在潜移默化中受到了思想的熏陶和洗礼，学生一旦接受了就不会轻易改变，从而获得更为持久的活力。

三、自媒体时代高校思政工作隐性资源的开发策略

在现代自媒体运用还处于初期阶段的情况下，高校思政工作隐性资源的开发是一项艰巨的任务，还存在着自媒体载体不完善、自媒体思政隐性资源开发方法不规范和自媒体思政工作隐性资源主导性不明确等诸多问题。

要想解决好这些问题，就要做到：

第一，应切实加大思政工作隐性资源开发的理论研究工作，进一步丰富隐性资源库，从根本上解决隐性资源开发难的问题。理论是实践的基础和前提，思政工作隐性资源开发的理论研究可以为思政隐性资源开发的实践工作提供理论支撑，指明未来发展的正确方向。

第二，要做好自媒体平台的甄选工作。只有好的载体形式，才会发挥出思政工作隐性资源的最大效力。高校思政工作要想取得较高的实践性效果就必须选择对高校学生具有较高影响力的自媒体平台进行隐性资源的投放。据中国互联网信息中心（CNNIC）2015 年 7 月统计数据显示，“截至 2015 年 6 月，中国微博客用户规模为 2.04 亿，网民使用率为 30.6%，手机端微博客用户数为 1.62 亿，使用率为 27.3%。占总体的 79.4%”。9 个月以后，在中国互联网信息中心（CNNIC）又发布了新的数据，结果显示：“即时通讯应用已经成为第一大移动应用，使用率高达 90.7%，QQ、微信、陌陌的常用率位列前三。”其中，整体上网时长与手机上网时长达到 6 小时以上的用户分别占到总数的 36.9% 和 22.8%。由此可见，在这个自媒体已经成为大学生不可缺少的必备品的时代，自媒体作为高校思政工作隐性资源开发的载体是再合适不过的，高校教师应该充分认识到这一点，开发出更多的思政工作隐性资源供学生们使用。

第三，设立隐性资源开发行业规范。对于如何开发合格的自媒体思政工作隐性资源，目前业内还没有形成一套完整的行业规范。开发方法的不规范，直接导致了思政工作隐性资源开发的侧重点偏移。绝大多数高校的思政工作还是以传统的课堂模式为主，对建立新的隐性资源开发规范不关心，这严重地制约了高校思

政工作隐性资源的开发。

第四，要加强思政工作隐性资源开发的组织协调机制建设。目前，绝大多数高校思政工作隐性资源的开发尚未形成合力。隐性资源的开发处于可有可无的境地。各相关职能部门对隐性资源开发重视力度不够，有效的协调机制尚未形成。在这种情况下，建设一支高素质的隐性资源开发队伍，明确相关职能部门在开发工作中的具体职责与权限，把工作分工细化落实到人，实行专人负责，各职能部门各司其职，共同营造为隐性资源开发提供政策、资金、技术、人员等相关支持的良好氛围。只有这样，才能真正把工作落到实处，实现为高校思政工作保驾护航的作用。

第五，应努力营造良好的自媒体网络环境。良好的自媒体网络环境是高校思政工作隐性资源发挥作用的基础，能够对思政工作隐性资源的开发起到促进作用。因此，要加强自媒体网络环境的监管，筛选适合思政工作的信息在自媒体上进行投放，禁止反动的、不健康的信息的传播，为高校思政工作隐性资源的开发提供良好的网络环境。

四、自媒体时代高校思政工作隐性资源开发的价值与意义

第一，高校思政工作隐性资源的开发有益于提高大学生的自我认知。高校思政工作隐性资源的开发运用使大学生自主地接受思政教育成为可能，极大地激发了学生的自我教育能力。学生在各种自媒体平台上轻松愉悦地接受思政教育，改被动接受为主动学习，这更有益于促进学生形成正确的世界观和人生观。

第二，高校思政工作隐性资源的开发有益于增强学生的教育参与度。由于自媒体具有传播范围广、传播速度快的特点，使高校思政工作的范围空前加大。自媒体平台上的隐性资源，极大地调动了学生的积极性，提高了大学生的教育参与度，增强了高校思政工作的有效性。同时，高校学生的广泛参与，也带动了其他学生的参与，让高校思政工作隐性资源的运用不受排斥，让更多的学生参与到隐性资源的传播和学习中来，让所有的学生都能在隐性资源运用中获利。调查数据显示，人们使用社交应用与朋友互动、了解新闻热点、关注感兴趣的内容、获取知识和帮助以及分享知识的比例分别为：72.2%、64.3%、59%、58.3%、54.8%。各种自媒体平台日均登录用户有5.7亿之多。因此，如能充分利用这些平台进行隐性的思政教育资源的开发与投放工作，一定能改善思政教育的现状，极大地提高学生的教育参与度。

第三，高校思政工作隐性资源的开发有益于加强学生的思想交流。自媒体的一大特点就是可以实时互动，让高校学生可以在自媒体平台上自由地交流、分享自己的心得，在交流与讨论的过程中，碰撞出思想的火花，形成良好的学习氛围，借以达到树立正确的思想道德观念的目的。

第四，高校思政工作隐性资源的开发有益于马克思主义大众化的实现。自媒体技术在青年大学生中有效地搭建了一个传播马克思主义的网络化和信息化的平台。使大学生能够通过网络而不需要通过传统的教科书、报刊、广播、电视等媒

介，就能获取思政资源，这是社会进步的必然选择。

第五，高校思政工作隐性资源的开发顺应了“互联网+”时代的教育革命的需要。从早期的多媒体教学，到当今的自媒体遍地开花，我们在深切感受技术变革给传统教育带来的挑战的同时，也迎来了隐性资源开发的新的契机。纸质教材和电子教材的结合，在向受众提供大量阅读材料的同时，也极大地顺应了“互联网+”时代的教育革命的需要。把一些与课程相关的教学和实践内容投放到自媒体平台上，吸引青年学生访问、浏览。此外，还可以借助微信公众平台等自媒体平台发布课程信息，这其中既可以进行一些基本知识点的介绍，也可以增加与知识点相关的争论等内容，通过广泛的讨论，引发学生积极思考。

第六，高校思政工作隐性资源的开发有益于提高碎片化时间的利用效率。思想政治教育突破了时间和空间的限制，从而更符合学生的学习习惯。学习活动不一定在课堂上，既可以利用乘坐公交车和地铁的时间使用笔记本电脑和智能手机学习，也可以在会议或活动的间隙进行。而现在的思想政治理论课，通常是大班授课，动辄数百人，在这样的大课堂中，学生发言和参与课堂互动的机会少之又少，能否有效地学习吸收课堂上的知识，更是无从考察。

综上所述，大学生是一个个鲜活的个体，他们有思想、有判断力，叛逆心强，过于直白和重复的显性教育，容易遭到他们的反感和抵触，而自媒体平台上的资源以其灵活、丰富、多样和个性化的特点受到了当代大学生的认同和喜爱。在这一背景下，开展自媒体时代高校思想政治工作隐性资源的开发策略研究既可以提高大学生的自我认知和教育参与度，又可以化显性教育为隐性教育，使学生在浏览各种自媒体信息的时候不知不觉地接受思想的洗礼，从而达到“润物细无声”的效果。

参考文献

[1] 中国互联网数据咨询中心. 第 36 次中国互联网络发展状况统计报告 [R/OL]. http：//www. 199it. com/archives/369027. html.

[2] 中国互联网数据咨询中心. 中国社交应用用户行为研究报告 [R/OL]. http：//www. 199it. com/archives/460224. html.

理性应对校园流行文化对大学生主流意识的影响[①]

唐凤芬[②] 张玉勤[③]

［摘要］随着全球化的加强，网络科技的飞跃发展，校园流行文化在大学生群体中广泛传播。它作为一种意识形态和文化类型，如一把双刃剑，给大学生的价值取向、思维方式和行为规范都带来了全面而深刻的影响。我们需辩证地看待和正确地认识高校校园流行文化，理性应对校园流行文化对大学生主流意识的影响。

［关键词］校园流行文化　主流意识　影响

流行文化随着文化全球化、多元化的发展广泛盛行。而现今高校中与全球化、数字化时代同步成长的“90后”大学生，是流行文化最敏感、最前沿、最重要的接受者、传播者与创造者，他们的主流意识形态受着校园流行文化全面和深刻的影响。因此，理性应对校园流行文化对大学生主流意识的影响，做出合理引导是极为重要的。

一、多样化传播：线上线下、国内国外相交织

流行文化在大众传媒、商业利益和文化市场的驱动下突破了地域文化和民族文化的障碍，成了大学生生活中不可缺少的一部分。有学者认为，“大学校园流行文化是指在大学校园、大学生这一特定地域、群体中按一定节奏、以一定周期普遍流行的产品、产业、话语、生活方式或价值观念的总和。”其表现形式呈现出多样性。

（一）信息时代下的新媒体文化

随着网络科技的飞速发展和高校信息化的深入建设，新媒体越来越受到大学生的青睐。据中国互联网络信息中心2016年8月（数据需更新）发布的《2015年中国青少年上网行为研究报告》显示：“大学生群体在大部分网络应用上表现活跃，所有网络应用使用率均高于整体网民的平均水平，在网络娱乐、交流沟

① 本文系重庆工商大学融智学院2014年度人文社会科学研究项目《全媒体时代独立学院大学生主流意识形态认同研究》（项目编号：20146002）阶段成果。

② 重庆工商大学融智学院讲师，主要研究方向为大学生思想道德教育研究。

③ 重庆工商大学融智学院讲师，主要研究方向为大学生思想道德教育研究。

通、信息获取和商务类应用方面尤为活跃。整体对互联网信任度高、依赖性强，即时通信使用率高达95%。”这些数据标志着新媒体已经成为高校流行文化传播的主要媒介，多样化的新媒体文化也成为校园流行文化的主力军，最为主要的则为网络文化和“拇指文化”。

首先表现在网络文化上。网络文学（曲折离奇的故事、幽默风趣的语言）、网络视频（电视剧、电影、公开课、音乐MV、娱乐节目）、网络通信（QQ、微信、YY）、网络游戏（休闲类游戏、竞技类游戏、角色扮演类游戏等）、网络社区（人人网、校园网、BBS、百度贴吧）等，给大学生的学习、生活、精神文化带来深刻影响。其次“拇指文化”日益壮大。“拇指文化”以手机为基本载体，以手机短信为媒介。据中国青年网就“大学生手机市场份额”调查显示，手机已成为大学生群体中最普遍的通信工具，到2014年，大学生手机普及率就已达到98%。“拇指文化”已经成为大学生日常交流沟通的新风尚。

（二）追求时尚新奇的行为文化

在语言上，校园流行语在大学生中被广泛应用。其主要有三种类型：对社会流行现象和流行影视作品的高度概括；因网络通信打字习惯而形成的简化语言；大学生的日常生活的再创造。如“过儿”“元芳你怎么看”“学霸”“豆芽科”“重修专业户”等。在消费上，大学生的消费结构向多样性方向发展，同学之间盲目攀比消费现象比较普遍，提前消费、负债消费、月光现象常见。在服饰装扮上，部分大学生个性张扬、崇尚自由，喜好标新立异、与众不同。在娱乐上，“追星族”不断壮大，“追星”日益成为一种时尚。独特的大学校园流行文化能够比较全面地反映大学生的价值观念和心理状态，其也在一定程度上折射了当今大学生的行为方式、思维模式和精神面貌。

（三）强劲的外来文化

近年来，随着全球化的加强，外来文化在中国迅速传播。社会上流行的外来文化在大学校园里随处可见。韩剧、美剧、日本动漫等外来影视文化，情人节、圣诞节、愚人节等西方节日还有欧洲足球、NBA等体育运动等都深受大学生的喜爱。这些体现西方文化的载体承载着西方的价值观，具有强烈的意识形态属性，对大学生主流意识形态的影响力是不可估量的。

（四）风靡娱乐的恶搞文化

恶搞文化，主要指对严肃主题进行解构、颠覆、重组，以达到喜剧或讽刺效果的娱乐文化。在娱乐、搞笑、讽刺中引起大学生的共鸣，表现在诸多领域中，包括影视、音乐、文学等，如《一个馒头引发的血案》和“梨花体”流派。

二、双刃剑影响：正能量与副作用并存

任何事物都是辩证的，需要一分为二地去看待，流行文化也如此。在考量校园流行文化对大学生主流意识的影响时，既要看到它的积极作用，也要看到它的消极影响。

（一）加速大学生社会化进程的同时，也易导致价值标准的混淆

校园流行文化之所以流行，不在于外力的强加，更多在于在具有共同价值取

向和思想观念的大学生中自发萌生，引起学生共鸣。大学生的交流范围及交往群体广，在与他人的交往过程中，要明确自己的社会角色定位和所承担的社会责任，为踏入社会做铺垫。同时，校园流行文化通过互联网在大学和社会之间成功搭建了沟通和交流的桥梁，为大学生提供了解社会信息的平台，使大学生更多地了解世界局势、国家发展、社会现状、学校动态和娱乐资讯等，帮助大学生了解社会、认识世界，实现与社会的沟通和互动，使大学生广泛参与到社会活动中去，从而有利于实现社会角色的顺利转化，加快社会化进程。

但是，校园流行文化所传输的拜金主义、享乐主义等消极内容，使大学生一方面强调自我中心、个人价值，淡化自身的人生理想和意义，迷失价值追求；另一方面缺乏是非辨别能力，面对多元复杂文化的影响，又易混淆社会主流价值标准，导致民族传统文化与社会价值认同危机。

（二）增强大学生主体意识的同时，也易导致思想政治道德观念的淡化

校园流行文化，崇尚自由，追求张扬与个性，使大学生们从保守的传统文化中释放自我，摆脱了对经典和权威的依赖，拥有更为广阔彰显个性的舞台。大学生们通过校园流行文化所反馈的社会第一手信息能及时、自由地在网络上发表自己的意见，增强了自身的社会参与感、自由民主意识及主体性意识。同时，在与流行文化的互动中，他们能够自由表达自己的意愿，张扬自己的个性，找到自己的价值所在，从而使他们的主体意识大大增强。

但是，对流行文化的过分追逐容易诱发道德问题，造成大学生人格的缺失。娱乐性、新奇性，使部分高校流行文化传输出享受生活、娱乐至上、暴力无罪、个人至上的信号，由此消解了传统的价值观念、人文关怀、审美理想和道德规范，引导大学生去追求物质享受和感官刺激，不利于大学生形成积极向上的世界观、人生观和价值观。长期受到这种不良高校流行文化的影响，大学生容易仅从自我感受出发，以自我为中心，淡化对远大人生理想的追求和人生意义的思考，混淆社会主流价值标准，忘却自己的社会责任，淡漠甚至忽视道德规范。

（三）开拓大学生视野的同时，也易导致审美情趣的庸俗

随着网络的发展，大学生们可以根据自己的兴趣爱好，到网上搜集和下载相关资料，不仅拓展了知识面和视野，同时也提高了自主学习的能力。而且，校园流行文化涵盖了影视、音乐、经济等许多领域，能够充分调动大学生的积极性，培养大学生广泛的兴趣爱好，锻炼大学生的组织和沟通能力，提升大学生在文学、艺术等方面的修养，以通俗易懂的方式丰富了大学生的生活，使校园生活变得多姿多彩。

但是，大学生由于缺乏社会经验、生活阅历和是非辨别能力，在校园流行文化的冲击下，一方面由于校园文化的反理性主义倾向，根本不理解校园流行文化的深层次内涵，只是停留在内容和形式的简单复制上，没有达到真正的内化，缺乏深入的理性分析和价值判断，不能对校园流行文化做出科学合理的取舍。另一方面，由于校园流行文化的良莠不齐，低俗作品充斥其中，大学生的审美对象、审美方式、审美情感滑坡，审美情趣呈现庸俗化倾向。

三、趋避性策略：大胆借鉴与合理引导相统一

（一）取其精华，以校园流行文化积极元素创新学生主流意识引导，增强实效

1. 加强传媒文化平台搭建，创新引导载体

当前人人网、博客、QQ、微博、微信等传媒平台已成为文化信息的接收、发布和传播的重要载体。我们应加强传媒平台和文化平台搭建，积极发挥现代传媒在大学生接受和认同主流文化中的桥梁、纽带作用。充分利用校园多媒体平台，通过网络文化、名人讲坛、文化纪录片展播等富有吸引力的形式，对重大社会文化现象和理论问题进行全面分析，以快捷、便利的传媒平台，多角度、多方面地让更多大学生融入多元文化的学习中。

2. 借鉴校园流行文化的传播模式，拓展引导空间

流行文化的运作模式因贴近实际、贴近生活、贴近大众而受到大学生的青睐。我们要充分借鉴、吸收和利用流行文化的生产技术和传播手段，进一步丰富和拓展引领校园流行文化的空间，以丰富的高雅文化和健康向上的文化活动引导流行文化，让大学生们正确认识和对待优秀的民族传统文化和外来文化，把握正确的价值取向。

3. 充分运用现代传媒，丰富引导内容

现代传媒作为流行文化基本的物质载体，在宣传政策、传播新闻、引导舆论、介绍知识、反映社会、开展监督中发挥着重要作用，具有及时、广泛、生动、自然、灵活等特点，为大学生们所喜闻乐见。要充分运用视听化、媒体化等多种网络传播技术，积极适应大学生的接受心理和审美习惯，借鉴流行文化的传播方式，进一步丰富引导内容、形式，满足学生多样化的需求。

4. 健全符合网络时代要求的校园文化体制

网络时代的飞速发展，校园流行文化进一步广泛传播，校园文化建设以及对大学生的思想行为引导受到严峻的挑战，如何积极应对，给高校教育者提出了新的课题。只有正确分析和对待校园流行文化对校园文化的冲击与影响，并加以合理的引导利用，才是网络时代校园文化建设的应对策略：充分利用网络资源，发展学生的多种能力；发挥网络的调适功能，促进学生心理健康发展；通过网络强化校园精神，进一步激发校园文化的凝聚力。

（二）去其糟粕，以社会主义核心价值体系引领校园流行文化，弘扬主旋律

“社会主义核心价值体系作为社会主义意识形态的主体，是社会主义制度的内在精神和生命之魂，在社会主义价值目标中处于统摄和支配的地位。”可以说，它是社会主义中国时代的主流文化和先进文化，具有“价值中心”的统摄和导向功能，必须把它作为校园流行文化的正确价值取向，不断规范校园流行文化的发展方向。党的十八大报告指出，“要深入开展社会主义核心价值体系学习教育，用社会主义核心价值体系引领社会思潮、凝聚社会共识。积极探索用社会主义核心价值体系引领社会思潮的有效途径，主动做好意识形态工作，既尊重差异、包

容多样，又有力抵制各种错误和腐朽思想的影响。”必须根据大学生文化需求的特点和规律，努力构建积极健康的校园文化环境，以社会主义核心价值体系引领大学校园流行文化的精神方向、价值追求，引导学生树立正确的校园流行文化观，使其符合我国的主流意识形态，弘扬主旋律。

坚持以社会主义核心价值体系为导向，弘扬主旋律，关键就要在引导校园流行文化的时候注意对校园流行文化大环境的净化与创设。其一，对文化环境的现实批判与净化，针对某些不良信息和低俗文化通过网络、手机等渠道渗透进入校园的情况，思想政治教育工作者要注意对网络环境、手机信息环境进行净化，还要注意思想政治法制教育的加强与完善，进行网络环境的法制教育等。其二，对文化环境的积极创设，输入积极的文化要素，加强社会主义核心价值体系教育。要充分发挥线上线下党校、团校、理论学习社团等组织的文化建设作用，通过主题活动、组织生活、知识竞赛、座谈研讨、参观考察等多样丰富的活动形式，将社会主义核心价值体系教育与校园文化环境建设有机结合在一起，形成生动活泼、主题鲜明、具有较好教育意义的良好校园文化氛围，引领校园流行文化。

另外，在主流文化的熏陶教育下，加强爱国主义教育，提高对西方文化渗透和封建不良习惯的抵制力，提高大学生的审美观和文化心态，以及辨别校园流行文化的美丑善恶的能力，引导他们从注重感官享受转移到注重精神境界、道德素养的提高，从注重休闲娱乐转移到以学业为重的正轨上来。运用马克思主义的立场、观点和方法来观察和分析形势政策，正确认识形势发展中的主流和支流、全局和局部、现象和本质的关系，帮助大学生自觉树立正确的世界观、人生观、价值观。同时，必须以社会主义核心价值体系引导大学生科学的人生发展方向，将崇高的人生理想与人生准则融入日常的学习和生活中，使流行文化的创造主体——大学生构筑起坚强的思想堡垒，在繁杂的流行文化面前保持理性的思考。

（三）主体能动接收，以审慎的态度自觉理性对待校园流行文化

1. 尊重学生主体性的发挥

大学生对校园流行文化的接收，是全盘接收还是理性汲取，是与大学生主体性的发挥有密切关系的。在传统教育中，存在着大学生主体性缺失的问题，压抑了大学生的主体性、创造性，而在校园流行文化的接收、传播中获得自由性的迸发，导致对校园流行文化的非理性参与。大学生作为校园流行文化最敏感的实践者，应该加强自身主体性的培养，在践行社会主义核心价值体系中充分发挥学生的主体作用。在主流文化引导教育工程中，尊重学生的主体性，鼓励学生主动参与到主流文化的营造中，主流文化内容有他们自己的诠释，主流文化环境有他们的设计，主流文化传播的方式有他们的意见采纳，他们感受到自己作为校园的主人翁地位，有充分的参与权益，他们才会自觉去遵循主流文化，弘扬主流文化，理性地汲取流行文化中的精华，抛弃流行文化中的糟粕。这也会潜移默化地影响学生的思想行为朝正向的方向成长发展，形成校园主流文化引导非主流文化影响学生再反哺校园主流文化的良性循环。

2. 引导学生的心理认同

学者刘晴晴指出，“社会主义核心价值体系是引领校园流行文化的主要途径，同时校园流行文化也是加强大学生社会主义核心价值体系认同教育的主要传播载体。”良好的大学校园文化，需要获得学生的心理认同并能够引发学生兴趣。要引导学生以审慎的态度自觉理性对待校园流行文化，非常重要的还是要采取措施打好基础，获得学生的心理认同。在办学理念及行动上是否将学生视为中心，做到了人文关怀，充分考虑了学生的权益；在培养人才上是否为学生创设良好的学习环境，做到了促进学生全面发展；在校园文化环境建设上是否突出教育内涵，进行精心设计，彰显时代特点等。在这些方面让社会主义核心价值体系在校园里处处得到体现，让学生们看得到、摸得着、感受得了，不再是学生眼中空泛苍白的大道理，那么学生自然就会接受它，并将之自觉地运用到自己的学习生活中。

3. 加强学生自身文化素养，提升学生的辨别力

作为校园文化建设传播的主体，大学生应做好规划，加强自身的文化修养。通过书法陶冶情操、音乐增强乐感、阅读提升理论高度、茶道等修身养性以及参观旅游开阔视野等，在提升理论中提升实践能力，在培养高雅审美情趣中增强人文素养。有了较好的人文素养，就会拥有较强的鉴别能力，有利于对一些负面的非主流文化加以排斥。同时，根据学生的实际情况，通过多种途径，培养学生主体参与意识和自由民主意识，提升学生自身对校园流行文化的辨别力，提高学生自身素质，使学生由被动追随补给到主动接受滋养，不盲目跟风，不虚荣攀比，吸收校园流行文化中积极向上的因素，抵制不良影响，自觉理性对待校园流行文化。

参考文献

[1] 张玉龙，朱光燕. 大学校园流行文化的发展趋势及其引导［J］. 创新与创业教育，2014（6）：49-50.

[2] 中国互联网络信息中心.《2015年中国青少年上网行为研究报告》［R］. 中文互联网数据资讯中心，2016. 8.

[3] 张春花. 高校校园流行文化发展趋势及其引领机制探索［J］. 淮海工学院学报，2014（8）：121-124.

[4] 刘晴晴. 试析当代大学生的校园流行文化及其引导策略［J］. 法制与社会，2013（7）：227-229.

“最美现象”的伦理解读

王茂诗①

[摘要]“最美现象”是近些年屡见不鲜的社会现象，其蕴含丰富的伦理精神。“最美现象”是社会主义核心价值观的伦理体现，主体人物“知、仁、勇”品性的伦理表达，还是现实生活真善美合一的伦理升华。为进一步弘扬“最美”精神，道德榜样需要常态化的塑造，道德信心需要梯次性树立，道德高地需要多方位共建。

[关键词]“最美现象” 伦理 道德模范

近年来，“最美”一词已经成为热门词语，出现在网络和报端已是屡见不鲜。“最美”的形容对象，都是社会上的平凡人，这些平凡人做了不平凡的事。“最美人物”也有了由“最美妈妈”“最美教师”“最美司机”等个人的“最美”，逐渐拓展到团体的“最美”。“最美”已经深入人心，形成了充满正能量的“最美效应”。

一、“最美”和“最美现象”内涵及背景

“最美”一词虽然是近两年才流行起来的，但并非是新词。早在1977年的《人民日报》中就出现过，当时刊登了一篇名为《最新最美的人》的人物通讯，用以报道蒋成龙的英雄事迹。在2001年台湾做了一个美感调查活动，民众投选自己心中最美政治人物，马英九当选“最美政治人物”。“最美”这个偏正结构的词组，用“最”字并非经过统计学分析，此“最”的极限程度意义已经虚化。“最美”已形成趋向固化的词语，它与“最美现象”均是因为大众对平凡人做出事迹的高度赞同而引起了的情感共鸣。“最美现象”最初是平凡人在危急的特殊情况下突然迸发的保护他人的行为，被写成新闻并得到广泛传播，大众因其无私的见义勇为受感动而褒扬的现象。随着“最美人物”的不断涌现，“最美现象”的内涵也得到扩展，有瞬间美的突然行为，也有长期的无私坚守，总之包含了一切让老百姓感动的平凡人的不平凡事的道德现象。

三十多年的改革开放促进了经济的飞速发展，同时伴随着人们的价值观多元化引发的行为失范。多起搀扶摔倒老人反被诬陷，见义勇为成为“农夫与蛇”；身为灵魂工程师的教师行业，出现范跑跑；幼童小悦悦身死路边，路人漠视生

---

① 重庆工商大学融智学院教师，主要研究方向为伦理学。

命；女童洗衣机事件尚未定案，多数网民在恶意揣摩是父母故意杀害等的一系列道德失范现象，导致了大众的信仰危机和道德焦虑，“最美现象”就在大众渴望真善美的道德需要的情况下应运而生。人们的向善需求激发了全民的文化自觉和价值觉醒。人们需要的正是处于道德较高水平层次的“最美”人物，来坚定爱和责任依然是主流的道德标准，人性的良善并未泯灭，在浮躁的社会环境中，仍然有一批有健全人格和良好职业精神的人。由此，“最美现象”是个体需要和社会需要的统一。“最美现象”在近两年大热，并非是因为此前没有“最美”的行为，也不仅是因为人们需要“最美”，还因为网络的日渐发达。网民可以利用网络平台传播“最美”，再加上媒体大力宣传和政府的支持，这种由下到上又由上到下的方式，形成社会认可和官方认可的结合，使得“最美”能够在短时间内得到广泛的认可和良好的宣传效果。

二、“最美现象”彰显的伦理精神

（一）社会主义核心价值观的伦理体现

社会主义核心价值体系是兴国之魂，党的十八大报告概括了社会主义核心价值观：“倡导富强、民主、文明、和谐，倡导自由、平等、公正、法治，倡导爱国、敬业、诚信、友善，积极培育社会主义核心价值观。”在中国特色社会主义伟大实践中形成的“最美现象”，是对社会主义核心价值观的生动诠释。

“最美现象”体现了倡导文明、和谐的伦理要求。在中国共产党的领导下，创建文明、和谐的社会是人民群众的共同向往。理想社会的实现离不开广大人民群众的参与。“最美××”句式的“最美”人物，来自各行各业，几乎在每个领域都有“最美”的榜样。每一个“最美人物”几乎都是草根出生，平凡岗位，却做出了不平凡、感人至深的行为。可见，不同的“最美人物”在各自的职业领域中承担着自己的社会角色，在“最美人物”的熏陶下，形成良好的社会氛围，鼓舞着人民大众共创美好的文明和谐社会。

“最美现象”体现了倡导自由、平等的伦理要求。社会主义核心价值观以平等为核心，实现人与人的平等，解开桎梏，达到自由。“最美富二代”周江疆诠释了生命不因财富多寡而不同。这个身家千万的富二代多次进入火场救员工，解救了十个人，自己却再也没有走出来。“最美乡村女医生”钟晶因对平等的解读而坚守在大山深处，她离开条件优越的市医院来到少数民族地区成为乡村医生，为这个条件落后地区的人民带来医疗帮助，贡献自己的微薄之力，拉近医疗平等。“最美老师”之一的谭定，在偏远山区做代课老师，虽然意外让他失去双腿，但为了山区孩子也能受到教育，他继续坚守着这份不平凡的工作。

“最美现象”体现了倡导爱国、敬业、诚信、友善的伦理要求。爱国是理智的爱国，在2012年下半年部分民众打砸日系车等偏激爱国行为的同时，一批“最美爱国者”理智地跟在游行队伍后面拾捡垃圾等，为破坏行为善后。“最美护士”被患者殴打至昏迷，醒来发现患者跳楼，不忘自己职责，去阻止患者。“最美司机”吴斌在意外发生时，若不是其敬业，很可能发生车毁人亡的惨剧。

称之为“信义兄弟”的“最美人物”孙水林和孙东林，孙水林为了信守诺言，大雪夜驾车给工人发工资途中发生车祸身亡，其弟弟孙东林来不及给哥哥办后事，首先将哥哥未完的心愿完成，直赴当地将工人工资发放到一个个工人手中，演绎了一场感人的诚信接力。“最美农妇”发现巨石压住铁轨的险情，不顾自身安危，拦截火车，使一场可能危及数百名旅客生命的事故得以幸免。“最美人物”的事迹不胜枚举，他们都在用实际行动践行社会主义核心价值观。

（二）主体人物“知、仁、勇”品性的伦理表达

知、仁、勇是儒家的三达德。在《论语·子罕》中孔子说“知者不惑，仁者不忧，勇者不惧”，意思是有智慧的人不会被迷惑，有仁爱的人不会有忧愁，有勇气的人不会有畏惧。同时，三达德是能通过学习获得的，正如《中庸》所言：“好学近乎知，力行近乎仁，知耻近乎勇。”三达德不仅是孔子毕生追求的高尚完美人格，也是“最美人物”身上所展现出来的优秀人格。

知的原意是智慧，伦理内涵是明善，《中庸》讲到“诚之者，择善而固执之者也”，“诚之者”要先择善，先知道什么是善，而后才能通过身体力行去行善最后达到“守善”的过程。因而，“择”善的过程首先是一个知的过程。“最美人物”在未做出惊世之举之前，都是淳朴善良之人，先知善后行善。“最美司机”吴斌十年间安全行驶100多万千米，从未发生一起交通事故和旅客投诉，在灾难发生时，他的高尚素养就集中爆发出来了。“最美人物”在救人于危难的关键时刻，有处变不惊的果决智慧。不论是“最美妈妈”吴菊萍的机敏决断，踢掉高跟鞋快速去接高空坠落的小孩，还是“最美路人托举哥”周冲的托举小孩，减轻被困小孩体重的压迫，才能坚持到救援，都将行善的处事智慧表现得很透彻。

仁是理想人格的最高道德原则，基本内涵就是爱人，不是爱某一类人，而是泛爱众人。“最美警卫战士”高铁成、“最美司机”吴斌、“最美教师”张丽莉、“最美护士”何瑶、“最美妈妈”吴菊萍、“最美农妇”蔡景英等“最美人物”的行为都是出于仁爱之心和对同类生命的爱，正如“最美妈妈”吴菊萍所言“我不是英雄，只是恰好碰到了”，因为怀着一颗仁爱之心，在危机时刻就能奋不顾身地挺身而出。

勇是理想人格所具备的毅力和所应到达的精神境界，也是固执其意志，对善的不变执守。“最美”之人若只有仁爱之心和智慧，还不能够做出见义勇为的“最美”行为还得具备行善的勇气。生活中不乏有仁爱之心和有智慧的人，但是在危机发生之时，缺乏行善的勇气，最终导致没有做出行善的行为。“最美”行为的爆发，正是在“舍我其谁”的行善勇气和道德意志的拖动下完成的。

（三）现实生活真善美合一的伦理升华

真善美是人类活动的三个不同层次的认识目标，也是人类发展的三个不同向度的价值追求。真侧重反映人与世界的认知关系，体现着合规律性的认识世界的目标；善侧重反映人与世界的价值关系，体现着合目的性的改造世界的目标；美侧重反映人与世界的情感关系，体现着创设世界的目标[1]。

真的本义是与假、伪相对的真实、真诚，哲学内涵是主体在思想和行动上接

近客体必然性的情况。"最美"的报道摆脱了"俯视"视角和单向说教的传统的方式。"最美人物"出自草根，具有平民性，是完全融入大众生活的人物，给人油然而生的亲切感。"最美人物"都是由民众通过网络等渠道参与的结果，官网力量不是主导，主要是由网友推出的。所以，"最美人物"的流传不仅是因为他们的行为感人至深，还因为他们的事迹给人真实可信之感。

善有很多含义，据《新华字典》所载，"心地仁爱，品质淳厚；友好；赞许；办好之意"。在哲学范畴上，善建立在真的基础上，是实现了主体必然性的境界，表征着人的内在品质和外在行为合乎道德标准。"最美"事迹是偶然中存在必然。"最美人物"不是偶然的，他们具备善的本性，才能在危机时刻挺身而出。"最美爷爷"占祖忆的朋友、邻居等接受采访时都表示对他救人之举并不惊讶，因为在平时生活中，占祖忆就是一位乐于助人，以身示范的老人。

"最美"的美是美的形态中的社会美，指现实生活中社会事物和现象呈现的美，来源于人的社会实践，是审美化了的个人的自由德行。在个人与社会关系上，"最美现象"彰显了人与他人和社会的和谐；在个人方面，彰显了个人对善与美的追求，彰显了个人内心的高洁；从道德与审美的关系而言，彰显出的是一种由道德自觉向审美自由的升华。

三、"最美现象"的伦理启示

（一）道德榜样需要常态化的塑造

道德榜样是指在一定社会道德实践活动中涌现出来的、凝聚了特定历史时期的人们的共同理想追求、具有较高的道德境界因而能够对他人起教化作用的人格范式[2]。不同的时期，对道德榜样的要求也不尽相同。改革开放之前的道德榜样主要以政治力量推行，当时的道德榜样无一不被打上集体主义精神的时代烙印。道德榜样雷锋就处于这个时代。在改革开放进程中，人们对道德榜样的选择越来越现实化，道德榜样的产生方式变得多样化，有身残志坚的张海迪，也有行业精英陈景润，见义勇为的徐洪刚，甚至还有娱乐明星等。现在的道德榜样在继承的基础上开拓创新。"最美现象"的成功，是一个道德模范的新模式，有助于对道德模范常态化。从平民、从草根阶层中发现，从宣传的自发性和网民、媒体、政府三方合力中去挖掘，使道德榜样不是简单说教，要具备真实性、代表性和群众性。道德榜样不应仅仅停留在景仰上，更重要的是对大众的带动上。当大众看到道德榜样不是完美的高大全式的人物，而是一大批从普通人中走出来的好心人，才更具有感召力。"最美现象"的成功为道德榜样的塑造提供了新的模式。

（二）道德信心需要梯次性树立

搜索百度新闻标题"最美现象"，可以找到相关新闻约 9 220 000 个，如"最美农妇""最美清洁工""最美爷爷""最美女孩""最美新娘""最美法官""最美护士"等。"最美××"句式已被滥用，几乎每个社会职业中都能找出一个"最美人物"。尽管每个"最美"的背后会有感人行为，但是媒体习惯性地选择使用"最美"，"最美"的符号不断滥用，难免将"最美"的影响力削弱。媒体的善意不难揣测，在道德失范案例影响下，媒体愿意在这样的时机，带着大众登上道德高地，帮助人们重树道德信心。但“最美”的符号用得多了，就容易使人产生道德的审美疲劳，也容易在社会上滋长浮夸的风气。一旦从遍地都是的“最美”中检测出有与宣传不符的内容，甚至会激发大众的逆反心理，媒体的公信力也会受到损害。“最美”之“最”字是最高级，会不会用过度了呢？在报道时要真实，不夸大，不拔高，这也是“最美人物”们的共同心愿。“最美人物”油条哥坦言：“我没那么高尚，也没那么好。”“最美妈妈”吴菊萍说道：“本来就是一个简单的事，没必要想那么复杂。”可见，“最美”虽美，但同质化的美、言过其实的美，必定会使人审美疲劳。道德重建需要一点一滴去积累和培养，不是一蹴而就。名副其实的“最美”才会有更长久的生命力。

（三）道德高地需要多方位共建

共建道德高地，就是要在党和政府的领导下，形成官方和民间的共振机制，提高全民的德行修养。“最美现象”首先出现在浙江，继而迅速蔓延至全国。出现在浙江是有迹可循的，因为浙江是开放较早的沿海省，物质生活富裕了，人们就有了更高的精神追求。正所谓“仓廪实而知礼节，衣食足而知荣辱”。所以要大力发展经济，切实解决民生问题，从而顺应公民的道德追求，为“最美现象”从“盆景”转化为“风景”创造和谐的生长环境。党委和政府要高度重视，出现道德楷模时，要真实正面报道，积极宣传。也要在精神奖励的同时，进行物质奖励，形成有力的道德激励机制。

党的十八大报告中提出了“美丽中国”的概念，发出了“努力会建设美丽中国，实现中华民族永续发展”的伟大号召。而后习近平在常委见面会上，进一步将“美丽中国”与“美好生活”直接联系了起来。这表明，“美丽中国”已经成为中国未来发展趋势的一种审美诉求。只有在美丽国家中，才能产生滋养“美丽现象”的深厚土壤。

当前独立学院大学生主流意识形态认同探究

——以重庆市独立学院学生为例①

张玉勤②

[摘要] 意识形态是一个国家思想文化的中枢，在全媒体时代的今天，意识形态领域的斗争尤为激烈与复杂。独立学院是我国高等教育大众化的产物，以培养应用型人才为重要目标，作为高等学校群体中的一个重要力量，其主流意识形态教育同样值得关注。因此，加强独立学院大学生主流意识形态认同探究，对于我们进一步推动高校思想政治教育工作，培育社会主义可靠接班人具有重要现实意义。

[关键词] 独立学院　大学生　主流意识形态　认同

近年来，“大学生主流意识形态认同”已成为一个研究的热点命题。马克思早就指出，“如果从观念上来考察，那么一定的意识形式的解体足以使整个时代覆灭”。习近平同志在“8.19”讲话中也特别强调：“意识形态工作关系党的前途命运和国家长治久安，关系民族凝聚力和向心力，是党的一项极端重要的工作。”新媒体的高速发展为大学生主流意识形态认同教育提供了前所未有的广阔舞台，但其中所充斥的大量非主流意识形态也极大地冲击着大学生的头脑，引发主流意识形态的认同危机，为国家意识形态安全、政治和社会稳定带来严重威胁。在现有关于“大学生主流意识形态”的理论成果中，针对独立学院大学生的理论研究成果少之又少。随着社会的快速发展，我们将逐步迈进全媒体时代，这就需要我们与时俱进，开拓创新，把握共性，突出个性，推动独立学院大学生主流意识形态认同领域的相关研究。

围绕研究主题，作者针对重庆市内各所独立学院展开调研。本次问卷调查部分包括教师卷和学生卷。教师问卷共发放180份，回收有效问卷175份，回收率97.2%，其中男性教师45.1%，女性教师54.9%，年龄主要集中在31~40岁，80%以上是中共党员，近七成属思想政治理论课教师，另外还有部分辅导员和行政教辅人员。学生问卷共发放2 000份，回收有效问卷1 890份，回收率94.5%。

① 本文系重庆工商大学融智学院2014年度人文社会科学研究项目《全媒体时代独立学院大学生主流意识形态认同探究》（项目编号：20146002）阶段成果。

② 重庆工商大学融智学院讲师，主要研究方向为思想政治教育。

学生选样对象来自各所独立学院的经济学、会计学、金融学等学科中不同专业的学生。其中，主要以大二、大三年级的学生为主，男生约占41.6%，女生约占58.4%。课题组综合应用EXCEL、SPSS等软件对调查数据进行统计整理，并依据相关的哲学、政治学、传播学、心理学等多学科原理展开系统分析，聚焦全媒体时代独立学院大学生主流意识形态认同存在的突出问题和困境缘由，从而提出相应的优化对策。

一、全媒体视域下独立学院大学生主流意识形态认同现状及困境分析

以网络为主要形式的新媒体蓬勃发展，为当前大学生主流意识形态教育创造了广阔的空间。过去，大学生接触社会信息主要通过课堂、报纸、杂志以及广播、电视等方式，普及量相对较小，信息相对闭塞。新媒体时代的媒体品种、数量都是以前任何时代所没有过的，这样就大大促进了传统大学课堂教育模式与人才培养模式的改革，创新出许多新兴的思想观念传播及教育方式，有效促进了当前大学生主流意识形态教育。通过调查我们发现，面对设立专门接待时间、电话、短信、课间休息等多种选择，七成以上的教师更愿意选择“通过QQ等网络方式”与学生进行交流。和传统“灌输式”的思想政治理论课相比，大部分学生表示更愿意通过网站、微博、微信、手机报、APP等途径接受意识形态教育。

当前独立学院大学生思想意识主流呈现积极、健康、向上的状态，但也有一些倾向值得我们关注。就如矛盾总是存在着两个对立的方面，大学生在充分享受网络带来的精彩时，其思想观念、政治态度、价值取向等也深受影响，大量非主流意识形态给他们带来了极大的冲击，国家主流意识形态面临着巨大的认同危机。据调查，有近八成的学生已清楚意识到，网络已成为“意识形态领域与敌做斗争的最前沿阵地”。根据相关项目数据统计结果显示，有一半左右的教师认为当前大学生主流意识形态认同状况总体良好，但也有39.4%的被调查教师认为当前大学生主流意识形态认同状况不太满意，学生认同度偏低，还有7.4%的教师表示大学生主流意识形态认同现状较为糟糕，学生认同度太低（见表1）。总之，这些都警醒我们必须利用一分为二的矛盾分析方法对现状进行全面分析，高度重视大学生主流意识认同中存在的隐忧。

表1　对当前大学生主流意识形态认同现状的总体印象

	人数	百分比（%）	有效百分比（%）	累积百分比（%）
非常满意	19	10.9	10.9	10.9
较满意	74	42.3	42.3	53.1
不太满意	69	39.4	39.4	92.6
不满意	13	7.4	7.4	100.0
总计	175	100.0	100.0	

（一）对主流意识形态认同的必要性与重要性认识不足

大学生主流意识形态认同既是国家政治稳定的重要前提，也是大学生自身发展的迫切需要，但部分大学生对此根本没有深刻的认识。从某些学生的角度出发，他们学习思想政治理论课只是为了应付考试、拿文凭、找工作，认为这些东西和专业课程相比并无实际作用，很“虚”、很“假大空”，把对意识形态的学习当作一种负担。某些学生甚至把主流意识形态当作装点门面、卖弄学问的摆设，把马克思主义等语句挂在嘴上、写在纸上，却根本不愿意去知晓，致使主流意识形态在学习中被严重的边缘化。

通过调查数据显示（见表2），仅有9.8%的大学生表明对我国不同时期主流意识形态的发展变化都非常关注，基本情况比较熟悉，而对这一情况不太清楚甚至完全不知道的就占了总数的四分之一以上。在思想政治理论课上，只有18.9%的学生认真听讲及完成作业，“随便、看心情”的学生就占了总数的21.9%。7.5%的学生没听说过且不了解文化渗透，41.3%的学生听说过文化渗透，但不了解。60%的学生认为“西方节日进入中国算是文化渗透”，但还有33.8%的学生不太确定或保持中立。15.2%的学生认为当代学习马克思主义、毛邓思想完全没有必要，觉得无所谓的占21.2%。对此，亟待通过有效形式，引导大学生深刻认识强化大学生主流意识形态认同的必要性与重要性。

表2　对不同时期意识形态变化的关心情况

	人数	百分比（%）	有效百分比（%）	累积百分比（%）
基本都知道	185	9.8	9.8	9.8
大概知道一些	1 217	64.4	64.4	74.2
不太清楚	453	23.9	23.9	98.1
完全不知道	35	1.9	1.9	100.0
总计	1 890	100.0	100.0	

（二）对我国主流意识形态的发展及理论认知不太准确

正确的认知是产生认同的前提和基础。通过调查发现，部分大学生对我国主流意识形态的发展历程及重要理论了解、认知不全面、不准确，或者是概念化或者是书本化，片面性和表面性特点明显。其主要表现就是只把主流意识形态当作一种概念，而忽视对概念的深层次理解与思考；只是把主流意识形态当作一种抽象理论，而忽视了理论联系实际。大多数学生对主流意识形态只停留在“是什么”的感性认知阶段，甚至部分学生连“是什么”都不确定，这种认知是远远不够的，需要首先实现感性认识才能上升到理性认知，甚至是向实践的第二次飞跃，只有如此才能真正感受到主流意识形态的理论价值性和现实应用性。

如图1所示，在关于“是否了解当前主流意识形态”调查中，多数学生选择“知道一点”，但“非常了解”的学生极少，仅仅占总人数的7%，“不清楚”的就占了29.5%，甚至还有3%的学生“完全不知道”。针对“中国特色社会主义理论体系的核心”这一问题，只有37.6%的学生明确是发展，22.2%的学生认为是改革，27.8%的学生认为是开放，还有12.4%的学生认为是建设。从中我们可以看出，这些学生在学习过程中缺乏思考，只是死记硬背教材内容，强行把这些文字装在自己大脑中，只要课程考试一通过，就把所学的理论知识忘得一干二净。

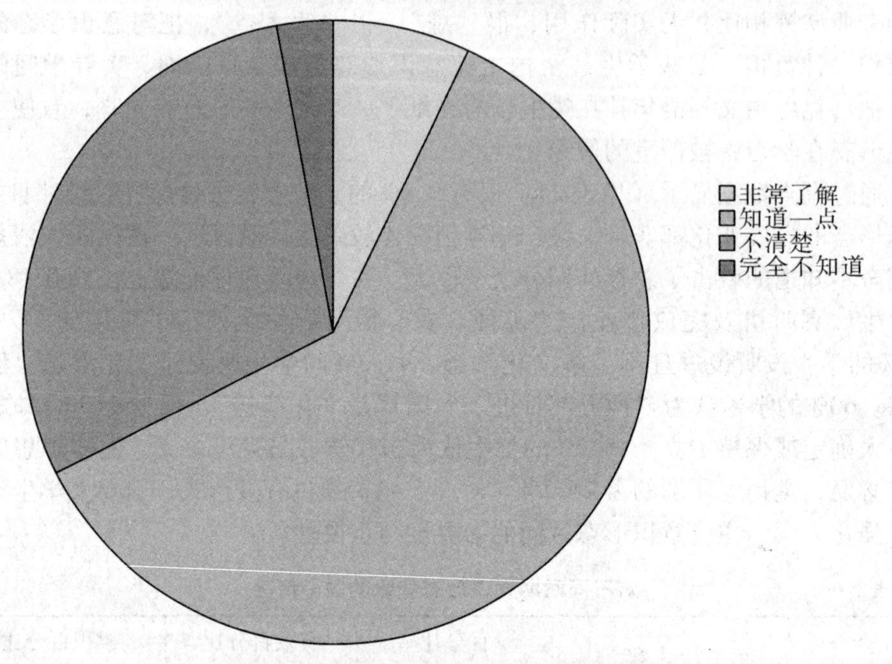

图1　对当前主流意识形态的了解情况

（三）关注国际国内的重大时事热点，但政治意识淡薄

大学生对主流意识形态的认同，本质上是大学生对政治体系的信任、信念和信仰，最重要的是对马克思主义、社会主义、中国共产党，以及对中国化马克思主义最新理论成果的信念与信仰。大部分学生对关注热点、了解时事表现出浓厚的兴趣。据调查，六成以上的学生关注或比较关注近期国内外重大热点问题，特别是最近一周内的社会动态。但是面对包括社会万象、民生百态、军事时政、科技教育、健康生活等多种新闻资讯时，多数女生更愿意首选娱乐八卦、法律等信息，多数男生更愿意首选体育、就业等信息。这也就表明，虽然目前大学生都普遍比较关心社会热点，但政治敏锐性还不够，对社会主义事业关心不够，政治意识淡薄。

由于经常受到某些消极、落后的政治观点、价值观念的冲击，一些学生在政治立场上不可避免地开始产生动摇，共产主义理想信念也不够坚定。据调查结果显示（见表3），50.3%的学生“没有想过”是否信仰马克思主义，甚至有13.7%的学生“不信仰”马克思主义，对自己的信仰、信念呈现盲目的状态，缺乏对信仰问题做出深刻思考。对我国社会制度表示认同且满意的学生只占31.2%，而不认同或者是认为无所谓的就占了10.1%。在对教师的调查中，只有8.6%的教师认为当前多数大学生加入中国共产党主要是因为“信仰共产主义，想为社会多做贡献”，有四成以上教师认为“入党光荣，能更好地证明自己”或者“有利于个人发展”，还有40.6%的教师认为学生选择加入中国共产党很大程度是因为跟风，随大众。

表3　　信仰马克思主义的情况

	人数	百分比（%）	有效百分比（%）	累积百分比（%）
不信仰	258	13.7	13.7	13.7
没有想过	951	50.3	50.3	64.0
有点信仰	450	23.8	23.8	87.8
无所谓	231	12.2	12.2	100.0
总计	1 890	100.0	100.0	

（四）受西方意识形态的渗透冲击，爱国主义情感淡化

大学阶段是青少年世界观、人生观、价值观形成的关键期，他们有旺盛的求知欲和对新事物较强的接受能力，然而受自身阅历和知识水平限制，他们对非主流意识形态缺乏一定的抵御能力。在改革开放和社会主义现代化建设过程中，我们取得了举世瞩目的成绩，综合国力日益增强，人民生活水平显著提高。但与西方发达国家相比还是存在一定差距，再加上非主流意识形态的不断冲击，部分大学生主流意识形态的淡化和西化倾向也越来越明显。主要表现在部分同学对资本主义国家缺乏科学认识，不能理性看待中国的国情和现实矛盾，致使他们盲目地崇拜西方的政治制度和生活方式。

如图2所示，认为西方意识形态和价值观渗透“离我很远”的学生就有18.4%，“没注意”或“无所谓”的学生约占27%。针对“如何看待意识形态领域的斗争”的调查中，对这一情况“没怎么注意”的学生就占了22.3%，“听讲过，但不甚了解”的占47.4%，有“大致了解”的占17.9%，能够明确意识到意识形态领域斗争具有长期性且尖锐复杂的学生仅仅占了总数的12.4%。“英语在当今社会正在流行，而国学却被冷落，当你看到中国传统文化在流失时你有什么感受”，有3.7%的学生选择了“与我无关，让别人去关心”，还有22.3%的学生选择了“独善其身，自己学好就行”。在面对春节与圣诞、七夕与西方情人节、重阳节与感恩节这三组节日相比时，选择中国节日一个都不喜欢的学生占4.1%。

（五）价值取向呈现多元化，功利性、实用性趋势明显

在追求自我完善和自我发展中，部分独立学院学生受西方拜金主义、极端个人主义、享乐主义等多元思想的侵蚀，沉迷物质享乐和崇尚西方的生活方式，在思想和行为上表现出较为明显的功利性、实用性趋势。在日常课程学习中，也有着倾向性和选择性，重专业课程、轻视基础课程，在选择阅读书籍方面，重视专业性、应用性书籍，而一些人文、社科类的所谓“无用”之书则“门庭冷落”，少有人问津。

通过“当前大学生主流意识形态认同状况调查”调查，我们发现（见表4），在1 890位学生中，有1 608人对“我为人人，人人为我”持肯定态度，占

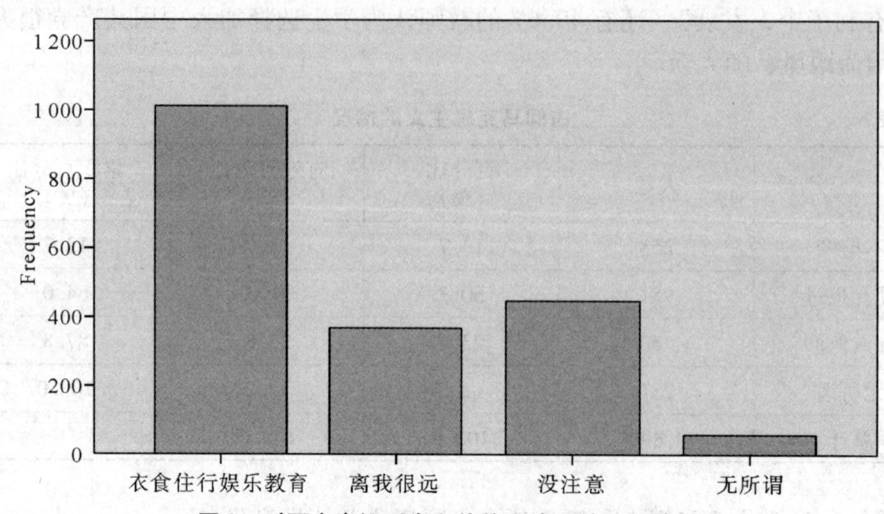

图 2　对西方意识形态和价值观渗透的认识情况

85.1%，有 1 297 人对“主观为自己，客观为别人”持肯定态度，占 68.62%。有近一半学生对“青春易逝，及时行乐”“人不为己，天诛地灭”持肯定态度，38.68%的学生认为金钱是万能的，有 6.56%的学生基本同意“唯利是图，不择手段”，甚至还有 3.85%的学生表示完全同意这一观点。

表 4　　当前大学生主流意识形态认同状况

单位：%

	同意	基本同意	不同意	说不清
我为人人，人人为我	25.3	59.7	8.8	6.2
主观为自己，客观为别人	17.3	51.3	19.7	11.7
青春易逝，及时行乐	16.8	33.2	37.7	12.3
人不为己，天诛地灭	13.7	32.2	45.0	9.1
金钱是万能的	10.3	28.4	48.1	13.2
唯利是图，不择手段	3.8	6.6	80.9	8.7

二、全媒体视域下独立学院大学生主流意识形态认同困境的缘由分析

（一）个体因素——独立学院大学生特殊心理发展特性

随着生活节奏的不断加快和社会竞争的日益激烈，大学生面临着学习、生活、情感和就业的诸多压力，很多人的心理都呈现出一种亚健康状态。再加上网络生活的虚拟性、复杂性和不确定性，使得当前大学生的心理发展面临更加严重的挑战。独立学院办学历史相对较短，生源群体和普通高校相比存在一定的差距，其教育教学与人才培养以应用型人才为主要目标，因此独立院校大学生的心理发展也呈现出自身的独特性。

每位学生都有一个美丽的大学梦，独立学院学生大多经历高考的一时失败，在短时间内难以接受“丰满理想”与“骨感现实”之间的偏差，这就为日后的学习生活埋下了心理困境的重要根源。大多数学生家庭条件相对较好，独生子女多，多以自我为中心，缺少必要的独立生活体验，适应能力较弱，吃苦耐劳较差。由此，独立学院学生的心理压力来源与其他本科学院也有所不同，除了学习能力、就业竞争、人际交往之外，情感恋爱、父母期望、同学对比、社会态度等对他们带来重要影响。他们大都思维活跃，具有接受和运用新知识、新技术快的特点，但同时他们也容易受外界因素影响，往往喜欢“随大流”，凭着感觉走，缺乏理性思考，特别是面对虚拟环境与社会现实之间的各种矛盾冲突，导致种种心理障碍，使得主流意识形态认同难以实现。

（二）教育因素——独立学院意识形态教育的弱化

就目前的独立学院来说，其大学生主流意识形态教育呈现出弱化的趋势。首先，独立院校对大学生主流意识形态教育的重视度还有待加强，引领作用发挥受限。独立学院主要是以培养应用型人才为主要目标，在人才培养方案的设置上，容易出现重视学生专业知识技能的培养、轻视主流意识形态教育的倾向。其次，各独立院校主流意识形态教育模式存在局限性。比如师资配备较为不足，外聘教师以及兼职教师队伍庞大，基本采取大班形式授课，以两合班和三合班为主，教学效果难以保证。最后，独立学院主流意识形态教育手段及方法还有待进一步改善。据调查，有35.8%的学生因为单一性的灌输方式而不喜欢上思想政治理论课。在教学中，有些教师一味地高唱理论，不接地气；有些教师为了所谓的课堂互动，专门挑选学生感兴趣的话题，有迎合学生之嫌；有些教师缺乏课堂管理能力，对学生玩手机、听音乐视而不见。传统主流意识形态教育严重背离了学生的主体性，很容易导致抵触心理，从而很难实现对主流意识形态的自觉认同与实践。

（三）社会因素——崇高理想与现实问题之间存在矛盾

社会意识虽由社会存在所决定，但它对社会存在具有能动的反作用。从理论上看，社会主义主流意识形态可以通过宣传教育的方式，内化成为全社会成员的共同追求，但我们忘了一个关键性的因素，教育的成效如何最终受到社会存在状况的制约，一旦受教育者发现主流意识形态教育与社会存在之间存在的巨大反差时，教育成效就会大打折扣。

当前大学生普遍关心经济社会发展，并对很多问题有强烈的求知欲，网络媒体的便捷，也可以使他们能够更快地获取各类资讯。一方面由于部分大学生政治敏锐度不高，是非辨别力不强，涉世经验不丰富，对问题的理解容易受别人左右，存在简单化、片面化倾向。另一方面也因为当前的主流意识形态教育更多是强调正面教育，对出现的各类现实矛盾，在有限范围内很难实现深入有效的解释，诸如经济领域中的假冒伪劣、偷税漏税；政治领域中的官员腐败、权钱权色交易；社会领域中的分配不公、环境污染等问题。当大学生的困惑、疑虑无法得到及时合理的解答时，就会觉得主流意识形态中的崇高理想和社会现实完全是脱节的，从而对主流意识形态教育所传输的内容失掉信任感，产生无意义感。

（四）网络因素——非主流意识形态构成了强烈的冲击

全球化进程的推进，网络技术的快速发展，给社会带来了巨大而深刻的变化，大学生的生活学习方式、思想政治观念等更具有多样性和复杂性，以马克思主义为指导的社会主义主流意识形态的主导地位也受到前所未有的挑战。网络文化以娱乐为中心，对于大学生放松心情、缓解压力有很大好处，为了逃避现实和寻求心理安慰，网络变成了他们的“挪亚方舟”。当人与人之间的依赖关系在某种程度上被人对网络的依赖关系所取代时，群体纽带越来越松弛，很容易导致情感冷漠现象。与此同时，国外参差不齐的思想观念也借助网络平台悄无声息地侵蚀着大学生。部分大学生极易受到网上言论的诱导，特别是别有用心并经过伪装的思想观点，造成自身世界观、人生观、价值观，理想信念、道德伦理的消磨和分化。网络中还存在信息混乱无序、缺少规范性，甚至出现一些肆意调侃或嘲讽英雄模范，消解爱国主义、集体主义、社会主义教育，宣扬极端“民主”和绝对“自由”等威胁国家主流意识形态安全的内容，这无疑严重削弱了社会主义主流意识形态的权威性。

三、增强新时期独立学院大学生主流意识形态认同教育的对策研究

在调查过程中我们发现，针对如何有效推动当前大学生主流意识形态教育，教师和学生都普遍比较关注教育教学内容、教育方式及手段，学生解决实际困难、学生考核评定以及社会实践等方面，对此，本课题组提出了当前独立学院大学生主流意识形态认同的“四大基础强化”系列建议。

（一）坚持科学，凝练教育教学内容，强化主流意识形态的理论认同基础

大学生对主流意识形态的科学认知是实现主流意识形态认同的首要条件。“知者行之始，行者知之成。”人类活动只有以正确的“知”为指导，“行”才能取得成效。思想政治理论课是大学生主流意识形态教育的主渠道。美国教育家托马斯·里克纳就曾指出：“学术课程在价值培养方面的作用是一个沉睡的巨人”，“如果我们不能把这种课程利用为培养价值观和伦理意识形态的手段，我们就正在浪费一个大大好的时机。”各独立院校必须加快推进思想政治理论课程改革，使主流意识形态教育内容体现时代性、保持实践性、富有吸引力，符合大学生的合理诉求，更加充满理论自信。思想政治理论课教师更要及时关注国家教育教学改革新动向，认真专研新教材和教学大纲，及时把握内容修订。日常教学过程中，在严格执行教学大纲的同时，教师应大胆创新，把理论和社会现实问题密切结合，适当突破原有教材体系，从学生实际出发，以他们关注的社会问题为切入点，延伸主流意识形态教育教学内容，并力求以生动有趣、喜闻乐见的形式满足大学生的心理需要，使主流意识形态教育更加深入人心。

（二）全力配合，解决学生实际困难，强化主流意识形态的情感认同基础

思维意识，是人与动物最根本的区别所在。面对就业、物价、分配、房价、安全等各种现实矛盾与冲突，他们在情感上备受打击，从而不自觉地排斥主流意识形态，消极对待自己的学业与生活。要想改变这一现状，独立学院大学生主流

意识形态教育就必须注重理论与实践相结合，切实关注大学生能力培养、个性完善、人格健全和心理健康，要关注他们今日的所思所想所忧，将帮助学生解决思想问题和实际困难结合在一起。因此，在教育过程中，学校需要加强与家庭、社会环境的密切联系，思想政治理论课教师、辅导员及行政教辅人员等要相互配合，尽力解决学生的生活困难和思想困惑。教师要多与学生交流，掌握他们的思想状况和变化，倾听他们的心声，真诚地关心学生。只有如此，才能让学生从情感上接受它，从而不断纠正思想观念上的偏移，实现对主流意识形态的认同。

（三）更新观念，提升学生媒介素养，强化主流意识形态的信念认同基础

加强大学生主流意识形态教育，必须更新观念，积极与大数据时代接轨，大力提升学生媒介素养，提升大学生明辨是非和抵御腐朽思想侵蚀的能力，强化主流意识形态信念认同基础。目前普遍比较认同的媒介素养定义是指："人们面对媒体各种信息时的选择能力、理解能力、质疑能力、评估能力、创造和生产能力以及思辨的反应能力。"首先，学校应重视媒介素养的重要性，设置媒介素养相关课程加以引导，如以选修课程的形式或融入思政理论课程之中，加强学生媒介素养的不断养成；其次，通过举办相关讲座、辩论会等活动形式促使大学生树立正确的新媒体观念，引导学生学会确认信息来源，理性评判并及时规避网络中非主流意识形态的各种影响；最后，充分利用校园广播、电视台、论坛、报纸、社团等舆论阵地，营造良好的校园网络文化氛围，对大学生进行潜移默化的影响。

（四）结合实际，内化为心外化为行，强化主流意识形态的实践认同基础

主流意识形态认同的目标绝不是为认同而认同，而是为了以认知指导实际行动。所以，在大学生主流意识形态教育问题上，还必须把这些内在认同外化为他们的行为，在实践中感知它、领悟它，从而真正实现在社会主义主流意识形态上的知行统一。可从如下几方面入手：第一，关注思想政治理论课课堂实践。思想政治理论课教师在理论讲授基础上，可鼓励学生通过自我体验、自主学习进一步深化理解和运用基本理论，如参加专题报告、演讲、讨论、辩论、模拟教学等形式。第二，关注学生课外实践。从课内教育延伸到课外教育，结合课程内容，可组织学生考察一些革命圣地、爱国主义教育基地、农村和改革开放的前沿地，或者要求学生利用课余时间对社会热点问题展开专题调研并撰写调研报告。通过原理学习与现实运用的有机联系，既有助于深刻理解抽象理论，又有助于大学生了解国情、增强社会责任感。此外，在教育载体上，各独立院校应当积极拓展新媒体渠道，促进大学生主流意识形态"教育内容进入网络""教育手段依靠网络""教育考核借助网络"。

参考文献

［1］马克思恩格斯文集（第8卷）［M］．北京：人民出版社，2009.

［2］光明网-理论频道．学习习近平总书记8.19重要讲话精神［EB/OL］：http：//theory.gmw.cn/2013-08/26/content_8709288.htm.

［3］李良荣．新闻学概论［M］．上海：复旦大学出版社，2003.